蒙古史研究

第十三辑

中国蒙古史学会 编

苏德毕力格 宝音德力根 主编

内蒙古人民出版社

图书在版编目（CIP）数据

蒙古史研究 . 第十三辑 / 苏德毕力格，宝音德力根主编 .
—呼和浩特：内蒙古人民出版社 ,2020.10

ISBN 978-7-204-16181-2

Ⅰ . ①蒙… Ⅱ . ①苏… ②宝… Ⅲ . ①蒙古族—民族历史—中国—文集Ⅳ . ① K281.2-53

中国版本图书馆 CIP 数据核字 (2019) 第 276021 号

蒙古史研究（第十三辑）

主　　编	苏德毕力格　宝音德力根
责任编辑	高　彬
封面设计	刘那日苏
出版发行	内蒙古人民出版社
地　　址	呼和浩特市新城区中山东路 8 号波士名人国际 B 座 5 楼
印　　刷	内蒙古爱信达教育印务有限责任公司
开　　本	787mm × 1092mm　1/16
印　　张	14.5
字　　数	360 千
版　　次	2020 年 10 月第 1 版
印　　次	2020 年 10 月第 1 次印刷
印　　数	1—1000 册
书　　号	ISBN 978-7-204-16181-2
定　　价	50.00 元

图书营销部联系电话：（0471）3946298 3946267

如发现印装质量问题，请与我社联系，联系电话：（0471）3946120

本辑的出版得到内蒙古大学
“中西部高校提升综合实力”
建设规划项目资助

目 录

拓跋鲜卑在部落联盟时期的“西向祭天”果真是面向日落方向“祭天”吗?

阿尔丁夫
（内蒙古师范大学）

田余庆先生在其《拓跋史探》一书中写道：

> 台湾学者康乐借鉴日本学者江上波夫关于东北亚草原游牧部落(胡族)礼俗研究,提出拓跋在部落联盟时期遵行胡族传统礼俗,西向祭天;以后建立国家,进入中原,才逐渐改从汉俗,奉行南北郊的制度。习俗的改变是比较缓慢的。大概道武帝建都平城时期,祭天礼俗犹胡俗汉俗并存;迁洛以后,南北郊制度才完全取代西郊祭天胡俗。①

首先，康乐先生《从西郊到南郊——国家祭典与北魏政治》一书是怎么“借鉴日本学者江上波夫关于东北亚草原游牧部落（胡族）礼俗研究”的，由于未睹该书，故不知其具体情况。如果作者提出的“胡族传统礼俗”便是“西向祭天”，那么，我可以斩钉截铁地说，江上波夫在《匈奴的祭祀》一文中并未涉及方向问题，更未涉及“祭天”时究竟是“西向”还是“南向”问题，故只能将遵行胡族传统礼俗“西向祭天”看作是康乐先生自己的看法，与江上波夫文似无涉。其次，拓跋鲜卑祀天之礼，“遵行”的是“胡族传统礼俗”，是个伪命题，根本不能成立。要证明这点并不难。太祖“天兴元年(公元398年)定都平城，即皇帝位，立坛兆告祭天地。诏有司定行次，正服色……”时，其中就包括“祀天之礼用周典”。所谓“周典”，不就是“汉俗”的同义语吗？怎能说拓跋鲜卑祭天是“遵行胡族传统礼俗”呢？至于“西向祭天”和“西郊祭天”中的“西”，在这里根本不是判定“祭天礼俗”究竟用的是“胡俗”还是“汉俗”的依据。何况，“西向祭天”较之“西郊祭天”带有较大的随意性；再说，其中的“西”指的究竟是日落方向还是今天的南方，本身便是值得研究的问题。

最后，从《魏书·太祖纪》《魏书·礼志》的记载来看，拓跋鲜卑“祭天”可区分为两种情况：一种是“即代王位”和“皇帝位”时的“祭天”，一种是平时的“祭天”。不管哪种“祭天”，主要作“祠天于西郊”“祀天于西郊”和“有事于西郊”，只有“即代王位”时作“西向设祭，告天成礼”。两相比较，还是“西郊祭天”的说法占绝对优势。

① 田余庆：《拓跋史探》，三联书店，2003年，第252页。

因此，下文一般均作“西郊祭天”，以便同“南北郊[祭天地]制度”相对应，只有在极少数场合才保留康乐先生提出的“西向祭天”的说法。

本文想着重谈谈拓跋鲜卑“西郊祭天”指的究竟是于西郊“祭天”还是于南郊“祭天”问题。

一、关于“东开向日”习俗

对于拓跋鲜卑在部落联盟时期“西郊祭天”说，也就是向着今天的日落方向祭天说，本人持否定态度，因为它有违我国北方游牧族群所居穹庐无不“东开向日”的习俗。我准备从游牧的蒙古、突厥语族诸族和匈奴族所住穹庐的门无不是“东开向日”入手，来讨论这个问题。

古代蒙古语族主要民族所住穹庐的门全是“东开向日”的。

第一个蒙古语族民族是乌桓：

“……随水草放牧，居无常处，以穹庐为舍，东开向日。”

第二个蒙古语族族群是各部鲜卑：

“……其语言、习俗与乌桓同。”——不消说，当包括各部鲜卑所居穹庐的门也无不“东开向日”这一点。

第三个蒙古语族民族是柔然：

“无城郭，逐水草畜牧，以毡帐为居，随所迁徙”的柔然人也“俗以东为贵”。

> [西魏]文帝悼皇后郁久闾氏，蠕蠕主阿那瓌之长女也……大统初(公元535—549年)……文帝乃与约通好结婚，扶风王孚受使奉迎。蠕蠕俗以东为贵，后之来，营幕户席一皆向东，车七百乘，马万匹，驼千头，到黑盐池，魏朝卤簿文物始至。孚奏请正南面，后曰："我未见魏主，故蠕蠕女也，魏帐南向，我自东面。"孚无以辞。①

“向东”或“东面”表明，柔然民族的门户同样是“东开”的。

第四个蒙古语族民族是契丹：

“辽俗东向而尚左，御帐东向。”(《辽史·百官志》)

“国俗，凡祭皆东向，故曰祭东。”(《辽史·国语解》)故五代末有“太阳契丹”之称。②

据此得出什么结论呢？在我国畜牧逐水草的北方游牧民族中，凡是操蒙古语或其方言的，不仅全都以穹庐为舍，而且穹庐的门全都东开向日。在这种情况下，作为蒙古语族民族之一的拓跋鲜卑人却“西郊祭天”，即面向日落方向“祭天”，这在多大程度上是可能的呢?

让我们将视野再扩大些，即不再局限于操蒙古语或其方言的，而是将操突厥语的游牧民族也置于视野之内。

先看突厥族：

> 可汗恒处于都斤山，牙帐东开，盖敬日之所出也。

① 中国科学院历史研究所史料编纂组编：《柔然资料辑录》，中华书局，1962年，第50页。

② [清]彭元瑞、刘凤诰撰：《五代史记注》，卷七二《四夷附录第一》。道光八年刻本。

附离可汗建庭[于]都斤山,牙门树金狼头纛,坐常东向。

“毡帐望风举,穹庐向日开。”(隋炀帝诗句)

可见，突厥族居住的穹庐也是“东开”或“向日”开的。

再看回纥族：

公主出塞,距回鹘牙百里,可汗欲先与主由间道私见,胡证不可。虏人曰:“昔咸安公主行之。”证曰:“天子诏我送公主授可汗。今未见,不可先也。”乃止。于是可汗升楼坐,东向,下设毳幔以居公主,请袭胡衣,以一姆侍出西向拜,已,退,即次被可敦服,绛,通裾大襦,冠金冠,前后锐。复出拜已,乃升曲舆,九相分负右旋于廷者九,降舆升楼,与可汗联坐,东向,群臣以次谒。

可见，可敦即便“升楼坐”也是“东向”的。

第三，铁勒中的薛延陀：

“其俗大抵与突厥同。”

这里所说的“其俗”，当包括“居无恒处，随水草流移”和牙帐“东开”等习俗。

据此得出什么结论呢?

在我国畜牧逐水草的北方游牧民族中，凡是操突厥语或其方言的，不仅全都以穹庐为舍，而且穹庐的门全都是东开向日的。在这种情况下，作为北方民族之一的游牧的拓跋鲜卑人，可能存在“西郊祭天”，即面向日落方向祭天吗?

最后谈谈匈奴族。

匈奴是我国史籍上记载的第一个“逐水草迁徙”的游牧民族，是游牧文化主要创造者，至少是主要创造者之一。前边之所以未谈及它，原因就在于匈奴族所操语言究竟是突厥语还是蒙古语，从而属于突厥民族还是蒙古民族，学界看法分歧较大。人们不禁要问，匈奴人的穹庐是否也“东开向日”呢?《史记》《汉书·匈奴传》只说：“单于朝出营拜日之始生，夕拜月。”

这里的“营”可以理解为是由单于全家及其侍卫所住穹庐组成的营盘，类似于蒙古语的“nontuq”(嫩秃黑)。由于营盘中所有的穹庐都是“东开向日”的，故单于“朝出营”即可“拜日之始生，夕拜月”。

人们不禁要问，住穹庐的游牧民族为什么将门全都东开呢?回答很简单：“东开”是为“向日”，即向着太阳。而向日是出于对日的崇拜，“牙帐东开，盖敬日之所出也”。不仅如此，匈奴单于“朝出营拜日之始生”——朝拜又刚刚活过来的太阳，无疑他们必将日落视作日之将亡(死亡)。从现在留下的史料来看，在北方游牧民族中，只有匈奴人留下这样的观念，那么较晚登上游牧舞台的蒙古语族诸族、突厥语族诸族早期何尝不是抱着同匈奴一样的看法呢?尤其是考虑到匈奴人将日之将落视作日之将亡，在这种情况下，强调拓跋鲜卑“西郊祭天”，即面向日落方向祭天，究竟在多大程度上可能是正确的呢?

因此，台湾学者康乐先生认为拓跋部在部落联盟时期仍遵行胡族传统的“西向祭天”，即面向日落方向祭天的礼俗。这一结论是很成问题的，有重新审视的必要。

不能不指出的是,史籍上关于上述北方民族所居住穹庐的门无不“东开”中的“东”以及其他方向概念，反映的全是中原族群进而全是中原史学家的四方概念，并非北方民族自己就这样称谓。从正史来看，反映北方民族自己对方向的认知和称谓较多的，据我所知，似乎主要有《魏书》《辽史》和《元史》等。

二、拓跋部“西郊祭天”中的“西”，不是指日落方向，而是指今天的南方

拓跋部“西郊祭天”中的“西”，在我看来，绝非指今天的日落方向，而是指今天的南方，也就是当一个人面向日出方向的时候，其右手所指代的方向。

这样讲的根据便是前边提到过的《魏书》本身提供的内证，其中的《序纪》里有这样两句话：

穆皇帝六年(公元313年),城盛乐以为北都,修故平城以为南都。①

经验告诉我们，盛乐是内蒙古自治区首府呼和浩特南部的郊区县和林格尔境内一座古城的名字，而“故平城”为秦所置县，治所在今“山西大同市东北”。② 显而易见，盛乐在西，而“故平城”则在东，理应称为“城盛乐以为西都，修故平城以为东都”，然而《魏书》却不这样称谓，而是称“城盛乐以为北都，修故平城以为南都”。这一内证表明，将日出方向称为“南”，将日落方向称为“北”，恰恰是拓跋鲜卑人当时使用的四方概念中的两个。

（一）称日出方向为“南”，称日落方向为“北”

“从盛乐走向平城，再图进一步发展，《魏书》习称‘图南’或‘平南夏’，这实际上与向东发展同义。”③ 不错，“与向东发展同义”的“图南”或“平南夏”中的“南”，正是当时拓跋鲜卑人自己对日出方向——东的称谓。无须说，“城盛乐以为北都”中的“北”，也是当时拓跋鲜卑人对日落方向——西的称谓。前边我已证明，古代游牧的蒙古语族诸族、突厥语族诸族和匈奴族，出于崇日的需要，均将穹庐的门“东开向日”，这是他们对日出方向东——他们当时称之为“南”的态度。他们对日落方向——也就是他们当时称之为“北”的方向持什么态度呢？坦率地讲，没有一个族群的门是朝向“北”方即日落方向的。除此之外，这个问题从蒙古族口头文学中也可得到一定程度的证明。在蒙古族英雄史诗中，“蟒古斯”（英雄史诗中的反派形象）往往来自“北方”。在英雄史诗《江格尔》中，有一章题为《雄狮洪古尔镇压弟兄三个魔王》，其中“弟兄三个魔王”便居住在“日落的北方”，而江格尔一方则是“居住在日出的南方”。另外，有些蟒古斯居室或洞窟的门也是朝向“北”方的。作为蒙古草原上最后一个游牧民族的蒙古人，他们对待“北方”（后来才将其称为“西方”）的态度，可以在一定程度上视作所有游牧于北方草原上的蒙古、突厥语诸族和匈奴族群的态度，似乎并不过分。

（二）以南为“西”和以北为“东”

在四方概念中，《魏书·序纪》给我们提供了其中的两个，这就是以东为“南”、以西为“北”，另外两个方向便不难推定了，即一个是以南为“西”，一个是以北为“东”。

① 《魏书·序纪》，中华书局，1974年，第8页。

② 《辞海·地理分册（历史地理）》，上海辞书出版社，1982年，第56页[平城]。

③ 田余庆：《拓跋史探》，第118页。

如果将拓跋鲜卑人当时使用的四方概念连称的话，便是“南”(东)、“西”(南)、“北”(西)、“东”(北)。从确定四方的角度来说，北温带人类主要族群全是将始出之日作为确定方向的客观参照物，然后以面向始出之日者的体位即前胸、后背加上左右手来确定四方的,这样所确定出的四方通常是指“地平面上的方向。这样的方向,首先是正东、正南、正西和正北，简称东、南、西、北，合称四正向”。①这样确定出的四方，由于使用的概念先后不同，故可区分为A、B、C三种类型。A种类型平面四方使用的概念是前、后、左、右或前、右、后、左，B种类型平面四方使用的概念是“南”(东)、“西”(南)、“北”(西)、“东”(北)或“南”(东)、“北”(西)、“西”(南)、“东”(北)，C种类型平面四方使用的概念则是大家非常熟悉的今天仍在使用的东、南、西、北或东、西、南、北了。平面四方概念的A、B、C三种类型也可做这样的表述：凡是将日出方向称为前、前方的，无不属于A种类型平面四方概念；凡是将日出方向称为“南”、“南”方的，无不属于B种类型平面四方概念；凡是将日出方向称为东、东方的，无不属于C种类型平面四方概念，概莫能外。

拓跋鲜卑人既将日出方向称为“南”、“南”方，它使用的自然是属于B种类型平面四方概念。就是说，A种类型平面四方概念，拓跋鲜卑人已经使用过了，但却尚未达到使用C种类型平面四方概念的地步。拓跋鲜卑当时正处在使用B种类型平面四方概念的阶段。而中原族群早在春秋时期就以“南”(东)向为尊，这有王引之、杨树达等人的文章为证，但战国末期至秦汉之际，中原族群已改用C种类型平面四方概念了。其具体标志便是《史记》上突然涌现出许多“以东向为尊”的事例,不仅在军帐中如此,就是在丞相府邸中也不例外。

从以上所述可知，拓跋鲜卑人心目中“西郊祭天”中的“西”，指的原本是平面四方概念B种类型中的“西”，也就是今天的南方。就是说，拓跋鲜卑人“祭天”的方向，同中原族群“奉行南北郊制度”并无差异,全是在今天的都城的南北郊。②从这个角度说，谓“西向祭天”是胡俗,谓“迁洛以后,南北郊[祭天地]制度才完全取代西郊[祭天地]胡俗”③等说法，恐怕就不能认为是符合实际的了。

这样一来，就面临着一个问题：如何解释平城“城周西郭外有郊天坛，坛之东侧有郊天碑”④的问题。

负责营建“南都”平城的专家只知道今天平面四方概念C种类型中的西，根本不知道还有实指今天南方的“西”，于是根据要求，他们将“西郊祭天”的“西”认作今天的西，就在平城“城周西郭外”建立“郊天坛，坛之东侧有郊天碑”。拓跋鲜卑人所说的“西郊祭天”本指“南郊祭天”，现在给搞成面向日落方向——拓跋鲜卑人当时称为“北方”“祭天”，可谓南辕北辙。怎么补救呢？我猜想其中办法之一便是将“城周西郭外”“郊天坛”改作西向[即“南向”]的，这样于其上“祭天”便可同样称为“西

① 金祖孟:《地球概论》(修订本)，高等教育出版社，1983年，第2页。

② 一旦加上“北”字，使之变成“南北郊的制度”，所祭对象就不单纯是天了，还包括地在内，即于南郊祭天，于北郊祭地。

③ 田余庆:《拓跋史探》，第118页。

④ [北魏]郦道元:《水经注》，陈桥驿点校，上海古籍出版社，1990年，第259页。

向[即“南向”]祭天”了。虽然不在“城周南郭外”，总也可应付过去了。

后来的事实似乎表明，太祖晚年纠正了于日落方向“西郊外”祀天的错误，恢复了于今天的南郊（他们当时称其为“西”郊）祀天的传统。证据是前引《魏书·礼志一》中下面一段话：

> 天赐二年(公元405年)夏四月,复祀天于西郊,为方坛一,置木主七于上……牲用白犊、黄驹、白羊。①

这段话值得注意的地方有二：一，“复祀天于西郊”；二，“为方坛一”。一年之中分别于五月或九月祀天是有先例的，但在同一个“夏四月”之内祀天两次则是没有先例的，因此，对“夏四月，复祀天于西郊”中的“复”字，只能理解为重新“祀天于西郊”了。这里的“西”，是拓跋鲜卑人心目中的“西”，实指今天的南。这句话的意思可以理解为：重新[开始]祀天于“西”（实为今天的南）郊了。这是针对从前将拓跋鲜卑人心目中的“西”误解为日落方向的“西”而言的。正因为如此,才需要重新“为方坛一”，即重新构筑一座祀天坛兆。如果还在“城周西郭外”祭天，自然也就用不着再构筑一“方坛”了。

这就是我的推想。

三、以日出方向为“南”，并非个别现象

所谓拓跋鲜卑人“西郊祭天”，并非指朝向今天的日落方向“祭天”，而是指朝向今天的南方“祭天”。当时，拓跋鲜卑人使用的是平面B种类型四方概念，该四方概念最突出的特点，便是将日出方向称作“南”方。这并非拓跋鲜卑人特有的现象，而是大多数北温带人类主要族群或迟或早都要经历的一个阶段。谓予不信，那就请看事实。首先举出的便是匈奴将日出方向称作“南”方的事实。

> 是时天子问匈奴降者,皆言匈奴破月氏王,以其头为饮器,月氏遁逃而常怨仇匈奴,无与其击之。汉方欲事灭胡,闻此言,因欲通使。道必更匈奴中,乃募能使者。[张]骞以郎应募,使月氏,与堂邑氏故胡奴甘父,俱出陇西。经匈奴,匈奴得之,传旨单于。单于留之,曰:“月氏在吾北,汉何以得往使?吾欲使越,汉肯听我乎?”留骞十余岁。与妻,有子,然骞持汉节不失。②

从《汉书·西域传》可知：“西域以孝武时始通，本三十六国，其后稍分至五十余，皆在匈奴之西，乌孙之南。”③不管是“三十六国”还是“分至五十余”，全“在匈奴之西，乌孙之南”是没疑问的，可是单于却说“月氏在吾北，汉何以得往使？吾欲使越，汉肯听我乎”。月氏本在匈奴西，单于却说“在吾北”，这并非误字，而是因匈奴人使用的四方概念同汉朝有别导致的。当时匈奴使用的四方概念,连称便是“南”（东）、“西”（南）、“北”（西）、“东”（北），对举则为“南”（东）、“北”（西）和“西”（南）、“东”（北）。

---

① 《魏书·礼志一》，中华书局，1974年，第2736页。

② 司马迁：《史记·大宛列传》，载《历代各族传记会编》（第一编），中华书局，1958年，第107页。

③ 班固：《汉书·西域传》，载《历代各族传记会编》（第一编），第315页。

第二个事实见于《辽史·百官志》中的下述记载：

东西为经,南北为纬,故谓御帐为横帐云。①

这种说法看似同“东西为纬，南北为经”的常识相左，实际上，正是依据“面向日出方向”者的体位确定平面四方概念B种类型的必然结果之一。按照这种方式确定的平面四方概念，既然是以日出、日落方向为“南”、“北”，那么所谓“南北为纬”不正等同于人们异常熟悉的“东西为纬”吗？同理，既以日出、日落方向为“南”“北”，那么必以今天的北、南为“东”“西”，因此所谓“东西为经”不正等同于人们异常熟悉的“南北为经”么？

看似“反常”的说法，稍事分析之后就可发现，其实是很正常的。

第三个事实见于元人虞集撰写的《句容郡王世绩碑》。该碑碑文云：

大德五年,海都之兵又越金山而南,止于铁坚古山,因高以自保。②

金山，指的是阿尔泰山。碑文中所说的“越金山而南”中的“南”，指的同样为今天的东。既以东为“南”，必以西为“北”，这两个方向一经确定，另外两个方向便随着确定下来：南为“西”，北为“东”，同样是平面B种类型四方概念。如以“南”作为四方之始，右旋，其四方顺序便为“南”（东）、“西”（南）、“北”（西）和“东”（北）。正是平面四方概念B种类型连称的结果。

第四个事实见于波斯古经《阿维塔斯》。据讲，大神维万格罕制成豪摩神酒后获得报偿，生下一子叫伊摩，又称光辉者，是世界上的人类之祖。神主赐给他两件法宝：金戒指和短剑，由此获得帝王权柄。他治下的世界有如永生乐园，没有疾病，也没有死亡，更不必为衣食而辛苦劳作。这样，300个冬天过去了，大地添加了羊群和牛群、人、狗、鸟以及熊熊大火，再也没有地方容纳不断增加的畜群和人类了，伊摩受神的启示，决定以法宝之神力扩展生存空间。于是：

伊摩走向前,朝着光亮的空间,向南迎着太阳,然后他用金戒指按着大地,用短剑挖地,并说道:“哦,大地之神,请您分开,远远地伸展开来以容纳羊群、牛群和人吧!”③

伊摩就这样使大地比原来扩展了三分之一。

从其中“向南迎着太阳”来看，古波斯人也曾将日出方向称作“南”方，因而，“伊摩走向前，朝着光亮的空间”中的“前”方，指的同样是日出的“南”方。古波斯人既将日出方向称作“南”方，必将日落方向称作“北”方，而将另外两个，即当一个人面向日出方向时的左手方向和右手方向分别称为“东”方、“西”方。如以“南”作为四方之始，右旋，其四方顺序便为“南”（东）、“西”（南）、“北”（西）、“东”（北），正是平面四方概念B种类型连称的结果。

第五个事实见于英格兰中古英雄史诗《贝奥武甫》。该史诗至少有两处尚保留着太阳从“南方”升起的说法：

明天一早,太阳身披明媚的晨光,

---

① ［元］脱脱：《辽史》，上海古籍出版社、上海书店，1986年，第61页。

② ［元］虞集：《句容郡王世绩碑》，载［元］苏天爵编《元文类》，上海古籍出版社，1993年，第314页上栏。

③ 萧兵、叶舒宪：《老子的文化解索》，湖北人民出版社，1994年，第122页。

从南方重新照临人的子孙。

天烛高挂，

从南方照临世界。①

日出方向既被称为“南方”,与之相对的日落方向必被称为“北方”。其他两个方向，也就是今天的南方和北方必被称作“西方”和“东方”。以日出的“南方”作为四方之始，右旋，其四方顺序便为“南”（东）、“西”（南）、“北”（西）、“东”（北），同样是平面四方概念B种类型连称的结果。

足见，不论国内还是国外，凡是将日出方向称为“南”的均属于B种类型四方概念或连称或对举的结果，概莫能外。

拓跋鲜卑的“西郊祭天”即“汉俗”的“南郊祭天”。

① 冯象译：《贝奥武甫》，三联书店，1992年，第32、102页。

关于尼鲁温与乞牙惕的若干问题[①]

朝克图
（内蒙古大学）

众所周知，拉施特（Rashīd al-Dīn）《史集》（*Jāmi‘ al-Tawārīkh*）是研究古代蒙古历史及蒙古帝国历史最重要的史书之一。《史集》提供了与蒙古族族源和古代蒙古部落历史相关的珍贵资料，而此类资料往往为同时代的其他史书所缺载。其中有关迭列列斤（DRLKIN）· 蒙古与尼鲁温（NIRŪN）· 蒙古的相关史事，学界就是从《史集》中获悉的，并据此展开相关讨论，提出了一些颇具创新性的观点。[②]

可是，仔细阅读拉施特《史集》的波斯文原文便不难发现，在这一领域的一些研究结论仍然值得商榷，尚有继续研讨的必要。故本文根据《史集》记载，就尼鲁温 · 蒙古与乞牙惕部的关系以及乞牙惕部的构成等问题提出自己的意见，希望专家学者们批评指正。

《史集》关于迭列列斤（DRLKIN）· 蒙古和尼鲁温（NIRŪN）· 蒙古的记载是研究蒙古族族源相关问题的重要史料。《史集》在记载额儿古涅昆传说的同时，将蒙古的起源追溯到遁入额儿古涅昆的捏古思和乞牙惕两个氏族，并对走出那里的蒙古诸部进行了详细的描述。据《史集》记载，走出额儿古涅昆的部落，根据其构成可分为两大部分，第一支为迭列列斤 · 蒙古，第二支为尼鲁温 · 蒙古。迭列列斤 · 蒙古是由遁入额儿古涅昆的捏古思和乞牙惕两个氏族后裔所形成，并从此走出的蒙古诸部落。尼鲁温 · 蒙古是由阿兰豁阿在丈夫朵奔伯颜死后所生的三个儿子的后裔所形成的部落。尼鲁温的意思是脊背，以此表示阿兰豁阿纯洁的腰脊。尼鲁温，波斯文写作 NIRŪN，音译成蒙古语应为 niruγun。

---

① 此论文为国家社科基金重大项目“13—14 世纪波斯文蒙古史史料搜集与研究”（批准号：17ZDA191）阶段性成果之一。

② 关于迭列列斤（DRLKIN）· 蒙古与尼鲁温（NIRŪN）· 蒙古的先行研究，首先是刘迎胜《西北民族史与察哈台汗国史研究》（南京大学出版社，1994 年）第一章第 4 节〈尼鲁温蒙古与迭列列斤蒙古〉中的相关论述（14—31 页）。该研究曾对尼鲁温蒙古与迭列列斤蒙古的起源及相互关系等诸多问题进行较深刻的研究，并对这一领域的研究产生了较大的影响。朝克图《关于拉施特〈史集〉中的“迭儿列勤”一词》[《内蒙古大学学报》（蒙古语版）2008 年第二期，1—7 页] 对《史集》所记迭列列斤（DRLKIN）· 蒙古一词的读音与意义进行分析，并提出了新的看法。

除此之外，《史集》还对尼鲁温·蒙古的构成做了较详细的解释。据《史集》记载，尼鲁温·蒙古内部还可分为以下三个分支：

一、“到第六代后裔合不勒为止的阿兰豁阿后裔、子孙、侄子及他们氏族的所有成员。”

二、“虽为尼鲁温，但被称为乞牙惕的出自阿兰豁阿第六代后裔合不勒汗的部落”。

三、“起源于尼鲁温、乞牙惕部落的阿兰豁阿的纯洁后裔，从她的第六代后裔合不勒汗所出的诸部落被称为乞牙惕孛儿吉斤。他们的世系是从合不勒汗之孙、成吉思汗父亲也速该把阿秃儿开始形成的。”①

以上几条记载，解释了尼鲁温、乞牙惕和乞牙惕孛儿吉斤三者的来源。由此可知，以上三个分支存在一定的关联性，但又有所不同。值得注意的是，如何准确理解并复原以上几个固有名词，对展开相关研究意义重大。《史集》俄译本和汉译本在翻译以上几个名词时，出现了一些有待纠正的错误。例如，上述第三条中的“起源于尼鲁温、乞牙惕部落的阿兰豁阿的纯洁后裔，从她的第六代后裔合不勒汗所出的诸部落被称为乞牙惕孛儿吉斤”，该句中的“尼鲁温、乞牙惕部落”这一词在俄译本和汉译本中分别被译为“племени нирун-кият②”和“尼伦乞牙惕部落③”，乞牙惕孛儿吉斤一词又分别被译为“кият-бурджигин④”和“孛儿吉斤乞牙惕⑤”。但是，通过仔细阅读其波斯文原文可知，前者的原文为“nīrūn wa qīyāt⑥”，而这里的“nīrūn”和“qīyāt”不是从属关系，而是属并列关系的两个词，直接译成“尼伦乞牙惕”似不够准确，易造成误解。后者原文为“qīyāt burjgīn⑦”，两词之间没有从属关系。蒙古语中，乞牙惕孛儿吉斤是一个固有名词，不能理解成孛儿吉斤乞牙惕，《史集》俄译本此处翻译准确，但汉译本在转译时却出现了误译。⑧《史集》英译本注意到了以上问题，并进行了正确翻译。⑨

《史集·部族志》的以上记载，虽然解释了尼鲁温·蒙古的构成及尼鲁温与乞牙惕诸部之间的关系，但其所述内容仅限于从阿兰豁阿到合不勒汗时期为止的尼鲁温·蒙古诸部，而对合不勒汗以后形成的乞牙惕与乞牙惕孛儿吉斤诸部历史未能留下详细的记载。《史集·部族志》详细记载了尼鲁温部落中的19个部落，他们分别是哈塔斤部落、撒勒只兀惕部落、泰亦赤兀惕部落、赫儿贴干、昔只兀惕部落、赤那思部落、那牙勤、兀鲁惕、忙忽惕部落、朵儿边部落、八邻部落、八鲁剌思部落、哈答儿斤部落、照烈

---

① Rashīd al-Dīn Fadl-Allāh Hamadānī. 1373/1995. M. Roushan and M.Mūsavī(ed.), *Jāmi‘ al-Tawārīkh*, Tehrān. [JT/RO] VOL1, p.146.

② Рашид-ад-дин 1952а. Сборник летописей, том I, книга первая. Перевод с персидского. Л. А. Хетагурова. редакция и примечания Проф. А. А. Семенова. Издательство Академии наук СССР, Москва, Ленинград. P.152-153.

③ 拉施特《史集》第一卷第一分册。余大钧、周建奇译，商务印书馆，1983年，第50页。

④ Рашид-ад-дин 1952а. P.152—153.

⑤ 拉施特 1983，250页。

⑥ Rash ī d al–D ī n Fadl–All ā h Hamad ā n ī . 1373/1995. [JT/RO] VOL1, p.146.

⑦ Rash ī d al–D ī n Fadl–All ā h Hamad ā n ī . 1373/1995. [JT/RO] VOL1, p.146.

⑧ 拉施特 1983，250页。

⑨ Rashiduddin 1998. Rashiduddin Fazlullah 1998. JAMIUT_TAWARIKH Compendium of Chronicles A History of the Mongols Part One English Translation Annotation by W.M. Thackston. Published at Harvard University Department of Near Eastern Languages and Civilizations. P.79

惕部落、不答惕部落、多豁剌惕部落、别速惕部落、雪干部落和轻吉牙惕部落。

通过《史集》以上记载,我们对上述诸部历史已有了较为深刻的认识。但遗憾的是,由于《史集》缺乏对乞牙惕诸部历史的详细记载,因此,学者们至今对后者了解甚少。那么,《史集·部族志》为什么缺少对乞牙惕诸部历史的记载呢?这是一个值得思考和探讨的问题。

《史集·部族志》第四部分虽然没有留下对乞牙惕诸部历史的详细记载,但仔细阅读《史集》其他章节可以发现,在第一卷序言中记载了与上述问题相关的重要内容。在《史集》第一卷序言中列出的"从的卜—牙忽亦四子后裔所出诸突厥游牧民族名称"一节中,把起源于额儿古涅昆的蒙古部落作为其一支进行介绍,并对他们进行了分类。

其文载:

这原来的蒙古人逐渐成为两部分。

第一支,曾在额儿古涅昆,并〔在那里〕形成,各自获得固有名称并走出那里的原来蒙古人所出的一支。他们是捏古思、兀良合惕、弘吉剌惕、亦乞剌思、斡勒忽讷惕、豁罗剌思、额勒只斤、弘里兀惕、斡罗纳兀惕、晃豁坛、阿鲁剌惕、乞里克讷惕、嫩真、许慎、速勒都思、亦勒都儿勤、巴牙兀惕和轻吉惕。

第二支,由朵奔伯颜夫人阿兰豁阿在丈夫去世之后所生的三个儿子分出的诸部落。朵奔伯颜是已被记住为出自原来的蒙古人,阿兰豁阿出自豁罗剌思部。这些部落也可分为两支。

尼鲁温,真正的尼鲁温为 16 个部落。他们是哈塔斤、撒勒只兀惕、泰亦赤兀惕、赫儿贴干、昔只兀惕、赤那思(又称他们为捏古思)、那牙勤、兀鲁惕、忙忽惕、朵儿边、八邻、八鲁剌思、哈答儿斤、照烈惕、不答惕、多豁剌惕、别速惕、雪干、轻吉牙惕。

称作乞牙惕的尼鲁温,他们可分为两支。真正的乞牙惕是这样的,即禹儿勤(yūrkīn)、敞失兀惕(jīngshīūt)、乞牙惕—牙撒儿(qīyāt-yāsār)、乞牙惕—孛儿吉斤,具有蓝眼睛之意。他们的氏族始于成吉思汗的父亲,成吉思汗子孙和他父亲的子孙属于这个部落。①

上述记载提供了关于尼鲁温与乞牙惕的关系以及乞牙惕诸部构成等方面的信息。通过分析以上记载,我们可以获知以下两条重要信息:

第一,该史料列举出了尼鲁温诸部的具体数目。这里说尼鲁温诸部落为 16 个,而上引《史集》第四部分中则列出隶属尼鲁温的 19 个部落,前后记载存在矛盾。

第二,对乞牙惕部的构成情况进行了新的解释。

下面我们对以上两条内容分别进行分析。首先,关于尼鲁温诸部应该包含多少个部落,《史集》的记载缘何前后矛盾?这是一个值得深究的问题。通过比较《史集》第一卷序言中的记载和《史集·部族志》第四部分的相关记载可知,两者的记载基本上是相同的。前者将赫儿贴干、昔只兀惕两个部落以及那牙勤、兀鲁惕和忙忽惕三个部落分别作为一个部落进行了描述。那么,前者为什么对他们进行如此分类呢?据《史集》记载,赫儿贴干和昔只兀惕分别出自海都汗的幼子抄真的部落,那牙勤、兀鲁惕和忙

① Rashīd al-Dīn Fadl-Allāh Hamadānī. 1373/1995.〔JT/RO〕VOL1, p.146.

忽惕是同出自屯必乃汗长子札黑速的三个部落，因此，这里不难看出上述两组部落分别是出自一个祖先的有血缘关系的部落。这很可能就是此处他们被归为同一个部落的主要原因。另外，从《史集》以上记载来看，当时以上几个部落是否已演化为相互独立的部落，值得做进一步的研究。

另外，关于乞牙惕部构成情况又将如何理解呢？

据《史集·部族志》第四部分记载，从阿兰豁阿第六代后裔合不勒汗子孙所出的部落均为乞牙惕。但是，上引《史集》第一卷序言所提到的乞牙惕部落包含以下四个分支。

一、禹儿勤（yūrkīn），《蒙古秘史》称作 jurgin，是由合不勒汗的长子斡勤—巴儿哈黑后裔所构成的部落。成吉思汗时期其首领为薛扯别乞，与成吉思汗进行过多次战争。

二、敞失兀惕（jīngshīūt），《蒙古秘史》称作 čangšiɣutu，是由成吉思汗祖父把儿坛巴秃儿长子蒙格图—乞颜后裔所构成的部落。

三、关于乞牙惕—牙撒儿（qīyāt-yāsār）部的构成情况，笔者未能找到相关记载。

四、乞牙惕—孛儿吉斤，是指成吉思汗之父也速该把阿秃儿后裔所构成的部落，包括成吉思汗后裔。

这里为什么只提到以上四个乞牙惕部落的名称呢？据《史集·部族志》第四部分所述关于乞牙惕部的解释，合不勒汗后裔所构成的诸部落都可称作乞牙惕，但这里提到乞牙惕诸部名称时，只提到了以上四个部落。那么除以上四个部落之外的合不勒汗后裔，当时是否也称为乞牙惕呢？因为缺少史料，无法考证。

除以上两个问题之外，还有一个值得与大家商讨的问题，这就是如何理解《史集》各种抄本对这一问题的不同记载。其实，《史集》诸抄本序言中有关尼鲁温部第二组名称的记载是有所不同的。如关于前文所记载的“称作乞牙惕的尼鲁温，他们可分为两支”这一句，伊斯坦布尔抄本、塔什干抄本、阿里扎德校勘本、若山校对本，都将它写成“称作乞牙惕的 har‘aūn 可分为两支”。据笔者所知，只有德黑兰抄本中将它称为“称作乞牙惕的尼鲁温”。至于以上两种不同记载的哪一个更为正确，由于缺少其他旁证和相关研究，笔者一时难以下结论。本文考虑到德黑兰抄本的可靠性较高，故采纳了该抄本的记载。

总之，通过以上分析可知，《史集》第一卷序言中虽然仅提到部分乞牙惕部名称，但《史集·部族志》第四部分中未记载其相关历史，因此，后人很难详细了解乞牙惕诸部的具体情况，未免有一些遗憾。另外，从《史集》第一卷序言中所提到的若干乞牙惕部的名称来看，《史集·部族志》第四部分中所述有关乞牙惕部构成的相关解释还有待进一步研究。至于什么原因导致以上两种不同记载，也有待做进一步研究。由此可见，《史集·部族志》第四部分内容原应包括乞牙惕诸部的历史，这不仅在上述序言内容中得到体现，在下文记载中也能得到进一步证实。

在《史集·部族志》第四部分第一章中曾留下这样一个记载：“从他们的后裔，从朵奔伯颜和阿兰豁阿所出并分衍为许多氏族的那些部落，将在第二、第三部分中详加叙述。”① 众所周知,目前我们能够见到的《史集·部族志》第四部分的内容由两部分组成,即第一章和第二章。那么这里所提到的“第三部分”这一句话,指的应该是哪一部分呢?此外,上述《史集·部族志》有关尼鲁温蒙古解释中所看到的“属于阿兰豁阿及其诸子氏族的部落,分为三部分,分述如下”这一句话中,又提到阿兰豁阿及其诸子后裔可分为三个部分,这里所说的其第三部分就是乞牙惕孛儿吉斤部落。可遗憾的是《史集·部族志》第四部分并没有对乞牙惕孛儿吉斤部落的历史进行具体描述。

基于以上情况,笔者认为《史集·部族志》第四部分的内容应该是由三个部分组成的,其第三部分内容无疑是有关乞牙惕部历史的记载。第三部分内容之所以缺失,或许存在以下两种可能性:其一,这或许与《史集》的编纂过程有某种关联。据悉,在《史集·蒙古史》的编纂过程中,首先完成了《成吉思汗纪》,然后才开始《部族志》的编写。因为在《成吉思汗纪》中,从合不勒汗至成吉思汗父亲的历史已经以个人传记的形式加以描述,故而在编写《部族志》时,以合不勒汗后裔所构成的乞牙惕诸部的历史未被纳入其中。其二,目前我们手中《史集·部族志》的内容可能不是完整的原稿,其中关于乞牙惕部的内容未撰写完成,或已散佚。

① Rashīd al-Dīn Fadl-Allāh Hamadānī. 1373/1995. [JT/RO] VOL1, p.151.

“胡同”是蒙古语吗？

忒莫勒
（内蒙古自治区图书馆）

众所周知，“胡同”是中国北方对小街巷的称呼。历史上，“胡同”据说又写作“胡洞”“湖洞”“衚衕”“衖通”等。①“胡同”源于何时？属何语种？其义为何？至今说法不一，尚无定论。综其大概，有汉语和蒙古语两说。本文将介绍和辨析蒙古语说，并发表己见，望抛砖引玉，期正本清源。

一、蒙古语说的起源与争论

早在明代，就有张萱在其《疑耀》一书中称："今京师呼巷为衚衕，盖胡语也。"②从明承元而立，“胡同”之称兴于元明来看，他所说的“胡语”显然是指蒙古语。“1937年，《世界晚报》刊登一旅游者文章，称内蒙管家讲，胡同系蒙语‘井’字之音。”③时隔不久，著名法律史学家程树德先生在其《国故谈苑》一书中亦倡此蒙古语“井”说。④1944年，日本人多田贞一在其《北京地名志》一书中又提出“胡同”源自蒙古语“城子”说。⑤大约是因时局的关系，这两种说法在当时均未引起人们太多的关注。

自20世纪70年代末起，北京语言学院教授张清常先生（1915—1998年）先后发表《漫谈汉语中的蒙语借词》（1978年）、《胡同与水井》（1984年）、《释胡同》（1985年）诸文，力倡“胡同”源于蒙古语“井”（qudduγ）说。⑥一时间此说颇盛，连北京大学历史系

① 方龄贵著：《元明戏曲中的蒙古语》，汉语大词典出版社，1991年，第323—324页。〔元〕熊梦祥著，北京图书馆善本组辑：《析津志辑佚》，北京古籍出版社，1983年9月，第4页。

② 《钦定四库全书》文渊阁本。

③ 王越：《北京胡同起源再探——论胡同与水井无关》，载《北京联合大学学报》（人文社会科学版），2008年第6卷第2期。

④ 程树德撰：《国故谈苑》（上册），商务印书馆，民国二十八年（1939年），第107页。转引自贾敬颜著《民族历史文化萃要》，吉林教育出版社，1990年7月，第202页。

⑤ 〔日〕多田贞一著，张紫晨译：《北京地名志》，书目文献出版社，1986年，第11页。

⑥ 张清常：《漫谈汉语中的蒙语借词》（《中国语文》1978年第3期）、《胡同与水井》（《语言教学与研究》1984年第4期）、《释胡同》（《语言教学与研究》1985年第4期）。

编《北京史》(北京出版社，1985年)、电影《老北京的传说》，“甚至导游词、中学语文书”都采用。[①] 再后来，岑麒祥编《汉语外来词词典》(商务印书馆，1990年)亦采用此说。[②]

与此同时，刘正埮等编《汉语外来词词典》(上海辞书出版社，1984年)、罗竹风主编《汉语大词典》(汉语大词典出版社，1990年)主张“胡同”源于蒙古语“巷子”(γudum 或 γudumǰi)说[③]，亦有一定的影响。

1991年，著名红学家周汝昌先生先后在《北京晚报》发表《“胡同”之谜》(5月21日第3版)、《续“胡同”之谜》(7月21日第6版)诸文，质疑蒙古语说。张清常先生以《胡同之谜质疑》(6月13日第3版)、《又说胡同》(6月23日第3版)回复。中国社会科学院民族研究所研究员照那斯图先生也发表短文《胡同的语源和语义》(7月14日第6版)支持张先生，随后又在《民族语文》(1991年第6期)上发表《论汉语中的蒙古语借词“胡同”》一文，深入论说。同年，著名蒙元史专家、云南师范大学历史系教授方龄贵先生在其专著《元明戏曲中的蒙古语》中亦明确支持张先生的说法。[④] 有了照那斯图、方龄贵两位专家的支持，张先生自信“水井说得以确立”[⑤]，并陆续在学术刊物上发表《胡同借自蒙古语水井答疑》等文章反复申论。然而人们对“水井”说的疑虑并未打消，质疑声仍不绝于耳。1997年，著名诗人流沙河先生还在《新民晚报》发表《满语之孑遗》一文(2月9日第10版)，认为“胡同”源自汉语“巷”，得到周汝昌先生的赞同(《新民晚报》3月4日第14版《满语与胡同》)。[⑥] 直到现在，认为“胡同”是汉语者大有人在，而且研究日渐深入，不断地撼动着蒙古语说。

二、蒙古语诸说辨析

(一)“城子”说

日本人多田贞一于1944年在其《北京地名志》一书称：“胡同正写是衚衕，相当于小通路、横街、小巷等。它是从蒙古语来的。据北京大学今西君说，外蒙黑城的浩特[⑦]、虾夷族(按日本国阿夷努人)神居古潭的抠探也是同一语的传讹。在蒙古，比村稍大的部落就叫胡同。北京也是很早就有称为胡同的事了，今天几乎被完全使用在街道的意义上，胡同的意义却是更近于村、镇的。据最近从蒙古来的人说，锡林郭勒地方的包(按：蒙古包)，五个六个集在一起，就称为胡同。”[⑧]

---

① 参见张清常著《胡同及其他》(增订本)自序，北京语言大学出版社，2003年；王越：《北京胡同起源再探——论胡同与水井无关》。

② 岑麒祥编纂：《汉语外来词词典》，商务印书馆，1990年，第154页，内称“胡同，〔蒙 huttōk〕原是‘水井’的意思，后转用为指城镇中的小街巷”。

③ 刘正埮等编：《汉语外来词词典》，上海辞书出版社，1984年12月，第141页。罗竹风主编：《汉语大词典》，汉语大词典出版社，1990年，第6卷，第1208页。

④ 方龄贵著：《元明戏曲中的蒙古语》，第322—326页。

⑤ 张清常著：《胡同及其他》(增订本)，第68、69页。

⑥ 参见任继昉《“胡同”：谱系关系新视野》，载《中国语文》2006年第5期。

⑦ 此说误，“黑城”在今内蒙古阿拉善盟额济纳旗境内，蒙古语作“哈拉浩特”。

⑧ 〔日〕多田贞一著，张紫晨译：《北京地名志》，第11页。

此说纯系推测，其产生仅因“胡同”与中世纪蒙古语“qotan”（现代蒙古语作“qota”）一词（义为城、城市，牧区由数户集居而成的居民点，引申为乡村、村庄）语音相像而已，并无任何依据，故鲜有和者。照那斯图先生在比对明代汉文文献对“qotan”一词的各种音写后，认为：“蒙古语的‘城子’和汉语的‘胡同’之间在语音上不存在必然的联系。”“从语义的角度看，说‘胡同’源于‘城子’也不大好说。”“表示‘城市’和‘乡村’这么重要概念的一个词怎么变成了‘街道’‘通路’等具有如此具体概念的词呢？……这恐怕无法解释。”①

（二）“巷子”（γudum 或 γudumǰi）说

刘正埮等编《汉语外来词词典》第 141 页称：胡同、小巷，又作“衚衕”。源于蒙古语“gudum”。罗竹风主编《汉语大词典》第 6 卷第 1208 页亦称：“源于蒙古语 gudum。元人呼街巷为胡同，后即北方街巷的通称。”B·斯钦巴特尔在其《进入汉语中的蒙古语词》（蒙古文）一文中认为，忽必烈薛禅汗扩建北京城时，蒙古语 γudumǰi（胡同）一词被汉语吸收。② 著名蒙古史学家札奇斯钦教授也推测称：“‘胡同’一语不见于江南，可能是蒙古语 ghotomji（巷子）的转音。”③ 北京大学外国语学院林毅在其《阿尔泰语言学视角下的“胡同”语义语源考》一文中认为，“胡同”最初是“狭窄中空通路的统称”，随着时代变迁，其“语义场缩小，最终变成现在仅表示‘窄巷’的概念”。故“蒙古语 γudum 是‘胡同’的直接语源具有很大的合理性”。④

此说亦系推测。照那斯图先生指出，蒙古语“γudum 或 γudumǰi 在语音结构上与‘胡同’相似，在词汇意义上与‘胡同’相当，但它也不是‘胡同’的直接语源。据笔者考察，它不见于元明时期汉蒙对译的各种汉籍文献，也不见于八思巴字文献和《穆哈蒂玛特·阿勒·阿塔布辞典》，从回鹘式蒙古文文献中也没查得，甚至近代著名的大型工具书例如《蒙俄法大辞典》《五体清文鉴》等都未曾收录。由此可见，这个词在元代有没有都成问题。如果这个词与汉语的‘胡同’之间存在必然的联系，那可能是后期的事情了。有人认为 γudum 与 quduγ 是同一个词根的两种不同语音变体。γudum(ǰi) 与‘胡同’关系的最后澄清，有待于 γudum(ǰi) 的语源和历史的考定”⑤。

照那斯图先生的见解是有道理的。至于 γudum（街巷）与 quduγ（井）是否是同词根的不同语音变体，目前只有斯钦朝克图编《蒙古语词根词典》（Mongγul üges-ün ijaγur-un toli，1988 年）持肯定的说法。其第 1136 页“qudduγ”条称：“qudduγ 井，胡同。①掘地出水取用的洞穴。②〈引申〉γudumǰi（胡同）。源于因每个胡同都有一口井而得名：qudduγ——yeke ǰegeli（《月光词典》）。汉语（胡同）亦借自蒙语。”第 1137 页称：“γudum 胡同，走廊。①街道的房屋间的路，也称 γudumǰi，亦称 qudduγ。”其他收有 γudum 及 γudumǰi 的蒙古语词典，如《蒙俄词典》（А·лувсандэндэв《Монгол орос толь》，1957

① 照那斯图：《论汉语中的蒙语借词“胡同”》，载《民族语文》1991 年第 6 期。

② 巴·达瓦达格巴编：《蒙古语言研究论文集》（Mongγol kele sinǰilegen-ü ügülel-üd），内蒙古人民出版社，1987 年 1 月，773 页。

③ 札奇斯钦著：《蒙古文化与社会》，“台北商务印书馆”，1987 年 11 月，第 192—193 页。

④ 见《吉林大学社会科学学报》2009 年第 1 期。

⑤ 照那斯图：《论汉语中的蒙语借词“胡同”》。

年)、Я·策布勒编《简明蒙古语词典》(Mongγol kelen-ü tobči tayilburi toli，1966 年)、内蒙古教育出版社编《蒙汉词典》(Mongγol kitad toli bičig,1975 年)、民族出版社编《汉蒙对照词汇》(Kitad mongγul üges-ün toli,1976 年)、那木吉拉玛整理《二十八卷本辞典》(Qorin naimatu tayilburi toli，1988 年)、拉西东日布主编《学生蒙古语词典》(Suruγči-yin mongγul kelen-ü toli，1989 年)、内蒙古大学蒙古学研究院蒙古语文研究所《蒙汉词典》(Mongγol kitad toli，增订本，1999 年)等，其释义无一涉及 qudduγ(井)者。

有学者指出,元末高丽朝的汉语教科书《老乞大》(古本)中,“胡同”写作“胡洞”①,而且“井与胡洞在《老乞大》中同时出现,说明井和胡同不是同一词素,胡同与井无关”。②据此，似可断定 γudum 与 quduγ(qudduγ)并非同根词，不可混为一谈。

(三)“水井”(qudduγ)说

张清常先生推测说：“蒙古族在沙漠地区用水困难，逐水草而居。进入金中都和元大都里汉人居住的街巷，感兴趣的是几乎绝大多数的巷里路上都有水井。蒙古语水井叫作 huddug(用汉语拼音方案模仿早期蒙古语的近似音)。由于蒙古族人认为在汉人居住地区里，水井跟巷密切相连，所以蒙古语 huddug 在本义水井之外，后来又衍生出街巷的意思。当汉人总听见蒙古人提到汉人小巷时就说 huddug，汉人也误以为蒙古语把巷叫作‘胡同’(这是蒙古语 huddug 的近似音)，也就跟着叫。”“日久天长，蒙古人也意识到井跟巷的关系。蒙古语把小井叫作 xiangd(这声音听起来很像近代汉语北方语的巷 xiang)，可能因为有巷就有井。”③“在元朝的时候，从蒙古语看来，注意的是井，有井自然有居民，huddug 和 xiangd 就是井，huddug 也是小街，huddug 是蒙古语自己的词，xiangd 是借汉语巷的音。从汉语来看，胡同和巷都是小街，根本没有往井上想；胡同是汉语吸收的蒙古语借词,巷是周朝《诗经》里就有的词。”④张清常先生还进而推测说，明代汉人在义译蒙古语 huddug[xuttuk] 时，利用了古代汉语中义为“通街”的衕，又沿袭义译外来事物多冠以胡字的旧习，新造了个衚，从行，表示街道；衚又表音 hu，而且表示外来的事物称呼。故“衚衕”是音兼义译新造的双音节单纯词。⑤

此说的理由或根据可大致归纳如下：

1. 元末《析津志》的著者熊梦祥“是第一个指出胡同借自蒙古语的人”。⑥明代沈榜撰《宛署杂记》也称“胡同出自蒙古语”。⑦胡同在旧籍中又有胡洞、衚衕、湖洞、衙衕、衚衕、街通、火衖、火弄等多种写法，也说明是借字表音。⑧

2. 我国北方一些城市特有的“胡同”这个词始见于元代。[日]若城久治郎编《辽史索引》中没有“胡同”及其异写即为一证。元朝还没有“衚”字，它最早也要在明

---

① 汪维辉编：《朝鲜时代汉语教科书丛刊》(二)，中华书局，2005 年，第 145 页。转引自王越《“胡同”一名源于汉代的“巷”》，载《北京联合大学学报》(人文社会科学版)，2009 年第 7 卷第 2 期。
② 王越：《“胡同”一名源于汉代的“巷”》。
③ 张清常著：《胡同及其他》(增订本)，第 71 页。
④ 张清常著：《胡同及其他》(增订本)，第 72 页。
⑤ 张清常著：《胡同及其他》(增订本)，第 14 页。
⑥ 张清常著：《胡同及其他》(增订本)，第 72 页。
⑦ 张清常著：《胡同及其他》(增订本)，第 49 页。
⑧ 张清常：《释胡同》，载《语言教学与研究》1985 年第 4 期。

朝中叶，即16世纪后半叶才出现。①

3. 明代茅元仪辑《武备志》所引《蓟门防御考》将蒙古语“井”注音为“忽洞”，在语音结构上与“胡同”几无差别，“直接反映了它与 qudu γ 之间的等同关系”，“这一条材料，大概可以成为胡同原义为水井的最有力的文献证据”。②

4. 清代阿格旺丹达尔编《详解月光词典》〔Ner-e udq-a-yi tododqaqači saran-u gegen gerel kemegdekü dokiyan-u bičig orosiba，藏蒙词典，道光十八年（1838年）版〕释蒙古语“井”（qudduγ）为“大街”（yeke ǰegeli）。③

5. 北京城区有许许多多胡同因水井而得名，如水井胡同、井儿胡同、二眼井、三眼井、大井胡同、小井胡同、赵家井、丁家井之类。④

6. 蒙古语“xiangd”（浅井）是汉语借词“巷”。

以上理由或根据能成立吗？让我们来分析一下：

1. 查元末熊梦祥《析津志》辑本原文作：“街制……三百八十四火巷，二十九衖通。衖通二字本方言。”⑤张清常先生认为，“衖通就是胡同”，“按照中国古代的概念，方言包括外族语言。因此《析津志》这一句话，意思是说衖通二字本蒙古语。”⑥明代沈榜撰《宛署杂记》原文作，宛平街道“以衚衕名者，凡三百一十二。衚衕，本元人语，字中从胡从同，盖取胡人大同之意”⑦。

仅以中国古代“方言包括外族语言”就断言胡同是蒙古语，未免失于武断。何况古人所谓方言常指汉语方言，如汉代扬雄的《輶轩使者绝代语释别国方言》（简称《方言》）即是显例。王越先生指出：“南北朝时，出现了‘衖’的吴音‘弄’。‘衖通’系吴音方言‘弄堂’，同‘弄’。‘水井假说’把‘衖通’释为蒙语，显然错误。”⑧至于沈榜对“胡同”的释义，虽荒诞无稽，不可凭信，但“字从胡从同，盖取胡人大同之意”却表明所谓“元人语”是汉语，绝非蒙古语。张清常、照那斯图两先生理解有误。⑨

2. 就目前所知的文献记载来看，说“胡同”（包括其异写）一词始见于元代似可，但断言其产生于元代则绝不可。一般而言，某事物之见于记载，往往晚于其出现之时，甚至在很久以后。作为民间俗语，一般官书中记载“胡同”的可能甚小，故《辽史索引》中没有“胡同”及其异写是很自然的，并不能说明辽代就一定无“胡同”之说。何况辽代统和年间幽州（今北京）法源寺僧人行均根据写本《佛藏音义》编撰的《龙龛手镜》（公元997年成书。后改称《龙龛手鉴》）已有“衚”字，注称：“俗，音胡。”⑩虽未注明义

① 张清常著：《胡同及其他》（增订本），第1、30、75页。

② 照那斯图：《论汉语中的蒙语借词“胡同”》。

③ 斯钦朝克图编：《蒙古语词根词典》（Mongγul üges-ün ijaγur-un toli），内蒙古人民出版社，1988年4月，第1136页。

④ 张清常著：《胡同及其他》（增订本），第1—2页。

⑤ 〔元〕熊梦祥著，北京图书馆善本组辑：《析津志辑佚》，北京古籍出版社，1983年，第4页。

⑥ 张清常著：《胡同及其他》（增订本），第72页。

⑦ 转引自王力主编《王力古汉语字典》，中华书局，2000年，第1201页。

⑧ 王越：《“胡同”一名源于汉代的“巷”》。

⑨ 照那斯图的误解见其《论汉语中的蒙语借词“胡同”》一文。

⑩ 〔辽〕释行均撰：《龙龛手镜》，商务印书馆，《四部丛刊》续编经部第十五影印双鉴楼藏宋刊本，民国十八年（1929年），卷3，第50页。

为街巷，但据“古从‘行’之字，或省其右作‘彳’，或省其左作‘亍’”的惯例，“衚”字当即“衕”之“省其右”①，含义当与“行走”有关，很可能指称某种街巷，否则也不会有日后的“衚衕”连称。

3. 明代《蓟门防御考》将蒙古语“井”注音为“忽洞”，虽与“胡同”读音极为相近，但并没有语义上的联系，也无法支持“水井”说。

4.《详解月光词典》释蒙古语“井”（qudduγ）为“大街”（yeke ǰegeli），不但不能支持“水井”说，反而是对其不利的例证。因为“胡同”本指小街巷，释作“大街”语义不合。况此释义是孤例，不见于《穆卡迪玛牧蒙古语词典》（约 14 世纪初或中叶），内蒙古蒙古语言文学历史研究所整理《二十一卷本辞典》（Qorin nigetü tayilburi toli，康熙五十六年编纂，1717 年）、《御制满珠蒙古汉字三合切音清文鉴》（乾隆四十五年，1780 年），〔俄〕科瓦列夫斯基编《蒙俄法词典》（Монгольско-русско-французский словарь，1844 年），释迦编著《蒙古语详解词典》（Mongγol ügen-ü tayilburi toli，1926—1929 年间成书），日本陆军省编纂《蒙古语大辞典 · 蒙和之部》（1933 年出版），Я · 策布勒编著《蒙古语简明解释词典》（Mongγol kelen-ü tobči tayilburi toli）、《蒙汉词典》（Mongγol kitad toli bičig）、《汉蒙对照词汇》（Kitad mongγul üges-ün toli），那木吉拉玛整理《二十八卷本辞典》（Qorin naimatu tayilburi toli），拉西东日布主编《学生蒙古语词典》（Suruγči-yin mongγul kelen-ü toli），内蒙古大学蒙古学研究院蒙古语文研究所《蒙汉词典》（Mongγol kitad toli，增订本）等古今词典及蒙古文旧籍。这个“我们迄今所发现的最早的‘水井’说”，应该是阿格旺丹达尔的一个错误。

5.“北京城区有许许多多胡同因水井而得名”并不能支持“水井”说。北京市地理学会王越先生即质疑称：“如井确称胡同，则‘四眼井胡同’岂不成了‘四眼胡同胡同’，我们同样未见此类例证。”② 以此类推，水井胡同、大井胡同、赵家井之类就不该存在，应该叫水胡同、大胡同、赵家胡同。

6. 说蒙古语 xiangd 是汉语借词“巷”毫无根据。蒙古语 xiangd，《二十八卷本词典》意为“临时使用的井”，“指在涌水附近处浅掘出水，不设围栏，临时使用的〔浅井〕”。③Я · 策布勒编《简明蒙古语词典》（Mongγol kelen-ü tobči tayilburi toli）意为“小泉水”。④ 内蒙古大学蒙古学研究院蒙古语文研究所《蒙汉词典》（Mong γ ol kitad toli，增订本）意为“小浅井、（水位高的）二阴地、下湿地”。⑤ 斯钦朝克图编《蒙古语词根词典》（Mongγul üges-ün ijaγur-un toli）意为“涌泉，淘浅井”。⑥ 在诸蒙古语词典中，蒙古语 xiangd 从未有“街巷”之含义。

---

① 参见任继昉《“胡同”：谱系关系新视野》。

② 王越：《北京胡同起源再探——论胡同与水井无关》。

③ 那木吉拉玛整理：《二十八卷本辞典》（Qorin naimatu tayilburi toli），内蒙古人民出版社，1988 年，第 1422 页。

④ Я · 策布勒编：《简明蒙古语词典》（Mongγol kelen-ü tobči tayilburi toli），内蒙古人民出版社，2002 年，第 632 页。

⑤ 内蒙古大学蒙古学研究院蒙古语文研究所编：《蒙汉词典》（Mongγol kitad toli，增订本），内蒙古大学出版社，1999 年，第 971 页。

⑥ 斯钦朝克图编：《蒙古语词根词典》（Mongγul üges-ün ijaγur-un toli），第 1697—1698 页。

三、我之拙见

综上所述，我认为，截至目前，“胡同”源于蒙古语说尚缺乏直接并可靠的依据，故不能成立。有人质疑说：“北京这一城市源远流长，西周为蓟城，春秋为燕国都，辽为南京，金为中都，其街巷古有名称，怎么会到元人定鼎大都后才突然用蒙古语的水井的译音词‘胡同’来称呼小街巷呢？”①“住得分散的游牧民族也许无‘巷’吧？”②我认为这种质疑是有道理的。众所周知，人口聚集、城邑发达是定居文明的显著特点，而游牧文明则相反：人口分散，无城邑或城邑小而简单，且往往随国势骤衰而废弃。只要比较一下汉蒙两语表示街巷的词汇，即可证明这种差异。

早在东汉许慎所撰《说文解字》中，表示道路者就有“道”（所行道也。一达谓之道）、“径”（步道也。徐锴曰：道不容车，故曰步道）、“術”（邑中道也）、“街”（四通道也）、“衢”（四达谓之衢）、“衜”（“衝”的古体，通道也）、“衕”（通街也）、“郒”（邻道也。胡绛切）、“䢼”（里中道。胡绛切）九字③，其中专用于表示街巷的至少有四五个。以后又有了“巷”“弄”“衖”“衚通”“衚衕”等。

而从古至今，整个蒙古语中表示道路的词语大约有“mör”（蒙元、北元时期，音“抹儿”，意为“路”）、“tergekür”（蒙元、北元时期，音“帖儿格兀儿”，意为“大道”）④、“ǰam”（蒙元时期，音“站”，意为“驿路”。近代意为“道路”，现代方用于街道）、“ǰim”（音“吉木”，意为“小径”）、“ǰörig”（音“卓里格”，意为“狭路、小径”）、“čobuγ-a”（音“朝布嘎”，意为“小道、小路、小径”）、“ǰegeli”（音“哲勒”，即汉语借词“街”，意为“街道、大街”）、“γudum”或“γudumǰi”（音“古都木”“古都木吉”，意为“胡同、巷、小街”）等，其中专用于表示街巷的只有“ǰegeli”“γudum”或“γudumǰi”，而且前者还是汉语借词。在中国最大的《汉蒙词典》（增订本，内蒙古人民出版社，1983年）中，与“街”“衕”“衖”“巷”“衚”语义对应的蒙古文词汇也只有“ǰegeli”和“γudumǰi”。⑤

国家历史文化名城之一的呼和浩特的旧街巷名称似可作旁证。该城系北元蒙古土默特部阿勒坦汗所建（明廷赐名归化城），蒙汉杂居，街巷众多。当地汉语方言称“巷”（hàng）或“和浪”（“巷”的分音词）、“和浪子”，无一称“胡同”者。就笔者所见清代土默特地方蒙古文房地契约（自乾隆年间以降）中，凡汉语称“街”者，蒙古文均写作“ǰegeli”；汉语称“巷”者，蒙古文多写作“qalangzi”（和浪子，有qalaγzan，qalanzan等不规范的音写），亦有写作“qang”（巷）或“ǰegeli”（街）者；只有一件因残缺而年代不明的蒙古文契约音写作“kütüng~güdüng”（胡同）。

因此，我认为“胡同”一称源自蒙古语的可能性不大，它应当是汉语。从蒙古语

① 周士琦：《胡同·水井·火巷》，载《语文建设》1994年第2期。

② 任继昉：《“胡同”：谱系关系新视野》。

③ 〔汉〕许慎撰：《说文解字》，中华书局，1963年，第42、43、44、136、137页。

④ 〔明〕火源洁撰：《华夷译语》，《北京图书馆古籍珍本丛刊》6，书目文献出版社，2000年，第4页。

⑤ 内蒙古自治区社会科学院蒙古语言文字研究所编：《汉蒙词典》（增订本），内蒙古人民出版社，1983年，第778、1589、629、1751、1752页。

"γudum"或"γudumǰi"出现甚晚和读音与"胡同"相似来看，我怀疑它和借自汉语的"ǰegeli"一样，可能源于汉语"胡同"和"胡同子"。在汉语北方方言中，有将"胡同"读作"圪洞""黑拉"(义为缝隙)、"圪拉"者，如晋语方言。[①] 从语音上看，"胡同"(圪洞)演变成"γudum"是可能的。

① 邢向东著：《神木方言研究》，中华书局，2002年，第307、310页。

旭烈兀和伊利诸汗在中原的封户[①]

李兴
（内蒙古大学）

本文在日本学者松田孝一《旭烈兀家族的东方领地》一文的基础上提出不同看法，并增加了有关旭烈兀七千余户打捕鹰房以及河东陕右民户来源问题的相关内容，也针对旭烈兀家族的彰德路五户丝封地的部分问题进行了再探讨。

旭烈兀为元睿宗拖雷的嫡三子，其母为克烈部王汗的弟弟札阿绀孛的女儿唆鲁禾帖尼。旭烈兀生于1218年[②]，其早年主要活动于蒙古高原地区，但在1251年其兄蒙哥登大汗位后，“[蒙哥]合罕在他的兄弟旭烈兀汗的天性中看出了霸业的征候，并从他的作为中知道他的征服者的习惯”[③]。蒙哥汗于是下令旭烈兀领兵西征，“过去由拜住和绰儿马浑率领的被委派去担任探马的军队驻在伊朗，而由答亦儿—把阿秃儿率领，被派到客失米儿和印度担任探马的军队，全部归旭烈兀汗统率。……还决定从成吉思汗分给诸子、诸弟和诸侄的全体军队中，每十个人抽出两个人，作为额外人员，交给旭烈兀汗作为媵哲[分民]，随同他出征，服役于此方”[④]。旭烈兀于1253年率军启程，先后攻占了中西亚的大部分地区。在1257年攻占报达、灭阿拔斯王朝后，旭烈兀又继续进兵，攻占叙利亚等地。1259年，旭烈兀得知蒙哥汗卒于四川，于是留先锋怯的不花继续征服鲁木地区，自己则率军队返回波斯。回到波斯后，旭烈兀得知其兄忽必烈业已继位的消息，便不再东返，而是据有波斯，进而建立了伊利汗国。而在其建立伊利汗国后，也未与其中原领地失去联系，因而有关旭烈兀家族中原封户的研究有助于进一步完善旭烈兀的相关研究内容。本文主要着眼于旭烈兀的中原领地问题展开讨论。

---

① 本文为2017年度国家社科基金重大项目“13—14世纪波斯文蒙古史史料搜集与研究”（项目批准号：17ZDA191）阶段性成果。

② 据《史集》记载：“当这颗扫帚星在相当于663年4月19日星期日[1265年2月8日]的……月消逝时，巨大的不幸发生了。他（旭烈兀）共活了四十八个太阳年。”（《史集》第三卷，第97页）由此可以推断，旭烈兀出生于1218年。

③ [波斯]拉施特主编，余大钧译：《史集》第三卷，第29页。

④ 《史集》（汉译本）第三卷，第29、30页。

一、旭烈兀的中原领地问题辨析

（一）七千余户打捕鹰房

旭烈兀位下七千余户打捕鹰房，《元史·百官志》有载："初，太祖以随路打捕鹰房户七千余户拨隶旭烈兀大王位下。"①《元史》虽载元太祖（成吉思汗）将七千余户打捕鹰房分赐予旭烈兀，却并未言明旭烈兀受封的确切时间。

松田孝一据胡祗遹撰《大元故怀远大将军彰德路达噜噶齐扬珠台公神道碑铭》（以下简称《扬珠台公神道碑》）所言："太上皇四子，以公隶旭烈大王位下。西征，留公领本位诸局。"② 认为太上皇四子是拖雷，"西征"是指拖雷与成吉思汗一同西征，时间是在1219年，旭烈兀出生于1218年。"当时就已存在着由扬珠台（名叫那琳居准）管理下的旭烈兀大王属下的诸局。可见当时已赐予旭烈兀各种工匠了。由于工匠都是在战争期间俘虏所得，因而此属于旭烈兀的工匠应为1219年西征时所得。"③

笔者对这段史料记载有了不同的看法。这篇神道碑铭中提及至元二十九年(1292年)扬珠台（宴只吉台）家族内关于于彰德路达鲁花赤的承袭问题，而作者胡祗遹卒于至元三十年④，可见该神道碑铭的撰写时间应不晚于至元三十年，故应成文于元世祖时期。在此神道碑的开篇便提及扬珠台氏那琳居准的祖、父"相承为太祖、太宗图尔哈（秃鲁花 Turqaq）"，胡祗遹撰写碑文之时，已明确称成吉思汗为"太祖"，因此元世祖时期的"太上皇"应指拖雷，而非成吉思汗。"太上皇四子"应指阿里不哥，也非松田孝一所认为之拖雷，这进一步说明，碑文中的"西征"所指的是元宪宗（蒙哥汗）时期的旭烈兀西征，而非1219年的成吉思汗西征。也就是说，扬珠台氏那琳居准是在旭烈兀西征后管领旭烈兀名下的诸局。在此基础之上，以此来证明旭烈兀的七千余户打捕鹰房为1219成吉思汗西征后所得便不甚合理了。

旭烈兀是成吉思汗之孙，幼子拖雷的第三子，生于1218年，1219年旭烈兀才两岁，如此年幼便从祖父处得到七千余户打捕鹰房，着实令人感到不可思议。在现有史料中并未发现记载旭烈兀得此七千户的确切时间。据《元史·百官志》记载："太祖以随路打捕鹰房民户七千余户拨隶旭烈兀大王位下。中统二年始置（管领随路打捕鹰房民匠总管府）。至元十二年，阿八合大王遣使奏归朝廷，隶兵部。"元世祖中统二年（1261年）针对旭烈兀的打捕鹰房户设立总管府，加之阿八合大王（旭烈兀之子阿八哈汗）遣使奏报将打捕鹰房户归还朝廷，可见旭烈兀西征之时并未带走这批打捕鹰房户。

关于打捕鹰房，蒙元时期"御位及诸王皆有昔宝赤，盖鹰人也。及一天下，又设捕猎户，皆俾致鲜食以荐宗庙，供天庖，齿革、羽毛以备用"⑤。除了服务于皇帝、投下

① ［明］宋濂等撰：《元史》卷八五《百官一》，中华书局，1976年，第2141页。

② ［元］胡祗遹著，魏崇武、周思成点校：《胡祗遹集》卷一五《大元故怀远大将军彰德路达噜噶齐扬珠台公神道碑铭》，吉林文史出版社，2008年，第347页。

③ ［日］松田孝一著，马翼译：《旭烈兀家族的东方领地》，《蒙古学译文选》（历史专集），内蒙古社会科学院情报研究所编译，内蒙古社会科学院情报研究所，1983年，第28页。

④ 《元史》卷一七〇《胡祗遹传》，第3993页。

⑤ ［元］苏天爵撰：《国朝文类》卷四一《杂著·鹰房捕猎》，四部丛刊本。

领主等的狩猎活动，打捕鹰房户还需承担一定的差发，“除纳地税、商税，依例出军等六色宣课外，并免其杂泛差役”[①]。旭烈兀的七千余户打捕鹰房应是他的私属人口。由于旭烈兀建国于西域，已不能再在中原从事狩猎活动，且不便于管理，因此，及其子阿八哈汗继位，于至元十二年（1272 年）将七千余户打捕鹰房归还朝廷，元廷为了保障旭烈兀家族的权益，将这些私属人口交由兵部代管。至元成宗大德八年（1304 年），又重新为旭烈兀家族的打捕鹰房户设置官署，“管领本投下大都等路打捕鹰房诸色人匠都总管府，秩正三品。掌哈赞大王位下事。大德八年始置，官吏皆王选用”[②]。哈赞，《元史·宗室世系表》又译合赞（Qazan，1271—1304 年），是阿八哈汗之长子阿鲁浑汗的长子，元贞元年（1295 年）即汗位。[③]大德八年正式设置的打捕鹰房都总管府，官吏皆由哈赞大王自己选用。

旭烈兀所领七千余户打捕鹰房是否来自于成吉思汗的封赐也值得进一步讨论。据记载：“打捕鹰房户，多取析居、放良及漏籍孛兰奚，还俗僧道，与凡旷役无赖者，及招收亡宋旧役等户为之。”[④]此外还包括“亡金降兵、两淮新附手号军以及北来蒙古人户”[⑤]。针对这些收服的打捕鹰房，“自太宗乙未年（1235 年），抄籍分属御位下及诸王、驸马、公主各投下。及世祖时，行尚书省尝重定其籍，厥后永为定制焉”[⑥]。根据现有史料可知，元太宗七年（1235 年）的乙未籍户，正是为次年的丙申分封做准备，窝阔台是以真定民户整体分赐给拖雷家族，即以后来宪宗、世祖的口气，“奉太后汤沐”[⑦]，并未单独分赐给其诸子，更不会是成吉思汗时期封赐给旭烈兀。

在成吉思汗伐金时期，“方事进取，所降下者，因以与之”。“时诸王大臣及诸将校所得驱口，往往寄留诸郡，几居天下之半”，以致造成向大汗——朝廷缴纳贡赋的编民所剩无几。因此耶律楚材向窝阔台奏请“括户口，皆籍为编民”，此后才有窝阔台下“诏括户口，以大臣忽覩虎领之”，即所谓“乙未抄籍”和“丙申分封”。[⑧]可见在此以前，拖雷作为守产的幼子，兵多将广，灭金建功居首，所降下者及所得驱口当不在少数，而旭烈兀所有的七千余打捕鹰房户应属于战争中掠得的驱口，并非从大汗正规分封所得。

下文准备讨论的隶属旭烈兀的河东、陕右民赋，也应该属于这一类。

（二）河东陕右民户

关于这一部分民户，《大元河东郡公伯德公神道碑铭》（下文简称《伯德碑》）中有载：“初，河东、陕右民赋之隶王者，以重合剌总管之，附治解州。乃以公（伯德那）

---

① 《元史》卷一〇一《兵四·鹰房捕猎》，第 2599 页。

② 《元史》卷八五《百官一》，第 2141 页。

③ 《史集》（汉译本）第三卷；《元史》卷一〇七《宗室世系表·旭烈兀大王位》，第 2720 页。

④ 《元史》卷一〇一《兵四·鹰房捕猎》，第 2599 页。

⑤ 胡务著：《元代打捕鹰房——兼对〈元史·兵志鹰房捕猎〉补正》，《西南师范大学学报》（哲学社会科学版），1992 年第 2 期，第 100 页。

⑥ 《元史》卷一〇一《兵四·鹰房捕猎》，第 2599 页。

⑦ 《元史》卷一《太宗纪》，第 35 页。

⑧ 宋子贞：《中书令耶律文正公神道碑》，《国朝文类》卷五七，四部丛刊本。

为副。"[①] 松田孝一根据前文"时诸王旭烈因重兵镇朔方"这一描述，判断"河东、陕右地区的民赋收入是属于旭烈兀的权益，为了管理这些地区，旭烈兀在解州设立了衙门，以重合剌为总管，伯德那为副"。《伯德碑》又载：

辛亥春，长安僧仇诬玄都道士谋置毒于酒，将不利王。有司连逮数百人，死榜掠者往往而是。公时使王所和林，力状其冤。王悟，命释之。公昼夜兼驰，至长安教谕。

据此，松田孝一解释称："发生在长安地区的毒酒事件，说明旭烈兀在长安是行使了司法权的，并说明旭烈兀的势力范围从他的治所解州一直到达长安地区。"[②] 而根据《伯德碑》下文所载"癸丑，贡职，王嘉公识大体，且辩捷，可代重合剌总管"一句，松田孝一认为"在（旭烈兀）西征途中的一二五三年，伯德那作为管理旭烈兀在河东、陕右民赋的副总管去向旭烈兀缴纳贡赋，当然是为了解决西征的军费"。而《伯德碑》曾言伯德那于至元庚午，也就是至元七年（1270 年）告老卸职，进而松田氏认为旭烈兀对于这些地区的权益一直持续到 1270 年。

松田孝一发现《伯德碑》的史料记载并引发的推论大体是正确的，但他没有解释旭烈兀因何拥有河东、陕右民赋。《伯德碑》前文载：

国初，岁在庚辰(1220)，大兵西征，班勒纥平，于是公年十有三年矣。……乃悉族来归。时诸王旭烈引重兵镇朔方……戊戌(1238)南征，围安丰。……城陷，策功，赏独厚。王由是知公，拔置帐下。

伯德那是庚辰大兵西征来归的，也就是成吉思汗西征时内附。当时旭烈兀才两岁，只能是归附其父拖雷。所谓戊戌南征，应指 1234 年蒙古灭金后发动的征宋战争，这时旭烈兀已成年，也曾"引重兵"参与围南宋安丰军（治今安徽寿县）之役。由于伯德那陷城有功，得到旭烈兀的赏识，"拔置帐下"，接着又提拔为管理他所辖河东、陕右民赋的副总管。

由此可见，旭烈兀拥有河东、陕右民赋在 1238 年左右。

《元史·地理志》载："河中府……元宪宗在潜，置河解万户府，领河、解二州。"[③] 显然，蒙哥所置河解万户府就是上述旭烈兀的辖地，"在潜"也就是蒙哥 1251 年即汗位之前，他还是一位普通诸王，何以有权在这里置万户府，很可能这地区本归拖雷家族所有，在拖雷去世后，就由长子蒙哥总管，通过家族内部分配分给了旭烈兀。

《元史·直脱儿传》载："[太宗]四年（1232），收河南、关西诸路，得民户四万余，以属庄圣皇太后为脂粉丝线颜色户。"[④] 庄圣皇太后即拖雷之妻唆鲁和帖尼，元宪宗、世祖二帝之母，"至元二年（1265），追上尊谥庄圣皇后。"[⑤] "庚寅（1230）秋，太宗伐金，命拖雷帅师以从，破天成堡，拔蒲城县[⑥]……遂渡河，攻凤翔[⑦]。……辛卯（1231）春，

① [元]程钜夫著，张文澍校点：《程钜夫集》卷一八《大元河东郡公伯德公神道碑铭》，吉林文史出版社，2009 年，第 214 页。

② [日]松田孝一著，马翼译：《旭烈兀家族的东方领地》，《蒙古学译文选》（历史专集），第 28 页。

③ 《元史》卷五八《地理一》，第 1380 页。

④ 《元史》卷一二三《直脱儿传》，第 3035 页。

⑤ 《元史》卷一一六《后妃二》，第 2987 页。

⑥ 皆属河中府，《元史》卷五八《地理一·晋宁路·河中府》，第 1380 页。

⑦ 拖雷此行军路线正式横穿陕右，即关中地区。

破洛阳、河中诸城。”随后“拖雷总右军，自凤翔渡渭水，过宝鸡……涉宋人之境，沿汉水而下。……由金取房……趋均州”。壬辰（1232 年）春，率军北上，大败金军于钧州三峰山，又“从太宗收定河南诸郡”。① 可见上述太宗四年所收河南、关西诸路民户，乃这次征战所得。战后不久，拖雷病故，遗产由寡妻唆鲁和帖尼继承，由于民户属后妃，概称为“脂粉丝线颜色户”，如同七千余打捕鹰房户，并非全是一种户计，旭烈兀所得打捕鹰房户和河东、陕右民户，应都是从拖雷所收河南、关西诸路民户分得。

其次，忽必烈于蒙哥汗三年（1253 年）“受京兆分地”②，这便与旭烈兀的领地发生冲突。这一问题松田孝一也已发现，并在文章中提出质疑。松田孝一认为，旭烈兀对河东、陕右地区的统治权至少持续至至元七年，并且以《伯德碑》中所言“癸丑，贡职”③一句进一步阐释为，“伯德去纳贡是在一二五三年，即京兆地区被赐给忽必烈的同一年，并且还被升任总管，可见河东、陕右的权益仍然被旭烈兀保持着”④。伯德前去向旭烈兀贡职的目的应该是上交河东、陕右地区的民赋以供军需。《元史》记载，蒙哥汗继位后的第二年壬子（1252 年），他决定再一次向外四出征略，“秋七月，命忽必烈征大理……旭烈征西域素丹诸国”，同时在已征服地区“籍汉地民户”，“大封同姓”⑤，蒙哥让忽必烈于南京（元汴梁路）、关中“自择其一”。姚枢向他建议：“南京河徙无常，土薄水浅，舄卤生之，不若关中，厥田上上，古名天府陆海。”⑥ 因此，忽必烈选择受领关中。从蒙哥让忽必烈在南京、关中选择分地看，此二地以前并没有主，更不可能剥夺三弟的分地转赐给其二弟。何况如下文所述，旭烈兀同时也得到彰德路的分地。因此只能判断，旭烈兀在河东、陕右境内有部分属于他的民户，由他派遣总管治理，对领主有缴纳赋税的义务。他们来自拖雷征伐河中、关中时所得，不同于兼有领地的五户丝分封。

二、旭烈兀受封彰德路时间再探讨

在《元史》的相关记载中，旭烈兀也领有自己的五户丝封邑。据《元史·食货志》记载：

> 睿宗子旭烈大王位：
>
> 岁赐，银一百锭，段三百匹。
>
> 五户丝，丁巳年，分拨彰德路二万五千五十六户。

《元史》将旭烈兀受封时间记载为丁巳年，也就是蒙哥汗七年（1257 年）。但在《大元故蒙轩先生田（文鼎）公墓志铭》（以下简称《田公墓志铭》）中曾言：“岁壬子（1252 年），辅国贤王定封彰德为分地，擢用贤隽，特授公（田文鼎）为本道课税所经历。”⑦ 在《田公墓志铭》中将旭烈兀受封彰德路的时间记载为宪宗二年（1252 年），这便与《元史》

① 《元史》卷一一五《睿宗传》，第 2885 页。

② 《元史》卷四《世祖纪一》，第 59 页。

③ ［元］程钜夫著：《大元河东郡公伯德公神道碑铭》，第 214 页。

④ ［日］松田孝一著，马翼译：《旭烈兀家族的东方领地》，《蒙古学译文选》（历史专集），第 34 页。

⑤ 《元史》卷三《宪宗纪》，第 46 页。

⑥ 《元史》卷一五八《姚枢传》，第 3713 页。

⑦ ［元］王恽著，杨亮、钟彦飞点校：《王恽全集汇校》卷四九《大元故蒙轩先生田公墓志铭》，中华书局，2013 年，第 2336 页。

的相关记载产生分歧。而《扬珠台碑》所记内容却可以作为《田公墓志铭》的佐证,其言:

太上皇四子,以公隶旭烈大王位下。西征,留公领本位诸局。继受令旨,充本位下达噜噶齐。先帝龙飞,金符授彰德路达噜噶齐,一本位汤沐邑也。未几,配虎符,职如故。①

这条史料是说扬珠台氏作为旭烈兀的藩臣,在旭烈兀西征之后充任其封地内达鲁花赤并统领封地内诸局,由此可见在旭烈兀西征之时便已受领彰德路作为投下食邑,而这也进一步说明《田公墓志铭》中关于旭烈兀于元宪宗二年(1252年)获封彰德路这一记载是正确的。

在扬珠台受领彰德路达鲁花赤的同时,彰德路总管的人选也由旭烈兀举荐确认。根据《元史·高鸣传》记载:"诸王旭烈兀将征西域,闻其贤,遣使者三辈召之,鸣乃起,为王陈西征二十余策,王数称善,即荐为彰德路总管。"②这一事件发生的时间在元好问所著《送高雄飞序》当中有明确的记载,"七月甲申,漕司从事河东高鸣雄飞,被贤王之教,当乘传北上",在文末署"壬子秋二十又七日"③。可见高鸣前往漠北觐见旭烈兀的时间为蒙哥汗壬子年[蒙哥汗二年(1252年)]秋七月二十七日,此时旭烈兀将他举荐为彰德路总管,可见旭烈兀已掌握任命彰德路官员的权力,而这也正是元代投下封王的基本权力之一。由此也可证,《元史》记载旭烈兀于蒙哥汗七年(1257年)获封彰德路的记载是错误的。对此,松田孝一也解释称:"旭烈兀进行西征之前便已被封给了彰德地区,他还进行了选任达鲁花赤、总管、课税所经历等封地官员的工作。……但是直到一二五七年左右达鲁花赤和总管才同时到任,因此《元史·岁赐》所记一二五七年正是旭烈兀的属官们赴任的年代。"④

有关旭烈兀彰德路属官赴任这一问题,达鲁花赤那琳居准于蒙哥汗丁巳岁[蒙哥汗七年(1257年)]前往彰德路赴任,而王恽所撰《故将仕郎汲县尹韩府君(澍)墓表》也记载:"丙辰岁(1256年),朝廷以相(相州,即彰德)之五县封太弟为采邑,继郡帅例肆觐,君(时为属吏)毅然以民计从。……明年春,降玺书起聘太原高公鸣为彰德路总管。"⑤可见高鸣赴任彰德路总管的时间同样为蒙哥汗七年。这便有一问题需要进一步论证,即旭烈兀于蒙哥汗二年(1252年)获封彰德路,并且于次年便已选定相应的达鲁花赤与总管长官,为何这些官员却迟至蒙哥汗七年才去赴任。在松田孝一的文章中并未就这一问题展开讨论,而笔者在结合其他史料及前人研究的情况下,认为此现象与彰德路原有地方势力有关系。

《元史·地理志》中"彰德路"条曾记载:"彰德路,唐相州……元太宗四年,立彰德总帅府,领卫、辉二州。宪宗二年,割出卫、辉,以彰德为散府,属真定路。"⑥彰德路以"居十路之一,又当南北之要冲"⑦的重要军事地理位置,使得元太宗四年(1232

① [元]胡祇遹著:《胡祇遹集》卷一五《大元故怀远大将军彰德路达噜噶齐扬珠台公神道碑铭》,第347页。
② 《元史》卷一六〇《高鸣传》,第3758页。
③ [金]元好问著:《元好问文编年校注》卷六《送高雄飞序》,中华书局,2011年,第1218—1221页。
④ [日]松田孝一著,马翼译:《旭烈兀家族的东方领地》,《蒙古学译文选》(历史专集),第30页。
⑤ [元]王恽撰,杨亮、钟彦飞点校:《王恽全集汇校》卷六〇《故将仕郎汲县尹韩府君墓表》,第2643页。
⑥ 《元史》卷五八《地理一》,第1360页。
⑦ [元]胡祇遹著:《胡祇遹集》卷一五《大元故怀远大将军怀孟路达噜噶齐兼诸军鄂勒蒙古公神道碑》,第349页。

年）在此设立总帅府。金亡后，“中书粘合珪开府彰德”[①]，而“世为通州潞阳人”的李秉彝“在中书平章粘合（南合）公门下……秉彝频岁从军南伐，以定省不时为忧。于是迎公南来，卜居相（彰德）下，以便侍奉。……秉彝从中书公出镇名藩，周旋半天下，始终左右，逾二十年”。[②]此中所提到的“粘合公”即后来出任平章政事的粘合南合[③]，粘合南合在彰德地区出镇二十年，而其赴任彰德的时间，据《元史·粘合重山传》记载：“（太宗）十年，诏其（粘合重山）子江淮安抚使南合，嗣行军前中书省事。”[④]粘合南合于元太宗十年（1238年）被诏继任彰德中书省事，而其于彰德留任二十余年，也就是说，粘合家族在彰德地区的统治权力一直持续至1258年左右。而这也很好地解释了为何旭烈兀于蒙哥汗二年（1252年）受封彰德路，蒙哥汗三年选定封地内的行政长官，而这些官员却迟至蒙哥汗七年才赴任。

三、旭烈兀家族对彰德路的管理

旭烈兀于1252年受封彰德路，次年领兵西征。针对其彰德食邑，旭烈兀家族主要是委派官员，元朝政府代其进行管理。彰德路被封给旭烈兀之后，旭烈兀选派官员来代其统治，而这些官员“往往由王府怯薛家臣担任。即使在领地路州直隶省部的情况下，他们仍旧可以代表诸王掌管领地”。[⑤]之后因旭烈兀家族远在波斯，加之元世祖继位后下令地方官员行迁转法，各地地方长官任期不得超过三年，因此继任官员主要由元廷进行委派，以保障旭烈兀家族的分封利益。

由元廷所派官员史书记载粗疏简陋，笔者亦不再赘述，此处仅就旭烈兀时期所委派的官员任职施政情况进行简要说明。前文已提到旭烈兀指定扬珠台氏那琳居准作为其食邑彰德路的首任达鲁花赤，高鸣为彰德路总管，而田文鼎为本道课税所经历。

（一）首任官员的任职情况

首任达鲁花赤那琳居准于蒙哥汗七年（1257年）到任后，“时适旱，解鞍而雨。郡当南北冲要，使者旁午。前政以送迎馆谷，多被讥谤督责。公以累圣知识，位望隆重，过此，走谒而去，市井无一钱之扰。强寇数辈，大奴婢、小奴婢者，劫民财、杀捕盗官而去。人畏其凶强，莫敢诘捕。公严责有司，立获卫州市，申部下报。公知其党与连结，恐不测，起狱为民害，戮首从七人，民心遂安”。而后其于“岁己未，奏曰：‘夺耕田而为营牧，南方土地易荒，但长蒿蓬荆棘，无美草。莫若使民树艺五谷，师行则牧马振旅，弃余则令民收获，军民两便。’上喜，从之，民复旧业，得地万五千顷”。[⑥]

---

① ［元］苏天爵著，陈高华、孟繁清点校：《滋溪文稿》卷二二《元故征士赠翰林学士谥文献杜公行状》，中华书局，1997年，第375页。

② ［元］李庭著：《寓庵集》卷六《元朝故泃州三河县令兼镇抚军民李公墓志铭》，《元人文集珍本丛刊》（一），新文丰出版公司印行，1985年，第35—36页（《元史》卷一九九《隐逸·杜瑛传》也载：“中书粘合府于相，瑛赴其聘，遂家焉。”第4474页）。

③ 赵琦、周清澍著：《蒙元时期的粘合家族与开府彰德》，《中华文史论丛》，2001年，第114页。

④ 《元史》卷一四六《粘合重山传》，第3466页。

⑤ 李治安著：《元代分封制度研究》，天津古籍出版社，1992年，第42页。

⑥ 胡祇遹著：《胡祇遹集》卷一五《大元故怀远大将军彰德路达噜噶齐扬珠台公神道碑铭》，第347页。

扬珠台在彰德地区劝课农桑，使彰德民众休养生息的举动，推动了彰德地区的地方建设，并且“诸路积年逋欠，皆令见在户代偿，民不胜困乏。奏蒙蠲免，邻郡亦赖以复”。①那琳居准于蒙哥汗三年（1253年）被选任为彰德路达鲁花赤，至蒙哥汗九年（1259年）得以连任。那琳居准卒于元世祖至元六年（1270年）十一月初二日，享年六十有三，其于彰德路留任长达19年。

彰德路总管高鸣到任后，“政暇诣学舍，亲讲经义，郡内化之，郡人知经学自鸣始”。②除教育措施外，高鸣在彰德地区的其他施政措施并不见于史料记载，而后其于“世祖即位之初”转任翰林院承旨③，因此推测其在彰德路总管位上任职时间约为三年。

除达鲁花赤、路总管以外，彰德路财赋长官为常德。常德此人在《元史》之中无传，也无相应的碑刻传世，但是元好问曾为其父作《真定府学教授常君墓铭》，在该文中曾言，元好问于岁辛亥（蒙哥汗元年，1251年）九月晦从太原到真定，听闻常晦（常德之父）已于十余日前去世，应常德所请为其父做神道碑，在碑文中明确提及常德为彰德府宣课使。④《玉堂嘉话》中收录了刘郁所著《[常德]西使记》，其中记载："壬子岁，皇弟旭烈统诸军奉诏西征，凡六年，拓境几万里。己未正月甲子，常德字仁卿驰驲西觐……"⑤《西使记》为研究旭烈兀西征的重要史料之一，其中提及的己未年为蒙哥汗九年（1259年），常德奉命前往旭烈兀西征前线觐见旭烈兀，可见当时他仍旧是旭烈兀领地内的官员。再根据王恽所著《题常仁卿运使西觐纪行》一诗的名称来判断，"'运使'是转运使的略称，世祖中统四年正月，改诸路课税所为转运司，长官称为转运使。这说明，常德在宪宗一朝并延续到中统年间都在担任彰德宣课使之职，他是以旭烈兀分地财赋主管官的身份前往觐见其领主的"。⑥

而旭烈兀指定的课税所经历田文鼎到任后，“时持政者多不法，公谏止不从，即投劾去”。⑦由此可知，田文鼎继任不久便离职。除此之外，旭烈兀还曾委派宗教管理人员，据王恽所著《真常观记》记载："庚戌间（1250年），真常真人洎十八大师光膺宝冠云帔，下至四方名德，亦获紫衣师号之宠。……继奉旭烈贤藩教旨，提点彰德路道教事。"⑧由此可见，旭烈兀彰德路封地的道教事务长官也由其亲自指派。

（二）彰德路达鲁花赤的迁转问题

旭烈兀所委派的官员在其西征后代其统领彰德，在世祖继位后行“迁转法”，众多官职纷纷进行迁转。因史料缺乏，已无法顺利还原路内各级官吏的任免、迁转情况，但在迁转法施行之后，彰德路达鲁花赤一职在元世祖朝被宴只吉台家族内部世袭。

① 《胡祗遹集》卷一五《大元故怀远大将军彰德路达噜噶齐扬珠台公神道碑铭》，第347页。

② [清]王世俊修：《河南通志》卷六九《流寓·彰德府》，文渊阁四库全书本。

③ 《元史》卷一六〇《高鸣传》，第3758页。

④ [金]元好问著，狄宝心校注：《元好问文编年校注（下册）》卷六《真定府学教授常君墓铭》，中华书局，2012年，第1168—1169页。

⑤ 《王恽全集汇校（第九册）》卷九四《玉堂嘉话·西使记》，第3807页。

⑥ 陈得芝著：《常德西使与〈西使记〉中的几个问题》，《蒙元史研究丛稿》，人民出版社，2005年，第615—616页。

⑦ 《王恽全集汇校（第六册）》卷四九《大元故蒙轩先生田公墓志铭》，第2336页。

⑧ 《王恽全集汇校（第五册）》卷四〇《真常观记》，第1938页。

有关旭烈兀领地内达鲁花赤的世袭问题，《扬珠台碑》是十分重要的史料来源。根据碑文记载，晚至至元三十年之时，彰德路达鲁花赤之职一直被宴只吉台家族内部承袭。首任达鲁花赤那琳居准逝世后，由其第四子伊尔图[①]"袭爵彰德路达噜噶齐，授怀远大将军"。[②]在胡祇遹所著《怀远公诗序》中曾载："我朝典郡官，中外论公论贤冠一时者，以彰德达噜噶齐怀远公为称首。公，蒙古贵族，祖考门阀英伟，婵嫣有耳者皆知。"[③]

再后，"至元二十九年（1291年），（扬珠台第五子伊尔布哈）以侄嘉议公让职，复承先业中顺大夫、彰德路达噜噶齐"，可见在伊尔布哈承袭彰德路达鲁花赤之前，其侄嘉议公为彰德路达鲁花赤。而胡祇遹也曾撰文来纪念这位达鲁花赤说："彰德路达噜噶齐扬珠台公，乘祖考世爵，监临本郡九年。至元壬辰（1292年），让位于其叔。"[④]在另一篇中也载："彰德路总管府达噜噶齐嘉议公，蒙古之贵种。高曾而上为开国近臣，为大官。以彰德乃本位汤沐邑，官当设监临临莅彰德。迄今三世。未弱冠袭父爵，廉洁惠政，铭在民心，备见于遗爱去思碑。至元壬辰，状申省庭曰叔父齿已壮，当承世胄，愿避职让爵以归之。"[⑤]而这位扬珠台公即为"袭爵九年，让归于叔……"[⑥]的斡里。有关斡里，于月曾论及"完闾，《扬珠台公神道碑》作'斡里'。按王恽《秋涧先生大全集》（《四部丛刊初编》本，以下简称《秋涧集》）卷五《十月牡丹》诗序载：'彰德路监郡完闾嘉议，治甚有声。壬辰秋，辞职，让其叔也里不花中顺'"。[⑦]而完闾让位于其叔伊尔布哈，即为彰德路作为旭烈兀封地后的第四任达鲁花赤。

伊尔布哈于至元二十九年（1291年）继任达鲁花赤，胡祇遹于至元三十年去世，故而《扬珠台碑》中并未记载伊尔布哈卸任的时间以及继任者。在《安阳县金石录》卷八《韩魏王新庙碑》中记载："贤王疆理西域，食邑于相。乃命大臣宴只吉台氏，系閦吉剌贵族也。其子怀远袭爵。怀远没，嘉议袭之。嘉议让其叔太中，而升侍御史。"[⑧]其中将斡里记为嘉议，那么太中当为伊尔布哈。在碑文的最后留有当时立碑之时彰德路的部分官员，其中明确记载："太中大夫彰德路总管府达鲁花赤兼管领本路诸军奥鲁总管达鲁花赤兼管内劝农事也里不花。"加之王恽也曾记载完闾让位于其叔也里不花中顺，可见也里不花当为伊尔布哈的本名。碑文最后还记有此碑立于大德二年（1298年）十一月二十六日，由此可见，在大德二年十一月，也里不花仍旧任职于彰德路达鲁花赤，之后并未再见有关其相关记载，故而不能确认其卸任的具体时间。

从这些记载来看，彰德路达鲁花赤这一官职在扬珠台家族内部世袭传承，先后共有四位彰德路达鲁花赤。其中首任达鲁花赤那琳居准，而后有伊尔图、完闾（斡里）

---

① 陈得芝曾论及其名可能为"也里秃"或"也里脱"。详见陈得芝所著《蒙元史研究中的历史语言学问题》，载于《蒙元史与中华多元文化论集》，上海古籍出版社，2013年。

② 《胡祇遹集》卷一五《大元故怀远大将军彰德路达噜噶齐扬珠台公神道碑铭》，第348页。

③ 《胡祇遹集》卷八《怀远公诗序》，第218页。

④ 《胡祇遹集》卷一五《大元故怀远大将军彰德路达噜噶齐扬珠台公神道碑铭》，第340页。

⑤ 《胡祇遹集》卷八《送监司之济南序》，第239页。

⑥ 《胡祇遹集》卷一五《大元故怀远大将军彰德路达噜噶齐扬珠台公神道碑铭》，第348页。

⑦ 于月著：《蒙元时期燕只吉部帖速家族小考》，《北大史学》（19），北京大学出版社，2015年，第79页。

⑧ 国家图书馆善本金石组编：《辽金元石刻文献全编》（第二册），《安阳县金石录》卷八《韩魏王新庙碑》（高书著），第165页。

以及也里不花（伊尔布哈）三位达鲁花赤。关于也里不花之后该家族彰德路达鲁花赤的承袭问题，因无确切史料而无法进一步说明。

余论

本文通过对旭烈兀在中原封地的分封时间、分封区域、任职官员的考察，使得彰德路相关问题得到一定程度的梳理。彰德路作为旭烈兀在中原地区的封地，虽在旭烈兀西征之后不再为旭烈兀及其家族所直接管辖，但仍得以正常运转，这主要归功于扬珠台、高鸣等官员在此地施行的诸多有效措施。然而，由于史料阙如，加之笔者学识鄙陋，针对相关施政措施叙述颇为简略，且官员承袭迁转问题并未进行深入探讨，希冀学界同仁对此问题有所创见。

参考文献

[1] [明] 宋濂等撰：《元史》[M]，北京 ：中华书局，1976 年。

[2] [日] 松田孝一著，马翼译：《旭烈兀家族的东方领地》，《蒙古学译文选》（历史专集）[M]，呼和浩特：内蒙古社会科学院情报研究所，1984 年。

[3] 刘迎胜著：《旭烈兀时代汉地与波斯地区使臣往来考略》，《蒙古史研究》（第二辑）[J]，呼和浩特：内蒙古人民出版社，1986 年。

[4] 胡务：《元代打捕鹰房——兼对〈元史・兵志鹰房捕猎〉补正》，《西南师范大学学报》（哲学社会科学版）[J]，1992 年第 2 期。

[5] 李治安著：《元代分封制度研究》[M]，天津 ：天津古籍出版社，1992 年。

[6] [元] 苏天爵著，陈高华、孟繁清点校：《滋溪文稿》[M]，北京 ：中华书局，1997 年。

[7] 周清澍著：《元蒙史札》[M]，呼和浩特 ：内蒙古大学出版社，2001 年。

[8] 陈得芝著：《蒙元史研究丛稿》[M]，北京：人民出版社，2005 年。

[9] [元] 胡祗遹著，魏崇武、周思成点校：《胡祗遹集》[M]，长春 ：吉林文史出版社，2008 年。

[10] [元] 程钜夫著，张文澍校点：《程钜夫集》[M]，长春 ：吉林文史出版社，2009 年。

[11] [金] 元好问著，狄宝心校注：《元好问文编年校注》（下册）[M]，北京 ：中华书局，2012 年。

[12] [元] 王恽著，杨亮、钟彦飞点校：《王恽全集汇校》[M]，北京 ：中华书局，2013 年。

[13] 陈得芝著：《蒙元史与中华多元文化论集》[M]，上海 ：上海古籍出版社，2013 年 .

[14] 于月著：《蒙元时期燕只吉部帖速家族小考》，《北大史学》（19）[J]，北京 ：北京大学出版社，2015 年。

明朝诸帝有蒙古血统这一奇异理论的历史意义

邵循正撰　曹金成译①
（中国社会科学院）

近来，谁是明成祖的生母这一问题，已重新引起了我们历史学家的注意。遗憾的是，有关这一主题的现存史料是稀缺的多宝格；而出于此，各路学者在认真检讨后又得出了一些迥然不同的结论。在本文中，我将尝试简略概述这一饶有趣味的讨论的过程，然后解决一些仅仅在表面上令人费解的疑点，最后从一个全新的角度来审视这个问题——将此与明朝君主具有蒙古血统这一在当时盛行的理论联系起来加以考察，至少在某种程度上有助于确定明朝初叶中国与内亚王室的关系。

数年前，傅斯年先生非常明智地重新发起了这一历史之谜的讨论。他攻击成祖为太祖皇后即第一位夫人高后所生这一古老的官方说法，坚定地认为这一君主应是他父亲其他一位叫作碽妃的妻子或妃子的孩子，碽妃在等级上低于皇后，具有外来血统，最可能是高丽人。这一假说从此成为一个激烈的学术论战的缘起，争论团体自然而然地将他们本身划分到两个对抗的阵营内：一个支持由来已久的官方历史的说法，②另一个主要与傅先生的研究保持同步，收集新的材料来佐证其说。③一般而言，尽管碽妃具有高丽血统的理论很难说得过去，但现有证据是支持这一全新假说的。傅先生的言语中有多宝格：④

> 成祖生母实为碽妃，不为高后，此事之已证明者也。碽妃为高丽女否，有其可能，而不必果然。

此言概括出这一难题现在本身所呈现出来的情形，而且，这一保留似乎表明傅先

① 译者注：本文原载《中国社会与政治科学评论》（The Chinese Social and Political Science Review），1937 年第 20 卷第 4 期，第 492—498 页。另，本文之翻译，最初受到周清澍先生之提示与鼓励，译文标题亦采用了周先生的汉译，见周清澍《追忆邵循正师》，《学史与史学：杂谈和回忆》，上海古籍出版社，2011 年，第 111 页，在此，谨向周先生致以诚挚的谢意。作者邵循正（1909—1972 年），北京大学历史系已故教授；译者曹金成，北京大学历史系博士研究生，中国社会科学院古代史研究所博士后，助理研究员。

② 见朱希祖的文章（即《明成祖生母记疑辩》），《文史研究所月刊》第 2 卷第 1 期，广州中山大学出版。

③ 见吴晗《明成祖生母考》，《清华学报》第 10 卷第 3 期；李晋华《明成祖生母问题汇证》、傅斯年《跋明成祖生母问题汇证并答朱希祖先生》，《历史语言研究生集刊》第 6 本第 1 分册。

④ 《历史语言研究所集刊》，第 79 页。

生意识到他的假说中的弱点。遗憾的是，他的论断并未被李晋华先生所接受，后者力求从历史和语言上证明碽妃就是而且只能是高丽人①，没有历史学家和语言学家会承认他的结论是令人满意的。李先生首先写道：②

> 成祖生母共有五说：生母为高皇后者,《实录》《玉牒》《弇山堂别集·帝统篇》《鲁府玉牒》《皇明世系》诸书同此说也；何乔远、李清、谈迁、张岱、沈玄华、朱彝尊、潘柽章诸人则言成祖为碽妃生也；《革除遗事》以成祖为达妃子；《广阳杂记》以成祖为甕妃子；《蒙古源流》又以为洪吉喇氏。后三说皆孤立无证,而《蒙古源流》尤荒谬不足凭,其成为问题者,则成祖是否出于高后,抑出于碽妃也。

上述提供给我们的是对不同史料的仔细分析，我们应该感谢李先生的艰辛劳动，但他的过于迅速的结论表明他并不熟悉蒙古的历史和语言。这最后三种说法并非陌生、自成一体的表述，而是与第二种说法一起，构成了一个紧密结合而又不可分割的整体，相互解释，彼此支持。尤其令人熟知的是，在本国中古文人的笔下，“达达”（tatar）一词始终是 Mongol 一词的汉语对应词，正如《明史》和《元朝秘史》的汉文本所证明的那样。再者，“碽”“甕”“汪”之名③，仅仅是最初的蒙古名 Khungirat（Qongirat 或 Ongirat）第一音节汉字音写时的变体而已。除了《元史》中给出的各种形式和其他当时的材料外，还要引起我们读者注意的是“王纪剌”（Ongirat）这一更早的形式，此名出现在后来驻跸于别失八里的哈剌契丹古儿汗耶律大石所召集的十八部落名称的列表中。显而易见的是，“甕”“王”（汪）和“翁”都是 Ong- 的变形，而“宏”（洪）、“碽”和“广”则是 Khong-（Qong-）的变体。因此，语言学上的情形承认蒙古血统是无可取代的，盛行的高丽理论无论如何都不能与这一独特的语言现象保持一致。

的确，从历史学的角度，碽妃不可能是《蒙古源流》所宣称的妥懽帖睦尔汗的第三皇后，但随着中伤之言的逐渐盛行，没有我们适当的分析，这一布满疑云的故事就无法被驱散。对于这一奇异的蒙古说法，我的观点如下：首先，虽然披着一件具有传说色彩的长袍，但它却蕴含着一些史实；其次，这一叙事的传说部分，并非其作者创作的一件新奇之事，实际上曾在蒙古甚至明代中国的初叶盛行一时；最后，这一传说已经非常完善地改进了自己，一方面折射出当时蒙古人的心理，另一方面对中国与蒙古汗国的关系施加了重大影响。我希望这一具有一半传说的叙事，其意义会得到我们学者的充分认识。

从这一整体上似乎莫须有的叙事中，可以推论出四点作为我们在这里尝试讨论的基础：（1）所谓成祖的蒙古母亲；（2）所谓这一蒙古王妃与妥懽帖睦尔汗的关系；（3）后来的感恩之词表明，所谓太祖蒙恩于大汗；（4）最令人震惊的言论为成祖甚至是被削弱的蒙古大汗的儿子。关于第一点，我们可以明确地说，它与最近研究的结果完全一致。第二点基于一条错误的信息，可能被太祖曾从蒙古宫廷中带走一些女子这一事实所误

① 《历史语言研究所集刊》，第 73、74 页。

② 《历史语言研究所集刊》，第 60 页。

③ “汪”一词见于《实录》，已被李先生证明是“碽”的唯一变形，见《历史语言研究所集刊》，第 74 页。但如下文所示，正如其读音那样，这一证据并不利于他的高丽理论。

导。[①] 蒙古说法中的这两点与刘献廷的陈述 [②] 出现了奇异的巧合，表明这一传说流行于蒙古和北部中国。与第一点相联系，恳请我再补充王文禄在他的《龙兴慈记》中所给出的仍然具有传说性质的叙事，为这一问题抛洒一些余光。[③] 这一神秘的预言诗韵，据说是太祖所写，不久被解释为“王吉妇生子为王”，似乎是后来为了嘲讽成祖而以慎重隐晦的方式进行的一项创制。其实，“王吉妇”不是王吉的妻子，而是弘吉剌部的一位妇人，成祖的蒙古母亲在此被牵涉其中，这是非常清晰的。这位作者小心翼翼地避免给出这位儿子的姓名，但来自其他途径的一个类似的叙事 [④]，暴露出将这一孩子等同于太子另一子代王的秘密。我们知道，可以肯定的是，这位王子的母亲叫作郭妃，与这一传说中的妇人毫无关联；这里，“代”一词无疑影射的是其临近之地和成祖的封地“燕”。

至于所谓太祖和妥懽帖睦尔的关系，太祖说：“大汗确实曾经施我以很大恩惠，这点我绝不会忘却。”其实，在历史学家听来，这是可疑的。但如果我们将此与成祖时代一位波斯佚名作家献给 Shan Rokh 的历史著作《历史选集》（*Muntakhab at-tavarikh*）作一比较，就容易发现这里存在着曾一度普遍流行的蒙古传说的某些痕迹，关于明朝血统的这一传说或许被蓄意改编。由这部著作可知，太祖具有蒙古血统，被作者称作在突厥语中意为猪的 Dönggöz。他被任命为统领大汗侍卫的将军之一，对君主表现出特别的拥戴，后来，他密谋反对蒙古统治者，登上皇位并建立了大明王朝。他做得如此巧妙，以致中国百姓完全忽略了他的血统、他的出生地以及他此前的生活。[⑤] 关于这则波斯叙事的荒谬之处，我们不必多费口舌。在此我想指出的是：这一传说是纯粹的蒙古起源而非波斯起源，因为在《蒙古源流》中并不完美地提及的汗的“恩惠”（favor），据此得到了充分解释。此外，Dönggöz 似乎是太祖之姓的一项翻译，汉语中的“朱”与“猪”同音，这表明此传说的编造者一定对中国的语言和政事略知一二；最可能的是，他一定是在中国的一位蒙古居民。至少，我们可以相当稳妥地说，波斯和蒙古的说法可相互补充，以一种并不完美的方式分别再现了它们的共同起源。

成祖是妥懽帖睦尔之子的言论，是在其母为蒙古人这一现已确定的根据以及她此前是妥懽帖睦尔一位妻子的所谓基础上伪造出来的，如果我们想要了解这一蒙古传说旨在改变明朝君主族裔性方面的范围和影响的话，即使是这一点我们也要充分考虑。可能是无法使太祖成为他们的亲属，蒙古人发现将成祖的姓名列入他们敬重的汗系中则是合理的，但这么做，他们却忽略了一个事实，即他们艺术性的伪造是与编年无法协调的。

根据傅斯年先生明智的观察 [⑥]，这一传说代表着中国百姓因反对成祖非法篡位和血腥屠杀而在主观情感上的反映。然而，这仅仅解释了此传说在本国普遍流行以及为民众普遍接受的原因。另一方面，真正的起源还应在蒙古人中寻找，因为这一传说本身

① 《历史语言研究所集刊》，第 67—70 页。

② 《广阳杂记》，卷二。

③ 《历史语言研究所集刊》，第 65 页。

④ 《历史语言研究所集刊》，第 66 页。

⑤ 见 E. Blochet, *Introduction à l'histoire des Mongols*, Leyden: Brill, 1910, p.75—76.

⑥ 引自吴晗《明成祖生母考》一文，第 645 页。

无法与当时中国百姓在民族方面所高度激发的精神相协调，更不用说他们对新的、残忍的君主是多么深恶痛绝了。而且，正如所显示的那样，“王吉妇”的传说中似乎早已找到了一个出口，直接的意图是使成祖成为刻薄而没有价值的母亲的儿子，譬如说是妓女之子。

我在最近的一篇文章中，已经暗示这一传说力图反复将蒙古血统引入明代诸帝之意义的国际背景。① 以同样的方式，蒙古汗国早已承认中国的诸汗为成吉思汗的直系子孙，并将汗八里不仅视作蒙古中国的首都，而且也是同一时期整个蒙古帝国象征统一和君权的政治中心，因此帖睦尔王朝通过类比认为北京的明代诸帝是他们法统上的最高统治者，他们继承了所谓的大汗之位，并在蒙古和中亚行使传统上的宗主权。这在逻辑上制造了一种法律关系，为后来虚拟编造的血缘关系做了铺垫，对于蒙古人来说，在为他们形式主义的推论给出一个真实的正当理由上，血缘关系或许是必不可少的一大因素。这一传说在其最早的形式中，被赶出中原的蒙古人无疑只是力图羞辱“朱家”，但随后，当朱家成功地巩固了他们在中国的地位，甚至将他们的统治扩展至蒙古，把他们的宗主权延伸到河中和波斯后，它在决定成吉思汗后代、帖睦尔王朝和中国的关系中，开始扮演一个非常重要的角色。这一意义似乎早已被我们的历史学家所忽略了。

传说和历史当然是迥然不同的事物，但在改变事件进程甚或国家命运方面，传说有时可能比真相更为重要。无论成祖的母亲是碽妃还是高后，这一问题都必须而且似乎已公正呼吁对明代内部史中一个重要插曲“永乐政变”进行合理认识，但整个传说的范围和影响，也必须在理解这一独特时期的外部史中予以充分估计。

① 见《有明初叶与帖木儿帝国之关系》，“台湾清华大学”出版，《社会科学》第2卷第1期。

1630 年爱新国 / 后金延请达赖喇嘛的最初尝试①

——中国第一历史档案馆所藏《额齐格喇嘛致天聪汗书》解读

宝音德力根
（内蒙古大学）

中国第一历史档案馆所藏蒙古文孤本文书中有一份额齐格喇嘛致天聪汗的文书，李保文将其收入所编《十七世纪蒙古文文书档案》，列为第 34 份文书。② 本文在解读这份文书的基础上，发掘爱新国 / 后金政权于天聪四年派遣察罕喇嘛出使阿鲁蒙古，试图联络喀尔喀一同赴藏延请达赖喇嘛的史实，对清廷与西藏格鲁派早期交往以及相关的格鲁派高僧额齐格喇嘛、察罕喇嘛事迹做进一步探讨。

一、文书的拉丁转写、汉译

正面蒙古文拉丁转写：

ں Oom suwasdi sidam
Kümün-ü erketü Sečen qaγan du..
Ečge lam-a..
mendü yi ayiladqan bičig bariba..
Qaγan ekilen bögüde mendü boi y-a
bide ende mendü kürbe..uruγu Dayidulan
Manǰuširi du ečiy-e geǰi bainam..unulγ-a
ügei yin tulada šabinar ilegeǰu ese
čidaba..kitad-tu qudal-du ese
oruba..ker-be Manǰuširi-du elči
ilegekü bolusa čaγan lam-a yi liege..

①［基金项目］教育部人文科学重点研究基地重大项目“1636—1720 年西藏与蒙古与清朝关系研究”（批准号：07JJD770114）。

② 内蒙古少年儿童出版社，1997 年，第 103—105 页，命名为《蒙古喀喇沁额齐格喇嘛为告知境遇而致满洲皇太极的文书》。

Qaγan gegendegen ayilad..bičeg üǰeküi yin

beleg nigen alta boi .:. .. .:.

背面满蒙文拉丁转写：

Qaračin i Eečige lama

Qaγan du

正面蒙古文汉译：

愿吉祥。额齐格喇嘛为问人主天聪汗安康而致书。皇帝为首 [众贝勒] 可安康。我等平安到此，欲向南领取大都之赏[①][后] 赴满珠习礼处。因无骑乘，未能遣弟子 [前往]。未与大明[②]贸易。如遣使满珠习礼，请遣察罕喇嘛，请皇帝明鉴。阅文书之礼物，有一金。

背面满蒙文汉译：

第一行满文：喀喇沁的额齐格喇嘛。

第二行蒙古文：致汗。

文书背面两行满蒙文系爱新国 / 后金笔帖赤在整理文书时所加，表示“喀喇沁的额齐格喇嘛致 [天聪] 汗书”。由此可知，这份文书是喀喇沁的额齐格喇嘛写给天聪汗皇太极的。

二、文书主人额齐格喇嘛的政教事迹

文书主人额齐格喇嘛事迹见于蒙古文《俺答汗传》《蒙古源流》以及光绪年间成书的《吉祥佛陀教法源流之传记》(tegüs čoγtu nom-un töb-ün uγ γarulγa-yin namtar-i sayidur nigen ǰüg-üt quriyangγuilasan toli) 中的第一份传记——《胡土克图满朱习礼喇嘛传》(以下简称《满朱习礼喇嘛传》)。[③] 其中，《俺答汗传》用相当篇幅记载了阿升喇嘛于母白羊年（隆庆五年辛未，1571 年）来到俺答汗处，向俺答汗宣讲佛教之三宝及六字真言，引导俺答广发布施，修建寺庙，迎请甘珠尔、丹珠尔经，并于甲戌年（1574 年）奉劝俺答汗遣使迎请西藏格鲁派高僧索南嘉措，戊寅（1578 年）年使双方在青海

① 原文 Dayidulan，系由名词“大都”附加动词词缀形成的动词。“dayidu—大都”本是元朝故都，这里则指定都元大都的大明朝廷。明廷给蒙古的赏赐，蒙古语称 Dayidu šang（大都之赏），Dayidulan 则意为领取大都之赏，是由明朝与蒙古之间的朝贡贸易——市赏产生的专有名词。

② 原文 kitad，亦可译为汉人。

③ 原文为藏文，成书于道光初年。1959 年，库伦旗人民政府组织三位有学问的老喇嘛译成蒙古文，于 1960 年油印。“文化大革命”中藏文原文遭故意损毁。1989 年，齐格奇根据油印本译为汉文，取名《席勒图库伦扎萨克喇嘛传汇典》，发表在《库伦旗志资料汇编》第一辑，本文所据为哲里木盟档案管理处蒙古文油印本。利用《满朱习礼喇嘛传》研究其事迹以及锡勒图库伦历史的文章有齐格奇《阿兴喇嘛族系事迹简介》（《内蒙古社会科学》蒙古文版，1983 年第 3 期），若松宽《〈锡勒图库伦喇嘛传汇典〉初探》（载《内陆亚洲历史文化研究——韩儒林先生纪念文集》，南京大学出版社，1996 年），《博格达察罕喇嘛及呼和浩特的喇嘛教》（载《蒙古学资料与情报》，1990 年第 2 期），乌云毕力格《内齐脱音喇嘛与锡埒图库伦旗》（《西域历史语言研究集刊》第 4 辑，2010 年）。

察布查尔寺会见，俺答汗授予索南嘉措“达赖喇嘛”称号，授予阿升喇嘛“额齐格喇嘛”称号之事。①

《蒙古源流》则谓，俺答汗于67岁之癸酉年（1573年）出兵黑吐蕃，收服上下两部撒里畏兀儿以及下部朵甘思阿力克等三部时，以阿升喇嘛、古密经师为首的众吐蕃百姓来降。自此，阿升喇嘛、古密经师向俺答汗宣扬佛法，使俺答汗稍稍心动，开始念诵六字真言。后来，俺答汗与达赖喇嘛会晤后，授予阿升喇嘛“额齐格喇嘛”称号，古密经师“速噶·浑臣”称号。②叙事较详，但年代有误。③

《满朱习礼喇嘛传》中亦见《俺答汗传》《蒙古源流》上述内容，可相互印证。不仅如此，传记还为我们提供了有关额齐格喇嘛的更多珍贵信息：胡土克图满朱习礼喇嘛出生于西藏三部之一的安多地方的贵胄萨木鲁（samulo，藏文 Bsam-blo 的音变，辅音 -b 转 -m）家族，俗名西剌布（širab），幼年便出家前往雪域中心西藏，在以哲蚌寺为首的各寺院扎仓学经。西剌布是上尊三世达赖喇嘛母亲的亲族，因而被三世达赖喇嘛尊称为“纳哈出满朱习礼（Naγaču Manǰuširi）”，遂以“阿升喇嘛”（Ašang lama 即 Ašing lama）闻名于世。④后来，阿升喇嘛奉佛与达赖喇嘛的旨意前往五台山修行。不久，为普度北方众生，越过长城，来到大施主土默特俺答汗之库库和屯之北的察罕哈达⑤，立寺修行，并在此久住。仍因达赖喇嘛舅父之故，以“全[蒙古]地域博格达阿升喇嘛”而闻名。俺答汗闻其名，遣使邀请并相见。⑥满朱习礼喇嘛向俺答汗详细讲述了佛法及达赖喇嘛事迹，使俺答汗对达赖喇嘛产生敬意，由此萌生皈依佛法之心。俺答汗令其做迎请达赖喇嘛之准备，于是两三年间建成三宝之庙⑦。随后以为首使臣身份前往雪域

---

① 珠荣嘎译注：《阿勒坦汗传》第127—224节，内蒙古人民出版社，1991年。

② 乌兰：《〈蒙古源流〉研究》，辽宁民族出版社，2000年，第364—365、430页。

③ 据《俺答汗传》（63—64节、86节），俺答第一次出征撒里畏兀儿是在其兄麦力艮去世的壬寅年（1542年）或次年，第二次则在戊午年（1558年）。征服下部朵甘思吐蕃人战事，据乌兰考证，应在1570年（《〈蒙古源流〉研究》第420页）。《蒙古源流》将两三次战事笼统记载，均系1573年。

④ “纳哈出”（Naγaču）系蒙古语“纳哈出·额齐格”（Naγačue ečige）的省称，意为“舅父”。“阿升（Ašing）”系藏语“舅父”，与蒙古语“纳哈出·额齐格”对应，可知，“纳哈出喇嘛”与藏语“阿升喇嘛”本意完全相同，不同的是，前者系蒙古式称谓，后者系藏式称谓。传记后文还说俺答汗授予阿升喇嘛“额齐格喇嘛”称号，“额齐格喇嘛”中的“额齐格”即蒙古语“纳哈出·额齐格”的省称（与蒙古语式省称“纳哈出”相比，这是藏式省称），是对达赖喇嘛所给“纳哈出喇嘛”或“阿升喇嘛”称号的再次认定。因此，不能将“额齐格喇嘛”理解为“俺答汗认阿升喇嘛为父”或“俺答尊称阿升喇嘛为父”，从而汉译为“父亲上尊”“父亲喇嘛”等，因为蒙古人一般不会认出家喇嘛为父。

⑤ 库库和屯即俺答汗所建归化城，今呼和浩特旧城。今呼和浩特新城区毫沁营乡红山口（又名“红螺谷”，蒙古名“乌兰察布”）北5公里山谷有永安寺遗址，系康熙四十二年为祝圣主万寿无疆而建，寺名为康熙皇帝亲赐，蒙古名 egüride engke bolγaγči söm-e，俗称“查干哈达召”，参见若松宽《博格达察罕喇嘛及呼和浩特的喇嘛教》（载《蒙古学资料与情报》1990年第2期）一文。额齐格喇嘛早年立寺修行的察罕哈达当即此地，永安寺是以额齐格喇嘛所建寺庙为基础而建。

⑥ 这里所说额齐格喇嘛与俺答汗初次会晤的情况与《蒙古源流》所记不同。《三世达赖喇嘛传》将阿升喇嘛来到蒙古见俺答汗一事记为铁羊年（1571年），由此我们认为《蒙古源流》所记可信。该传记所谓额齐格喇嘛在五台山修行，从那里直接来到库库和屯一说不准。额齐格喇嘛应是先在五台山修行，然后返回故土安多，1570年俺答出征下朵甘思吐蕃人时被俘，1571年被带到库库和屯。

⑦ 指俺答汗为迎请达赖喇嘛而建的恰不恰寺——仰华寺。

迎请达赖喇嘛，在俺答汗即位之后二十六年丁丑年①引领达赖喇嘛来到库库和屯，与俺答汗会晤。②俺答汗正式授索南嘉措“达赖喇嘛瓦只剌达剌”称号，授阿升喇嘛“额齐格喇嘛”称号，令其在蒙古地方弘扬佛法。

之后，额齐格喇嘛返回出生地安多，在巴州名为ǰalsanbaraγ（意为“胜幢之岩”）之地修建寺庙，寺名čoyingkerlang（系čoyingqorling之误写，即“法轮寺”）③，是在返回故土前由达赖喇嘛赐予的。④从此，东方莽荒之地佛教广为传播，[安多的]大批喇嘛前往东方，犹如开凿了流向那里的水渠。

为佛法与众生之故，满朱习礼喇嘛再度来到蒙古，先后住答兰庙之山洞和察罕木伦。⑤住在察罕木伦时，遣使向盛京博格达汗（皇太极）贡献礼物，实现了前世所结之缘。汗闻其名，遣使多次以书信垂询动荡之时局，喇嘛每问必答，汗由此心生敬意，视喇嘛为佛的化身，于是在自己即位之第七年己巳⑥，遣达尔汉察罕绰尔济喇西额尔克⑦、恰、班弟三人请满朱习礼喇嘛。当满朱习礼喇嘛来到盛京北塔附近时，达尔汉察罕绰尔济用汗的坐骑迎接并举行盛大宴会，然后让满朱习礼喇嘛下榻于专门为其修建的、位于盛京北塔东北的馆舍。当时，汗率近侍、八大王出城相见，设宴之时汗谕喇嘛：因你是好喇嘛，朕要供养你，就住在这里恩惠教法与众生。

己未年⑧正月，为祈求汗之吉祥宝座永固，炼制吗呢灵丹，呈现诸多吉兆，由是汗愈加敬重。翌年庚申⑨夏，喇嘛奏请汗：汗若应允，我将回到蒙古地方。汗谕：在我占领之地域，如愿择居。于是住在了法库山。⑩之后在行游中发现一处树木茂密、山水平缓、鸟兽遍野之地，视此为文殊菩萨所授宝地，首建满朱习礼库伦之名。壬戌年为祝汗之

---

① 俺答汗与达赖喇嘛会晤之年为万历六年戊寅（1578 年），此处误为前一年丁丑。明嘉靖二十一年（1542 年），蒙古右翼最高首领麦力艮吉囊去世，次年，蒙古大汗不地（1519—1547 年在位）封吉囊弟俺答为土谢图汗。俺答汗之二十六年系丁卯年（1567 年），而三十六年才是丁丑年（1577 年），可知“二十六年”系“三十六年”之误。

② 众所周知，俺答汗与达赖喇嘛会晤地是青海湖畔仰华寺，而非库库和屯，此误。

③ 齐格奇汉译文将该寺之名译为“鸿善寺”（当作“弘善寺”或“宏善寺”），误。额齐格喇嘛所建“法轮寺”，如若松宽考证，是见于蒲文成主编《甘青藏传佛教寺院》（甘肃民族出版社，2013 年，第 66—67 页）的梧石沟寺（全名“梧石崖尔大讲修法轮洲”，又称“崖尔寺”“崖寺”“茂家寺”“毛家寺”等），位于青海民和县官亭镇梧石村西北 2 公里（参见其《〈锡勒图库伦喇嘛传汇典〉初探》一文）。而弘善寺位于今西沟乡西 6 公里的白家藏，故亦称“白家藏寺”，参见《甘青藏传佛教寺院》第 57—58 页。

④ 据《俺答汗传》（第 230—232 节），达赖喇嘛与俺答汗会见后，提议向大昭寺奉献各种布施，俺答汗随派额齐格喇嘛、朵儿只榜式为首的使臣，向大昭寺释迦牟尼佛奉献大量布施。可知，额齐格喇嘛出使拉萨前已经决定完成使命后从拉萨回故乡建寺庙，并请达赖喇嘛提前为寺庙赐名。

⑤ 关于这两个地名，后文有考证。

⑥ 己巳年指天聪三年，亦即皇太极即位之第四年，因此“七年”显系“四年”之误。

⑦ “达尔汉察罕绰尔济”即察罕喇嘛，“喇西额尔克”系其俗名，详见后文。

⑧ “己未”系“辛未”之误，指天聪五年（1631 年）。

⑨ “庚申”系“壬申”之误，指天聪六年（1632 年）。

⑩ 法库山，蒙古语 Baγ-un aγula，Baγ 表示“林木茂盛”。清代这里属于科尔沁左翼前旗，后来陆续有科尔沁左翼三旗王公贵族以及下嫁于他们的清皇室公主、格格埋葬在这里，山名随之叫 badaraqu-yin aγula，汉译为“巴达尔虎山”（今名“巴尔虎山”系脱落“达”音所致，绝非“巴尔虎人之山”之意），寓意藏在这里的王公贵族后代“繁荣昌盛”。

万寿，炼制吗呢灵丹[①]。癸亥年[②]，喇嘛因身体不适，上奏汗：我年老病重，恐不久于人世，不能主持库伦之事，恳请圣上，勿使我弟子离异。汗闻之，遣察罕绰尔济赐黄帽、貂裘、银壶诸物，并谕之曰：喇嘛年事虽高，仍可主持几年，朕非但不使你弟子离异，还要将四十九旗所有喇嘛聚于库伦，每年供给千两白银。最后喇嘛移住 qong qušiɣu[③]，于博格达汗之十七年[④]丙子年八月十五日圆寂，享年 80 多岁。

关于额齐格喇嘛在蒙古的政教活动，我们还有如下新发现：

其一，今内蒙古敖汉旗玛尼罕乡五十家子村白塔上镶嵌有明万历二十八年、三十一年蒙汉文两方石刻，是岭南察罕儿（察哈尔）贵族与其施主达尔汉囊素喇嘛[⑤]等为蒙古大汗卜言彻辰汗、林丹汗祈福延寿而镌刻的。其中二十八年（鼠年，公元 1600 年）蒙古文石刻中出现了额齐格喇嘛之名。[⑥]

其二，《明光宗实录》卷六泰昌元年（1620 年）八月壬戌条有如下记载：

顺义王卜石兔下番僧哀乞盖朝儿计喇嘛请给敕命，予之。

“哀乞盖朝儿计喇嘛”无疑是额齐格喇嘛，“顺义王卜石兔”是俺答汗玄孙第四代顺义王，也是额齐格喇嘛的施主。值得关注的是，额齐格喇嘛得到了明朝皇帝颁发的敕书——赏赐和贸易的凭证，这足以说明他是格鲁派在蒙古地区的“最高代表”，因为他是当时唯一拥有明朝敕书的蒙古地区格鲁派高僧。

三、额齐格喇嘛投奔爱新国 / 后金以及孤本文书的成书年代

我们关注的是满朱习礼额齐格喇嘛投奔爱新国 / 后金的背景以及对爱新国 / 后金政教事务的影响，这些对确定文书成书背景和年代也很重要。

从《明光宗实录》的记载可知，直到 1620 年，额齐格喇嘛一直在土默特，他首先是土默特汗、顺义王家族的供养喇嘛，然后才是土默特兄弟部落喀喇沁贵族的供养喇嘛。《满朱习礼喇嘛传》云，在“察哈尔林丹汗在蒙古六部挑起内乱而征战”之后，额齐格喇嘛来到答兰庙之山洞，再转住察罕木伦。所谓“内乱”，是指 1627 年十月发生的林丹汗征讨喀喇沁万户的战争，可知当时额齐格喇嘛在喀喇沁。因此，爱新国 / 后金的笔帖赤们称其为“喀喇沁的额齐格喇嘛”。“答兰庙之山洞”可能是见于《内齐托音传》

① “壬戌”系“甲戌”之误，指天聪八年（1634 年）。《清太宗实录》天聪八年五月乙未条载：“满朱习礼胡土克图喇嘛至。上迎于五里外，握手相见，偕入至中门下，命坐于御座旁右榻，宴之。宴毕，献上鞍马一，纳之。赐喇嘛黑貂裘一领，银百两，布百匹。濒行，上复亲送出城。”这是对额齐格喇嘛从库伦来到盛京，向天聪汗献“万寿吗呢灵丹”一事的记载。

② “癸亥”系“乙亥”之误，指天聪九年（1635 年）。

③ qong qušiɣu 或为今法库县卧牛石乡哈[尔]户硕（qara qušiɣu），法库山西脉至哈喇兀速（秀水河）而尽，形成和硕—户硕（山嘴）。《清太宗实录》崇德元年八月丙子条载：“上闻法库山喇嘛满朱习礼胡土克图卒，遣察汉喇嘛、毕礼克图囊素往吊之。”八月为癸亥朔，丙子即十七日，可知满朱习礼额齐格喇嘛去世的第三天天聪汗已经得到消息，由此推测，qong qušiɣu 当离盛京二日程，与 qara qušiɣu 地望相合。

④ “十七年”系“十一年”之误。

⑤ 额齐格喇嘛之弟，1627 年率岭南察罕儿敖汉、奈曼两部归附爱新国 / 后金，1636 年继承了额齐格喇嘛之位。

⑥ 参见宝音德力根、宝音特古斯《敖汉旗北元“万寿白塔”蒙汉文石刻研究（一）——关于庚子年碑刻》，载《内蒙古大学学报》（蒙古文版），2015 年第 4 期。

的"察哈尔之地名为以马兔的崖洞",位于今巴林右旗幸福之路苏木塔拉宝力格嘎查①,内齐托音曾拜访过住在这个山洞的好喇嘛 keiči Manǰuširi blam-a。keiči(keiče)系藏语"智者",这位智者满朱习礼喇嘛无疑是我们关注的满朱习礼额齐格喇嘛,《内齐托音传》称"锡勒图库伦"为"keiči 满朱习礼库伦"可证。②额齐格喇嘛住察哈尔或喀喇沁之以马兔崖洞不过两三年便转住察罕木伦。齐格奇认为察罕木伦就是今巴林右旗查干木伦(čaγan müren 白水),无疑是正确的。③该河在以马兔南,入西拉木仑河,原名哈喇兀速(qara usu,清水、黑水),传说是某位大德喇嘛更名为"查罕木伦"。看来,这位更名时"颠倒黑白"的大德喇嘛十有八九可能是曾住过这里的额齐格喇嘛。

额齐格喇嘛住察罕木伦时与爱新国/后金取得联系,最终被皇太极供养等一系列行为,均与其施主喀喇沁贵族被林丹汗打败后投奔爱新国/后金并与之结成反林丹汗联盟的大背景密切相关。天聪元年(1627年)十月,林丹汗击溃喀喇沁万户,十一月占领归化城——库库和屯。被打败的喀喇沁汗、台吉、塔布囊④等贵族遣喇嘛使臣至爱新国/后金,提出建立反林丹汗联盟、共同出击林丹汗的建议。但是,因爱新国/后金与喀喇沁此前并无交往,天聪汗对喀喇沁贵族的诚意半信半疑,于是让喇嘛使臣带上写给喀喇沁贵族的文书返回,要求喀喇沁再度遣使,具体商议出征林丹汗之事。二年二月,天聪汗正式遣使喀喇沁,要求遣使商谈结盟事宜。七月,以囊素(郎素)喇嘛为首的喀喇沁使臣530余人到达盛京,八月双方刑白马乌牛于天地,隆重结盟。⑤往返于爱新国/后金与喀喇沁之间的这些喇嘛使臣应是满朱习礼额齐格喇嘛的弟子。看来,《满朱习礼喇嘛传》所记"额齐格喇嘛住在察罕木伦时,遣使向盛京博格达汗贡献礼物,博格达汗闻其名,遣使多次以书信垂询动荡之时局,喇嘛每问必答,汗由此心生敬意,视喇嘛为佛的化身"等,正是1627—1628年间爱新国/后金与喀喇沁通过喇嘛使臣实现结盟一事及其稍后关系的反映,而在这一重大历史转折中,作为喀喇沁贵族"精神领袖"的额齐格喇嘛的作用和影响力是不能忽视的。

与喀喇沁结盟后,天聪汗决定不再强攻明朝防守严密的山海关、宁远一线长城,而绕道喀喇沁所属朵颜兀良哈牧地,南下攻击防备松懈的蓟镇沿边长城。天聪三年十月底,天聪汗亲率八旗子弟及新附蒙古各部,以喀喇沁部布尔噶都台吉等为向导,从蓟镇大安等口突入关内,攻占遵化,直逼京师,制造了所谓的"己巳之变"。四年正月,见攻取明朝京师无望,天聪汗率大军东撤,途中与额齐格喇嘛第一次短暂会面。事见《满文老档》天聪四年二月十六、十七日条记载:

---

① 山洞所在地正是当年喀喇沁与察哈尔的交界,所以既可称喀喇沁的以马兔,也可称察哈尔的以马兔。齐格奇根据雍和宫老喇嘛们的口传推测答兰庙之山洞应是喀喇沁的以马兔山洞。但是他未察北元、明末的蒙古喀喇沁万户与清代喀喇沁扎萨克旗的区别,误将喀喇沁的以马兔定位于清代喀喇沁地区的以马兔河附近的山洞。

② 金峰整理《漠南大活佛传》,内蒙古文化出版社,2009年,第211、253页。但是,由于整理者粗心,竟有一处将 keiči 误读为 baiči。

③ 若松宽受到齐格奇影响,亦误认为喀喇沁旗东北境的"察汗河",参见其《〈锡勒图库伦喇嘛传汇典〉初探》。

④ 指与喀喇沁黄金家族联姻的驸马家族兀良哈氏贵族,原为成吉思汗幼弟斡赤斤家族属民,即明朝所谓"朵颜卫"贵族。

⑤ 有关内容参见乌云毕力格《喀喇沁万户研究》,内蒙古人民出版社,2005年,第67—86页。

> 十六日，出董家口[①]十五里驻扎。十七日，将要启程时，闻满珠习礼喇嘛欲与汗会面而追来……汗骑马迎喇嘛，执喇嘛手相见，设黄色帐，在帐中汗与喇嘛并坐，饮茶食肉。应喇嘛之请，将战中擒获之丁副将[②]给了喇嘛。按汗谕，将写有"布尔噶都捕获送来的丁副将在遵化，将他带来潘家口[③]。既给了满珠习礼喇嘛，要交到喇嘛手里，勿使半途逃脱"的文书给了喇嘛。[④]

就在这次会晤时，天聪汗邀请额齐格喇嘛到盛京居住并承诺供养。[⑤]因此这年七月，额齐格喇嘛就来到了盛京并"下榻于专门为其修建的、位于盛京北塔东北的馆舍"。此事亦见《清太宗实录》天聪四年秋七月庚辰（初三）条：

> 喀喇沁部落满朱习礼胡土克图喇嘛至，令馆于城外五里。

四天后，即七月甲申（初七），天聪汗与代善、莽古尔泰两大贝勒等出城与额齐格喇嘛会见：

> 上与两大贝勒出城，至喇嘛所。设帷幄，上升御座，喇嘛进见上。上自御座起立，执手相见。设宴宴之。

这是天聪汗与额齐格喇嘛的第二次会晤，场面很隆重，与《满朱习礼喇嘛传》所载相同。

以上是对额齐格喇嘛投奔爱新国/后金的背景、年代以及相关事迹的考证。将这些与文书内容结合，可以确定这份额齐格喇嘛致天聪汗文书的成书时间。中国第一历史档案馆所藏蒙古文孤本文书最早的是天命十年（1625年），最晚为天聪六年（1632年），而满朱习礼额齐格喇嘛最早与爱新国有文书往来不会早于天聪元年（1627年）底，这样文书成书的大体时段可限定在1628—1632年间。而据《满朱习礼喇嘛传》，自1630年七月额齐格喇嘛来到盛京直至1632年夏，一直未离开。因此，我们认为文书开头"我等平安到此"之句就是额齐格喇嘛告知天聪汗，自己应邀来到了盛京，文书是在下榻北塔东北的馆舍时写给天聪汗的。此外，文书还特意强调喀喇沁贵族前往明朝边境领赏时"未与大明贸易"。这是因为1628年八月爱新国/后金与喀喇沁结盟时，除针对察哈尔外，还增加了针对明朝的内容并明确规定，喀喇沁贵族除原有的赏赐（šang）和大都贸易（Dayidu qudaidu）外，不得与明朝有任何秘密往来。[⑥]因此，额齐格喇嘛在文书中强调"未与大明贸易"，目的就是告诉天聪汗，喀喇沁贵族在与明朝交往时一直严

---

① 今河北省抚宁县驻操营镇董家口村西之长城口。

② 即丁启明。据《满文老档》（第296—297页），天聪二年正月二十一日，明兵部尚书刘之纶与八副将，游击、都司各十六人率八千兵为八营来攻遵化，结果战败，刘之纶和副将五人、游击九人、都司十人及大部士兵被杀，游击、守备各一人被生擒。另有副将二人率二营攻布尔噶都所守罗文峪（今遵化市侯家寨乡罗文峪村），亦被打败，副将一人，游击、都司各二人被杀；副将（即丁启明）、游击各一人，都司二人被生擒，送到天聪汗处。

③ 河北宽城满族自治县境内的潘家口水库里。

④ 满文老档研究会译注《满文老档》，东洋文库，1955年，第325—326页。

⑤ 《满朱习礼喇嘛传》说额齐格喇嘛到达盛京后与天聪汗率近侍、八大王出城相见，设宴之时汗谕喇嘛："因你是好喇嘛，朕要供养你，就住在这里恩惠教法与众生。"当是记忆颠倒。

⑥ 李保文《十七世纪蒙古文文书档案》第12份文书，内蒙古少年儿童出版社，1997年。Šang即赏赐，指"隆庆和议"后明朝给喀喇沁汗、台吉的赏赐，也包括朵颜等三卫自明初以来获得的朝廷赏赐。Dayidu qudaidu则指喀喇沁塔布囊们，即朵颜卫贵族自明初以来一直拥有的到大都——北京朝贡贸易的特权，也包括在喜峰口的边境贸易权，参见乌云毕力格《喀喇沁万户研究》，第89—90页。

格遵守着与后金的盟约。这是确定文书成书年代的重要佐证。

四、文书中“满珠习礼”即达赖喇嘛

文书中出现的“满珠习礼”就是号称文殊菩萨曼殊室利化身的五世达赖喇嘛阿旺罗桑嘉措（1617—1682 年）。

水狗年（1622 年），六岁的阿旺罗桑嘉措与另外两个年龄相仿的小孩同时被初选为五世达赖喇嘛转世灵童。关于最终被认定为四世达赖喇嘛的转世，阿旺罗桑嘉措在其自传《五世达赖喇嘛传》中说：

> 当时，格鲁派的喇嘛中以扎什伦布寺的班禅活佛和下密院的衮乔群培①资历最深，他们二人经过商议，前往藏北的热振寺，在文殊佛像前陈设糌粑丸抽选，结果选中了我为前世达赖喇嘛的化身。由此做出了决定。②

阿旺罗桑嘉措是在“文殊佛像前”被确认为四世达赖喇嘛转世的，这表明文殊菩萨是其祜主，这是五世达赖喇嘛最初与文殊菩萨结缘。不止于此，很快他就被宁玛、格鲁两派高僧宣称为文殊菩萨的化身了。藏历土鼠年即顺治五年（1648）十一月，顺治皇帝派往西藏敦请达赖喇嘛进京的使臣喜绕喇嘛等到达拉萨。欣喜之余，达赖喇嘛回忆起自己被认定为四世达赖转世后不久的事情：

> 在以前第悉藏巴时期，正当我不抱任何希望的时候，岳莫活佛③通过索尔金刚持大师④转告我说《伏藏授记》中所说具业心传七弟子中，其中文殊菩萨的化身将出现在卫地，如果不遇到意外的遮降，他将教化汉、藏、蒙古各个地方。他们认为我是文殊的化身，我想我怎能奢望是文殊化身呢？可能只是与文殊菩萨有些缘分而已。汉、藏、蒙古三个地区的领袖中，有的是施主与福田关系，有的是君主和臣属的关系，对于我们来说，也并不能发誓说不会出现这些关系，不过当时在四个强有力喇

---

① 即林麦夏仲·嘉央衮乔群培（1573—1646 年），时任下密院堪布，五世达赖喇嘛坐床后成为其经师和保护人。1626—1632 年间担任甘丹赤巴（第 35 任），1644 年五世达赖喇嘛为其撰写传记，做《嘉央喇嘛官却群培传》（见陈庆英等汉译《五世达赖喇嘛传》上册，中国藏学出版社，1997 年，第 211 页）。

② 《五世达赖喇嘛传》上册，第 61 页。

③ 《五世达赖喇嘛传》又作“岳摩活佛”（第 176 页）、“伏藏师日增钦布岳莫活佛”（第 201 页）、“日增岳摩瓦活佛”（第 206 页），即后文出现的多杰扎的仁增活佛。

④ 宁玛派“索尔传承”（索尔家族的传承人）高僧，《五世达赖喇嘛传》中又以“索尔钦曲阳让卓”“索尔贡钦钦波曲样让卓”“遍主曲样（央）让卓”（第 139、216、127、209 页）、“索（苏）尔遍识一切”（第 153、164、172、176 页）、“苏尔钦大师”“苏尔贡钦”（第 156、206 页）、“苏尔遍主上师”“苏（索）尔绛（嘉）央喇嘛”“苏尔大师”（第 176、199、253 页）等名出现，与衮乔群培同为达赖喇嘛师傅，达赖喇嘛从他那里系统学习了宁玛派教法。如，木狗年（1634 年）年底，听闻喀尔喀阿尔斯兰洪台吉等将来到拉萨进行征服的消息，为阻止阿尔斯兰，次年（木猪年）夏，五世达赖与索尔钦曲阳让卓在拉萨做法事，“咏持十万遍文殊胜伏真言，师徒二人将仇敌（指阿尔斯兰）魁首的形象绘在手册上，静坐时为有效地排除阻碍进行指导，并建立了有关的法缘”。

嘛的座次上，我连最小的喇嘛也算不上。多杰扎的仁增活佛①说，《大臣遗教》所谓“赞普赤松德赞将身教化护持的天地之主，将出现于萨霍尔境内”。这些话在娘·曲旺班钦旺布以前就到处流传，曾经一度盛传藏巴第悉噶玛丹迥是这样的转世，众说纷纭，他认为实际上指的是我。但是，还要用五种清净誓愿之身进行祈愿。他的话很有分量，因此应当秘而不宣……②

在藏传佛教典籍中，吐蕃赞普松赞干布、赤松德赞、赤祖德赞（惹巴瑾）被认为致力于佛法保护与传播，因而被称作“法王祖孙三代”，并被分别尊为观音菩萨、文殊菩萨和金刚手菩萨的化身。仁增活佛说达赖喇嘛是藏王赞普赤松德赞（742—797年）的转世，无疑是在强调达赖喇嘛是文殊化身。看来，最初认定五世达赖喇嘛为文殊菩萨化身的是宁玛派高僧仁增活佛（又称岳莫活佛）和索尔金刚持大师，这些使五世达赖喇与宁玛派的关系变得更加密切。

总之，在五世达赖转世后不久，踌躇满志的宁玛派、格鲁派上师大德们就迫不及待地宣称他是文殊菩萨满珠习礼的化身，将来教化汉、藏、蒙古各地。这一切很快传到了在蒙古宣扬佛法的格鲁派“最高代表”额齐格喇嘛那里，于是在1630年写给天聪汗的文书中直接称五世达赖喇嘛为“满珠习礼”。当然，我们不能排除额齐格喇嘛自身就是这种舆论的创造者之一。

再看这份孤本文书的书写格式，同样可以断定“满珠习礼”就是指达赖喇嘛。在文书中，“满珠习礼”一名凡两见，首见时做抬格书写，与爱新国皇帝天聪汗之“汗”（两见）以及其尊称“人主”齐等。在额齐格喇嘛眼中，享有与天聪汗相等地位的只能是他和蒙古人顶礼膜拜的至尊达赖喇嘛。

关于达赖喇嘛转世系统的来源，格鲁派一直有两种说法。格鲁派创始人宗喀巴大师被其弟子称为文殊菩萨化身，宗喀巴传授衣帽的继承人是其大弟子嘉曹杰，但是，宗喀巴、嘉曹杰一系并没有产生活佛转世系统。格鲁派第一位活佛转世系统于1546年产生，这一年，哲蚌寺上层僧侣认定出生在堆龙地方的四岁孩童索南嘉措为已去世的寺主根敦嘉措的“转世灵童”，正式以“活佛”身份成为教派继承人。后来，根敦嘉措又被认为是宗喀巴另一位弟子、札什伦布寺的建立者根敦珠巴的转世。1578年，索南嘉措在青海仰华寺与蒙古俺答汗会晤，双方建立了施主与供养喇嘛关系，互赠尊号，索南嘉措始号达赖喇嘛，并追认根敦嘉措、根敦珠巴为二世、一世达赖喇嘛。一世达赖喇嘛根敦珠巴被认为是观世音菩萨的化身，既然二世、三世、四世达赖喇嘛转世时都强调后一世是前一世的转世，那么这一转世系统自然就是观世音菩萨的化身。但是，

---

① 多杰扎（多吉扎）是宁玛派寺院，位于贡嘎县；仁增活佛即前文出现的岳莫活佛，名阿格旺布，他被认为是取出北伏藏的伏藏大师仁增果登的转世。他于16世纪末建立多杰扎寺，从此，多杰扎寺就成为北藏教法中心和历代仁增果登转世驻锡地。据传，五世达赖喇嘛出生不久就接受了仁增阿格旺布的长寿灌顶，加之他热衷于宁玛教法，因此对仁增活佛非常尊重。铁蛇年（1641年），仁增活佛曾经抗击顾实汗，因此在顾实汗彻底征服西藏后惶惶不可终日。后经索尔大师、五世达赖喇嘛向顾实汗求情，仁增活佛保住了自己的寺庙和庄园。水羊年（1643年），顾实汗请达赖喇嘛赴青海，仁增活佛阻止并预言“现在的蒙古人不是真正的邀请者，待到若干年以后，与蒙古人服饰不同的人会从东方来迎请”。次年七月圆寂。土狗年（1658年），五世达赖喇嘛为其立传，书名《仁增阿格旺布传》。参见《五世达赖喇嘛传》第176、206、227、247、432等页。

② 《五世达赖喇嘛传》上册，第247页。

从二世达赖喇嘛建立甘丹颇章起，达赖喇嘛已经成为格鲁派最高领袖，因而他们又是宗喀巴大师的传承，即文殊菩萨的化身。这种不确定的说法在格鲁派以及与之关系密切的宁玛派中长期延续。起初，五世达赖喇嘛对自己是文殊菩萨还是观世音菩萨化身问题的态度暧昧，似乎更愿意两者兼具。

但是，到了 17 世纪 30 年代后期至 40 年代，青藏高原形势发生巨变，格鲁派逐渐获取了雪域高原政教统治权，于是，身为格鲁派最高首领的达赖喇嘛开始强调自己是观世音菩萨化身了。1635 年，卫拉特蒙古和硕特部首领顾实汗应格鲁派上层之邀出兵青海，先后消灭了青海绰克图洪台吉（又称却图汗，刚刚征服青海不久的喀尔喀蒙古首领）、康区白利土司顿月多吉等反格鲁派势力，最终于 1642 年击败并处死了格鲁派劲敌——西藏藏巴汗。同年，顾实汗在日喀则原藏巴汗王宫举行盛大的登基仪式，取得了西藏最高统治权。顾实汗宣布将西藏十三万户全部奉献给五世达赖喇嘛作为佛法属民，并帮助格鲁派在拉萨建立了新的政权——甘丹颇章政权。这样，和硕特蒙古与西藏格鲁派实现了对雪域高原的联合统治。

1645 年，顾实汗的嫂夫人达勒贡吉嘉莫（即顾实汗兄、卫拉特蒙古最高首领拜巴噶斯的遗孀达勒贡吉哈屯）将法王松赞干布的本尊神像——圣者洛格夏拉像（现自在观世音菩萨像）送到了大昭寺。这尊观音像据传是藏王松赞干布化身从尼泊尔请来并一直供奉于观音殿——红宫的。1617 年,拉萨一带的格鲁派施主第巴吉雪巴（第巴阿贝）召请喀尔喀、青海土默特首领攻打噶玛噶举派施主藏巴汗，作为礼物将这尊观音像送给了青海土默特首领色钦台吉。后来，这尊观音像被安置在青海湟源的东科尔寺。贡吉哈屯“使用巧妙的计谋和高尚的努力，从东科尔温布的手中取得此像”，实现了格鲁派希望此像重返西藏的愿望。① 正因这一本尊神像的回归，1645—1648 年间，顾实汗和格鲁派上层在拉萨红山上以松赞干布所建森康噶布宫（白宫）遗存法王洞和观音殿（红宫）为中心，修建了象征政教权威的宫殿，将圣者洛格夏拉像重新安置于红宫。② 于是，这座新宫殿就被格鲁派上层视为观世音菩萨住地普陀罗—布达拉。1653 年，达赖喇嘛自哲蚌寺甘丹颇章宫迁至布达拉宫，从此，布达拉宫成为甘丹颇章政权的统治中心和权威象征。这一时期，格鲁派上层还利用“化身论”宣称五世达赖喇嘛是统一西藏并引入佛教的“法王”松赞干布的后世化身，而松赞干布又是观世音菩萨在人间的应现化身，以此作为达赖喇嘛执掌雪域高原政教最高权力的“合法性”依据。③ 于是，五世达赖喇嘛在蒙古人、藏人眼中俨然成了 Burqan qaγan（佛皇帝）。

五、察罕喇嘛及其与额齐格喇嘛的关系

文书中提到的察罕喇嘛之名，又见于嫩科尔沁首领写给天聪汗的另一份孤本文书的开头：

Oom suwasdi sidam .Baγ-a darqan-u Bayihundai čökör. Čaγan lam-a Sereng qong taiji

① 参见《五世达赖喇嘛传》，第 216—218 页。

② 参见青格力《关于固始汗的婚姻与卫拉特“汗位”继承》，《西北民族研究》2014 年第 4 期。

③ 参见罗布《清初甘丹颇章政权权威象征体系的建构》，《中国藏学》，2013 年第 1 期。

Maγu kitad keküken ede bosǰu irebe…

愿吉祥。巴噶达尔汉的拜浑岱楚虎尔、察罕喇嘛、塞冷洪台吉、毛乞他特口肯等逃来了……

据乌云毕力格考证，巴噶达尔汉是岭南喀尔喀弘吉剌特部首领，名暖兔（Nomtu），是初封弘吉剌特部的虎剌哈赤三子兀班的长子，即因娶努尔哈赤所聘叶赫老女配与其子而与爱新国/后金结仇的那位著名的“巴噶达尔汉”，其三子即拜浑岱楚虎尔。塞冷洪台吉是岭南察哈尔巴林部首，是初封巴林部的虎剌哈赤次子速把亥之幼子把兔儿的长孙（其父为额伯革打黄台吉）。① 而毛乞他特口肯可能是岭南喀尔喀乌济业特部首领炒花第八子本卜太之子“毛乞炭”。由此可知，察罕喇嘛是岭南喀尔喀供养的喇嘛。②

天命十一年（1626年）四月，努尔哈赤亲率大军攻打岭南喀尔喀，乌济业特、巴林二部遭重创，炒花兵败后投奔林丹汗。同年底，林丹汗出兵收服弘吉剌特部。拜浑岱楚虎尔等人以及其供养的察罕喇嘛在这期间被林丹汗俘获。天聪元年（1627年）底，林丹汗西征，击溃喀喇沁，并占领土默特的库库和屯。拜浑岱楚虎尔、察罕喇嘛等乘机叛逃，投奔嫩科尔沁。奥巴从拜浑岱楚虎尔、察罕喇嘛等口中得知林丹汗攻打喀喇沁、占领库库和屯等重要消息，于是写此文书转告其盟友天聪汗。因此，这份孤本文书的成书时间当在天聪元年底或二年初。

天聪三年（1629年）七月，察罕喇嘛以及其施主拜浑岱楚虎尔等因不堪嫩科尔沁的压榨，转投爱新国/后金③，从此成为爱新国/后金天聪汗供养的喇嘛，并开始活跃于爱新国/后金政教舞台。前引《满朱习礼喇嘛传》说，己巳年，即天聪三年（1629年），天聪汗遣达尔汉察罕绰尔济喇西额尔克等人邀请满朱习礼喇嘛，次年，当满朱习礼喇嘛来到盛京北塔附近时，达尔汉察罕绰尔济用汗的坐骑迎接并举行盛大宴会。崇德元年（1636年）八月，当满朱习礼胡土克图卒于法库山时，天聪汗遣察罕喇嘛、毕礼克图囊素喇嘛前往吊唁。上述“达尔汉察罕绰尔济”与察罕喇嘛是同一人，有《内秘书院蒙古文档案》所见顺治十三年（1656年）九月初四的诰命为证：

Tengri-yin ibegel iyer čaγ-i eǰelegsen. Quwangdi-yin ǰarlaγ . čaγan lam-a čimayi.tulγur-iyar dayin-nu ulus-un ketü..Dalai lam-a-dur eiči ilegegsen-dür ǰobuba kemen..Darqan čorǰi čula soyorqaba.. ④

奉天承运皇帝诏曰：因尔察罕喇嘛，首奉使敌国之外的达赖喇嘛处而劳顿，授予达尔汉绰尔济号。

---

① 《喀喇沁万户研究》，第74—75页。

② N·哈斯巴根、阿音娜将拜浑岱楚虎尔与喀喇沁汗王白洪大混同，因而误认为察罕喇嘛是随喀喇沁贵族归附爱新国/后金的。参见其《察罕达尔汉绰尔济与清初八旗喇嘛事务管理》，载《中国藏学》2016年第1期。

③ 《清太宗实录》天聪三年秋七月辛卯条载：“初，喀尔喀部落巴噶达尔汉之子拜浑岱、剌巴泰、三台吉（康熙本此处有‘初于察哈尔国征喀尔喀时’一句）为察哈尔所获，旋逃入科尔沁。至是自科尔沁率三十五人来朝。”“拜浑岱”即“拜浑岱楚虎尔”，可知察罕喇嘛于此时随其施主拜浑岱归附爱新国/后金。

④ 齐木德道尔吉等主编：《清内秘书院蒙古文档案汇编》第4辑，内蒙古人民出版社，2000年，第238页。《清世宗实录》顺治十三年五月庚子条：“加察罕喇嘛号达尔汉绰尔济，以其出使外国屡著勤劳也。”与诰命原文有出入。此外，N·哈斯巴根、阿音娜在《察罕达尔汉绰尔济与清初八旗喇嘛事务管理》一文中引用并汉译了该诰命，但理解和汉译仍有错误。

原来，察罕喇嘛因出使达赖喇嘛等功，于顺治十三年受封"达尔汉绰尔济"，因此，《满朱习礼喇嘛传》以他后来所获称号称之为"达尔汉察罕绰尔济"。此外，《满朱习礼喇嘛传》还记载了察罕喇嘛的俗名喇西额尔克。其生年，据察罕喇嘛本人顺治十六年（1659 年）在一份奏折中称时年已七十一，可知是 1589 年。[①] 其卒年，并非妙舟法师《蒙藏佛教史》所说顺治十八年（1661 年）[②]，据一份理藩院题本，直到康熙五年（1666 年）九月仍在世。[③]

从《满朱习礼喇嘛传》和《清太宗实录》的有关记载以及这份孤本文书内容可知，额齐格喇嘛与察罕喇嘛关系极为密切，当是师徒。

六、1630 年察罕喇嘛出使阿鲁蒙古的目的

对于额齐格喇嘛提出的遣察罕喇嘛出使"满珠习礼"即达赖喇嘛处的建议，天聪汗是否采纳了呢？下面让我们来寻找答案。《清太宗实录》天聪四（1630 年）年十一月壬寅条有如下记载：

> 阿鲁伊苏忒部落贝勒为察哈尔汗兵所败，闻上善养人，随我国使臣察汉喇嘛来归，留所部于西拉木仑河，先来朝见，命诸贝勒至五里外迎之。

前此一年，爱新国 / 后金开始与包括伊苏忒部在内的阿鲁蒙古通使，《清太宗实录》天聪三年九月丙戌条记载：

> 昂坤杜棱以事往阿禄部落，阿禄杜思噶尔济农遣使偕来通好，献马十。阿禄通好自此始。

阿鲁（禄）蒙古或岭北蒙古，狭义上指成吉思汗三个弟弟合撒儿、哈赤温以及别里古台后裔所属驻牧大兴安岭北麓的诸部，分别以阿鲁科尔沁、翁牛特、阿巴噶三部为代表，天聪四年十一月来归的伊苏特是阿巴噶分支。[④] 广义上，凡驻牧大兴安岭北的蒙古各部均可称阿鲁蒙古或岭北蒙古，因此还包括阿鲁（岭北）喀尔喀、阿鲁（岭北）察哈尔各部。[⑤] 昂坤杜棱本为察哈尔部"管旗台吉"，天聪元年归附爱新国。[⑥] 他此次赴阿鲁诸部的使命非常明确，就是拉拢阿鲁诸部，挑拨其与林丹汗关系。《清太宗实录》讳言此事，将昂坤杜棱赴阿鲁诸部的缘由与目的用"以事"两字含糊处理。随昂坤杜棱率先与爱新国"通好"的阿鲁部首领"杜思噶尔济农"是阿巴噶最高统治者，系成

---

① 《清前期理藩院满蒙文题本》，第 215—216 页；额尔敦巴特尔：《从〈蒙译清前期理藩院满文题本〉中的两份题本来分析达尔汗忽图克图》，载《内蒙古大学学报》（蒙古文版），2016 年第 4 期。

② 妙舟法师《蒙藏佛教史》第五篇第三章第四节（江苏广陵古籍科印社，1994 年，第 136 页）："嗣因察罕喇嘛，于顺治十三年在西藏军前效力，蒙恩赏给达尔罕绰尔济诰敕并黄敕，并由镶红旗蒙古都统支给俸银米石，历辈支领。顺治十八年圆寂。"谓察罕喇嘛"西藏军前效力"亦误。

③ 参见前引 N · 哈斯巴根、阿音娜文，前引额尔敦巴特尔文。

④ 学界（包括笔者）以往认为伊苏特部是翁牛特分支，从新发现的档案文献看，该部应是阿巴噶分支。参见玉海《清初阿鲁蒙古伊苏特部贵族祖源考述》（《清史研究》，2018 年第 3 期）。

⑤ 参见拙作《往流、阿巴噶、阿鲁蒙古——元代东道诸王后裔部众的统称、万户名、王号》，《内蒙古大学学报》汉文版，1998 年第 4 期。

⑥ 《清太宗实录》天聪元年十一月庚午。后来，爱新国授其三等梅勒章京，编入满洲八旗正黄旗（《八旗通志初集》第三册，东北师范大学出版社点校本，1985 年，第 1661 页；《清初内国史院满文档案译编》上册，光明日报出版社，1989 年），第 417 页。

吉思汗异母弟别里古台后裔，为其家族的代表。

天聪四年（1630年）三月一日，阿鲁诸部使臣正式回访爱新国，并在辽河岸边拜见皇太极。① 同年三月二十日，皇太极率诸贝勒偕阿鲁四部贝勒使者升殿，“以议和好，奠酒盟诸天地毕，宰八羊举宴”。②

《旧满洲档》记载了这次会盟的双方誓词，满文拉丁转写如下：

sure han-i duici aniya arui monggoi emgi gashuha bithe:

monggo-de unggihe bithe:

(1) sure han-i duici aniya: ilan biyai orin-de: (2) aisin gurun-i han: ilan amba beile: jakun gosai taijise (3) arui duin mukun-i beise: jinong: sun dureng: dalai (4) cukegur: amba asihan beise: doro acabi sain banjimbi seme (5) abka na-de akdulame gashumbi: ere acaha sain doro-be (6) aisin gurun neneme efuleme caharai faksi arga sain ulin-de (7) dosibi arui baru hūwaliyaci (8) abka membe wakalabi se jalgan-de isiburaku aldasi bucebu (9) arui beise neneme efuleme caharai faksi arga sain (10) ulin-de dosibi meni baru hūwaliyaci (11) abka aru-i duin mukun-i beise-be wakalabi se jalgan-de (12) isiburaku aldasi bucebu:meni juwe gurun yay-a gashuha (13) gisun-de isibume tondo sain-i banjici (14) abka gosibi se jalgan golmin juse omosi jalan goro (15) aniya goidame banjibu: ③

汉译：

天聪四年三月二十日，金国汗④、三大贝勒⑤、八旗台吉等与阿鲁四部落诸贝勒⑥济农孙杜棱、达赖楚呼尔及大小贝勒结盟修好，誓告天地。今既结盟修好，若金国先渝盟，与察哈尔结好，陷其奸计，贪其财物，背弃阿鲁，则听天罚我，无克永年，必致夭折。阿鲁诸部贝勒若先渝盟，与察哈尔结好，贪其财物，陷其奸计，背弃我等，亦听天罚。阿鲁四部落贝勒，夺其寿算，无克永年，为致夭折。我两国同践盟言，尽忠相好，则蒙天眷佑，俾克永寿，子孙世享太平。⑦

会盟后不几天，爱新国又派精通蒙古语的巴克什希福率每旗兵15人，偕阿鲁诸部使臣出使阿鲁诸部。⑧ 六月十六日，阿鲁诸部使臣再次来到爱新国。⑨ 阿鲁诸部与爱新国频繁的交往以及与爱新国结成反察哈尔联盟一事，很快被林丹汗发觉，1630年八月，林丹汗率领大军征讨阿鲁诸部，扫荡了大兴安岭北麓，与阿巴噶、阿鲁喀尔喀及所属阿巴哈纳尔（别里古台后裔所属部众，与阿巴噶为亲族）交战，不仅震动了整个阿鲁

① 中国第一历史档案馆、中国社会科学院历史汉译：《满文老档》（下册），中华书局，1990年，第1004页。
② 汉译《满文老档》（下册），第1010页。
③ 《旧满洲档》，第3217—3221页。
④ 即天聪汗皇太极。
⑤ 指大贝勒代善、二贝勒阿敏、三贝勒莽古尔泰，他们与四贝勒皇太极一起被称为爱新国“四大贝勒”。
⑥ 满语的beise一词起初是beile（贝勒）词的复数词，后来逐渐演变成清朝的官职，故在此依原意，译作“贝勒”。
⑦ 译文参见齐木德道尔吉《四子部落迁徙考》，载《蒙古史研究》第七辑。
⑧ 汉译《满文老档》（下册），第1011页。
⑨ 汉译《满文老档》（下册），第1064页。

蒙古，还被西方俄罗斯所知晓。① 前引天聪四年十一月壬寅条有关阿鲁伊苏特部被察哈尔兵所败，随爱新国/后金使臣察罕喇嘛来归附的记载正是这一重大历史事件在清朝官修史书中为数不多的反映。②

天聪四年十一月，察罕喇嘛从阿鲁蒙古返回，而这年七月，额齐格喇嘛向天聪汗建议遣察罕喇嘛出使达赖喇嘛处。由此，我们认为察罕喇嘛这次出使阿鲁蒙古的目的是借道赴西藏，至少是想与阿鲁蒙古、阿鲁喀尔喀商议一同遣使达赖喇嘛事宜，是天聪汗采纳额齐格喇嘛的建议的结果。

但是，由于林丹汗出征阿鲁蒙古，横扫大兴安岭北麓，察罕喇嘛出使目的未能达到，甚至可能没有来得及与阿鲁喀尔喀接触，就与南下投奔爱新国/后金的伊苏特部一同返回了。

七、察罕喇嘛最终出使达赖喇嘛处的曲折过程

经1630年林丹汗军事打击后，阿鲁蒙古分裂为两大阵营。阿鲁科尔沁、翁牛特等部越大兴安岭南下，归附爱新国/后金。同时，游牧于嫩江一带的爱新国/后金的盟友嫩科尔沁各部也奉天聪汗之命南迁西拉木仑河流域驻牧，与新附阿鲁诸部比邻而牧。最早为与爱新国/后金"政体合一"而交往的阿巴噶以及林丹汗亲族阿鲁（岭北）察哈尔乌珠穆沁、苏尼特、好浩齐特等部，则因林丹汗阻断其南下之路，只好北奔阿鲁喀尔喀左翼之达赖济农硕垒，拥立硕垒为"共戴马哈撒嘛谛车臣汗"。从此，喀尔喀除土谢图汗、扎萨克图汗以及阿勒坦汗③外又有了一个车臣汗。④此后，后金/清朝与喀尔喀长期处于敌对关系，直到顺治十二年（1655年），清廷迫使喀尔喀左翼盟誓，献"九白年贡"，建立政治附属关系为止。

天聪八年（1634年）夏，林丹汗在西迁青海途中病故于甘肃西喇塔剌（打草滩、大草滩），部众溃散。闰八月，察哈尔噶尔马济农等四大宰桑率部来归，途中遣使侯痕巴图鲁等来报："察哈尔林丹汗病痘，殂于打草滩地方，其子及国人皆来归。"于是，天聪汗遣国舅阿什达尔汉等率兵探察哈尔汗之子额尔克孔果尔的消息和行踪，并谕之曰：

> 闻察哈尔汗之子额尔赫孔果尔，由比来此。若距黄河西有十日路程，则派额尔德尼囊苏、哈尔松阿前往；若无信息，则不必往。令鄂尔多斯济农收其部众，令博硕克图汗子集土默特部人，各住于移营处，我出使唐古特、图白特部落，可取道于彼。⑤

显然，1630年受挫后，天聪汗在积极寻找不经过喀尔喀而通往西藏的途径。林丹汗去世、部众溃散后，他觉得，可以通过蒙古右翼土默特、鄂尔多斯控制区直通青藏，而这条路线正是林丹汗控制蒙古右翼之前蒙古人朝佛的捷径。

① 参见宝音德力根、玉芝《林丹汗出征阿鲁蒙古和喀尔喀》，载《内蒙古大学学报》（蒙古文版），2007年第5期。

② 另有一条是《清太宗实录》天聪八年三月丁亥条的记载："阿禄伊苏忒部落古英和硕齐先为两国往来议和，后阿禄济农为察哈尔所侵，率族属来归。"

③ 扎萨克图汗家族硕垒乌巴什（1567—1623年）不晚于1604年称阿勒坦汗，可能是扎萨克图汗所授。参见宫胁淳子《蒙古卫拉特关系史——13—17世纪》，载东京外国语大学《亚非语言文学研究》第25期，1983年。

④ 前引宝音德力根、玉芝文。

⑤ 《清太宗实录》天聪九年闰八月庚寅条；《清初内国史院满文档案译编》（上册），第102—103页。

天聪九年二月，爱新国/后金派多尔衮等四贝勒出征察哈尔，四月收服额尔克孔果尔部众；七、八月间在库库和屯北驱逐前来与明朝贸易的喀尔喀车臣汗使臣。[①] 年底，喀尔喀车臣汗与所属乌珠穆沁、苏尼特、浩齐特、阿巴噶等部首领第一次遣使爱新国/后金。天聪汗正欲招抚喀尔喀，为此，不但重赏车臣汗等，还于次年二月派出以卫寨桑为首的使团与车臣汗和谈。[②]

四月，爱新国/后金更国号为大清，改元崇德，天聪汗皇太极被蒙古人尊称为博格达汗。十一月，前往喀尔喀议和之卫寨桑一行携喀尔喀车臣汗议和进贡使团还，月底，清朝派察罕喇嘛率64人使团与喀尔喀使臣一同出使喀尔喀。[③]

就在这年，五世达赖喇嘛与四世班禅的密使强林然坚巴（名西布札，即后来为清廷服务而闻名的班第大诺们汗）来到盛京觐见清太宗皇太极[④]，双方再度谈起遣使达赖喇嘛一事。于是，十一月底，清太宗遣察罕喇嘛第二次出使喀尔喀，正式与喀尔喀商谈一同遣使延请达赖喇嘛事宜，清太宗天聪四年以来的愿望最终得以实现。崇德二年八月，车臣汗致书博格达汗，表示愿意与清朝一起延请达赖喇嘛。车臣汗文书保存在中国第一历史档案馆：

(1) ي Oom suwasdi siddam.. Maq-a samadi sečen qaγan.. (2) Boγda-du bičig bariba.. boγda mendü buγu..bide ende mendü bui..(3) Dalai lama-yi ǰalay-a gegči ǰöb buγu.. ende doluγan qosiγu qalq-a.. ǰalay-a geǰi(4) baiγ-a bile.. basa dörben oyirad ǰalay-a gegseger bile.. tani ǰalaγčin..mani daγarin (5) ir-e.. qamtu-bar yabuγsan jöb buγu.. γurban qaγan-i mani üge nige ǰöblegsen bai..(6) bide γurban-u üge nige-yin tulada..mendü asaγun elči-ben ilegegči ene bile.. bičig-ün(7) beleg-tü. döčin bolaγ-a.. döčin aduγu bai.. elči mani sečen qonjin biligtü sanjin qoyar bai.:.[⑤]

愿吉祥！马哈撒嘛谛车臣汗致书博格达[汗]。博格达安康。我等在此安康。[闻欲]迎请达赖喇嘛,[此事]正确。我等七和硕喀尔喀一直欲迎请。又四卫拉特一直欲邀请。[博格达]之延请使臣请路经我国而来,同往延请方是。因我等三汗商定的言语一致,遂遣使问安。致书之礼有貂四十、马四十。使者为彻辰浑臣、毕力克图舍津二人。

恰在这年十月，当清朝与喀尔喀准备正式遣使迎请达赖喇嘛之际，在卫拉特传教的顾实车臣绰尔济喇嘛派往清朝的使臣库鲁克等来到了盛京。《清太宗实录》崇德二年十月丙午条载：

厄鲁特部落顾实车臣绰尔济遣其头目库鲁克来贡马匹、白狐皮、獭喜兽、绒毯等物。顾实车臣绰尔济初未入贡,闻上威德远播,至丙子年,乃遣使,因路远,于是岁始至。

十一月十五日，库鲁克等返回[⑥]，急于与西藏达赖喇嘛等建立联系的太宗博格达

① 《清太宗实录》天聪九年八月庚辰条；《清初内国史院满文档案译编》（上册），第154—155、186—188页。

② 参见《清太宗实录》天聪九年十二月癸未、十年二月丁丑条；《清初内国史院满文档案译编》（上册），211—212页。

③ 参见《清太宗实录》崇德元年十一月己酉条、甲子条。

④ 关于此事，将另文探讨。

⑤ 《清内秘书院蒙古文档案汇编》第1辑，内蒙古人民出版社，2003年，第191—192页。

⑥ 《清太宗实录》崇德二年十月丙午条。

汗，让库鲁克捎去写给图伯忒（西藏）汗的书信，希望库鲁克的主人顾实车臣绰尔济转交图伯忒汗。在给图伯忒汗的信中，博格达汗告诉图伯忒汗："为使古之帝王所建政教统序不致中断，将遣使上尊大胡土克图、图伯忒汗等（erten-ü Qad-un bayiγuluγsan törö šasin-u ǰalγamji [yi] ülü tasulaqu-yin tulada. Degedü yeke qutuγ-tan.Tübed-ün Qaγan .. bügüde dü elči ilegekü bai ..)。"① 这里的"古之帝王所建政教统序"，指格鲁派所标榜的以忽必烈与八思巴建立的大汗与帝师关系为核心的所谓"政教二道"，而"上尊胡土克图"则是对达赖喇嘛的尊称。②

但是，清朝与喀尔喀关系再度恶化。崇德二年十一、十二月，喀尔喀车臣汗所属乌珠穆沁、浩齐特南下归附清朝。四年十月，苏尼特、阿巴噶亦归附清朝。③ 清朝在与喀尔喀和谈的同时，引诱喀尔喀部众归附，使车臣汗大为不满。崇德三年二月，博格达汗大张旗鼓地"亲征喀尔喀"，迫使前来库库和屯贸易的扎萨克图汗北撤，引起双方空前的对立。④ 扎萨克图汗返回后，于次年秋主导喀尔喀与卫拉特的和解，结束了双方自 1623 年以来的敌对状态。崇德五年（1640 年），喀尔喀与卫拉特制定了《蒙古—卫拉特法典》，协调对内对外关系，以应对清朝的武力威胁。

在这种形势下，强势的博格达汗认为喀尔喀不会阻挠其延请达赖喇嘛，因此仍要求喀尔喀一同遣使。崇德四年十月，清廷派以察罕喇嘛、额尔德尼达尔汉喇嘛为首的延请达赖喇嘛使团，携带博格达汗致图伯忒汗、达赖喇嘛的信件⑤ 赶赴库库和屯，在那里等待喀尔喀所遣使团，准备来年春天青草长出后一同赴藏。不料，喀尔喀方面放弃了与清朝一同延请达赖喇嘛的计划，使清朝使团在库库和屯苦苦等待无果，只得返回盛京。⑥

此后，喀尔喀试图单独邀请达赖喇嘛，但未成功。⑦ 而清朝却迎来了四世班禅和达赖喇嘛的使臣顾实车臣绰尔济喇嘛。原来，当库鲁克将博格达汗给图伯忒汗的信带给

---

① 《清内秘书院蒙古文档案》第 1 辑，内蒙古人民出版社，2003 年，第 204 页。

② 从词性上看，"degedü yeke Qutuγ-tan"是单数，达力扎布将其读为复数，译为"诸高僧大德"，因而未发现所指为达赖喇嘛一人。参见其《清太宗邀请五世达赖喇嘛史实考略》，载《中国藏学》2008 年第 3 期。

③ 参见《清太宗实录》崇德二年十一月丁丑、十二月戊午条，崇德四年十月庚寅条。

④ 《清初内国史院满文档案译编》上册，第 276—277、285 页；《清太宗实录》崇德三年二月丙午条。

⑤ 信件之蒙古文原文因内秘书院所藏崇德四年档册整体丢失而不存，译文存《清太宗实录》崇德四年十月庚寅条。但是，译文将达赖喇嘛尊称"degedü yeke Qutuγ-tan"，即"上尊大胡土克图"误译为"高僧"（康熙本作"圣僧"），又将"与上尊呼图克图喇嘛书曰"简称为"与喇嘛书曰"，由此导致学界误会，甚至有人认为信中"掌佛法大喇嘛"指"噶玛噶举黑帽系史事活佛却英多吉"（陈小强:《试论西藏政教上层与满洲清政权的初次互使》，载《西藏研究》1992 年第 2 期），或指"藏巴汗供养的喇嘛"（李保文:《顺治皇帝邀请第五世达赖喇嘛考》，载《西藏研究》2006 年第 1 期）。这些都是不合常理的错误见解。

⑥ 《博格达汗谕前往迎请达赖喇嘛等以额尔德尼达尔汉喇嘛为首众喇嘛书》，载《清内秘书院蒙古文档案》第 1 辑，第 266—267 页。文书称达赖喇嘛为"šiditen lam-a"（直译"有法术的喇嘛"），与崇德二年十月致图伯忒汗书中"degedü yeke Qutuγ-tan"同义。《清太宗实录》崇德二年二月辛酉条将"šiditen lam-a"译为"圣僧喇嘛"。关于喀尔喀背约未遣使一事，参见达力扎布《清太宗邀请五世达赖喇嘛史实考略》一文。

⑦ 据《五世达赖喇嘛传》，藏历铁蛇年（1641 年）五月，喀尔喀、厄鲁特迎请达赖喇嘛的使臣色钦诺门汗（即丹津喇嘛）等随班禅大师来到拉萨（第 176—178 页）；水马年，即崇德七年正月，喀尔喀左翼"多尔济嘉布"（即多尔济汗，指土谢图汗衮布多尔济）的代表邀请达赖喇嘛赴蒙古（第 182 页）；同年秋，喀尔喀右翼俄木布额尔尼珲台吉（即第二任阿勒坦汗）来到拉萨，次年正月，他邀请达赖喇嘛到蒙古，说这是"全体喀尔喀人的要求"。但是，对于喀尔喀汗王和高僧的邀请，达赖喇嘛一直没有正面回应。参见达力扎布《清太宗和清世祖对漠北喀尔喀部的招抚》，《历史研究》2011 年第 2 期。

其主人顾实车臣绰尔济喇嘛后，车臣绰尔济与其施主准噶尔贵族都日雅勒和硕齐[①]于土兔年，即崇德三年（1639年）八月来到拉萨觐见达赖喇嘛，并转达了博格达汗欲延请达赖喇嘛之意。面对如此大事，一直密切关注着迅速崛起的爱新国—清朝的格鲁派上层反应敏锐。年迈的班禅大师特意自扎什伦布寺来到拉萨，与达赖喇嘛商讨对策，最后由班禅大师做出决定：立即派遣自己的弟子车臣绰尔济出使清朝，看看强大的女真汗王能否担任格鲁派施主。[②]为显示使臣地位，班禅还特地授予车臣绰尔济伊拉古克三呼土克图称号。[③]

铁龙年（崇德五年）新年刚过，伊拉古克三呼土克图车臣绰尔济携带达赖喇嘛给博格达汗的书信从拉萨出发。但是，由于路途遥远以及喀尔喀与清朝对立等原因，行程并不顺利，历时两年多，直到崇德七年十月初二才到达盛京。[④]在此期间，崇德六年八月，博格达汗已获悉车臣绰尔济已经见到了达赖喇嘛并被达赖喇嘛、班禅大师差遣前来盛京，为此，博格达汗致书车臣绰尔济，表达了欲聆听达赖喇嘛法旨[⑤]的急切心情，同时催促他与普通商队一同经库库和屯前来盛京：

> (1)Aγuda ürüšiyegči nayiramdaγu(2) Boγda qaγan-u ǰarlaγ.. (3)Sečen čoǰi-du bičig ilegebe.. törö šasin-iyar amitan-u tusa-dur kičiyeǰü.. (4) Degedü qutuγ-tan-u gegen-e mürgüged..mendü kürčü iregesen čini sayin..bi sonusču maši bayasba .. (5) činü qoyin-a-eče degegši ečikü lam-a nar-i yabu geǰi Köke qotan-du ilegeǰi bile .. (6)ečigči lam-a nar Qalqa-yin ǰang-yi meden yadaǰu qariǰu irebe.edege či Qalqa (7)ögelüd-dü saγuγsan lam-a bišü čimai ken saγat kikü bai.. Degedü qutuγ-tan-u (8) yambar ba ǰarlaγ-i čim-a sonusuγ-a geǰi küseǰi sananam.. či kičiyeǰi Köke qotan-du(9)ireküle.nada irekü saat ügei bišü..eng yin qudaldun-u kömün lüge qamtu (10)ireged.. nada urid elči ilegeküle.. bi čimayi elči-ber utuγuluya.:. (11) mamur-un dumda sara-yin šin-e-yin nayiman-a.:.

> 宽温仁圣汗谕旨。致书车臣绰尔济。尔以政教谨慎利益众生，于达赖喇嘛[⑥]前叩头平安返回，甚佳。朕闻之甚喜。曾遣使臣、喇嘛等至库库和屯，令随尔后前往达赖喇嘛处[⑦]。使臣、喇嘛等未能知晓喀尔喀之意图而返回。尔为久居喀尔喀、厄鲁特之喇嘛，谁能阻尔。期盼从尔处倾听达赖喇嘛之所有谕旨。尔若能小心至库库和屯，来朕处便无阻碍。与一般商人同来，若能提前遣使与朕，朕遣使迎尔。仲秋初八。[⑧]

总之，在博格达汗精心安排下，达赖喇嘛与班禅大师使臣车臣绰尔济安全抵达盛京。

① 《清太宗实录》作都喇尔和硕齐（Dural qošiγuči），陈庆英已指出，他是准噶尔部巴图尔洪台吉之堂兄弟。参见其《明末清初格鲁派高僧咱雅班智达之事迹新探》（《两岸蒙古学藏学学术研讨会论文集》，台北，1995年，收入《陈庆英藏学论文集》，中国藏学出版社，2006年）一文。

② 《五世达赖喇嘛传》，第213、163页。

③ 李保文：《唐古特·伊拉古克三呼图克图考》，载《中国藏学》2005年第2期。

④ 《清太宗实录》崇德七年十月己亥条。

⑤ 原文“ǰarlaγ”，与皇帝“圣旨”同。元代帝师旨谕亦称ǰarlaγ，汉译“法旨”。

⑥ 原文“Degedü qutuγ-tan”，与前文“degedü yeke Qutuγ-tan”“šiditen lam-a”一样，是对达赖喇嘛的尊称。博格达汗所说车臣绰尔济给“Degedü qutuγ-tan”叩了头，指觐见达赖喇嘛一事，因此“Degedü qutuγ-tan”指达赖喇嘛无疑，故译为“达赖喇嘛”。下一个“Degedü qutuγ-tan”亦同。

⑦ 原文“degegši”，直译为“上方”，实指达赖喇嘛处，故译为“达赖喇嘛处”。

⑧ 《清内秘书院蒙古文档案汇编》第1辑，第308—309页。

崇德八年五月，车臣绰尔济回西藏复命，清朝派以察干格隆（即察罕喇嘛）为首的使团一同前往 。顺治元年七月，顾实车臣绰尔济和察罕喇嘛到达拉萨[①]，各自完成了西藏格鲁派上层和清朝皇帝所付使命。

附：文书照片（采自李保文书）

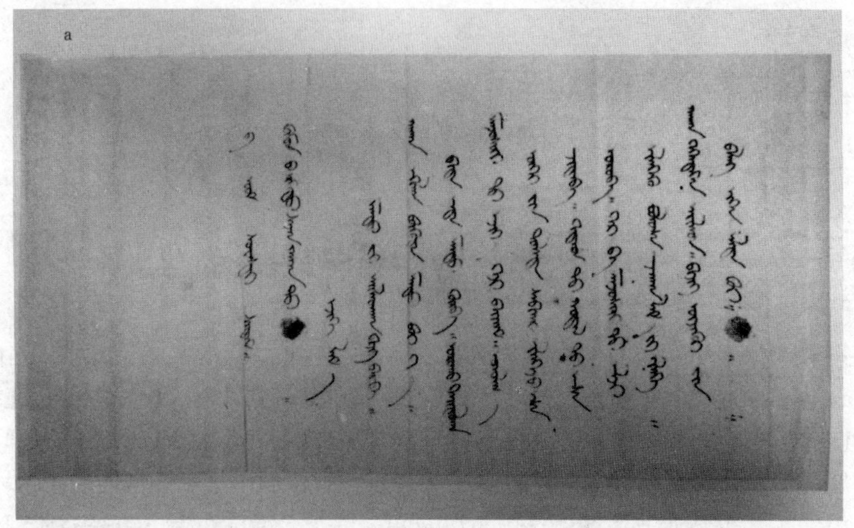

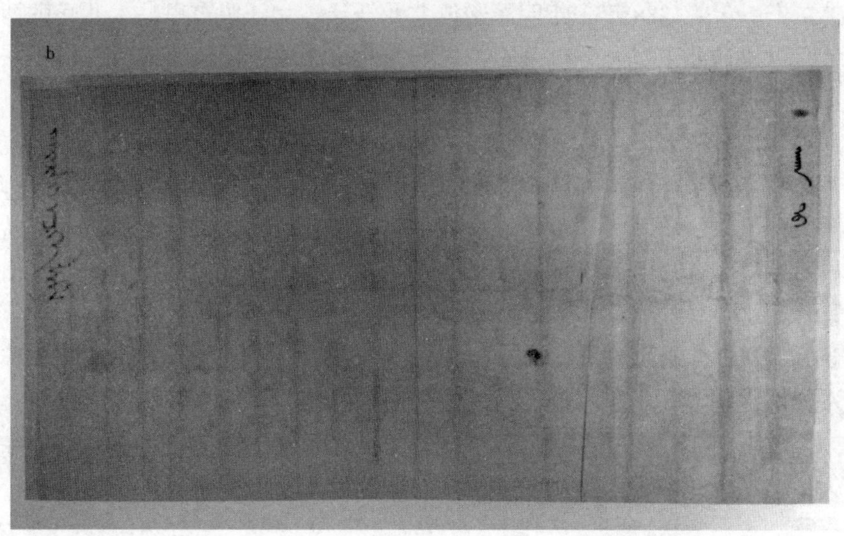

① 《清太宗实录》崇德八年五月丁酉条；《五世达赖喇嘛传》，第 213 页。

山阳或岭南万户的结局[①]

——达延汗子孙瓜分朵颜—兀良哈三卫考

宝音德力根　玉芝
（内蒙古大学）

一、山阳万户的由来及其被瓜分的背景

山阳或岭南万户（ölge tümen）又称山阳或岭南六千兀者人（ölge-yin ǰirγuγan mingγan üǰiyed ulus），由往流（又作“罔留”，“罔”往往误为“罔—冈”）、兀者（我着）、兀良哈（五两案）三鄂托克组成，是成吉思汗同母幼弟斡赤斤家族，即元代辽王家族属民后裔。[②]元代，其牧地以泰宁（今吉林省白城市德顺乡城四家子古城）、朵颜（今内蒙古扎赉特旗北境博格达山）以及福余河（今嫩江东岸支流呼裕尔河）为中心。洪武二十一年（1388 年）年明军击溃北元汗廷，大汗脱古思帖木儿兵败西逃，阿里不哥后裔也速迭儿乘机发兵攻杀脱古思帖木儿，夺取了汗位。这时，迫于明朝军事威胁，山阳万户首领以辽王阿扎失里为首遣使明朝，以示和好。明太祖朱元璋喜出望外，因其牧地“设立”泰宁、朵颜、福余三卫，简称泰宁三卫或朵颜—兀良哈三卫。但是，在整个洪武朝，山阳万户与明朝交往仅此一次，随即断绝往来。明太宗朱棣夺取政权后，主动招抚泰宁三卫，向其大小首领颁发敕书、印信，作为赏赐和贸易凭证。从此，泰宁三卫与明朝建立起较为稳定的朝贡贸易关系。宣德（1426—1435）初年，山阳万户从其故土嫩江流域南下，开始游牧于西拉木仑河及滦河上游地区。

由于山阳万户与明朝的朝贡贸易关系，《明史》在为蒙古立传时产生重大失误，将蒙古分为所谓鞑靼、瓦剌、兀良哈三部。这一俗说在学界的直接反应就是对兀良哈三卫民族、族群属性的误解。[③]其实，北元—蒙古只有东西两大部。东蒙古包括蒙古大汗直属部众和成吉思汗诸弟，即元代东道诸王所属部众，山阳万户正是其中之一，他们

---

① ［基金项目］国家社科基金重大招标项目“清代蒙古高原历史地理研究”（批准号：142DB037）。

② 参见宝音德力根《往流、阿巴噶、阿鲁蒙古——元代东道诸王后裔部众的统称、万户名、王号》，载《内蒙古大学学报》，1998 年第 4 期。

③ 如，特木勒认为兀良哈三卫是明蒙对立中的“第三种力量”，犹如唐与吐蕃之间的白狗羌、唐与突厥之间奚（《朵颜卫研究——以十六世纪为中心》，南京大学博士学位论文，2001 年，第 5、31 页）。有关批评见乌云毕力格《关于朵颜卫兀良哈人的若干问题》，载《蒙古史研究》第七辑，中国蒙古史学会，2003 年。

自始至终都是道地的蒙古人；西蒙古则指瓦剌，系原阿里不哥属民后裔。

按照嫡长子与嫡幼子优先的游牧民族财产分配原则，成吉思汗分给斡赤斤十个千户，立其为诸弟宗长。这一份额远远超出了斡赤斤另外三位兄长家族所得份额的总和（六个半千户）。在成吉思汗家族，只有嫡长子术赤的地位与斡赤斤相当，因而术赤在诸兄弟中受封份额最大（与斡赤斤一样也是十个千户）。成吉思汗下令，也儿的石河以西，蒙古人马蹄所及之处都是术赤的牧地。同样，成吉思汗最初为斡赤斤指定的牧地只有额尔古纳河东岸狭窄地区,这意味着授予其向大兴安岭以东拓展牧地的特权。不久，以斡赤斤家族为首的东道诸王很快征服了岭东地区。

1260 年，忽必烈联合斡赤斤孙塔察儿等东道诸王发动叛乱，经过四年战争，从阿里不哥手中夺取了蒙古汗位。坐稳江山后，忽必烈着手削弱东道诸王势力，结果引起以乃颜（塔察儿孙）为首的东道诸王叛乱。叛乱于 1287 年内被镇压，从此，斡赤斤家族彻底失去了大兴安岭以西牧地，势力范围受限于上述岭东嫩江流域。但是，按分封制原则，成吉思汗子弟的属民和领土是其应得的“份子”，包括蒙古大汗在内的成吉思汗子孙不得擅自侵夺。受此原则保护，斡赤斤家族势力一直强势延续，直到 16 世纪初，仍是整个山阳万户的最高统治者。

作为东蒙古成员，山阳万户不可避免地卷入北元前期的动荡政局，经历了不断的分化与重组。其中，兀者、罔留二部，即所谓的泰宁、福余二卫所受冲击最大，因而开始衰落，如福余卫兀者人大部分早在 15 世纪前半叶就被成吉思汗弟哈赤温家族控制。到了 1476 年，蒙古大汗满都鲁杀哈赤温后裔癞太子，夺治所属福余卫兀者人，使之演变为蒙古大汗直属六万户之一的满官嗔—土蛮（土默特）部。[①]16 世纪初，达延汗统一东蒙古，开始剥夺异姓贵族对蒙古兀鲁思（万户）、鄂托克（千户）的世袭统治权，分封子孙到直属各万户、鄂托克。恰在此时，朵颜贵族开始与达延汗家族联姻，随之，山阳万户内部实力对比发生重大改变，朵颜卫兀良哈贵族逐渐取代泰宁卫斡赤斤后裔，成为整个山阳万户的最高统治者。

弘治十七年（1504 年），明朝获报：“朵颜卫头目阿儿乞蛮领三百人往北虏通和，小王子与一小女寄养，似有诱引入寇之迹。”[②] 正德九年（1514 年），明朝得报，朵颜卫与“小王子缔姻，且乘宣大入寇之势，恐为边患”。同时，朵颜卫首领花当要求明朝扩大市赏，将兀良哈等三卫原有三百道敕书增至六百道，并威胁明朝：“若限以旧数，则不复贡矣。”[③] 很显然，花当背后有达延汗的支持。次年，即 1515 年，花当次子把儿孙千余骑从鲇鱼关毁长城而入，在马兰峪杀死参将陈乾，引起朝野震动。[④]

达延汗去世后，其子孙以不地汗为首于 16 世纪 30—40 年代征服并瓜分了肯特山

---

① 参见拙作《满官嗔—土默特部的变迁》，载《蒙古史研究》第五辑，1997 年。

② 《明孝宗实录》弘治十七年六月辛巳。

③ 《明孝宗实录》正德九年九月戊子、十一月己巳。据《明世宗实录》，十年后，即嘉靖九年（1524 年），给事中陈时明奏称“朵颜花当之子把儿孙，顷与北虏小王子联婚……二虏日亲，万一掩我无备，乘虚而入，不可不虑”云云，可知这次“缔姻”是花当为其次子把儿孙娶小王子达延汗之女。

④ 《明孝宗实录》正德十年六月己巳。

一带兀良哈万户。[①] 随之，独享与明朝朝贡贸易之利，又经常脱离蒙古大汗有效控制的山阳万户便成为达延汗子孙瓜分目标。这些就是 16 世纪 40—50 年代山阳万户被瓜分的历史大背景。[②]

二、蒙汉文文献关于山阳万户被瓜分的有关记载

1543—1544 年，达延汗子孙统治下的蒙古右翼三万户中的喀喇沁、土默特势力向东发展，从西边挤压山阳万户，开始控制其部分部众。1546 年，不地汗长子、察哈尔左翼首领打来孙与喀尔喀左翼首领虎喇哈赤、科尔沁万户左翼首领魁猛可（成吉思汗弟哈撒儿后裔）各率所部越大兴安岭南下，进入山阳万户牧地。在十来年的时间里，达延汗子孙和魁猛可子孙完成了对山阳万户的瓜分，使以蒙古大汗为首的成吉思汗黄金家族与山阳万户的关系发生了质变。被蒙古左右翼瓜分吞并后，山阳万户失去了西拉木仑河上中游以北大片牧地，进而南迁至滦河中游、老哈河、大凌河以及辽河河套一带驻牧。这样，包括燕山北麓地区在内的迫近明长城的广大地区都成为山阳万户部的牧地，有些部落的牧地甚至离明朝边境不过几十里。

关于山阳万户即兀良哈等三卫被达延汗子孙所统蒙古左右翼以及魁猛可后裔所统嫩江科尔沁瓜分的历史，文献资料直接记载较少，只有蒙古文史书《俺答汗传》中有如下记载：

> 久为外敌的兀者兀鲁思影克丞相等诸那颜，慕［俺答汗］名率族属山阳万户，带着月伦太后之宫帐前来归附，成为阿剌巴图（属民）。俺答汗将影克丞相赐予己弟昆都楞汗，并将其诸弟分别占有。[③]

记事在壬寅（1542）年麦力艮吉囊去世以及其弟俺答称汗之后，甲辰（1544）年俺答出征兀良哈万户之前。“兀者兀鲁思”或“山阳万户”的丞相影克，就是朵颜卫著名首领左都督花当嫡曾孙影克 。《俺答汗传》所记年代是可信的，早在 1546 年打来孙等左翼蒙古首领南下之前，朵颜卫统治家族长支——花当嫡系影克家族已经被以俺答为首的右翼蒙古控制。[④] 实际上，影克一系并不是直接归附俺答，而是归附了俺答弟、喀喇沁万户首领昆都楞汗把都儿。《俺答汗传》之所以将此事记在俺答头上，意在标榜俺答作为右翼蒙古首领的功绩。

---

① 兀良哈万户是 15 世纪蒙古大汗直属六万户之一，由蒙元时代为成吉思汗及历代蒙古大汗守陵的兀良哈千户发展而来，其统治家族与朵颜卫—兀良哈同宗，出身于成吉思汗家族的斡脱古·孛斡勒（老奴婢）。在达延汗时代，兀良哈万户或因负有特殊的政治、社会职责而免于被瓜分。

② 在达延汗分封子孙后不久，东蒙古社会便陷入“有限的人口与牧地被无限地分封”的恶性循环，其子孙由于争夺属民、牧地而开始倾轧。因此，山阳万户内部最高统治权即便仍在斡赤斤后裔手中，其被管分的命运也不会改变。

③ 《俺答汗传》67—68 节。达力扎布最早注意到了这条史料，参见其《有关明代兀良哈三卫的几个问题》，载《庆祝王锺翰先生八十寿辰学术论集》，辽宁大学出版社，1993 年。

④ 参见达力扎布《明代漠南蒙古历史研究》（第 112—115 页）。特木勒怀疑《俺答汗传》纪年，认为影克归附俺答应在“庚戌之变”（1550 年）以后（《“庚戌之变”与朵颜卫的变迁》，载《蒙古史研究》第七辑，中国蒙古史学会，2003 年），乌云毕力格则认为应在 1548—1550 年间（《有关明代兀良哈三卫的几个问题》，载《蒙古史研究》第七辑）。

对于山阳万户被瓜分的结果，汉文文献记载远比蒙古文史书详细，如16世纪末成书的明朝边政类著作刘效祖《四镇三关志》①、郭造卿《卢龙塞略》、郑文彬《筹边纂议》、张鼐《辽夷略》②、戚继光《蓟镇边防》③、米万春《蓟门考》④等。特别是郭造卿《卢龙塞略》记载三卫首领的名称、世系、牧地、所属人口、宗主部落首领名称以及明朝所受职衔等尤为详细，因而很早就引起学界注意。和田清、达力扎布、特木勒、乌云毕力格在有关研究中⑤都曾引用《卢龙塞略》进行论述，取得了不少成就。但是，他们都过于轻信《卢龙塞略》的记载，对其错误和矛盾记载批判不足。

在此，我们首先节录《卢龙塞略》《筹边纂议》的有关记载（文后编号表示其宗主部落首领），结合上述诸书有关记载，做综合考述。

《卢龙塞略》卷十五《考部·贡酋考》所载三卫首领世袭、人口、牧地、所受职衔以及宗主名称等情况：

朵颜卫

始祖都督完(孛)[完]者帖木儿，生阿儿乞蛮，子莽兀儿，生打卜忽，子花当，妻妾三，共子十有一。嫡以克，生革儿孛罗。妾把罕，子三，曰打哈，曰把儿孙，曰把儿真。又妾主来，子七，曰哈哈赤，曰把（儿都）[都儿]，曰虎秃兔，曰孛来，曰把秃来，曰虎秃孛来，曰孛罗歹。

花一革儿孛罗，妻伯彦，其子三，曰革兰台，曰革孛来，曰脱力。革兰台三妻妾，子九。嫡阿速累，子四，曰影克，曰猛可，曰猛古歹，曰(幹)[斡]抹秃。妾伯忽，子四，曰抹可赤，曰董忽力，曰兀鲁思罕，曰长秃。又妾脱翠，子叉哈来。

长影克，二妻，子三。嫡满都孩，子二，长曰长昂，袭都督，二子，伯忽乃，伯晕歹；次曰莽吉儿。又收姨母伯忽，子曰拱难。三支未分，部落千八百余名，在大宁北境界⑥驻牧，南直界岭口四百余里，西南至喜峰口贡关五百余里。附属西虏把都儿。(1)

二猛可，二妻，子二。嫡失来，子曰阿只孛来。妾奴乃，子曰伯先忽。并都指挥佥事。共部落二百余名，在汤兔境界⑦驻牧，南直冷口二百余里，至贡关三百余里。附属西虏纳林。(2)

三猛古歹，妻伯彦主喇，子曰罕麻忽，曰那彦孛来，曰那秃，曰那木赛。并都指挥佥事。共部落七百余名，在会州讨罕兔境界⑧驻牧，直西南至贡关二百余里。附属西虏安滩。(3)

---

① 《四库禁毁丛刊》，北京出版社，2000年。

② 《玄览堂丛书》影印明刻本。

③ 《皇明世法录》卷五十八，台湾学生书局影印明刻本，1965年。

④ 《皇明世法录》卷五十七，台湾学生书局影印明刻本，1965年。

⑤ [日]和田清：《东亚史研究·蒙古篇》，东洋文库，1959年。达力扎布：《明代漠南蒙古历史研究》，内蒙古文化出版社，1997年。特木勒：《朵颜卫研究》。乌云毕力格：《喀喇沁万户研究》，内蒙古人民出版社，2005年。

⑥ 大宁城，后讹音为“大明城”，蒙古名“可苛河套”（köke qota），今宁城县大明镇。“大宁北境界”当指今内蒙古宁城县中北部及喀喇沁旗东部一带。

⑦ 青龙河支流，今河北省宽城满族自治县东部汤道河。

⑧ 会州，即明初会州卫，蒙古名“插汉河套”（čagan qota），今河北省平泉县南五十家子会州城村。会州附近的讨罕兔又称西讨罕兔，应为会州城遗址以东的道虎沟乡一带。乌云毕力格认为该讨罕兔是今平泉县城北的豹河（瀑河）上游（《喀喇沁万户研究》，第58页）。

四抹可赤，四妻，子五。嫡哈只罕，子二，曰兀鲁伯忽，都指挥，曰老撒。妾厂罕伦，子二，曰台孛罗，曰孩子。又妾哈剌，子曰兀捏孛罗。又妾脱主剌，无子，后孩子收。共部落三百余名，在［敖］母鹿境界①驻牧，直义院口三百里，西南至贡关五百余里，附属西虏纳孙。(4)

五董忽力，都指挥佥事，二妻，子五。嫡把扎孩，子三，曰伯彦孛来，曰把当，曰把儿赤。妾升革克，子二，曰［以］把来，曰猛安歹。②共部落四百余名，在土果根境界③驻牧，直界岭口三百余里，西南至贡关五百余里。附属西虏把都儿。(1)

六兀鲁思罕，都指挥佥事，二妻，子二。嫡子曰升纳，都指挥佥事。妾子曰挨伯秃，舍人。共部落二百余名，在敖母林境界驻牧，直义院口三百余里，西南至贡关五百余里。附属西虏把都儿。(1)

七（斡）［斡］抹秃，二妻，子四。嫡革干主剌，子二，曰那彦帖忽思，曰丑忽儿。妾那彦孩，子二，曰伯彦打来，曰炒令哥。共部落四百余名，在青城④境界驻牧，西南至贡关四百五十里。附属西虏安滩。(3)

八长秃，都指挥佥事，三妻，子六。嫡子三，曰打巴，曰把来，曰暖台。二妾子三，曰董一，曰秃者，曰兀亮。共部落三百余名，在省集境界⑤驻牧，直界岭口五百余里，西南至贡关里如之。附属西虏把都儿。(1)

九叉哈赤来，不称名，随长昂驻牧。

革孛来二妻，子四，曰伯彦帖忽思，曰把秃孛罗，曰伯思哈儿，曰伯彦孛罗，俱嫡阿阿生。妾哈真无子，后伯彦帖忽思收。

长伯彦帖忽思，三妻，子五，嫡挨只伦，子二，长曰撒因帖忽思，收父妾那斡真，生一子勺儿秃；次曰炒（变）［蛮］，都指挥佥事，妻那安宅二子，伯忽、把扎罕。原收姨母把哈真，生子三，曰阿牙台，都指挥佥事，二妻，三子，嫡那彦罕二子，哈剌、伯彦。妾一子，叉罕；曰倘孛来，二妻，二子，嫡以克，子阿巴孩，妾把罕，子那彦罕；曰哈讨［帖］木儿。凡叔侄十四人，共部落四百五十余名，在［可］里屈劳境界⑥驻牧，直古北口二百余里，东南至关七百余里。附属西虏辛爱。哈讨帖木儿逃之大边矣。(5)

二把秃孛罗，二妻，子三。嫡以来，子二，曰长秃，曰莽灰。脱脱子曰纳儿买。凡部落五百余名，在以逊境界⑦驻牧，直罗文谷四百余里，东南至贡关六百余里。附属西虏纳林。(2)

---

① 当与后文革儿孛罗第六子兀鲁思罕牧地“敖母林”指同一地，“敖母林”，意为“大河、宽河”，系大凌河蒙古名，猛古歹、兀鲁思罕牧地当在该河上游。

② 《辽夷略》只记载了董忽力九子，前五位依次为伯彦孛来、把末乞、把未都、莽固大、以把儿，与上述五子对应（只是次子与三子、四子与五子位次颠倒）。

③ 词义不明，从地望看应在今辽宁绥中县一带。

④ 青城，蒙古名“哈喇河套”（qara qota），今宁城县甸子镇黑城遗址。“青城境界”指老哈河上游地区。

⑤ “省集”，原文应是蒙古语 senji，本指壶类提手、提梁，转而指有孔洞的山崖。今凌源县三家子乡森儿图山即月华山，俗称窟窿山，由此发源的河即森儿河，系大凌河上游支流。“省集境界”即今凌源县、喀左县森儿河流域，参见乌云毕力格《喀喇沁万户研究》（第55页）。

⑥ 蒙古语 ger čilagu，意为“卧牛石”，今地不详，当在今河北丰宁县南部。

⑦ 河名，意为“九曲河”，滦河支流，在河北省围场、隆化二县境内，从“直罗文峪四百里”的距离看，把秃孛罗牧地应在隆化县境内。

三伯思哈儿，二妻，子五。嫡子一，曰脱孙孛来，即伯彦卜儿，都指挥佥事。妾革干主刺，子四，曰兀捏克，都指挥佥事，二子，(斡)[斡]班歹、速班歹；曰撒只忽，曰伯彦歹，曰句那。并头目共部落五百余名，在哈剌塔剌①境界驻牧，直古北口三百余里。附属西虏伯要。(6)

四伯彦孛罗，子一，曰卜以麻，随炒(变)[蛮]在可里屈劳境界驻牧。亦属西虏辛爱。(5)

脱力二妻，子十二。嫡可宅，子六，曰兀可儿，曰兀捏孛罗，曰哈孩，曰可可，曰伯牙儿，曰伯彦打来。妾奴乃，子六，曰脱罗罕，曰乞塔，曰脱来，曰兀忽纳，曰黑猛可，曰满都忽。

长兀可儿，头目，二妻，子五。嫡奴罕，子三，曰孛劳，都指挥佥事；曰伯彦孛来，舍人；曰长秃。妾挨嗔，子二，曰勺儿秃，曰伯先忽。共部落三百余名，在兀忽马儿②境界驻牧，直董家口三百余里，西南至贡关二百余里，附属西虏把都儿。(1)

二兀捏孛罗，头目，二妻，子四。嫡那斡，子二，曰伯彦，头目；曰土里苦。妾炒歹，子二，曰撒因帖忽思，曰哥鲁哥。共部落二百八十余名，在接伯个③境界驻牧，直董家口二百八十余里，西至贡关一百四十余里，附属西虏把都儿。(1)

三哈孩，二妻，子四。嫡革干主剌，子二，曰满都孛来，曰炒蛮。妾主剌，子二，曰猛可，曰杜冷。共部落四百余名，在哈剌兀速④驻牧，直界岭口四百余里，至贡关四百余里，附属西虏把都儿。(1)

四可可，头目，部落百余名，在撒因毛境界⑤驻牧，直马兰谷四百余里，东南至贡关四百余里，附属西虏把都儿。(1)

五脱罗罕，头目，部落五十余，在大兴州境界⑥驻牧，直墙子岭四百五十余里，东南至贡关五百余里，附属西虏把都儿。(1)

六乞塔，头目，部落五十余名，在撒因毛境界驻牧，直马兰谷四百余里，东南至贡关四百余里，附属西虏把都儿。(1)

七脱来，八兀忽纳，并绝。

九伯牙儿，都指挥佥事，部落二百余名，在舍巴兔境界⑦驻牧，直马兰谷三百余

① 蒙古名qara tala，意为“黑甸子”，与下文福余卫都指挥可歹诸孙驻牧地“塔剌塔”（应即“哈剌塔剌”之倒脱）当指同一地，从地望看，应为伊逊河与滦河汇流处平甸子，今属承德市区。

② 蒙古语Uqumal，意为“人工开挖的山梁”，平泉县北部黄土梁子镇与卧龙镇交界山梁。辽代这里称“石子岭”，系中京通南京的要冲，因此山梁通道当是辽代开挖。今名“五虎马梁”，当地人望文生义创造了孙悟空当弼马温牧天马时丢失一匹枣红马，下凡到此与五只老虎搏斗的故事。

③ jibege，蒙古语指“华子鱼”，河名。乌云毕力格考证为今平泉县西部铧子河（当作“华子河”），但受汉文“铧子河”影响，将河名复原为jöbüg，误。参见其《喀喇沁万户研究》，第55页。

④ 《蓟镇边防》云：“地名哈喇兀素，或云汉落兀素，即汤泉是也。有四处 一处在洪山口边外，正北相离地名(木)[兀]鲁班不远；一处在青城西北三十里许；一处（哈八）[八哈]哈喇兀素，在青城正北六百余里；一处在大宁东南，即董忽里巢，南对界岭口。”此“直界岭口北四百余里”的哈喇兀素即“董忽里巢”哈喇兀素，今地为辽宁省建昌、绥中县的“黑水河”。

⑤ 今武烈河支流撒音河（赛因郭勒，“好水”，今名玉带河）与茅沟河（茅郭勒，“恶水”）的合称，在今隆化县东部、承德县北部。参见乌云毕力格《喀喇沁万户研究》，第56页。

⑥ 大兴州，蒙古名哈喇河套（喀喇河屯），隆化县城东北下洼村土城子遗址，大兴州境界指伊逊河下游一带。

⑦ 蒙古语意为“泥河”，当为隆化县东南部十八尔台河，武烈河（热河）源头之一。

里，东南至贡关四百余里，附属西虏把都儿。(1)

十黑猛可，头目，部落百余名，在卜灯①驻牧，直马兰谷五百余里，东南至贡关五百余里，附属西虏把都儿。(1)

十一满都忽，部落五十余名。

十二伯彦打赖，部落六十余名。二人在卜灯境界驻牧，直马兰谷五百余里，亦属把都儿也。(1)

花二把儿孙，妻纳阿，子四，曰伯革，曰孛来，曰失林看，曰(斡)[斡]堆孛来。

长伯革，妻丫哈，子三，曰脱来，一子卜都儿；曰脱罗罕；曰孛罗，都指挥佥事。叔侄部落九百余名，在勺速境界②驻牧，西南至贡关千三百余里。附属东虏伯彦兀。(7)

二孛来，二妻，子五。嫡帖忽看，子二，曰孛儿忽乃，都指挥佥事，子卜忽力；曰黑猛可。妾孛灯，子三，曰莽灰，曰抹罗宅，曰董灰。共部落八百余名，在留兔③境界驻牧，直界岭口七百余里，西南至贡关里如之。附属东虏土蛮。(8)

三失林看，妻好趁，子二，曰伯彦帖忽思，绝；曰伯彦孛来，都指挥佥事，子失兰歹。共部落三百余名，在火郎兀[儿]境界④驻牧，直界岭口六百余里，西南至贡关七百余里，附属东虏尖炭。(9)

四(斡)[斡]堆孛来，都指挥佥事，妻塔剌孩，子三；曰撒因帖忽思；曰花伯，四子，脱罗伯忽、速班、阿罕歹、阿哈儿；曰帖黑赤。共部落八百余名，在舍伯兔⑤驻牧，直界岭口三百余里，西南至贡关五百余里。附属东虏委正。(10)

花三打哈，二妻，子九。嫡脱脱主，子四，曰咬儿斡，曰倘孛来，曰影克，曰阿儿札。妾安伯，子五，曰伯彦帖忽思，曰(斡)[斡]抹秃，曰马答哈，曰伯牙只忽，曰哥鲁哥歹。

长咬儿斡，妻二，嫡以克，二子，曰孛儿勺，子伯彦；曰炒儿抹力，都指挥佥事。妾把来，子二，曰董灰，曰脱买。共部落三百余名，在挨伯兔境界⑥驻牧，直界岭口五百里，西南入贡关里如之。附属东虏长秃。(11)

二倘孛来，妻伯彦主，子四，曰哈答；曰哈剌，都指挥佥事；曰安迭孛来；曰卜哈。共部落三百余名，在舍剌哈境界⑦驻牧，直青山口六百余里，西南至贡关七百余里。附属东虏长秃。(11)

三影克，都指挥佥事，子二，曰花孛来，头目；曰赤劳温。共部落百余名，在北留儿境界驻牧，直界岭口七百余里，西南至贡关里如之。附属东虏土蛮。(8)

---

① büdügün，河名，蒙古意为“粗、大”，往往与“撒因茅”连称。从其地望看，应指今隆化县东北境鹦鹉河，为武烈河正源。

② 蒙古语 jusu，河名，意为“避暑、纳凉”，从地望看，应指今辽宁省昌图县境内昭苏河。

③ 从地望看，“留兔”与下文“北留儿”当指同一地（“留兔”应是“孩留兔”的脱误，“北留儿”似为“北孩留兔”之误），如是，则应指老哈河与西拉木仑河汇流处的海留兔（今翁牛特旗大兴乡海流吐）。

④ 蒙古语 ulagan aguula，意为“红山”，今赤峰市翁牛特旗红山水库附近的红山。有关考证参见著作《15—17世纪的克什克腾》，载《蒙古学问题与争论》第10辑，日本国际蒙古文化研究协会，东京，2014年。

⑤ 与上文“舍巴兔”同名异地，当指朝阳县境内十八道河（十二台河）。

⑥ “挨”当是“捨”字之误，参照下文舍剌哈地望，应指其东南今喀喇沁旗境内之锡伯河。

⑦ sirga，河名，又译“希尔哈”“西路噶”，发源于河北围场县，为英金河支流。

四阿儿扎,头目,子二,曰莽灰,曰董灰。部落二百余名,在迭儿孛只鹰境界①驻牧,直冷口七百余里,西南至贡关八百余里。附属东虏土蛮。(8)

五伯彦帖忽思,六(斡)[斡]抹秃,八伯牙只忽,并绝。

七马答哈,都指挥佥事,妻阿巴孩,子大成。共部落五百余名,在青州木[林]境界②驻牧,直界岭口八百余里,西南至贡关里如之。附属东虏土蛮。(8)

九哥鲁哥歹,都指挥佥事,子二,曰脱罗思伯,曰伯忽。共部落四百余名,在绍素境界③驻牧,直冷口七百余里,至贡关八百余里。附属东虏黑失(灰)[炭]。(9)

花四把儿真阿哈,子三,曰(斡)[斡]堆,曰把卜孩,曰板卜。

长(斡)[斡]堆,妻阿台,子三,曰伯彦头儿;曰虎虏忽纳,并都指挥佥事;曰撒只剌忽,舍人。共部落三百余名,在舍剌母林境界④驻牧,南直贡关千余里。附属东虏委正。(10)

二把卜孩,妻那彦真,子二,曰满都,曰帖里赤,并都指挥佥事。共部落二百余名,在迭儿孛只鹰境界驻牧,直冷口七百余里,西南至贡关八百里余。附属东虏黑失炭。(9)

三板卜,妻把总,子二,曰伯彦打来,都指挥佥事,三子,长男、公男、奇男;曰阿剌章,头目。共部落五百余名,在毛哈气水、鸣急音⑤境界驻牧,直白马关八十余里,东至贡关七百余里。附属西虏辛爱。长男被赶儿[兔]杀死。(5)

花五哈哈赤,二妻,子八。嫡挨[只]克,子七,曰炒蛮,曰主兰台,曰董灰,曰帖古,曰哈木宅,曰那斡,曰把扎孩。妾水看,子曰把秃儿。

长炒蛮,都指挥佥事,子纳木打来,共部落百余名。二主兰台,都指挥使,部落八十余名。三董灰,都指挥佥事,部落五十余名。四帖古,头目。五哈木宅,七把扎孩,八把秃儿,各部落五十余名。其第六那斡,绝。凡八人在罕赤保哈境界⑥驻牧,直界岭口四百余里,至贡关六百余里。附属东虏阿牙他皮。(12)

花六孛来,子一,曰脱孙孛来,都指挥使。妻阿巴孩,子二,曰大成,都指挥佥事;曰卜彦。共部落二百余名,在炒儿境界⑦驻牧,西南至贡关七百余里,附属东虏那彦兀。(13)

花七把都儿,妻等阿,子四,曰董忽力,绝;次曰(斡)[斡]卜勿儿,都指挥佥事;曰板卜来;曰那彦帖忽思。各部落百余名,在炒秃境界驻牧,西南至贡关七百余里。

---

① 蒙古语 durbeljin,意为“方形”。乌云毕力格认为是清代翁牛特旗东北二十里的方山(《关于朵颜卫兀良哈人的若干问题》)。此外,老哈河下游今翁牛特、敖汉、奈曼三旗交界处敖汉地界及以北翁牛特旗新苏木苏木均有名为 durbeljin 的地方。

② “青州木”,后脱“林”字,“青州”即“成州”,指辽成州,遗址在今辽宁省阜新蒙古族自治县红帽子乡红帽子村北,“青州木林”当指细河支流伊玛图河。

③ 与上文“勺速”同名异地。此指英金河支流昭苏河,位于赤峰市红山区北。

④ 即今西拉木仑河。

⑤ “毛哈气”,蒙古语“magu qaqir”,意为“恶汤泉”,今河北丰宁县潮河上游汤河一带。参见乌云毕力格《喀喇沁万户研究》,第59页。“鸣急音”,蒙古语意为“浅、薄”,当指丰宁县境内潮河上游。

⑥ 蒙古语 Qaljin buqa,意为“秃牤牛”,应是今大凌河支流牤牛河的北元时代古名。清代牤牛河称土尔根河(意为“激流河”),现代俗称土河,北土河是其省称。

⑦ 与下文“炒秃”当指一地,且必有一误,今地待考。

附属东虏那彦兀。板卜在舍剌不花[①]驻牧。(13)

花八把秃来，妻撒因主剌，子二，长曰伯彦哈当，都指挥佥事，子伯桑，共部落百五十余名；次曰伯彦打来，部落五十余名。并在以马兔境界[②]驻牧，直冷口五百余里，西南至贡关七百余里。附属东虏土蛮。(8)

花九虎秃罕，都指挥佥事，二妻，子四。嫡以来一子，曰讨阿，都指挥佥事，子二，长纳木歹，次阿晕。妾把罕，子三，曰伯牙只忽，曰伯牙帖忽思，曰把儿孩。共部落三百余名，在纳林境界[③]驻牧，直界岭五百余里，至贡关七百余里。附属东虏那彦兀。(13)

花十虎秃孛来，二妻，子三，曰撒因帖忽思，曰(斡)[斡]多罗忽，曰阿卜忽，俱嫡生来生。妾阿巴孩无子，后(斡)[斡]多罗忽收。兄弟部落四百余名，在罕哈保赤[④]境界驻牧，系大宁东北，而西南至贡关八百余里。附属东虏阿牙他皮。(12)

花十一孛罗歹，都指挥佥事，妻炒即，子三，曰罕麻忽，曰堵阿，曰阿卜宅。共部落二百余名，在纳林境界驻牧，西南至贡关七百余里。附属东虏阿牙他皮。(12)

花当结义北塞兄弟十六人，曰猛可歹，曰脱脱罕，曰安出，曰卜彦秃，曰花孛来，曰(斡)[斡]堆孛来，曰(斡)[斡]保哈，曰失券，曰安出来，曰把章扣，曰纳剌孙，曰董灰，曰把都孛来，曰满都孛来，曰冕忽纳。共部落五百余名，今随长昂驻牧。附属西虏把都儿。(1)

(右)[左]都督脱罗叉儿，子猛革赛，其子朵儿干，子二，长脱火赤，绝；次帖木孛罗，失祖敕书，袭授都指挥，二子，曰猛革孛来，曰把秃歹，并绝。

右都督古彦卜，二子，曰失林孛罗，曰脱可。失林孛[罗]子四，长把班，生兀鲁思罕，其子朵卜，生花歹，袭祖职，兀鲁思罕弟古只儿伯忽。把班弟把都儿，有子(斡)[斡]鲁散。又弟哈当，又弟伯彦[帖]忽思，并绝。脱可子那(斡)[斡]孩[⑤]，生那彦孛来，部落二十余名，随把都儿在卜剌兔[⑥]驻牧。把班二子随长昂驻牧。

掌卫印指挥使冕纳，子猛可，生正看，二子，长奴温孛罗，袭职，次虎叉。共部落二十余名，随长昂驻牧。其随伯彦打来并部酋于西境红花、满川、烧饼头目、银头目等驻牧四海冶、滴水崖、擦石、慕田、石塘一带境外满套儿[⑦]驻牧，自无侵寇患，犹为侦察西虏者。

流河夹道驻牧夷人，乃革兰台原收复贼夷二支也。头目猛可，四子，长猛可歹，次猛可孛来，次脱来，次阿卜忽，共部落四十余名。又头目海塔力，五子，长脱脱，次脱脱孛来，次打吉秃剌、[次]打卜孩，次阿卜来，共部落六十余名。并随猛[古]歹

① 这个“舍剌不花”（蒙古语意为“黄色牤牛”）与小兴州以南的“舍剌不花”（山名）不同，当指罕赤保哈河的一条河流，今地待考。

② 乌云毕力格认为是《热河志》记载的伊玛图山（清代翁牛特右翼旗北三十里）。

③ 从地望看，在“以马兔”一带，应指阜新县境内的细河，与伊马图河同为细河上游分支。《蓟镇边防》说虎秃罕、讨阿、哱啰歹（孛罗歹）牧地在东瓜梭。“东瓜梭”当是“东爪梭”之误，而“东爪梭”当指今辽宁朝阳县木头城子镇昭苏河（沟），系大凌河支流，河口一带即清代卓索图盟会盟地，“卓索图”名称来源于此河。“爪梭”即“绍素、勺速”的异译，称“东爪梭”是为了与“西绍素”“北勺速”区别。

④ “罕赤保哈”的倒误。

⑤ “那斡孩”当系“斡那孩”之倒误，即《筹边纂议》之“兀捏奎”。

⑥ burgatu，意为柳河，当指养息牧河与扣肯河汇流后的柳河，在今辽宁阜新市境内。

⑦ 今河北丰宁县城一带。有关考证参见乌云毕力格《喀喇沁万户研究》，第59页。

妻伯彦主剌驻牧。及野人色振儿、阿罗豆儿等约百五十余人，驻牧慕田境外山谷，种类微弱，不为边患，弗详之矣。

头目有在辽东境外驻牧数部（酋贡）[贡酋]。曰土鲁赤，曰忽秃罕，曰脱脱，营住乌牛背、大青山，营前屯[①]百余里。曰恶灯、伯彦孛罗，营住黑松林、孤山、老河境界，去宁远[?]百二十里。曰恶灯、莽灰、伯户，营住河州小虹螺山[②]，去宁远中左所三百余里。曰额孙孛罗，营住大红螺山境界，去锦、义、广宁三百四十里。曰花火孛罗，营住太平山、乌峰塔[③]，去正安堡约一百里。又有曰把秃孛罗，曰莽灰、伯户，曰卜言兀，曰伯彦孛罗，曰伯勒孛罗，曰卜儿挨，曰花大、孛儿败，皆附各营。时在辽境外驻牧，颇为边患者，多为花当次儿之裔，而与前所列或同而异乎，故详之备考焉。

泰宁

始祖都督兀捏帖木儿，生撒因孛罗，其子曰孛来罕，曰伯牙，俱逃辽东边外大县头驻牧，久不至关，今绝。

始祖右都督革干帖木儿，生脱脱孛来，其子曰歹答儿，曰火勺儿罕。歹答儿子长曰只儿挨，袭祖职，次曰满都，为舍人。共部落百二十余名，在小兴州境界[④]驻牧，南直古北口三百余里，东南至贡关七百余里，其同驻牧。脱脱孛来义子三人，纳忽剌儿授都指挥佥事，纳木宅为舍人，满蛮为所镇抚。三人共部落三十余名，在小兴州。

掌印失始祖[敕书]阿把海，指挥佥事，子曰火台保，随只(见)[儿]挨驻牧在小兴州。并附属西虏辛爱。(5)

火勺儿罕子，长曰吉儿罕，为正千户，次曰孛来罕，为舍人。父子三人部落四十余名，在屈劳[⑤]境界驻牧，直古北口三百余里，东南至贡关里亦如小兴州。附属北虏纳林。今辽东口外有泰宁卫酋首曰莽金火勺，营住中辽河，约二百三十里。曰赖土鲁孛儿户，营住寨儿山[⑥]，去西平堡约三百里。曰扯儿掯忒木儿，营住哈剌河，去海州不远。曰把儿度土累，亦营住中辽河。[⑦]又有曰忒木儿，曰勺木下，曰哈卜言，其营皆相附。(2)

福余

始祖都指挥使朵儿罕，子那孩，其子孛勺生打都，有二子。长打都，子二，曰阿鹿，曰乞讨纳。乞讨纳子曰伯彦，绝。共部落二十余名，随兀捏孛罗驻牧。(1)

都指挥使可歹，子曰朵卜，未尝袭职，有七子。其一吉儿罕，子二，曰猛古，曰莽灰，共部落二十余名，在塔剌塔[⑧]驻牧，直古北口三百余里，东南至贡关五百余里。

---

① “营前屯”即“前屯营”，今辽宁省绥中县西南前卫镇；大青山即今建昌县境内大青山，乌牛背或为绥中县李家堡乡老牛山。

② 与后文小红螺山合称大小红螺山，在今辽宁省葫芦岛市。

③ 乌峰塔系今新民县东北著名的辽滨塔，其北有唐、辽辽州城遗址；太平山似指法库县叶茂台镇太平山。

④ 小兴州即今河北滦平县城北大屯乡兴洲村，“小兴州境界”指兴州河一带。

⑤ 即可里屈劳。

⑥ 今辽宁省锦西县西茨儿山。

⑦ 中辽河当指东西辽河汇合后铁岭至新民东西流向段。

⑧ 第一个“塔”字当是“哈”之误，第二个“塔”字之后疑脱一“剌”字，当为“哈剌塔剌”，参见前文哈孩驻牧地“哈剌塔剌”之注释。

其二孛来罕，正千户，部落二十余名，在小兴州驻牧，直古北口五百余里，东南至贡关七百余里。其三只儿挨，头目。其四卜儿挨，头目。其五纳木宅，其六小思干，其七阿牙台。五人凡部落三十余名，俱随侄猛古驻牧，并附属西虏辛爱。（5）

头目影克有五子。其一颇满蛮，子二，曰把秃，曰伯彦。其二孛团，子二，曰卯章，曰迭伯。其三哈剌木，子曰赤劳温。其四哈卜塔孩。其五哈当，所镇抚，子一，曰伯忽。叔侄共部落百余名，在可里屈劳驻牧，亦属于辛爱。（5）

伯忽子力伯，力伯子猛可，猛可子满蛮，满蛮子孛来罕，袭掌卫印指挥使。扯秃子贴忽思赤，绝矣。今辽东口外有酋首曰把当，曰（颇）[额]儿的泥，曰王四儿，营住鹏背山及上辽河[①]，去开原三百三十里，此则属于东虏者而世不可考矣。[②]

《筹边纂议·历代夷名宗派》所载“夷酋宗派”及所顺宗主情况：

朵颜卫的大一千夷酋宗派：

初代花当，生五子。

二代长子革兰台，生八子。

三代长子影克，生四代专难，顺西逞把堵儿。

三代次子董狐狸，顺西逞把堵儿。

三代三子猛古赤，生四代兀六伯户，顺撒剌阿卜亥。

三代四子猛古大，顺西俺答。

三代五子兀鲁思罕，顺哈卜臣。

三代六子鹅毛兔，顺安滩。

三代七子章兔，顺莽官儿大。

三代八子阿只孛罗，顺莽谷度。

二代次子把儿孙，生四子。

三代长子伯革，生四子。四代长子土累，顺东虏兀把赛；四代次子董惠，生二子。五代长子虎霸，五代次子谎急，俱顺兀把赛；四代三子伯勒孛罗，生五代打把艾，顺北虏卜言谷；四代四子卜儿艾，顺卜言谷。

三代次子孛来，生三子。四代长子伯户，生三子，五代长子卜胡力，五代次子阿只户，五代三子我本大，俱顺东土蛮；四代次子莽惠，生三子，五代长子拱兔，五代次子壮兔，五代三子伯桑儿；四代三子魁猛可。

二[三]代三子虎大生五子，四代长子伯言孛罗，四代次子苦六谷，四代三子打把阿，四代四子把只赖，四代五子赛只兀。俱顺黑石炭。

三代四子恶登，顺土蛮弟委正。

二代三子把班，生三子。

三代长子花大，生四代土力赤。

三代次子孛罗，生四代（奔）[莽]急。

三代三子孛儿败。俱顺东虏速把亥。

---

① “鹏背山”就是“雕背山”，今辽宁铁岭调兵山；“上辽河”指西辽河（西拉木仑）口及其以北以西一带。

② 《卢龙塞略》，卷十五《贡酋考》明万历刻本。

二代四子叟四根，生二子。

三代长子把儿都，生四代我罗出，顺东房勺哈。

三代次子伯言哈当，生二子，四代长子哈剌额卜根，四代次子哈卜寨，生五代我本大。俱顺东房塔捕。

二代五子打哈，生二子。

三代长子佟孛来，生四代果罗茜，顺黑石炭。

三代次子阿儿札，生四代莽惠，顺北房暖兔。

小一千酋派：

初代脱磕，生四子。

二代长子把速，二代次子邦孛罗，二代三子那言孛罗，二代四子兀捏奎，俱顺北房速把亥。

初代哈哈赤，生三子。

二代长子袄兀大，生三代土鲁赤，顺土蛮

二代次子把大，生二子，三代长子忽秃罕，三代次子忽秃败，俱顺卜言兀。

二代三子伯四汉，生二子，三代长子脱脱，三代次子孛罗大，俱顺北房炒忽儿。

大（太—泰）宁卫夷酋宗派：

初代满满，生三子。

二代长子勺木，生三子，三代长子卜言，三代次子卜儿爱，三代三子土力，俱顺兀班妻。

二代次子孛罗兀，生三子，三代长子土鲁孛儿户，三代次子土累，三代三子猛官大，俱顺东房炒花。

二代三子卜哈，顺兀班妻。

初代孛来汉，生三子。

二代长子八把亥，故绝。

二代次子把当亥，生三代莽巾。二代三子克色孛罗，生三代土累，俱顺炒花。

初代把儿孙，生三子。

二代长子孛只郎中，故绝。

二代次子亦把赖，生三代朵卜。二代三子火勺赖，生三代搜四，俱顺炒花。

福余卫夷酋宗派：

初代斩斤生［一子］。

二代小四，生二子。

三代长子把当亥，生四代脱磕，顺东房扯赤揹。

三代次子额儿的泥，生二子，四代长子伯得捏，四代次子准卜赖，俱顺东房者儿得。

初代孛爱，生三子。

二代长子往四儿，生二子，三代长子摆言大，三代次子果各寨。

二代次子撒巾，生二子，三代长子石堵揹，三代次子卜儿炭。

二代三子锦只卜阿，生三代主儿者阿，俱顺东虏已故兀班妻。①

三、兀良哈左右翼与朵颜卫左右都督及其世系

在考证朵颜卫—兀良哈被瓜分情况前，需对《明实录》《筹边纂议》所载朵颜卫左右都督以及“大一千”“小一千”等称呼做些说明，因为这些问题涉及北元与明朝不同的制度和习俗，容易引起混淆。

前文提到，蒙古文史书称斡赤斤后裔所属往流等三鄂托克（部）为山阳或岭南六千兀者人，可知每鄂托克由左右翼两个千户组成。具体到朵颜卫—兀良哈鄂托克，其第一任都督佥事脱鲁忽察儿长子完者帖木儿、幼子朵儿干②两支及其属民为左右翼，长支完者帖木儿一系为右翼，幼支朵儿干一系为左翼。蒙古人尚右，以右翼为大，左翼为小，因此朵颜卫“大一千”无疑是指长子都督完者帖木儿一系子孙所统部众，而“小一千”则指幼子朵儿干及其后裔所统部众。“大一千”和“小一千”应是蒙古语“yeke minggan”和“baga（üčüken）minggan”的汉译，当然不太准确，应作“大千户”和“小千户”。山阳万户兀良哈鄂托克左右翼首领在北元或蒙古拥有太尉、丞相、知院等官称，又因与明朝保持朝贡贸易关系，被授予最高至“左都督”“右都督”的虚职衔。明人尚左，因此授右翼最高首领完者帖木儿、花当等左都督，授左翼朵儿干、失林孛罗等为右都督。③

从《明实录》可以检出朵颜卫左右都督较为完整的世系，远比《卢龙塞略》等晚明著作所记世系准确可靠。据《明实录》，洪武至宣德年间的朵颜卫首领是脱儿忽察儿（脱鲁火绰儿、脱儿火察［儿］、土哈叉儿），其长子完者帖木儿（？—1446 年），其子打不乃（塔不），其子阿儿乞蛮（阿古蛮，？—1506 年）④，阿儿乞蛮子就是著名的左都督花当（？—1527 年）。他是成吉思汗功臣兀良哈氏者勒蔑 17 世孙。⑤ 前引《卢龙塞略》云：“始祖都督完（孛）［者］帖木儿，生阿儿乞蛮，子莽兀儿，生打卜忽，子花当。”其中“打卜忽”系“打不乃”之误，“莽兀儿”则不见其他记载。可知《卢龙塞略》竟将阿儿乞蛮父打不乃列为其孙，又凭空在其父亲位置增添了所谓“莽兀儿”一世，可谓错乱不堪。

右都督一系情况复杂一些，需要考证。第一任右都督朵儿（罗）干宣德八年（1433 年）七月乙亥首见《明宣宗实录》：

> 朵颜卫都督佥事脱儿火察率其子朵罗干遣人进马且请袭职，遂命朵罗干为都指挥同知。

① 《抄本筹边纂议》卷一《历代夷名宗派》，中华全国图书馆文献缩微复制中心影印辽宁大学所藏清初抄本，1999 年。此外，《登坛必究》卷二十三《胡名 · 北虏各枝宗派》的内容与此几乎相同。

② 朵儿干之名，《明实录》一般作“朵罗干”，偶尔作“脱罗干”。据《明宣宗实录》宣德八年七月乙亥条，他是脱儿忽察儿子（应为幼子）。

③ 参见宝音德力根《往流、阿巴噶、阿鲁蒙古——元代东道诸王后裔部众的统称、万户名、王号》。

④ 参见《明实录》宣德二年十月己未、四年二月戊寅，正统九年十一月乙亥、十一年十二月壬申，正德二年二月辛巳等条；宝音德力根：《十五世纪前后蒙古政局、部落诸问题研究》，内蒙古大学博士学位论文，1997 年，第 103 页。

⑤ 《蒙古王公表传·喀喇沁部总传》谓“元时有扎尔楚泰者生济拉玛佐元太祖有功，七传至和通，有众六千户。”“济拉玛”即“者勒蔑”，“和通”即“花当”，“七传”当为“十七传”之误。因为者勒蔑与成吉思汗同龄，花当又是达延汗时代人，而达延汗是成吉思汗十五世孙。

“都督佥事脱儿火察”无疑是洪武、永乐年间的朵颜卫最高首领脱鲁忽察儿。《卢龙塞略》所列右都督世系中脱鲁忽察儿（脱罗叉儿）与朵儿干之间多出了“猛革赛”一世。天顺元年（1457年）至三年间，朵罗干因“效忠”明朝，连升三级，由都指挥到右都督。[①] 成化三年（1467年）朵罗干死[②]，不久，其子脱火赤与蒙古本部兀鲁氏阿罗出（阿老出）一同驻牧乞儿海（今内蒙古察右前旗境内黄旗海子）西。[③] 阿罗出是北元太师阿鲁台、孛来势力的继承者，与当时把持朝政的广宁王毛里孩（成吉思汗庶弟别里古台后裔）不合。成化二年，毛里孩攻杀蒙古大汗摩伦（1465—1466年在位），并乘机袭击阿老出老营，阿老出等逃脱。[④] 可知朵罗干、脱火赤父子早已与阿老出结盟，与毛里孩作对。成化四年底，毛里孩被齐王孛罗乃（成吉思汗长弟合撒儿后裔）杀死，成化十年，脱火赤要求明朝重给“朵颜卫印”：

> 重给朵颜卫印，从本卫署印知院脱火赤言：其印为毛里孩所掠故也。[⑤]

重给的朵颜卫印就是其父的朵颜卫右都督印。由此推测“其印为毛里孩所掠”一事当发生在成化二年九月毛里孩袭击阿老出时。

成化十年袭右都督职衔后，脱火赤再不见于《明实录》。但是，《黄金史纲》却说达延汗派以脱火赤为首的几员大将出征亦思马因，亦思马因兵败，被脱火赤射死。[⑥] 达延汗击败并杀死亦思马因之事发生在成化末期的二十二年[⑦]，因此颇疑《黄金史纲》所记脱火赤杀死亦思马因之事是其子事迹。因为脱火赤之弟鬼彦部（古彦卜）于成化年间试图袭右都督职衔未果，应是脱火赤死后之举。正德十年（1515年），经一番波折，失林孛罗袭朵颜卫右都督，《明武宗实录》云：

> 命朵颜卫遣所镇抚失林孛罗袭祖职右都督。初失林孛罗特遣子把班扣关贡物请袭，而原敕不在。兵部难之，乃令蓟镇镇巡等官覆勘，且曰此虏不敢犯顺，宜从其请。及会廷臣议，咸曰揆旧制虽不合，而怀柔远夷，亦无不可。故许之。[⑧]

特木勒从清抄本《军政备略》中发现了失林孛罗请袭右都督奏文的抄件并做了考证：

> 我祖土哈義（原文当为“乂”，乃“叉”字之误）儿，先年有功，建立朵颜卫升都右督（“右都督”之倒误）。祖朵儿干尚袭都督，死了，父鬼彦部成化年间到部袭职，令回取讨保结，在途死了。彼时我年小，被堂兄男帖木儿孛罗袭去指挥职事。我系朵儿干孙，却无官职。我今见与花当一般行事，要领敕书管束部落人马，如有做反达子，我就杀死。若不与我职事，达子做反，我难钤束，也不进贡。你与三堂说，与我再奏，要不与我敕书，是朝廷不用我了，只得领着人马，投迤北达子，在外做反你每也提备。[⑨]

---

① 《明英宗实录》天顺元年二月甲寅、天顺元年十月己酉等条。

② 成化三年正月，朵罗干亲自遣使明朝，四年正月，则由其妻脱脱失里遣使，说明成化三年朵罗干已死，参见《明宪宗实录》成化三年正月乙酉、成化四年正月壬午条。

③ 《明宪宗实录》成化五年十一月乙未、成化六年五月乙酉条。

④ 《明宪宗实录》成化二年十月丙午条载：“今年九月谍报虏贼阿老出等拥兵入边抢掠，毛里孩率众袭其老营，尽掠其人口孳畜。阿老出同其子、头目十余人遁去。”

⑤ 《明宪宗实录》成化十年正月辛亥。

⑥ 罗桑丹津：《黄金史纲》，乌兰巴托影印本，1990年，161（B面）—162（B面）。

⑦ 《明宪宗实录》成化十九年五月壬寅、二十二年七月壬申。

⑧ 正德十年闰四月辛未。

⑨ 《天津图书馆孤本秘籍丛书》第8册，中华全国图书馆文献缩微复制中心，1999年，第528页。

诚如其考，鬼彦部、失林孛罗父子就是《卢龙塞略》中的“古彦卜”、失林孛罗父子，系朵罗干子孙；“帖木孛罗”就是见于《明实录》的“朵颜卫[都]指挥帖木儿孛罗”。[①] 他是失林孛罗“堂兄男”即脱火赤某子之子。《卢龙塞略》误将他列为脱火赤次子，致使祖孙乱辈。但是，说他“失祖敕书，袭授都指挥，子二，曰蒙革孛来、曰把秃歹，并绝”，当是实情。所失敕书应是其祖父脱火赤的右都督敕书，明朝以此为借口，令其降级袭都指挥。帖木儿孛罗最后见《明实录》是在正德三年（1508年），可能在正德九年或十年初去世，因无子嗣，作为堂叔的失林孛罗才成为家族首领，得以承袭明朝所给的右都督职衔。需要指出的是，特木勒将“堂兄男”误解为失林孛罗父古彦卜的堂兄男，进而在论述朵颜卫左右都督世系时产生了不少错误。[②]

四、花当诸子考

关于花当诸子，文献记载不一。《卢龙塞略》谓花当“共子十有一。嫡以克生革儿孛罗。妾把罕子三，曰打哈，曰把儿孙，曰把儿真。又妾主来子七，曰哈哈赤，曰把儿都，曰虎秃兔，曰孛来，曰把秃来，曰虎秃孛来，曰孛罗歹”。与后文所列十一子名称比较可知，七子“把儿都”系“把都儿”的倒误，十子“虎秃兔”“虎秃罕”必有一误。《蓟门考》有“都指挥炒蛮，伊父哈哈赤乃花当妾出之，兄弟七人。今哈哈赤等早故，止遗弟一人虎头罕哱啰”之记载，从其名称看，哈哈赤“兄弟七人”实指《卢龙塞略》所记花当小妾主来生的七子，而所谓唯一见在者“虎头罕哱啰”，则相当于《卢龙塞略》花当第十子“虎秃孛来”[③]。可知“虎秃兔”不但是“虎秃罕”之误，而且还是“虎秃[罕]孛来”的省称。

《筹边纂议》只记花当五子：长革兰台、次把儿孙、三打哈、四把班、五叟四根。很明显，革兰台系花当长子革儿孛罗长子，此误。叟四根生二子，长把儿都，生我罗出；次伯言哈当，生二子，长哈剌额卜根，次哈卜寨，生我本大。“次子伯言哈当”即《卢龙塞略》花当第八子把秃来“长子伯彦哈当”，其子“伯桑”应是“哈伯桑”之脱误，而“哈伯桑”即“哈卜寨”，由此可知，《筹边纂议》所谓花当四子“叟四根”相当于《卢龙塞略》花当八子“把秃来”。

最复杂的是花当次子与四子，需要认真考辨。《卢龙塞略》谓花当次子把儿孙，子四，曰伯革，曰孛来，曰失林看，曰斡堆孛来。而《筹边纂议》谓把儿孙四子依次为伯革、孛来、虎大、恶登。《蓟门考》载：“都指挥故夷伯华、哱来，并见在乌德、恶登四人，乃花当次子把儿孙子也。部落千余，驻牧于辽东塞外。”其中，“伯华”系“伯革”误写，“哱来”即“孛来”，“恶登”即“斡堆孛来”的省略，可知“乌德”“虎大”“失林

① 《明孝宗实录》弘治十六年正月己丑、《明武宗实录》正德三年正月庚申；特木勒：《朵颜卫左右两都督的世系钩沉》，载《元史及民族与边疆研究集刊》第三十四辑，南京大学。

② 如，认为左都督脱鲁忽察儿后来被任命为右都督；又因漏检《明宣宗实录》四年二月戊寅条完者帖木儿是“脱鲁火绰儿”即脱鲁忽察儿子的记载，误测左都督完者帖木儿可能是与脱鲁忽察儿同掌朵颜卫事的哈儿兀歹后代，而右都督的系统（指朵罗干系）才是所谓的脱鲁忽察儿以来的正统，等等。参见其《朵颜卫左右两都督的世系钩沉》。

③ “虎秃罕”或“虎头罕”意为“幼子”，也指“小的”，“哱啰”即“孛来”，可知“虎秃[罕]孛来”或“虎头罕哱啰”与花当第六子“孛来”重名，故以“虎秃罕”相区别。而真正的幼子是十一子孛罗歹。

看”指同一人。有趣的是,“乌德”“斡堆”“花大”“虎大”系同一蒙古语 uda 或 udan(亦可读 hoda 或 hodan,意为“柳树”)的音写。因此《卢龙塞略》所记把儿孙三子“失林看”这个名字非常可疑，极有可能是右都督古彦卜子“失林孛罗”（脱“罗”字，又误“孛”为“看”）的误置。①

《卢龙塞略》谓花当四子把儿真阿哈，子三，曰斡堆，曰把卜孩，曰板卜。而《筹边纂议》中花当四子却是把班。把班有三子，长子花大，生土力赤；次子孛罗，生奔（急）[忽]；三子孛儿败。进一步比较我们还发现,《卢龙塞略》把儿真阿哈长子斡堆之子曰伯彦头儿（“伯彦”即“伯言孛来”的省称，“头儿”为汉语，谓首领）、虎虏忽纳、撒只剌忽，竟然与《筹边纂议》把儿孙长子虎大诸子伯言孛罗、苦六谷[纳]、赛只兀一一对应;《卢龙塞略》所谓把儿孙三子失林看次子伯言孛来(长子伯彦帖忽思,绝。因此伯言孛来实为长子）应为把儿真长子“伯彦头儿”。而失林看、伯言孛来父子就是郭造卿自己要“详之备考”的住辽东境外黑松林、孤山、老河境界的头目恶灯、伯彦孛罗，即《筹边纂议》所载把儿孙三子虎大、伯言孛罗父子。这些引起我们对《卢龙塞略》所谓花当四子“把儿真阿哈”及其子的怀疑。

其实，真正的花当四子名把班（把伴),《辽夷略》谓其有子二人，名花大、孛儿败：

> 朵颜卫酋有把伴者,先年抢至炒花营,配炒花妹公吉阿亥为妻,其牧地在广宁东北,离镇静、镇安等堡三百余里,而市赏有镇远关。居久之,把伴死,生二男,长花大,次孛儿败,俱死。花大之子四,长暖赤,次伯言兔,三伯言他不能,四伯大。孛儿败之子三,曰莽金儿,次敖毛兔,三孩四。

炒花即岭南喀尔喀乌济业特（我着—兀者）部首领，瞿九思《万历武功录》卷十二东三边（三）辛有《炒花花大列传》，谓：

> 花大,亲速把亥妹夫也,为泰宁卫酋长……其明年壬午(1682年——笔者),速把亥既伏诛,花大索其尸,驮至营中,伏尸而哭,极哀。

花大不是速把亥妹夫，而是其外甥，亦非“泰宁卫酋”，而是“朵颜卫酋”。瞿九思此误源自魏焕《九边考》，因泰宁卫大半被岭南喀尔喀征服而产生的误会。《辽夷略》作者张鼐在自叙中虽然将把班（把伴）列入泰宁，谓“其把伴一种入于泰宁，凡二枝，共十六酋”，而在正文却纠正道：“夫把伴虽属炒花调度，而仍系朵颜夷种，其不属泰宁夷种明矣，故不列于泰宁夷酋中。”②

至此,我们可以纠正《卢龙塞略》混淆花当次子、四子及其后裔而产生的一些错误：首先,“把儿真”就是把儿孙,“阿哈”意为兄,附属蒙古左翼的花当子孙系花当妾所生“兄弟十人”，以把儿孙为长，因此才有“阿哈”之称。郭造卿既不知此，又不知花当四子真名为把伴，而误其为巴儿真，并胡乱拼凑了其子孙世系。如在“把儿真阿哈”名下

---

① 朵颜卫右都督古彦卜子失林孛罗有把班等四子，把班有孙名花歹（花大），把儿孙胞弟亦名把班，子亦名花大，两个把班均“附属西虏把都儿”，所有这些使郭造卿迷茫，将把儿孙子花大（虎大）误为“失林孛罗—失林看”。

② 特木勒罔顾《辽夷略》这些记载，将花当子把班视为“真正的泰宁卫都督的后裔”，进而认为“花当以后朵颜卫兀良哈贵族对于泰宁卫的控制导致了明人误认泰宁卫的都督为‘朵颜卫夷种’，这恰恰反映了花当和革兰台时期泰宁卫受制于朵颜卫……的状况”。这些是错误的，这一错误的根源在于魏焕《九边考》将朵颜把班误为泰宁卫都督（当时真正的泰宁卫左右都督分别是只儿挨和孛来罕）。其实，泰宁卫根本没有叫作把班的都督。

所列长子（斡）[斡] 堆子孙，如前所考，实为花当二子把儿孙三子虎大（误为“失林看”）子孙，次子把卜孩及其子满都、帖里赤不见其他记载，存在与否颇为可疑。[①] 其次，关于把班之子，汉籍说法不一。前引《筹边纂议》谓有三子，分别是三代长子花大（子土力赤）、次孛罗（子奔急）、三孛儿败。而前引《辽夷略》则谓有二子：长花大（子四暖赤、伯言兔、三伯言他不能、伯大）、次孛儿败（子三莽金儿、敖毛兔、三孩四）。两相比较不难发现，前者所谓把班二子孛罗之子“奔急”应是“莽急”之误，与后者所谓把班次子孛儿败长子“莽金儿”为同一人。这样，《筹边纂议》所谓次子孛罗存在与否值得怀疑。

从把班“先年抢至炒花营，配炒花妹公吉阿亥为妻”的经历，我们怀疑他被抢到左翼蒙古（喀尔喀）前已有妻室并生子板卜。这样，把班有二子还是三子的问题便可有答案：把班其实有二妻三子，长子板卜，从后来板卜家族与俺答、辛爱父子关系看，其生母极可能是俺答女[②]；次花大，三孛儿败，炒花妹所生。《辽夷略》只知附属左翼蒙古的花大、孛儿败，因而列为长子、次子，完全不知属于右翼蒙古的长子板卜；《筹边纂议》虽知有三子，却未能列出板卜；《卢龙塞略》错讹最多，由于混淆花当次子、四子，将把班长子板卜及其子孙列在了“把儿真阿哈”即把儿孙名下，而在朵颜卫世系末尾列出曰花大、曰孛儿败等，并说明这些人“多为花当次儿之裔，而与前所列或同而异呼，故详之备考焉”，实际上将二人误为了把儿孙子孙。

五、附属蒙古右翼的朵颜卫首领

首先看属于右翼蒙古的朵颜卫—兀良哈首领。朵颜卫左都督花当嫡长子革儿孛罗三子即长革兰台、次革孛来、幼脱力以及“花当结义兄弟十六人”，均“附属西虏”，即蒙古右翼喀喇沁、土默特万户。而具体分属情况如下：

革儿孛罗长子革兰台有九子[③]，其中长子影克、五子董忽力、八子长秃、九子叉哈赤来以及革兰台幼弟脱力十子“附属西虏把都儿”（文末编号 1）。

---

① 所谓巴儿真次子“帖里赤”，似为《筹边纂议》花当三子把班长子花大之子土力赤。

② 板卜有女名苏卜亥，为辛爱妾，这可能是姑舅亲，是父辈联姻的延续。

③ 《卢龙塞略》革兰台九子依次为长子影克、次子猛可、三子猛古歹、四子抹可赤、五子董忽力、六子兀鲁思罕、七子斡抹秃、八子长秃、九子叉哈赤来。其中影克、猛可、猛古赤、斡抹秃同母（革兰台长妻），九子叉哈赤来母为小妾，其他为妾（次妻）所生。《筹边纂议》记其前八子名称，依次为长子影克、次子董狐狸、三子猛古赤（生子兀六伯户）、四子猛古大、五子兀鲁思罕、六子鹅毛兔、七子章兔、八子阿只孛罗。米万春《蓟门考》谓：“都督影克，弟猛可、猛古得、阿毛兔、抹合赤、董狐狸、兀鲁思罕、章兔。”《辽夷略》亦载其前八子名，依次为长子影克、次子董孤狸、三子獐兔、四子都令满都不赖、五子兀鲁厮汉、六子猛首大、七子鹅毛兔、八子阿只孛罗。四种记载相较，长子影克同名；其他诸子名字及次序不一，但董忽力、董孤狸、董狐狸为同一人，猛古歹、猛古大、猛古得、猛首（“骨”之误）大为同一人，抹可赤、抹合赤、猛古赤为同一人，斡抹秃、阿毛兔、鹅毛兔为同一人，兀鲁思罕、兀鲁厮汉为同一人，长秃、章兔、獐兔为同一人，显而易见。而《筹边纂议》和《辽夷略》中的第八子相当于《卢龙塞略》次子猛可的长子“阿只孛来”。《蓟门考》谓“猛可早亡，有男阿只孛来、伯思护续领部众”，可知《筹边纂议》和《辽夷略》将革兰台次子猛可之长子阿只孛罗（来）误为革兰台第八子了。此外，《辽夷略》中的“四子都令满都不赖”应是《筹边纂议》中的三子猛古赤，即《卢龙塞略》中的四子“抹可赤”（《蓟门考》作“抹合赤”），因为他们的长子同名，分别作兀鲁伯户、兀六伯户、兀鲁伯忽。尽管如此，我们还是认为《辽夷略》将革兰台同母弟脱力的第三子哈孩的两个儿子“都令、满都孛来”与猛古赤—抹可赤相混了。

“西虏把都儿”指的是喀喇沁万户最高首领把都儿。把都儿系达延汗三子巴儿速孛罗第四子，本名伯思哈儿，号把都儿，年老后称老把都。16世纪20年代末30年代初，把都儿夺取了达延汗大皇后满都海所生幼子纳(那)力不喇所属应绍不万户最高统治权，并直接统领应绍不万户最强大的哈喇嗔—喀喇沁鄂托克。从此，原应绍不万户就被称作哈喇嗔—喀喇沁万户，而应绍不则降为哈喇嗔—喀喇沁万户下的一个达鄂托克。① 不久，把都儿从蒙古大汗不地处获得昆都伦汗（昆都力哈）称号。

《筹边纂议》则谓革兰台长子影克、次子董忽力（又作“董孤狸”“董狐狸”）“顺逞把堵儿”,六子兀鲁思罕（又作“兀鲁厮汉”）顺“哈卜臣”,八子长秃（又作“章兔”“獐兔”）“顺满官儿大”，与《卢龙塞略》的记载略有不同。“逞把堵儿”即“青把都儿”，是把都儿次子，号昆都仑歹成台吉；“哈卜臣”即“哈不慎台吉”，系把都儿三子；“满官儿大”即“满五大”，号乞庆朝库儿台吉，系把都儿五子。可知,《筹边纂议》记载更为详细，反映了稍晚时期把都儿诸子分领革兰台诸子的情况。特别是青把都儿，因其兄黄把都儿早逝②，父把都儿年迈，早已成为喀喇沁万户实际领袖。于是，影克攀附青把都儿，为其长子长昂娶青把都儿女东桂。因此，视影克为青把都儿直属是准确的。

革兰台次子猛可以及革兰台弟革孛来次子把秃孛罗诸子“附属西虏纳林”(文末编号2)。

《蓟门考》说把秃孛罗和他的三兄弟伯彦帖忽思、伯思哈儿、伯彦孛罗之子“叔侄四枝部落一千余骑，在古北口东北地名亦逊、以马兔一带驻牧”，并说伯彦帖忽思女为辛爱第九妾，把秃孛罗是北虏之胥，“诸众以亲，俱归顺东西虏酋部下”。显然,《蓟门考》所记四兄弟指革儿孛罗次子革孛来四子，他们因姻亲关系分别投靠蒙古右翼首领，这与《卢龙塞略》所记兄弟四人分别附属于西虏辛爱(伯彦帖忽思与伯彦孛罗)、纳林(把秃孛罗)、伯要(伯思哈儿)一致。纳林又作“那林台吉”,系达延汗三子巴儿速孛罗(实为次子,长子图鲁孛罗夭折)第五子,为把都儿弟,本名伯颜答喇,所部号察罕塔塔儿。③

① 参见宝音德力根《达延汗子孙分封考》(载《蒙古学问题与争论》第2辑，日本国际蒙古文化研究协会，东京，2006年)、乌云毕力格《喀喇沁万研究》，第60—62页。

② 《万历武功录》卷九《白洪大列传》谓：“白洪大，把都黄台吉长子也。始授我指挥同知秩，后以大父蚤夭，所部皆统于青把都。癸酉冬，制置使吴兑请袭大父都督同知，诏可之。”癸酉指万历元年(1573年)。

③ 纳林之部名，《蒙古源流》《金轮千辐察》谓“察罕塔塔儿”，而罗桑丹津《黄金史纲》则谓“察罕塔塔儿”是纳力不剌的部名。《明史》卷二三八《李成梁传》谓隆庆十八年二月，“卜言台周，黄台吉，大、小委正结西部叉汉塔塔儿五万余骑复深入辽、沈、海、盖”(中华书局点校本，第6189页)。乌兰据此认为叉汉塔塔儿(即察罕塔塔儿)是卜言台周(蒙古大汗，其直属为察哈尔万户)“西边的部落，属于察哈尔万户”。因此,《蒙古源流》和《金轮千辐察》之说可信，“罗桑丹津黄金史的说法有误”(《蒙古源流》第409页)。其实，两说记载的都是真实的历史，只是时代不同，因此并不矛盾。纳力不剌系达延汗大皇后满都海幼子，因其嫡幼子身份，达延汗分封子孙时将强大的应绍不万户全部给了他。16世纪20年代末30年代初，可能由于纳力不剌早逝，其所属应绍不万户最大的鄂托克哈喇嗔—喀喇沁被把都儿夺取，把都儿成为应绍不万户最高统治者。这样，纳力不剌子失喇、阿着(那出)二人只能统领应绍不、阿速等部。但是不久，失喇、阿着相残，阿着弑其兄失喇。于是，以麦力艮吉囊、俺答、把都儿三兄弟为首的蒙古右翼阿尔秃斯(鄂尔多斯)、土蛮(土默特)、哈喇嗔(喀喇沁)三万户首领共同治阿着罪，将其处死，进一步侵夺失喇、阿着属民，将阿速等强部给了他们自己的幼弟卜只[达]剌。看来，察罕塔塔儿原属应绍不万户，达延汗分封子孙时归嫡幼子纳力不剌，罗桑丹津记录的正是这一史实。后来，该部改属俺答五弟纳林台吉，也是巴儿速孛罗诸子侵夺纳力不剌属民的结果。《蒙古源流》和《金轮千辐察》所记正是反映此后的历史。纳林是蒙古右翼三大首领的弟弟，因此被称为“西虏纳林”。《李成梁传》所说“西部”也是这个意思，而不表示“西边”，更不能理解为属于察哈尔。

革兰台三子猛古歹（包括与猛古歹妻伯彦主剌一同驻牧的头目猛可、哈塔力诸子）、七子斡抹秃诸子"附属西虏安滩"（文末编号 3）。

"安滩"即大名鼎鼎的俺答汗，是土默特万户首领。1542 年，其长兄麦力艮吉囊去世，次年，俺答从蒙古大汗不地处获得土谢图汗称号，成为整个蒙古右翼首领。1582 年俺答汗去世后，其长子辛爱继承汗位（1583—1585 年在位），俺答所属猛古歹、斡抹秃子孙及其属民被辛爱控制。辛爱死后，他们被辛爱子赶兔继承，与辛爱独自收服的赶兔舅家一同演变为东土默特左右翼两部。①

革兰台四子抹可赤诸子附属"西虏纳孙"（文末编号 4）。

或可认为"纳孙"是"纳林"之误，这样问题就简单了。但是，我们认为"纳孙"是"阿速—亚速"的误读。理由如下：首先，岷峨山人《译语》谓"纳（自注：平声）逊纳不孩，亦小王子宗党，与吉囊、俺答阿不孩辈兵至数十万"。小王子指蒙古大汗不地，吉囊、俺答阿不孩兄弟则是蒙古右翼鄂尔多斯、土默特两万户首领，与他们三人并列的"纳逊纳不孩"应为"纳孙"，只是"纳孙"或"纳逊"为"阿速"的误读，"纳不孩"为"阿不孩"的误读。

其次，另据嘉靖二十年（1541 年）成书的魏焕《九边考》卷五《大同镇·边夷考》，"北虏哈剌真、哈速二部常在此边驻牧。哈剌真部下为营者一，大酋把答罕奈领之，兵约三万；哈速部下为营者一，大酋失喇台吉领之，兵约二万，入寇无常"。"哈剌真"即"哈喇嗔—喀喇沁"，是应绍不万户第一大鄂托克；"把答罕奈"指把都儿②，"哈速"即"阿速"，是应绍不万户第二大鄂托克。哈速—阿速首领"大酋失喇台吉"无疑是"纳逊纳不孩"或"纳孙"。"失喇台吉"父为达延汗大皇后所生幼子纳力不剌，因身份特殊，按蒙古人分析家产的原则，在达延汗分封子孙之初，他分得了整个应绍不万户。纳力不剌死后，长子失喇仍旧统领应绍不万户，因而在《译语》《九边考》的记载中与不地、吉囊、俺答并列。大约在 16 世纪 30 年代初，应绍不万户最高统治权落入吉囊、俺答之弟伯思哈儿（把都儿、老把都）手中，但失喇仍然领有"兵约两万骑"的强大的阿速部，仍以"阿速阿不孩"闻名，只是在汉文文献中被误传为"纳孙"或"纳逊纳不孩"。

再次，前引《筹边纂议》谓："三代三子猛古赤，生四代兀六伯户，顺撒剌阿卜亥。""猛古赤"即"抹可赤"，其子"兀六伯户"即抹可赤子"兀鲁伯忽"，而"撒剌阿卜亥"即"失喇阿不孩"，亦即"失喇台吉"（"阿不孩"即"太子—台吉"的蒙古语称谓）。失喇被其弟阿着所弑，于是俺答、把都儿等右翼蒙古大首领共治阿着罪，并借机进一步侵夺失喇、阿着属民，将应绍不③、阿速等强部给了自己的幼弟卜只[达]剌，于是卜只[达]剌成为阿速部领主。《北虏世系》载，我托汉卜只[达]剌台吉，营名永邵卜……子三，长恩克跌儿歹成台吉即永邵卜大成台吉，次也辛跌儿台吉……三亚速火落赤把都儿。"亚

① 特木勒：《朵颜卫研究》，南京大学博士学位论文，2001 年，第 36—38 页。乌云毕力格：《喀喇沁万户研究》，第 57—58 页。

② "把答"是其名字"把都儿"的不完全汉译，而"罕奈"就是"汗"，看来他很早就拥有汗号，可能早于其兄俺答（据《俺答汗传》，俺答从蒙古大汗不地那里获得汗号是在其兄麦力艮吉囊去世之后，而麦力艮吉囊于 1542 年去世）。

③ 这时的应绍不已经不是过去广义上的应绍不万户，而是指喀喇沁、阿速之外的失保嗔（源自元代云需总管府总管家族的怯薛职务"昔宝赤"）等鄂托克，可视其为原应绍不的残余。

速”即“哈速—阿速”，“亚速火落赤把都儿”意为统领亚速部的火落赤把都儿。[①]

1628年九月，右翼蒙古土默特与喀喇沁分支阿速、永谢布两部在埃布哈河（今达茂联合旗艾不盖河）迎战西征的林丹汗大军，结果惨败。阿速残余在火落赤把都儿子扯臣岱青率领下归附后金—爱新国。当时扯臣岱青致书天聪汗，声称阿速火落赤把都儿七子在岭南领有七鄂托克属民。据此，乌云毕力格推测火落赤把都儿诸子在岭南拥有属民应是朵颜卫—兀良哈塔布囊。[②]我们的研究找到了属于失喇、火落赤把都儿的朵颜卫—兀良哈塔布囊，他们正是猛古赤—抹可赤子孙。

革儿孛罗次子革孛来长子伯彦帖忽思、四子伯彦孛罗诸子以及革儿孛罗弟、花当四子把班长子板卜一系“附属西虏辛爱”（文末编号5）。

前文提到《蓟门考》的记载说伯彦帖忽思女为辛爱妾，因此他的儿子附属辛爱无疑。此外，伯彦帖忽思幼弟伯彦孛罗随伯彦帖忽思子炒蛮驻牧，因此也应附属于辛爱。辛爱是俺答长子，与其父不睦，因而较早与俺答分家，形成自己的势力。伯彦帖忽思、伯彦孛罗部众就是辛爱较早独自收服的朵颜—兀良哈首领。

革儿孛罗次子革孛来三子伯思哈儿诸子“附属西虏伯要”（文末编号6）。

“西虏伯要”应指“摆腰把都儿台吉”，是俺答汗次子不彦台吉独子。“摆腰”是其所领鄂托克名称，同名鄂托克又见岭南喀尔喀五部，清代译作“巴约特”。《北虏世系》说其牧地在“大同、阳和边外西北一克菊力革驻牧，离边三百余里”。[③]1982年，从呼和浩特东郊苏木沁村（距呼和浩特市区30千米，今赛罕区榆林镇）发现了一通万历八年（1580年）所立蒙古文碑（今藏内蒙古大学），蒙古文碑文有“[俺答汗的]孙摆腰把都儿台吉的庙”字样，寺名“释迦牟尼寺”，是摆腰把都儿台吉的家庙。苏木沁地望与“大同、阳和边外西北一克菊力革驻牧，离边三百余里”的记载相符。

除朵颜—兀良哈右翼即左都督花当子孙外，朵颜卫—兀良哈左翼即右都督朵儿干（朵罗干）后裔及其属民的一部分附属右翼蒙古。朵儿干长子脱火赤一系传到曾孙猛革孛来、把秃歹而绝，次子古彦卜之长子失林孛罗袭右都督，其长子把班，把班长子兀鲁思罕、次子古只儿伯忽。兀鲁思罕子朵卜，朵卜子花歹，袭祖职右都督，与花当嫡玄孙长昂一同驻牧。长昂附属喀喇沁，说明长子把班一系也附属蒙古右翼喀喇沁。

六、附属蒙古左翼的朵颜卫首领

再看属于左翼蒙古的朵颜卫—兀良哈首领。除花当嫡长子革儿孛罗一系外，以次子把儿孙为首的其余诸子及其属民均“附属东虏”，即蒙古左翼察哈尔本部、岭南察哈尔以及岭南喀尔喀，只有花当四子把班长子板卜一系除外（如上文所述，板卜“附属西虏辛爱”）。具体分属情况如下：

把儿孙长子伯革三子脱来、脱罗罕、孛罗以及把儿孙诸弟中花当六子孛来、七子

① 详见宝音德力根《应绍不万户的变迁》（载《中国人文科学博士硕士文库》历史学卷上，浙江教育出版社，2005年）、《达延汗子孙分封考》。

② 乌云毕力格：《喀喇沁万户研究》第123—128页。

③ 《北虏风俗·附北虏世系》，万历二十二年自刻本。

把都儿、九子虎秃罕诸子“附属东虏伯彦兀”（表中编号为7）。

《筹边纂议》则谓伯革有生四子：土累、董惠、伯勒孛罗、卜儿艾，并说土累、董惠“顺东虏兀把赛”，伯勒孛罗、卜儿艾“顺东虏卜言谷”。“土累”即“脱来”，“伯勒孛罗”即“孛罗”，而“董惠”在《卢龙塞略》世系中却以伯革弟、把儿孙次子孛来之幼子董灰（谓“顺东虏土蛮”）出现。“东虏卜言谷”即“东虏伯彦兀”，系岭南喀尔喀巴林部始祖速把亥长子，《辽夷略》作卜言顾、柏彦务，《筹边纂议》作“卜言兀”。兀把赛则是其伯父“兀把赛卫征”，是岭南喀尔喀扎鲁特部始祖。

把儿孙次子孛来诸子，把儿孙诸弟中花当三子打哈三子影克、七子马答哈诸子以及把儿孙弟花当第八子把秃来诸子及其属民“附属东虏土蛮”（表中编号为8）。

土蛮即蒙古大汗（1557—1592年在位），察哈尔万户是其直属。《筹边纂议》则谓花当四子叟四根生二子：长把儿都，生我罗出，顺东勺哈；次子伯言哈当，生二子，长子哈剌额卜根，次哈卜寨，俱顺东塔捕。“次子伯言哈当”即《卢龙塞略》花当第八子把秃来“长子伯彦哈当”，而“长子哈剌额卜根”就是“次子长子哈剌额卜根”，可知，《筹边纂议》所谓花当四子“叟四根”即《卢龙塞略》花当八子“把秃来”，巴彦哈当与长子哈剌额卜根兄弟的宗主“勺哈”“塔捕”也是兄弟。他们分别是达延汗第五子按赤孛罗的独子虎喇哈赤五子和四子，前者一般作“炒花”，是岭南喀尔喀乌济业特（兀者）部首领；后者《辽夷略》作“歹青，即伯要儿”①，是岭南喀尔喀巴约特部首领。

关于附属于土蛮的花当三子打哈诸子及其后代，《蓟镇边防》也有记载：“撒因头儿、影克、马答哈、板卜来、哈喇等四夷巢俱在正北火郎兀儿、哈喇兀素、舍剌哈一带，去边一千余里。”“撒因头儿”即撒因孛罗，系花当十子虎秃罕孛罗长子；影克、马答哈为兄弟，为打哈子。

把儿孙三子花大（误为“失林看”）诸子和把儿孙弟、花当三子打哈九子哥鲁哥歹诸子及其属民“附东虏黑失炭”或“附东虏尖炭”（表中编号为9）。

《筹边纂议》则谓把儿孙三子虎大诸子以及把儿孙弟、花当五子(《卢龙塞略》作三子）打哈长子佟孛来“顺黑石炭”。而在《卢龙塞略》中，打哈次子倘孛罗（即佟孛来）“东虏长秃”（蒙古大汗打来孙弟，详见下文）。“黑石炭”“黑失炭”和“尖炭”指同一人（“尖炭”即“失炭”之误，而“失炭”又是“黑失（石）炭”的脱误），是达延汗五子阿赤赖孛罗（Očirbolad）孙王文都剌（Ongγun dural）。“黑失炭”即清代的克什克腾部，由蒙古汗国、元朝大汗—皇帝的亲军“怯薛”演变而来。达延汗分封子孙时，将察哈尔万户的黑失炭—克什克腾鄂托克给了自己的五子阿赤赖孛罗，阿赤赖孛罗孙王文都剌在明代汉籍中一般被称作“黑失炭”，是以其所领鄂托克称之。②

把儿孙四子斡堆孛来诸子“附东虏委正”（表中编号为10），花当三子打哈长子咬儿斡诸子和打哈次子倘孛来诸子“附东虏长秃”（表中编号为11）。

“委正”与“长秃”实为一人。当时在“东虏”即左翼蒙古中，称“委正”的著名

① “伯要儿”之“儿”恐系衍文，而“伯要”（清代译作“巴约特”）是其所属鄂托克名。前文提到俺答次子不彦台吉子所属鄂托克名“伯要—摆腰”与此相同。“塔捕”号歹青，《金轮千辐》作“索宁歹青（sonin dai čaing）”。

② 参见前引《15—17世纪的克什克腾》。

首领有二人，分别为土蛮汗弟和子，号大、小委正。《筹边纂议》则谓把儿孙“四子恶登，顺土蛮弟委正”。“恶登”即“斡堆”（“斡堆孛来”之省称），因此可以断定“东虏委正”指土蛮汗弟大委正。大委正长秃，《黄史》作“庄兔堵剌儿”（ǰongtu duraγal），《筹边纂议》作“细的冷庄秃台吉”，《北虏世系》作“昆都力庄兔台吉”，是蒙古大汗打来孙弟，清代扎萨克浩齐特左右二旗王公祖先。

花当五子哈哈赤长子炒蛮诸子以及花当十子虎秃孛来、十一子孛罗歹诸子“附属东虏阿牙他皮”（表中编号为 12）。

“阿牙他皮”又作“挨大笔失”“叆塔必 [失]”等，是蒙古大汗不地唯一的弟弟也密力长子，系岭南察哈尔各部首领，因统领哈喇处—阿剌克楚特（Alaγčud，即古代贺兰—驳马）部，又号哈喇处台吉。①

花当六子孛来、七子把都儿、九子虎秃罕诸子“附属东虏那彦兀”（表中编号为 13）。

关于“东虏那彦兀”，《武备志》（引《兵略》）有如下记载：

> 擦汗儿达子小部落，山前辽东地方宁远、广宁边外青山驻牧，离边一百余里。长子奴木大黄台吉，存，部落七千有余；二子银定台吉，存，部落七千有余；三子苏克气台吉，存，部落三千有余；四子那言务炒花台吉，存，部落三千有余；五子赶兔升石把兔台吉，存，部落三千有余；六子白言务台吉，存，部落三千有余；七子隔克歹青，即肖大成升都领台吉，存，部落五千有余。

这位不知名的“擦汗儿（察罕儿、察哈尔）达子小部落”的首领“四子那言务炒花台吉”就是“东虏那彦兀”。

《辽夷略》也有与《武备志》相近且更为详细的记载：

> 直广宁西北而牧，离边约七百余里，市赏亦由镇远关者，其酋曰叆塔必，故，而生十子，长曰脑毛大黄台吉，次曰以儿邓，三曰扯臣台吉，四曰若青把都儿，五曰速克赤把兔儿，六曰卜言兔，七曰其必扯赤台吉，八曰额儿得你丑库儿，九曰阿民台吉，其第十曰拱兔者，对锦州西北边五百里而牧，其市赏在锦州大福堡焉。……脑毛大之长男曰桑阿儿，次曰缩闹，而控弦之骑几七八千。以儿邓故，而三子，长曰麦力根歹青，次曰宰桑台吉，三曰桑阿儿寨，而控弦之骑五千。扯臣之子四，长曰卜书万儿，次曰赤劳亥，三曰大成台吉，四曰色令，而控弦之骑三千。若青把都儿故，而三子，长曰歹青，次曰滚木，三曰把剌四气。速克赤把兔 [儿] 故，而三子，长曰把兔儿阿败，次曰宰桑，三曰石计兔。卜言兔故，而四子，长曰耿耿台吉，次曰隐克，三曰门克，四曰果木。三部各拥二千。其必扯赤故，生三子，长曰花台吉，次曰汪台吉，三曰滚度参，千骑耳。而额儿得你丑库儿亦三子，长曰汪台吉，次曰剌麻台吉，三曰锁闹安儿。其阿民台吉在，止一子曰班旧儿。二部约骑兵各二千余。独拱兔一支近锦州边者，五子，长以儿度赤，次剌八四气，三色令，四果木，五剌麻，而约兵五千也。盖叆塔必十枝，凡三十二派，而脑毛大、拱兔为强。

可知，“那言务炒花台吉”或“东虏那彦兀”等人的父亲为叆塔必 [失]，而叆塔必

① [日] 森川哲雄：《关于八鄂托克察哈尔及其分封》，《东洋学报》第 58 卷 1、2 期，1976 年。

[失]就是前文出现的岭南察哈尔首领“东虏阿牙他皮”。如进一步比较,可发现《武备志》中的“长子奴木大黄台吉”“次子银定”即《辽夷略》中的长子“脑毛大黄台吉”和次子“以儿邓”,“三子苏克气台吉”即五子“速克赤把兔儿”,“六子白言务台吉”即六子“卜言兔”（《武备志》“白言务”应是“白言兔”之误，因涉前文“那彦务”而误），五子“赶兔升石把兔台吉”可能是四子“青把都儿”。因此,《武备志》“四子那言务炒花台吉”极有可能是《辽夷略》所见三子扯臣台吉，因为除去被认同者之外，只有他们的人口数相同（“部落三千有余”或“控弦之骑三千”）。

除花当子孙外,朵颜卫右都督朵儿干孙失林孛罗次子把都儿,与其叔父脱可（脱磕）子孙附属速把亥，即蒙古左翼岭南喀尔喀。

此外，据《筹边纂议》，另有世系不明朵颜卫—兀良哈“小一千”首领（应为右都督朵罗干子孙）哈哈赤诸孙土鲁赤、忽秃罕、忽秃败、脱脱、孛罗大等分别附属于土蛮、卜言兀和炒忽儿。土蛮、卜言兀（速把亥子）系察哈尔蒙古大汗本部和岭南喀尔喀首领，而“炒忽儿”应是《辽夷略》所记鬼（卑）麻第五子石保赤丑库儿,系岭南察哈尔首领。哈哈赤诸孙亦见《卢龙塞略·贡酋考》，就是列朵颜卫末尾的“头目有在辽东境外驻牧数部(酋贡)[贡酋]”中的土鲁赤、忽秃罕、脱脱三堂兄弟，营住乌牛背、大青山，营前屯百余里。

七、泰宁卫被瓜分情况

16世纪初，朵颜卫都督花当与达延汗联姻，势力迅速增长，超越泰宁，成为三卫之首，而泰宁、福余二卫则势力衰弱，形成鲜明对比。根据前引《卢龙塞略》《筹边纂议》有关记载可知，15世纪中叶名噪一时的泰宁卫左右两大都督革干帖木儿、兀捏帖木儿后代至16世纪末已默默无闻，所属人口稀少，而且有些已经成为朵颜首领的附庸。《卢龙塞略》说："始祖都督兀捏帖木儿，生撒因孛罗，其子曰孛来罕，曰伯牙，俱逃辽东边外大县头驻牧，久不至关，今绝。”比较《筹边纂议》有关即可知，兀捏帖木儿孙孛来汉（即孛来罕）子把当亥、克色孛罗以及把当亥子莽巾、克色孛罗子土累等附属岭南喀尔喀乌济业特首领炒花,另有满满、把儿孙（世系不明,应是兀捏帖木儿后代）子孙分属炒花及其兄岭南喀尔喀弘吉剌特部首领兀班及妻。《卢龙塞略》所谓“辽东口外有泰宁卫酋首”——莽金火勺、土鲁孛儿户、扯儿揹忒木儿、把儿度土累、忒木儿、勺木下、哈卜言等，就是这些人。①

都督革干帖木儿后代则属右翼蒙古。都督革干帖木儿子脱脱孛来有子歹答儿、火勺儿罕及义子纳忽剌儿、纳木宅、满蛮三人，其中长子歹答儿及子只儿挨一系以及泰宁卫掌卫印事阿把海后代驻牧小兴州（今河北省滦平县大屯乡），附属土默特俺答汗长子辛爱，次子火勺儿罕一系则附属“西虏纳林”。纳林系喀喇沁首领把都儿弟，营名塔

① 两相比较，“莽金火勺”即莽巾（“火勺[赤]”谓先锋），“赖土鲁孛儿户”即“土鲁孛儿户”，“把儿度土累”即两“土累”之一，“勺木下”（“下”kiya，意为“侍卫”）即“勺木”，“哈卜言”即“卜言”（“哈”即“下”—kiya）。

塔儿，因此火勺儿罕一系属喀喇沁万户下的塔塔儿鄂托克。

革干帖木儿、兀捏帖木儿兄弟分别是明朝的左、右都督（《卢龙塞略》误革干帖木儿为“右都督”），在蒙古则是泰宁卫—罔留鄂托克的右翼和左翼。泰宁卫长支分属蒙古右翼，幼支分属蒙古左翼。这与朵颜长支幼支分属右翼、左翼蒙古相似，恐非巧合。

八、福余卫被瓜分情况

《卢龙塞略》谓福余卫始祖都指挥使朵儿罕，子那孩，其子孛勺生打都，有二子，长打都子二，曰阿鹿，曰乞讨纳，乞讨纳子曰伯彦，绝，共部落二十余名，随兀捏孛罗驻牧。

兀捏孛罗系朵颜花当长子革儿孛罗幼子脱力次子，“附属西虏把都儿”即喀喇沁首领，可知福余卫这一支亦属喀喇沁。

都指挥使可歹子朵卜七子“并附属西虏辛爱”，即土默特万户。

另有“今辽东口外有酋首曰把当，曰颇儿的泥，曰王四儿，营住鹏背山及上辽河，去开原三百三十里，此则属于东虏者，而世不可考矣”。这些属于“东虏”的“世不可考”的福余卫首领见于《筹边纂议》：

> 福余卫夷酋宗派：初代斫斤，生二代小四，生二子，三代长子把当亥，生四代脱磕，顺东虏车赤掯；三代次子额儿的泥，生二子，四代长子伯得捏，四代次子准不赖，俱顺东虏者儿得。初代孛爱，生三子。二代长子往四儿，生二子，三代长子摆言大，三代次子果各寨；二代次子撒巾，生二子，三代长子石堵掯，三代次子卜儿炭；二代三子锦只卜阿，生三代主儿者阿，俱顺东已故兀班妻。

诚如达力扎布考证，“把当亥”即“把当”，“颇儿的泥”即“额儿的泥”（“颇”系“额”之误）。[①] 这支福余卫人的宗主车赤掯系好儿趁（科尔沁）部魁猛可长子博第达喇长子，者儿得为魁猛可次子诺扪达喇之子，而兀班为虎喇哈赤第三子，岭南喀尔喀翁吉剌部首领。

比《筹边纂议》成书稍晚的《开原图说》《辽夷略》也详细记载了“附东虏”的福余卫首领世系，但二书将嫩江科尔沁车赤掯之子恍惚太（翁果岱）和者儿得之子土门儿（图美）误以为是福余卫首领，系于福余卫世系。除《开原图说》《辽夷略》外，《万历武功录》等书也称岭南喀尔喀、嫩江科尔沁人为泰宁卫、福余卫。这是因为明人清楚嘉靖初年三卫的分布，但不知侵入三卫牧地的岭南喀尔喀、嫩江科尔沁首领身世而产生的误会。其原因是南下的岭南喀尔喀、嫩江科尔沁等部没有能够像右翼蒙古那样建立起新的市赏秩序，所以冒泰宁、福余卫名誉参与贡市，从而造成了明人的错觉。[②]

总之，福余卫残余被蒙古右翼土默特、喀喇沁和左翼岭南喀尔喀及嫩江科尔沁瓜分。

---

① 达力扎布：《有关明代兀良哈三卫的几个问题》。

② 参见前引达力扎布文。

永乐十二年明成祖北征瓦剌败绩史实探析[①]

——兼考忽兰忽失温地望

李志远
（内蒙古师范大学）

15世纪初，明成祖朱棣五次出征北元，号称“五出三犁”[②]。其中四次针对东蒙古，只有一次，即永乐十二年（1414年）夏第二次北征是针对西蒙古瓦剌。此次出征，明成祖率军与瓦剌三王大战于土剌河上游的忽兰忽失温，这是明成祖五次亲征北元蒙古中规模最大的一次战役。蒙古史书对此次战争未留下记载，而明成祖在战后发布的班师诏中，大书特书“大败瓦剌”。明朝的官方结论对于当时和后世史家影响巨大，成为主流共识，后人著书多从其说。研究者多未深入分析战争经过，而轻信《明实录》等汉籍史料记载，认为明军大败瓦剌，导致对这一重大历史事件认知产生偏差。当然，也有一些史家对于战争结果持有不同意见，不过也只是认为双方伤亡相当。但是，朝鲜史料《李朝实录》因有得自辽东人的信息，因而对忽兰忽失温之战的结局有截然相反的记载。只可惜前人研究中多未提及或未予重视。

一、史料记载及前人研究

对于战争双方而言，“忽兰忽失温之战”的结局不外乎三种，即战胜、战平或战败。

（一）明军大败瓦剌说

战后，即永乐十二年六月初十日，明成祖撤离忽兰忽失温战场，同时遣使和宁王阿鲁台，告知击败马哈木等。二十八日，明成祖“以败瓦剌诏天下”[③]，“属国”朝鲜也

① ［基金项目］国家社会科学基金重大招标项目“清代蒙古高原历史地理研究”（14ZDB037）；国家社科基金冷门“绝学”和国别史等研究专项项目“草原丝路上的突厥卢尼文、回鹘文碑铭、历史文书调查与再研究”（2018VJX045）；国家社科基金西部项目“契丹文试读与蒙古高原部族史研究”（18XZS035）。

② ［明］傅维麟：《明书》卷六本纪四，清畿辅丛书本。

③ ［清］张廷玉等撰：《明史》卷七，中华书局，1974年，第94页。

收到了诏书，收入《李朝实录》①，内容和《明实录》记载基本相同，对于战争结果表述一致。《明实录》记载：

"师至撒里怯儿之地，贼兵迎战，一鼓败之，追至土剌河，贼首答里(邑)[巴]、马哈木、太平、把秃孛罗不度智能，扫境而来，兵刃才交，如摧枯朽，追奔逐北，兽狝禽戮，杀其名王以下数千人，余虏宵遁，遂即日班师。"②

班师诏书最先宣扬明成祖在忽兰忽失温之战中大败瓦剌，这是皇帝钦定的明朝官方言论，其后，史家缘此大书特书。其实，对于忽兰忽失温之战最直接的记载是金幼孜的《后北征录》，但传播时间晚于班师诏书，且受制于班师诏书的观点。

明人高岱《鸿猷录》记载："甲午，十二年。二月，上议亲征马哈木……三月，车驾发北京，命皇太孙从行。六月，至撒里怯儿地。马哈木及虏酋太平、把秃孛罗等率众逆战，上麾诸将击败之，虏死者数百人。追至土剌河，复大败之，杀其酋长十余人。马哈木北遁去，遂班师……八月，车驾还北京。"③之后，明人严从简《殊域周咨录》载："十二年，议亲征瓦剌……车驾至撒里怯儿之地，虏酋答里巴及马哈木三酋率众逆战，上麾柳升等发神机铳炮，毙贼数百人，亲率铁骑击之，虏大败。杀其王子十余人，斩虏首数十级，余众败走。"④明人王圻《续文献通考》云："甲午春，上亲征马哈木等……三月庚辰，驾发，皇太孙随……七日，驻（急）[忽]兰忽失温，时答里巴及马哈木、太平、把秃孛罗扫境来战，上躬擐甲胄，自督锐卒先阵一冲，诸将继之，神机炮四发，虏惊溃，弃马亟奔入山。大兵东西夹攻之，虏且战且走，至暮，大破之。人马杀伤无算，虏号哭遁去，追至土剌河而还。明日，赐其地曰杀胡镇，遂班师。八月朔，驾还京。"⑤这三种史书关于明军在忽兰忽失温之战的观点与金幼孜《后北征录》及《明实录》基本相同，均言明军大败瓦剌。《明史》也同样认为"戊申，次忽兰忽失温，马哈木率众来犯，大败之，追至土剌河，马哈木宵遁"。⑥

当前，学界多直接引用上述汉籍史料中明朝官方观点，认为明成祖战败瓦剌三王。马大正、成崇德主编《卫拉特蒙古史纲》认为："1413年(永乐十一年)，马哈木扣留明朝使者，'复请以甘肃、宁夏归附鞑靼者多其所亲，请给还'。明廷清楚地看到了卫拉特势力的明显强大，于是转过头来扶持阿鲁台，1413年(永乐十一年)封他为和宁王，次年明成祖亲征卫拉特，在土剌河上游的忽兰忽失温(今乌兰巴托东)大败之。"⑦曹永年《蒙古民族通史》中认为："1414年明成祖第二次亲征漠北，忽兰忽失温一战，给瓦

① 《明太宗实录》永乐十二年六月己巳；《李朝实录》太宗十四年甲午九月己丑（永乐十二年）记载："师至撒里怯儿之地，贼兵来迎战，一鼓败之，追至土剌河，贼首答里巴、马哈木、（大）[太]平、把秃孛罗不度智能，扫境而来，兵刃才交，如摧枯振朽，追奔逐北，杀戮其名王以下数千人，斩馘无算，余虏宵遁，遂班师而还。"（日本东京大学文学部：《明代满蒙史料—李朝实录抄》第一册，内外印刷株式会社，1954年，第340页）

② 《明太宗实录》卷一五二，永乐十二年六月己巳，台北：中研院历史语言研究所校印本，1962年，第1768—1769页。

③ [明]高岱：《鸿猷录》，中华书局，1985年，第108页。

④ [明]严从简著，余思黎点校：《殊域周咨录》，中华书局，1993年，第545、546页。

⑤ [明]王圻：《续文献通考》卷二百三十八《四裔考·北夷》，明万历三十一年刊本。

⑥ [清]张廷玉等撰：《明史》卷七，中华书局，1974年，第93、94页。

⑦ 马大正、成崇德主编：《卫拉特蒙古史纲》，新疆人民出版社，2006年，第25页。

剌以重创，次年，瓦剌三王遣使至明朝谢罪，重新通贡。忽兰忽失温之战遭受惨重损失后……”① 日本学者宫脇淳子《最后的游牧帝国》认为：“1414 年，永乐帝再次亲率大军攻入蒙古高原，在肯特山中粉碎了答里巴汗和马哈木等人的军队。”②

（二）杀伤相当说

关于忽兰忽失温之战的结局，明代已有不同看法，认为“虽胜，然杀伤相当”。明人王世贞《弇山堂别集》云：“十二年北征，至忽兰忽失温，虏寇答里巴、马哈木、太平、把秃孛罗等扫境以三万人逆战……上遥见之，率铁骑驰击，虏大败，杀其王子十余人，斩首数余，余众走，大军乘胜追之，度两高山。复战败之，追至土剌河，马哈木等脱身遁。又三日班师。盖是时虽胜，所杀伤相当，几危而复安，班师之令所以急下也。”③ 明谈迁著《国榷》记载：“是役也，虽胜，然杀伤相当，几危而复攻，故急还。”④ 明清之际人士谷应泰《明史纪事本末》也认为：“时，瓦剌虽大创去，然杀伤亦略相当。”⑤

日本学者和田清《明代蒙古史论集》云：“可见《明史纪事本末》（卷二十一《亲征漠北》）所载：‘时，瓦剌虽大创去，然杀伤亦略相当。’应该说是持正之论。”⑥ 白翠琴《瓦剌史》一书中也持此观点⑦。毛佩琦《毛佩琦正说永乐大帝朱棣》说：“这一仗，明军以‘五十万众’征讨‘扫境’不过‘可三万余人’的瓦剌，其势相悬。然而明军打得十分艰苦，双方‘杀伤相当’，如果不是‘班师之令’‘急下’，其胜负将不知何如。”⑧

（三）瓦剌战胜明军说

关于忽兰忽失温之战的结局，朝鲜方面所得到的情报却截然相反。《李朝实录》“太宗十四年甲午九月辛卯”（永乐十二年）条云：

> “又辽东人皆云王师与北人交兵，北人伏奇兵佯败而走，王师深入，伏兵绝其后，围数重，帝以火药突围而出，倍日而还。”⑨

“辽东人”是《李朝实录》中关于瓦剌取得忽兰忽失温之战胜利的消息的传播者，“皆云”说明这是当时参战辽东将士的共识，“倍日而还”是因为当时朝鲜为明朝属国，所以对于明成祖战败而逃回一事委婉表述。朝鲜所得消息暗喻明成祖中计陷入瓦剌重围，依凭火器突围而出、仓皇逃回。和田清认为《李朝实录》的记载是“辽东的风传”⑩，白翠琴《瓦剌史》一书虽引用了《李朝实录》《后北征录》《明史纪事本末》，但因受和田清观点影响，也认为《李朝实录》的记载是“辽东的风传”。⑪ 在此，我们有必要先确

---

① 曹永年撰：《蒙古民族通史》（第三卷），内蒙古大学出版社，2002 年，第 93 页。

② ［日］宫脇淳子著，晓克译：《最后的游牧帝国》，内蒙古文化出版社，2005 年，第 67 页。

③ ［明］王世贞撰，魏连科点校：《弇山堂别集》，中华书局，1985 年，第 1215 页。魏连科误把“太平、把秃孛罗”二人之名点较为“太平把秃、孛罗”，今予改正。

④ ［明］谈迁著，张宗祥校点：《国榷》，中华书局，1958 年，第 1104 页。

⑤ ［清］谷应泰：《明史纪事本末》卷二十一，清文渊阁四库全书本。

⑥ 〔日〕和田清著，潘世宪译：《明代蒙古史论集》，内蒙古人民出版社，2017 年，第 66、67 页。

⑦ 白翠琴：《瓦剌史》，吉林教育出版社，1991 年，第 49 页。

⑧ 毛佩琦：《毛佩琦正说永乐大帝朱棣》，花山文艺出版社，2006 年，第 258 页。

⑨ 日本东京大学文学部：《明代满蒙史料——李朝实录抄》第一册，东京，内外印刷株式会社，1954 年，第 341 页。

⑩ 〔日〕和田清著，潘世宪译：《明代蒙古史论集》，内蒙古人民出版社，2017 年，第 66 页。

⑪ 白翠琴：《瓦剌史》，吉林教育出版社，1991 年，第 49 页。

认辽东人的消息来源，然后再判断其真伪。

作为战争亲历者，明军和瓦剌人最了解战况，此外，还有战争的旁观者东蒙古人。辽东人的消息自然来自参战的明朝辽东将士，关键就看此次北征明军中是否有辽东将士。《明实录》记载，永乐十一年十月辛未，明成祖“命诸将整敕饬士马，敕陕西、山西、山东、河南、辽东诸郡司及潼关、淮安、徐邳诸卫简士卒，精器械，以俟命”[①]；十一月甲申，“命诸将巡行边境，简练士马……辽东都指挥巫凯……会北京”[②]；永乐十二年二月丙午，“命成山侯王通往宣府、大同阅辽东等都司调至军马”[③]。战后，明成祖于永乐十二年七月丙子“驻跸禽胡山……命辽东都指挥巫凯等先率所部还”[④]。辽东都指挥巫凯及所部从军北征瓦剌，并且提前从塞北直接回了辽东。另据《明实录》记载，辽东都督刘江为明军前锋，和前锋朱荣等充当前哨。辽东都督刘江战斗在北征明军的最前线，所部多次与瓦剌交锋[⑤]。

关于此战中火器（火药）的使用，明人严从简《殊域周咨录》记载：“闻之土人，是役也，我兵每以火铳取胜，由此中国益重神器云。”[⑥]“土人”又称“土达”“土鞑”，指元朝退出中原汉地后，遗留或者投靠明朝的居住在明朝北部的蒙古人、色目人等非汉人土著诸族群。蒙古本部部众被明朝称为“鞑靼”，因要区别于蒙古本部，所以称为“土达”。“土人”在明朝前期军事活动中起到重要作用，是明朝借以对抗塞外蒙古的重要力量，历次军事行动都有他们身影，而此役力战而死的都指挥满都就是土人。他们作为忽兰忽失温之战的亲历者，可证《李朝实录》所记载“帝以火药突围而出”是事实。

《李朝实录》所提及瓦剌佯败设伏更是蒙古骑兵惯用战术。如永乐七年（1409年），丘福以征虏大将军充总兵官，率十万精骑，北征本雅失里，兵败被杀。据王圻《续文献通考》载：“己丑……六月，命淇国公丘福……帅师北征……先是，本雅失里营胪朐河，虏挑战辄佯败，福遂乘胜渡河深入。虏又授意尚书一人诈奔降，言本雅失里闻大兵至，皇怖思北走。福用被获者为向导，直抵虏营，远等力阻，不听。才数里，虏伏四起，远、聪皆战死，福被执，全军遂没。”[⑦]

总之，对于一场战争的结局，明朝内部出现了两个截然相反的说法。明朝官方言论认为明朝取得了胜利，而参战的辽东军士则认为明军败回。很显然，这是有问题的。因此，对于此次战役的进程，我们有必要换一个视角即以参战的辽东军士的认知为切入点，分析缘何辽东人认为瓦剌取得了胜利。这就要求我们对忽兰忽失温之战重新进行梳理，探析明朝与瓦剌双方的作战意图、经过及结果。

---

① 《明太宗实录》卷一四四，永乐十一年十月辛未，第1712页。

② 《明太宗实录》卷一四五，永乐十一年十一月甲申，第1715页。

③ 《明太宗实录》卷一四八，永乐十二年二月丙午，第1731页。

④ 《明太宗实录》卷一五三，永乐十二年七月丙子，第1771页。

⑤ 《明太宗实录》卷一四八、一四九、一五一、一五二，永乐十二年二月庚戌、三月丁亥、五月丙子、五月戊寅、五月戊子、五月己亥、六月甲辰、六月丙午，第1732、1739、1756、1756、1758、1761、1763、1764页。

⑥ ［明］严从简著，余思黎点校：《殊域周咨录》，中华书局，1993年，第546、547页。

⑦ ［明］王圻：《续文献通考》卷二百三十八《四裔考·北夷》，明万历三十一年刊本。

二、忽兰忽失温之战探析

忽兰忽失温之战是明成祖第二次北征中最重要也是唯一一次大规模战役，其结果直接关系明成祖此次北征的成败。前人未深入分析战争经过，而简单信从《明实录》等汉籍记载的结论，产生认知偏差是难免的。笔者利用对于此战经过记载最为可靠的《后北征录》《明实录》《李朝实录》等史料，比较分析明朝与瓦剌双方在忽兰忽失温之战前后的情况，阐释产生截然相反认知的原因。

（一）明军进驻忽兰忽失温

永乐十二年，金幼孜随明成祖朱棣北征瓦剌，亲历忽兰忽失温之战，将征途见闻按日记述，写成《后北征录》一书。因此，《后北征录》是研究忽兰忽失温之战的第一手史料。其开篇介绍了明军出兵时间、统帅、目的、数量等信息："永乐十二年三月十七日，庚寅，上躬帅六师，往征瓦剌胡寇答里巴、马哈木、太平、把秃勃罗等。马步官军五十余万。予与学士胡公光大、庶子杨公勉仁偕扈从。是日辰时启行。"①

《后北征录》与《明实录》大量记载了明朝战前的活动情况。永乐十二年五月初四，明成祖敕命前锋都督刘江等"骑士哨瞭若遇寇，东走，即瓦剌之人诣阿鲁台者，西走，即阿鲁台部下往瓦剌者，须并执之。盖虏情多诈，不可不察"。②五月初九日"驻跸广武镇，遣指挥塔不歹等往觇瓦剌事势"。③足见明朝极为重视瓦剌与东蒙古的情报，对于他们之间的关系充满警惕。

永乐十二年五月十六日，明成祖命令前锋都督刘江等提前派出侦查骑兵前往克鲁伦河侦察敌情。④二十二日，都督朱荣报瓦剌数千人东行，明成祖便决定明日率军直趋克鲁伦河休整，等待瓦剌前来。⑤二十三日，明军早晨出发，中午驻扎于克鲁伦河。二十四日至二十六日（此日夏至日）未行军。明成祖本欲在克鲁伦河旁与瓦剌交战，结果没有等到瓦剌人。⑥二十七日，前锋都督刘江等报告，探见瓦剌东行踪迹，明成祖认为胜券在握，便命刘江追击，为保险起见，又派遣千骑驰援刘江，自己则主力跟进。⑦二十九日上午，明军移营到克鲁伦河西三峰山。⑧

永乐十二年六月初一晚，明军宿克鲁伦河清流港，明成祖进行战前动员⑨。初二，明军暮宿崇山坞。初三，明军晚宿双泉海（即蒙元时期的萨里川）。前锋都督刘江等报告：兵至康哈里孩（即三峡口），遇瓦剌兵与之交战。明成祖断定瓦剌必定大举前来，命前锋都督刘江等严备，谨防劫营。初四，仍宿双泉海。明军前哨发现瓦剌数百骑，稍一

① [明]金幼孜：《后北征录》，纪事汇编本，卷之三十三。
② 《明太宗实录》卷一五一，永乐十二年五月丙子，第1756页。
③ 《明太宗实录》卷一五一，永乐十二年五月辛巳，第1757页。
④ 《明太宗实录》卷一五一，永乐十二年五月戊子，第1758页。
⑤ 《明太宗实录》卷一五一，永乐十二年五月甲午，第1759页。
⑥ [明]金幼孜：《后北征录》，纪事汇编本，卷之三十三。
⑦ 《明太宗实录》卷一五一，永乐十二年五月己亥，第1761页。
⑧ [明]金幼孜：《后北征录》，纪事汇编本，卷之三十三。
⑨ 《明太宗实录》卷一五二，永乐十二年六月壬寅，第1763页。

交战便退却。明军前锋“抓获”瓦剌探哨，审问得知马哈木、太平所率瓦剌兵距离此地百有余里。明成祖令诸军做好提前出发的准备。①

初五，发双泉海，暮至西北无水之地康哈里孩。当天，前锋都督刘江等再次与数百瓦剌兵相遇交锋，瓦剌兵乘夜脱离接触。明成祖朱棣得到前锋都督刘江等报告后，率军兼程而进，命令皇太孙与宝纛同行，并特令铁骑五百护卫。初六，晨发康哈里孩，中午到达苍崖峡。初七，晨发苍崖峡，中午到达决战之地忽兰忽失温战场。②

（二）忽兰忽失温地望及瓦剌选其为战场的原因

如前文，明成祖起初欲在克鲁伦河与瓦剌决战，因而在此等待瓦剌大军前来，但因瓦剌人未到，所以率兵继续前行。明军前哨经常与数百人的瓦剌小股骑兵交锋，瓦剌人基本一触即退，明军则循迹前行，行至忽兰忽失温地区。这与当年本雅失里、阿鲁台引诱丘福之军如出一辙，显然是在主动诱敌深入。

1. 忽兰忽失温地望

前人没有指明忽兰忽失温的准确地理位置。马大正、成崇德《卫拉特蒙古史纲》一书认为“在土剌河上游的忽兰忽失温（今乌兰巴托东）”③，和田清《明代蒙古史论集》认为忽兰忽失温在克鲁伦河、土拉河分水岭顶点④，白翠琴《瓦剌史》亦认为“忽兰忽失温（红山嘴，今蒙古国乌兰巴托东）在克鲁伦河、土拉河分水岭顶点”⑤，宫胁淳子《最后的游牧帝国》认为“在肯特山中”⑥。由于未弄清忽兰忽失温具体地理位置，对于战争经过及结局的理解就不够深入。

根据史料，只能推断忽兰忽失温在克鲁伦河与土剌河之间。这是一个很大的地域范围。

永乐十二年六月初三日，明军来到了双泉海。《明实录》记载“甲辰，驻跸双泉海，即撒里怯儿之地”⑦，可知双泉海此地原地名为撒里怯儿。其西北就是前文所提及的康哈里孩，在金幼孜《后北征录》作“三峡口”⑧，胡广诗《回师出三山峡》作“三山峡”⑨。这里是今蒙古国巴彦德力格尔“Баяндэлгэр”附近的山口。至于与其相邻的苍崖峡，应是巴彦德力格尔“Баяндэлгэр”至额尔德尼“Эрдэнэ”公路沿线的峡谷地带，因其山岩呈苍青色而得名。

初七日中午时，明成祖到达了忽兰忽失温战场。经笔者实地考察，结合史料记载可以确认，主战场就是史料中所载九龙口（详见后文），即今乌兰巴托东南的巴彦大坝（蒙古国称其Баян Даваа）地区，位于蒙古国中央省的成吉思汗雕像博物馆（蒙古国称

① 《明太宗实录》卷一五二，永乐十二年六月乙巳，第1763页；[明]金幼孜：《后北征录》，纪事汇编本，卷之三十三。

② 《明太宗实录》卷一五二，永乐十二年六月丙午，第1764页；[明]金幼孜：《后北征录》，纪事汇编本，卷之三十三。

③ 马大正、成崇德主编：《卫拉特蒙古史纲》，新疆人民出版社，2006年，第25页。

④ 〔日〕和田清著，潘世宪译：《明代蒙古史论集》，内蒙古人民出版社，2017年，第66页。

⑤ 白翠琴：《瓦剌史》，吉林教育出版社，1991年，第49页。

⑥ 〔日〕宫胁淳子著，晓克译：《最后的游牧帝国》，内蒙古文化出版社，2005年，第67页。

⑦ 《明太宗实录》卷一五二，永乐十二年六月甲辰，第1763页。

⑧ [明]金幼孜：《后北征录》，纪事汇编本，卷之三十三。

⑨ [明]胡广：《胡文穆公文集》卷二十，清乾隆十五年刻本。

其 Чингис хааны морьт хөшөөт цогцолбор）东南约 11 公里处。此地是东西向山岭，东西两山丘间有很窄凹陷的南北通道，所以称为口。《明实录》所记后来的瓦剌也先老营所在九龙口①，就是这里。

“忽兰忽失温”意为红色山嘴，这一地名在元代就已经出现，《元史》作“忽剌火失温”②。忽兰忽失温山位于今蒙古国首都乌兰巴托东南方向，地处土剌河南岸，山体从西南向东北伸向土剌河，呈马鞍形，因山岩呈红色而得名。成吉思汗雕像博物馆位于其南侧。《清实录》记载，顺治三年，清军追击腾机思于这一地区。③另外，康熙三十五年，清军与噶尔丹交战的“昭莫多之地”，就是指此地。④可知，此地为要冲，系百战之地。

当然，明军与瓦剌三部大战的战场不只限于忽兰忽失温这一山嘴，我们从明成祖将此地命名为杀胡镇便知。忽兰忽失温是以其为地理坐标的广大地区，至少包括九龙口在内。

2. 瓦剌选择忽兰忽失温战场的原因

瓦剌至少比明军提前两三天到达此地⑤，等候明军到来，看来忽兰忽失温是瓦剌选择的战场。是不是对于瓦剌人而言，忽兰忽失温一带是漠北最理想的战场呢？答案是肯定的。众所周知，明成祖率领 50 万大军出征瓦剌，目的就是力求歼灭瓦剌，至少使其遭受重创。至于瓦剌人的作战意图，前人则未深入讨论，因此有必要再做探讨。忽兰忽失温既然是瓦剌人预先选的战场，就要逐步将明军吸引至此，瓦剌人并没有因明军众多而退缩，反而积极向前迎击明军。很显然，瓦剌战略意图并不单是为了击退明军，因其未采用可拖垮明军的对策，即不与明军正面接触，与之在蒙古腹地周旋，如同后来东蒙古太师阿鲁台所采取的战略。最终明军因受制于后勤补给，只能自行撤军。由此可推知，瓦剌预设战场迎击明军，其作战意图是全歼北征明军。

忽兰忽失温地区的特殊地形非常有助于瓦剌人实现其作战意图。首先，此地为山区，但山丘不甚陡峭，占据高处山顶有利于瓦剌骑兵作战。明军则受其大量后勤运输车辆所累，只能在山谷中行军。其次，从康哈里孩至九龙口的道路是狭长的山谷，迫使明 50 万大军⑥行列拉长，增加了明军的防御负担，因此只能有小部分士卒投入战场。另外，如果在开阔草地，瓦剌要正面面对十倍于己的明军，瓦剌方面几无胜算，更何谈达到歼灭明军的最终目的。再次，这里还是容易控制水源的地区。忽兰忽失温战场之南侧的明军供水困难，而瓦剌则背靠土剌河。明军最大的弱点是其后勤保证问题，主要是粮食和水。明军对于水源的依赖度远高于游牧瓦剌人，毕竟几十万大军所需的人员、战马及运输牲畜的饮用水不是个小问题。瓦剌人提前到达此地多日，必然不会给明军留下多少可用水源。

① 《明英宗实录》卷一百八十八，景泰元年闰正月甲戌，第 3859 页。

② [明]宋濂等撰：《元史》卷三十一，中华书局，1976 年，第 699 页。

③ 《清圣祖实录（三）》卷二三二，康熙四十七年正月庚午，中华书局影印，第 318 页。

④ 《清圣祖实录（三）》卷二四〇，康熙四十八年十一月甲申，中华书局影印，第 391—392 页。

⑤ 《明太宗实录》卷一五二，永乐十二年六月乙巳，第 1763 页。

⑥ 关于明成祖北征瓦剌明军总人数，史书多载 50 万或 50 余万，这一数字应可信。因明军在行军途中筑城贮存辎重，所以进军至忽兰忽失温之明军应稍少于北征明军总数，但大致数量在 50 万左右。瓦剌参战人数史料及前人研究都使用三万余人这一数字，根据本文研究，参战人员应为主力三万余人，另有偏师一万人，合计四万余人。

明军对于行军水源历来十分关注。《后北征录》中对于水源几乎每日都有记载，可从另一方面反映出当时明军对此问题的重视。《明实录》记载，早在永乐十二年四月明成祖出征之际，颁军中赏罚号令时就要求保护水源："下营掘井必令人监守，不许作践及藏占自用，违者治以重罪。"① 明朝大军行军时经常缺水，人马饮水困难，明军必须"埋锅造饭"，这一饮食习惯极易导致断炊。金幼孜《后北征录》虽然没有具体记载明军用水情况，但在《北征录》中有大量记载，如"三月……初十日……无水饮马，从者皆不得食，军士亦多不食者"②；"四月……初五日……晚至屯云谷。此处少水，由清水源载水至此晨炊"③；"初九日……午至一山谷中，有二旧井，水可饮。新掘井皆咸苦。取水饮马，人凑集井上，不得。马渴，不肯去"④，等等。可见明军对于水源极度依赖，没有水，吃饭都成问题。

我们通过正统十四年（1449 年）八月瓦剌与明朝的"土木之役"，能更好地了解水对明军的重要性，这有助于理解忽兰忽失温之战中马哈木的战术及意图。土木之役时，明军所犯致命的错误就是扎营在无水的土木堡高地。⑤《否泰录》作者刘定之也指出"旁无水泉"，"兵士束手，饥渴"等是几十万明军败于两万瓦剌人的主要原因。⑥ 土木堡之败虽是众多原因造成的，但无水绝对是压垮明军的最后一根稻草。此次明军主要是沿着水源前行，所经之地多为开阔草地，瓦剌人很难切断水源。

（三）忽兰忽失温之战的经过

1. 战前对峙

《后北征录》载：

"初七日，晴。晨发苍崖峡，午次(急)[忽]兰忽失温。贼首答里巴同马(嗒)[哈]木、(大)[太]平、把秃孛罗扫境来战。去营十里许，寇四集，列于高山上，可三万余人。每人带从马三四匹。"⑦

《明实录》载：

"戊申，驻跸忽兰忽失温。是日，虏寇答里巴、马哈木、太平、把秃孛罗等率众逆我师，见行阵整列遂顿兵山颠不发。"⑧

在这里我们应该注意到一个细节，每人带三四匹从马的瓦剌人，在忽兰忽失温地方等待明军至少两三天时间，说明瓦剌人把战场选在此处是精心设计的。而对于瓦剌所选战场的具体位置，《后北征录》《明实录》都没有明确记载，但我们根据其他史料可知，此地为忽兰忽失温附近的九龙口。《明实录》记载永宁伯谭广"从征九龙口为前锋，贼数万骑凭崖列阵"⑨，《皇明通纪法传全录》记载此战中内侍李谦曾经引皇太孙于九龙

① 《明太宗实录》卷一五〇，永乐十二年四月己酉，第 1750 页。
② [明]金幼孜：《北征录》，纪事汇编本，卷之三十二。
③ [明]金幼孜：《北征录》，纪事汇编本，卷之三十二。
④ [明]金幼孜：《北征录》，纪事汇编本，卷之三十二。
⑤ 《明英宗实录》卷一百八十一，正统十四年八月辛酉，第 3498 页。
⑥ [明]刘定之：《否泰录》卷十六，纪事汇编本。
⑦ [明]金幼孜：《后北征录》，纪事汇编本，卷之三十三。
⑧ 《明太宗实录》卷一五二，永乐十二年六月戊申，第 1764 页。
⑨ 《明英宗实录》卷一二二，正统九年十月甲子，第 2451—2452 页。

口观战[①]。由此可知，瓦剌骑兵主力所在地为忽兰忽失温附近的九龙口。

2. 九龙口之战

（1）第一次交锋

《后北征录》载：

“上躬擐甲胄，帅官军精锐者先往，各军皆随后至，整列队伍，与寇相拒。寇下山来迎战，火铳四发，寇惊，弃马而走，复集于山顶。”[②]

《明实录》载：

“上驻高阜，望寇已分三路，令铁骑数人挑之，虏奋来战。上麾安远侯柳升等发神机铳炮，毙贼数百人。亲率铁骑击之，虏败而却。”[③]

明成祖坐镇军中亲自指挥，率官军精锐者前往，各军随后赶到，队伍整齐列阵，与瓦剌对峙。明成祖站在较高的土山上，望见瓦剌已兵分三路，命令铁骑数人出阵挑战，瓦剌兵奋勇下山来迎战。明成祖指挥安远侯柳升等人发射神机铳炮，瓦剌战马受到惊吓，明成祖见状亲率铁骑迎击瓦剌，瓦剌弃受惊战马而回，重新聚集于山顶。

（2）第二次交锋

《后北征录》载：

“东西鼓噪而进，寇且战且却。”[④]

《明实录》载：

“武安侯郑亨等追击，亨中流矢退。宁阳侯陈懋、成山侯王通等率兵攻虏之右，虏不为动。都督朱崇、指挥吕兴等直前薄虏，连发神机铳炮，寇死者无算。丰城侯李彬、都督谭青、马聚攻其左，虏尽死斗。聚被创，都指挥满都力战死。上遥见之，率铁骑驰击，虏大败。杀其王子十余人，斩虏首数千级，余众败走。大军乘胜追之，度两高山。”[⑤]

明军由东西两路进攻。武安侯郑亨等追击撤回山顶的瓦剌军，后郑亨中流矢退回。宁阳侯陈懋、成山侯王通等率兵攻打瓦剌之右翼，未能使瓦剌军阵动摇。都督朱崇、指挥吕兴等径直向前迫近瓦剌军，连发神机铳炮攻击瓦剌。丰城侯李彬，都督谭青、马聚攻打瓦剌左翼，瓦剌兵全部拼死以战，结果马聚受伤，都指挥满都力战而死。当明军与瓦剌交锋时，先以精锐骑兵冲击瓦剌，就是“临战以劲骑当先”。《明实录》记载：“满都平凉开城人，长身勇悍……十二年率其弟及子贵从征北虏。临战以劲骑当先，贵从傍谏曰，贼势方锐，未可轻犯。满都不顾，直前突其阵，奋击大呼手刃数人，马蹶为所害。”[⑥]可知瓦剌在第一次交锋中未受到多大损失和打击，士气旺盛。

《明实录》记载：“永宁伯谭广……永乐元年，升大宁都指挥佥事，董工营建北京，既而领神机营从征迤北，充骁骑将军。又从征九龙口为前锋，贼数万骑凭崖列阵，广以神箭万人射之，死者无算，乘胜挥左右夹击，贼大败，升中军都督佥事，赐白金、

① ［明］陈建：《皇明通纪法传全录》卷十五，明崇祯九年刻本。

② ［明］金幼孜：《后北征录》，纪事汇编本，卷之三十三。

③ 《明太宗实录》卷一五二，永乐十二年六月戊申，第1764页。

④ ［明］金幼孜：《后北征录》，纪事汇编本，卷之三十三。据明嘉靖十二年刻《明良集》本、明万历刻《皇明大政纪》本、清文渊阁四库全书《古今说海》本校。

⑤ 《明太宗实录》卷一五二，永乐十二年六月戊申，第1764—1765页。

⑥ 《明太宗实录》卷一六一，永乐十三年二月癸未，第1824—1825页。

文绮、鞍马。”[①] 此战中，永宁伯谭广参战，并领神机营以神箭（即神机箭）攻击瓦剌军。就当时谭广的地位论，不可能有“乘胜挥左右夹击”的指挥权。明成祖见战事不顺，指挥神机营攻击后，随后亲率军进击，瓦剌人且战且退，明军主力跟随后撤的瓦剌人向北过了两座高山。

3. 瓦剌偏师袭击明军后方大本营

当明军主力追击瓦剌人而远离后方大本营时，瓦剌提前派出隐匿在九龙口附近的一支万人精锐骑兵，突袭了明军大营。这支瓦剌偏师恰巧在路过九龙口地区时遇见了太监李谦私自领出大营的明成祖之孙朱瞻基。

据《皇明通纪法传全录》记载，“是役也，内侍李谦恃勇，引皇太孙于九龙口临战，几危，上大惊，急追，回大营，谦惧罪，自经死”。[②] 内侍李谦恃勇引皇太孙（即明宣宗朱瞻基）到九龙口临近战场的地方观战而遇险。清人傅维鳞《明书》记载，明宣宗朱瞻基“十二年从征哈立麻，太宗命帅中军精锐，每摧敌无不破者。一日以百骑觇敌至九龙口，敌万人围之，左右皆大惧，上神色自若，指挥跃马贯阵而出。先逻骑奔告太宗，妄言已殁。太宗大惊，急帅兵往救，未二里上至，太宗且喜且泣曰：‘非子英武，鲜不殆。’”[③] 此书对皇太孙朱瞻基极度奉承，致使后来有些记载神话皇太孙，如“太宗命帅中军精锐，每摧敌无不破者”云云。但是，也给我们留下有价值的线索。

清潘柽章也注意到了相关记载，其《国史考异》云：“《通纪》乃云：‘是役也……谦惧罪，自经死。’《名山藏》又云：‘一日，以百骑觇虏至九龙口……太监李谦在大营以不从，惧罪自缢。’二说不同，其于李谦或谓以迎战惧罪，谓以不从惧罪，而从行升赏。……然是役，贼先与前锋遇，为广等所败，安得有皇太孙被围事邪，今并削之。”[④] 潘柽章误解了“太监李谦在大营以不从，惧罪自缢”一语，因而认为相关记载不可信，这显然是错误的。实际上，太监李谦未听从明成祖的命令，私自引导皇太孙朱瞻基去九龙口观战，导致险情，因畏惧，回大营便自缢了。这里的“不从”当解释为不听从、不服从，自缢的地点则“在大营”，因此，不能理解为太监李谦留在大营里，没有跟从皇太孙朱瞻基去九龙口。

史书所记瓦剌这支偏师“万人”，略有夸张，但大体可信。从当时瓦剌骑兵总数及偷袭明军大营所需人马情况来看，数量接近一万比较合理。反之，谓皇太孙朱瞻基到九龙口观战所率人马仅“百骑”，这一数字也大体可信。虽然前文提及明成祖专以铁骑五百护卫朱瞻基，但从“逻骑奔告文皇，妄言已没”情况来看，必然是双方兵力相差悬殊，在逻骑眼中，皇太孙朱瞻基必死无疑。但是，皇太孙朱瞻基最终得以幸免当另有原因。一是，根据从明成祖得到报告返回至遇见突围而出的皇太孙朱瞻基只走了两里的路程这一情况来看，他们相距不远，对于骑兵来说转瞬即至。因此，对于执行袭击任务的瓦剌偏师来说，时间十分宝贵，在已有明军前去报信的情况下，他们放弃了围歼皇太孙朱瞻基而去袭击明军大本营。更有可能是，瓦剌骑兵并不知皇太孙朱瞻基在此，因而低估了这支小股明军骑兵的战斗力，这才给了皇太孙“指挥自若”、突围而出的机会。明成祖遇见皇太孙朱

---

① 《明英宗实录》卷一二二，正统九年十月甲子，第 2451—2452 页。

② ［明］陈建：《皇明通纪法传全录》卷十五，明崇祯九年刻本。

③ ［清］傅维鳞：《明书》卷七本纪五，清畿辅丛书本。

④ ［清］潘柽章：《国史考异》卷六，清初刻本。文中皇太孙在九龙口“迎战”一说有误，“临战”为确。

瞻基后，又急回大营解围。谈迁《国榷》所谓“几危而复攻”，指的正是这一阶段。

关于瓦剌骑兵在九龙口已为谭广等所败，皇太孙又在九龙口被围一事，我们能在《明实录》永乐十二年八月丙辰礼部进所会议将士赏例记载中得到证实。其中一条是，奖励人员为“养病守营能奋勇领众败贼者”①，他们的身份是“养病守营”者，即留在大本营的伤病员和留守大本营守卫辎重的士兵。明军与瓦剌在正面战场交战，还没有危急到需要养病守营者前去支援，所以，“养病守营”者作战的战场只能是大本营。这种情况只有在瓦剌人偷袭明军营地时才能发生。根据他们在受赏人员名单位置情况来看，当时他们隶属或身在大本营。

另据《明实录》，六月十三日，明成祖“命诸将凡将士被伤及有疾者，皆给马载之，粮不足者，计日给之”。②“粮不足者，计日给之”的记载值得分析。根据明朝对于战争的准备，很难出现战争刚刚进行了一半③就缺粮的情况。明军出征时曾颁布军中赏罚号令：“各军行粮面麨，该管官旗务须点闸如数食用，使军士常饱，不许过用、遗弃。有过用及遗弃者，是损自己气力以资敌人，违者并该管头目皆斩。”④足见明军是以某一个军事单位整体管理，而有缺粮者，极有可能就是被瓦剌袭击大本营造成的。“粮不足者，计日给之”不是按例补给粮食，否则，明成祖没有必要再次下令。

六月十七日，明军回师驻扎于克鲁伦河三峰山地区时，明成祖“驻跸饮马河（即今克鲁伦河）西岸，和宁王阿鲁台遣所部都督锁住来言有疾不能朝，上遣使指挥徐晟同中官锁住赐之米百石、驴百匹、羊百牵，别赐其部属米五千石”。⑤这应是明成祖对阿鲁台“识时务遣使来朝”的格外赏赐，同时向阿鲁台显示明军粮食充足。早在六月初十日，明成祖就向阿鲁台宣扬了明军战胜瓦剌⑥，而在明成祖连日行军赶到此地时，阿鲁台使臣就已到达。根据双方使臣及明军回撤行进速度和时间综合分析，阿鲁台驻地离此不远。以阿鲁台与明朝关系而言，显然不是前来支援明军，而是欲坐收渔人之利。⑦

如果仅关注明成祖对于阿鲁台的馈赠，而不了解明军的后勤补给情况，就容易让人

① 《明太宗实录》卷一五四，永乐十二年八月丙辰，第1777—1784页。

② 《明太宗实录》卷一五二，永乐十二年六月甲寅，第1767页。

③ ［明］胡广：《胡文穆公文集》卷二十，清乾隆十五年刻本。胡广《别饮马河取快捷方式入崇山坞夜宿无水》诗云：“和林此去无多远，待斩胡雏却早还。”据胡广诗文，不难看出明军计划进军和林、攻击瓦剌老营所在地。

④ 《明太宗实录》卷一五〇，永乐十二年四月己酉，第1750页。

⑤ 《明太宗实录》卷一五二，永乐十二年六月庚申，第1767页。

⑥ 《明太宗实录》卷一五二，永乐十二年六月辛亥，第1766页。

⑦ 前人多没有注意此战中阿鲁台所扮演角色的重要性。因在附近的阿鲁台虎视眈眈，所以明军与瓦剌行动都十分谨慎，以防阿鲁台有可乘之机。这也是瓦剌人追至康哈里孩，却又无奈返回的原因之一。永乐八年，明成祖第一次北征，对东蒙古并未造成多大损失。明人多强调明军对蒙古大汗本雅失里的打击，但其取得的战果更具象征意义。据明人胡广《胡文穆公文集》（清乾隆十五年刻本）记载：“五月，甲戌，度饮马河。戊寅，逐虏至玄冥河，虏来接战。皇帝率先锋进击，遂大败之，追奔数百余里，首虏本雅失里以数骑先遁，获马、驼、牛、羊、生口无数。俘获降者给以羊马尽释而齐遣之。辛巳，封其山川而还，戊子，班师至饮马河，大诏天下。”而《明太宗实录》永乐八年五月己卯条记载：“首虏本雅失里仓皇穷迫，以七骑渡河遁去，俘获男女、辎重、孳畜。”而五月辛巳条记载：“诸将以俘把秃帖木儿等男妇百余人来见。”由此可见，随本雅失里脱离阿鲁台的部众人数极少，对阿鲁台实力影响可以忽略不计。此时的阿鲁台扮演着观战渔翁的角色。

误认为明军在忽兰忽失温没有辎重损失，或可忽略。其实，明军的辎重可分为两部分，一部分为随军运送，保证行军时供应；另有一部分是在行军道路上筑城存储，以备回程时食用，这能减轻行军负担。①《明实录》记载，永乐十二年三月辛丑，“车驾至万全，命忻城伯赵彝、建平伯高福、尚书吴中、郭资、都御史李庆、通政马麟督运兵饷，又命都指挥王唤等以骑兵护送”。②永乐十二年五月丙子，“忻城伯赵彝、尚书吴中等馈运至，遂筑城贮粮，命彝等率官军守之，悉遣民丁还”。③可知，永乐十二年北征明军也是采取了同永乐八年出征时一样的后勤供应办法，三峰山正是北征明军的一个筑城储粮地点。此次从征，明人胡广《发饮马河北是日凡五度河至河南筑城屯粮午次三峰山下营》诗云：“筑城胪朐河上头，城边水绕青山流。城中贮粮城外住……”④因此，明成祖对于阿鲁台的馈赠不能成为明军在忽兰忽失温辎重未受损的论据。从明军迅速回撤来看，明军辎重受到瓦剌人的袭击后，不足以支撑明军继续军事行动，但还可以维持明军退回三峰山储粮点。⑤

整个九龙口之战中，瓦剌与明军交战时采取了阵地战。对于以机动性见长的蒙古骑兵来说，等于放弃了自己的长处。明人严从简认为，“盖此时虏尚能阵，所谓四集山巅是也”。⑥这只是肯定了瓦剌的阵地战能力，而没有说明瓦剌采取阵地战的原因。总之，瓦剌堵截在明军通往土剌河的必经之路上，迫使明军全力进攻瓦剌。而因明军迟迟不能攻破瓦剌军，明成祖被迫亲自率军参战，以鼓舞士气，明军主力必然跟随明成祖共同行动。瓦剌虽然后撤，但与明军保持着一定强度的接触，以吸引明军。瓦剌人“且战且却”的原因，就是把明军主力引离后方大本营，为瓦剌偏师袭击明军大本营创造战机。

4. 土剌河南岸之战

《后北征录》载：

> “将暮，上以精锐者数百人前驱，继以(大)[火]铳。寇复来战，未交锋，火铳窃发，精锐者复奋勇向前力战，无不一当百。寇大败，人马死伤者无算。寇皆号痛而往，宵遁。”⑦

《明实录》载：

> “虏勒余众复战，又败之。追至土剌河，生擒数十人。马哈木太平等脱身远遁。”⑧

---

① 《明太宗实录》卷九七，永乐七年十月己亥，第1279—1280页。《明实录》记载：“因命行在户部尚书夏原吉等议馈运。上曰：‘工部所造武刚车足可输运，然道远，人力为难，朕欲以所运粮缘途筑城贮之，量留官军守护，以俟大军之至，此法良便。’于是夏原吉等自北京至宣府，则于北京在城及口北各卫仓逐城支给；宣府以北，则用武刚车三万辆，约运粮二十万石，踵军而行，过十日程筑一城，再十日程又筑一城，每城斟酌贮粮，以俟回京。仍留军守之。如虏觉而遁，即蹑其后，亦如前法筑城贮粮。上然之，名所筑之城曰‘平胡’‘杀胡’。”

② 《明太宗实录》卷一四九，永乐十二年三月辛丑，第1743页。

③ 《明太宗实录》卷一五一，永乐十二年五月丙子，第1756页。

④ [明]胡广：《胡文穆公文集》卷二十，清乾隆十五年刻本。又另据胡广《回至平胡城》可知，此新筑之城亦名平胡城，与《明太宗实录》记载明成祖第一次北征所筑贮粮城之一同名。

⑤ 对于辎重的安全，明成祖后来有着更清醒的认识。永乐二十二年，杨荣第五次跟随明成祖北征东蒙古阿鲁台，作《北征记》以记其始末。《北征记》记载：“丙申，次清平镇，即元之应昌路。是日雨，重车皆后。上谕诸将曰：‘辎重者，六军所恃为命。兵法，无辎重，粮食无委积，皆危道。曹操所以屈袁绍者，先焚其辎重。今诸军毕至，而重车在后，尔等独不远虑邪？’命分兵迎之。”（[明]杨荣：《北征记》，明嘉靖十二年刻明良集本）

⑥ [明]严从简著，余思黎点校：《殊域周咨录》，中华书局，1993年，第546页。

⑦ [明]金幼孜：《后北征录》，纪事汇编本，卷之三十三。

⑧ 《明太宗实录》卷一五二，永乐十二年六月戊申，第1765页。

从这一段记载来看，自从明成祖回大营后，双方应该有一段时间脱离接触。从《后北征录》记载看，此次进攻是明成祖主动发起的，欲打破与瓦剌的战场对峙局面。当时瓦剌骑兵处于明军与土剌河之间，隔绝了明军的水源，明成祖会不惜一切夺取水源，因而在明军进攻下，瓦剌军顺势退至土剌河北。显然，瓦剌引诱辎重受损的明军继续深入，不然，很难理解只“生擒数十人”。

（四）明军撤出忽兰忽失温

初七日当晚，明成祖至土剌河，回营时已二更天。① 皇太孙遣骑兵四出暗中查看，未见瓦剌兵。明成祖刚刚回到帐中，皇太孙入见，明成祖告知瓦剌已退兵。但是，《明实录》记载：“上曰：此虏尚未远，夜中尤须慎防，迟明追扑之，必尽歼乃已。”② 可知瓦剌还在明军附近伺机进攻。

初八日，明军驻扎于忽兰忽失温，明成祖改忽兰忽失温之地方名为“杀胡镇”。诸将请求追击瓦剌，但明成祖以瓦剌已处窘境为由拒绝。③ 当日与诸将商议班师，并派遣官员赐祭都指挥满都。④

初九日，明军驻扎于忽兰忽失温。此日，明军只是向西移营十里左右。⑤《明实录》载：“上以寇虽穷败，必尚有潜遁山谷者，命诸将回军须严阵待之。既行，果有残寇乘高觇望者。上麾兵薄之，皆散走。自是，虏不复见踪迹矣。”⑥ 可见，此时瓦剌还活动在明军周围，希望继续扩大战果。明成祖指挥明军驱散瓦剌“残寇”，但是，并非“自是虏不复见踪迹矣”，因为两日后又见到瓦剌骑兵。初十，明军班师。⑦ 明成祖遣使以击败马哈木等告知阿鲁台。⑧

十一日中午，明军出征康哈里孩时，瓦剌人再次聚集在康哈里孩的峡口山上，又派遣数百人占据双海子。瓦剌军显然绕道而来，抢先占据康哈里孩和双海子，以阻击回撤的明军。但是明军撤退有序，瓦剌人围歼明军的意图不能实现，所以撤军了。⑨ 此后，再未见瓦剌人记载，瓦剌和明军之间的战斗彻底结束了。

三、明朝瓦剌之战后双方活动

我们根据双方在忽兰忽失温之战前、后的情况，进一步体现此战对于双方的影响。

（一）明朝在战争前后对于瓦剌的态度

1. 明朝战前

① ［明］金幼孜：《后北征录》，纪事汇编本，卷之三十三。
② 《明太宗实录》卷一五二，永乐十二年六月戊申，第1765页。
③ 关于史料记载明军将领请求追击瓦剌之事，反映的情况是明军辎重受损后，导致全军不能继续前行，因此将领向明成祖请求率领精兵追击瓦剌。因有永乐七年丘福全军覆没的前车之鉴，分兵行动显然不符合明成祖的统军策略，最终这一冒险分兵方案未能得到批准。
④ 《明太宗实录》卷一五二，永乐十二年六月己酉，第1765页。
⑤ ［明］金幼孜：《后北征录》，纪事汇编本，卷之三十三。
⑥ 《明太宗实录》卷一五二，永乐十二年六月庚戌，第1765—1766页。
⑦ ［明］金幼孜：《后北征录》，纪事汇编本，卷之三十三。
⑧ 《明太宗实录》卷一五二，永乐十二年六月辛亥，第1766页。
⑨ ［明］金幼孜：《后北征录》，纪事汇编本，卷之三十三。

永乐十一年(1413年)十一月乙酉，明成祖“敕大同备御江阴侯吴高及都督谭青、马聚曰:边备战守皆须得人，如或寇至，江阴侯吴高守城，谭青、马聚出战，若不可战，则坚壁清野以守。”①

永乐十二年出征时，明成祖认为其与瓦剌交战必然轻松取胜:“朕明日径趋饮马河休息士马，虏至必成擒矣。”②“上曰:虏果东行，吾事济矣。敕江急追之，且曰:虏驱辎重行未必轻捷，尔遇之即战，战必胜。今先发千骑益尔，六师随至，遇虏即同朱荣等相机行事。”③六月初一日晚，驻扎于克鲁伦河清流港。明成祖下令五军将士:“今深入虏地，一二日必破虏。”④

2. 明朝战后

七月丙子，明成祖“驻跸禽胡山。敕山西、陕西、辽东临边诸城增筑烽堠，谨备御”。⑤九月癸未，“命成安侯郭亮、兴安伯徐亨往(平开)[开平]备御。上谕之曰:开平以孤城临边，极边又无险可恃，但昼夜严守备，寇来勿轻出战，去亦勿追。盖多虏多诈，无为所诱也”。⑥闰九月壬戌，明成祖“敕宁夏总兵官宁阳侯陈懋曰:近瓦剌人至，言马哈木欲掠甘肃，虏虽已穷蹙，然不可无备”。⑦到了十三年十二月戊辰，明成祖“敕镇守宁夏宁阳侯陈懋曰:瓦剌使者言，瓦剌马哈木等虑阿鲁台与中国和好将为己害，拟七月率众至(斡)[斡]难河北，俟冬袭阿鲁台。斯言虽未可信，然吾边境须有备。盖虏多谲，唯有备斯无患矣。大抵御寇之道勿与轻战，但坚壁清野，最上计也。敕陕西、开平、大同、辽东诸将皆如之”。⑧

显然，战后明成祖对与同瓦剌交战的态度发生改变，与战前形成鲜明对比，就是说朝廷收回了边将出城与瓦剌交战的权力，即从战前的以战为主到战后的以防御为主。战后明成祖宣称对瓦剌“兵刃才交如摧枯朽”，“奉行天威扫腥膻于绝塞”，但是取得所谓“大胜”的战果后，行动反而更加保守了。

(二)瓦剌在忽兰忽失温之战前后的情况

瓦剌战前不时声言要攻打东蒙古阿鲁台或明朝，结果令明成祖做出了北征的决定。当明军返回两月后，即闰九月，明成祖敕宁夏总兵官宁阳侯陈懋防备瓦剌⑨。可见，瓦剌在忽兰忽失温之战后依然强势如故。

永乐十三年(1415年)正月丁未，瓦剌突然向明朝遣使言和，“瓦剌顺宁王马哈木、贤义王太平、安乐王把秃孛罗遣使观音奴、塔不哈等贡马谢罪”。⑩瓦剌遣使请罪，是为攻打阿鲁台做准备，目的是防止明朝趁出兵阿鲁台之际袭击瓦剌。据永乐十三年十

---

① 《明太宗实录》卷一四五，永乐十一年十一月乙酉，第1715页。
② 《明太宗实录》卷一五一，永乐十二年五月甲午，第1759页。
③ 《明太宗实录》卷一五一，永乐十二年五月己亥，第1761页。
④ 《明太宗实录》卷一五二，永乐十二年六月壬寅，第1763页。
⑤ 《明太宗实录》卷一五三，永乐十二年七月丙子，第1771页。
⑥ 《明太宗实录》卷一五五，永乐十二年九月癸未，第1788页。
⑦ 《明太宗实录》卷一五六，永乐十二年闰九月壬戌，第1795页。
⑧ 《明太宗实录》卷一七一，永乐十三年十二月戊辰，第1903—1904页。
⑨ 《明太宗实录》卷一五六，永乐十二年闰九月壬戌，第1795页。
⑩ 《明太宗实录》卷一六〇，永乐十三年正月丁未，第1816—1817页。

月癸巳明朝得到的辽东谍报，“阿鲁台遣人征朵颜等卫兵言，瓦剌人马已到阿忽马吉之境①，宜昼夜谨备不可怠忽”。②另，永乐十三年十二月《明实录》记载，瓦剌使者言瓦剌马哈木等欲袭阿鲁台。③显然，瓦剌马哈木等人欲攻阿鲁台，又担心明军出兵，所以遣使。④

总之，根据忽兰忽失温之战后瓦剌与明朝对峙形势不难看出，明朝已经不再敢轻视瓦剌，对瓦剌持防御态势，而瓦剌马哈木等则在忽兰忽失温之战后一直保持进攻态势。虽然瓦剌在一年后对东蒙古的战争中败北，但其原因并非前两年遭明军打击而处于劣势，因此学界所谓忽兰忽失温之战“对卫拉特的东进是一个相当大的打击”⑤的观点是不成立的。

四、结论

永乐十二年，明成祖亲率50万大军出征瓦剌。明军与瓦剌决战前，瓦剌采取诱敌深入的策略，派出多股几百人的前哨，把明军一步步引诱到忽兰忽失温一带。瓦剌充分利用了当地特殊地形，三万余铁骑在九龙口阻击明军，引明军主力离开大本营。当明军主力出动后，一支隐匿在九龙口附近的瓦剌万人偏师袭击了明军后方大本营，途中还偶遇私自赴九龙口观战的皇太孙一行，但因不知情而使其脱逃。明成祖得知其后方大本营遭袭、皇太孙遇险，急返救援，才使局势转危为安。但是，因辎重供给受到重创，被迫撤军。途中，明成祖派出使者安抚阿鲁台，而瓦剌骑兵为其“送行”，到康哈里孩堵截。之后，明成祖以急行军方式南归。在班师途中，为掩盖真相，明军宣扬自己大胜瓦剌。这一官方言论对后世造成了很大影响。虽然自明代起就有史家对官方言论存疑，但研究者未能全面分析史料，未能实地考察，就轻信了明成祖的说辞，至多认为打了个平手。明军以50万之众，行程几千里，深入大漠，与瓦剌四万余铁骑对阵，未能实现任何战略意图便仓皇撤军，罔说大胜，就说“杀伤相当”也难令人信服。幸有朝鲜使者从辽东人那里得到了真相，载入了《李朝实录》。

---

① 参见宝音德力根《15世纪中叶前的北元可汗世系及政局》，《蒙古史研究》（第六辑），2000年，第140页。据宝音德力根教授考证，“‘阿忽马吉’当是‘阿剌忽马吉’，地约当今内蒙古西乌珠穆沁旗境”。可见，瓦剌已深入东蒙古势力范围。

② 《明太宗实录》卷一六九，永乐十三年十月癸巳，第1884页。

③ 《明太宗实录》卷一七一，永乐十三年十二月戊辰，第1903—1904页。

④ 参见李志远《从斡亦剌到辉特——十五至十六世纪忽都合别乞家族及属部研究》，内蒙古大学博士学位论文，2018年，第19—20页。

⑤ 马大正，成崇德主编：《卫拉特蒙古史纲》，新疆人民出版社，2006年，第25页。

策妄阿喇布坦生年新考[①]

包青松
（内蒙古大学）

学界关于准噶尔汗国第二任汗王策妄阿喇布坦的生年有1665年说和1663—1665年间说，且以前者为主流。本文重新考证了《平定准噶尔方略》所载策妄阿喇布坦己巳年47岁之说，得出了策妄阿喇布坦生于1667年的结论。

西蒙古卫拉特左翼经历绰罗斯氏哈喇忽剌、巴图尔珲台吉和僧格祖孙三代统治逐渐崛起，为准噶尔汗国的建立奠定了基础。1670年，僧格死于家族内乱，胞弟噶尔丹在家乡还俗，继承珲台吉位，经历六年多的战争后，于1676年统一了卫拉特各部。1678年藏历五月，五世达赖喇嘛遣使授予噶尔丹"丹津博硕克图汗"称号和印章[②]，标志着准噶尔汗国正式建立。1697年，噶尔丹去世，其侄策妄阿喇布坦成为准噶尔汗国第二任大汗。准噶尔汗国进入鼎盛期。

1670年僧格被害时，留下三个年幼的儿子，依次为策妄阿喇布坦、索诺木阿喇布坦和丹津俄木布。[③]而关于诸子，特别是长子策妄阿喇布坦的生年却无明确记载。

1722年11月—1723年9月，出使准噶尔汗国的俄国使节、炮兵大尉伊凡·翁可夫斯基曾经逗留在策妄阿喇布坦大本营。其出使报告说，当时"珲台吉（策妄阿喇布坦）六十岁左右"。[④]1727年到过准噶尔的俄国军官米勒以及1768—1774在卡尔梅克考察过的帕拉斯都认为策妄阿喇布坦生于1665年[⑤]，但都没有提供史料依据。我们怀疑

① 本文为国家社科基金西部项目"从《清内阁蒙古国堂档.策妄阿拉布坦档》看康雍时期准清关系"的阶段性成果。项目批准号：17XZS001。

② 阿旺洛桑嘉措著，陈庆英、马连龙、马林译：《五世达赖喇嘛传》，中国藏学出版社，1997年，第1052页。

③ 《皇朝藩部要略》："初，僧格之死，有子三，长曰策（安）〔妄〕阿喇布坦，次曰索诺木阿喇布坦，次曰丹津鄂木布。"包文汉《皇朝藩部要略稿本》卷9，"厄鲁特要略"（一），康熙二十九年十一月。黑龙江教育出版社，1992年2月，第141页。

④ 维谢洛夫斯基：《伊凡·翁可夫斯基出使记》，参见若松宽《策妄阿喇布坦的崛起》（译文见《清代蒙古的历史与宗教》，黑龙江教育出版社，1994年，第79页）。

⑤ 米勒文稿，转引自若松宽《策妄阿喇布坦的崛起》一文（《清代蒙古的历史与宗教》，第78—80页）。帕拉斯说见其《内陆亚洲厄鲁特历史资料》（邵建东、刘迎胜汉译，云南人民出版社，2002年，第43页）。

米勒、帕拉斯的1665年出生说是根据伊凡·翁可夫斯基的报告推算出来的，但是不准确。伊凡·翁可夫斯基所说策妄阿喇布坦"60岁左右"应指1723年，而非1724年。米勒、帕拉斯将"60岁左右"视为"60岁"，且按伊凡·翁可夫斯基回国写就报告的1724年前推60年而得出了策妄阿喇布坦生于1665年的结论。苏联学者莎斯季娜认为策妄阿喇布坦出生于1663—1665年之间，也没有新的史料依据。她只是发现了米勒、帕拉斯的错误，并将"60岁左右"理解为58—60岁，进而从1723年前推得出结论。

日本学者若松宽首次利用《平定准噶尔方略》有关记载，对策妄阿喇布坦生年做了较为详细的考证。可惜的是，由于受到上述俄国、苏联学者的影响，未能对《平定准噶尔方略》所载有关策妄阿喇布坦生年的重要信息做出正确的解释。若松宽一方面主张策妄阿喇布坦生于1662年（康熙二年），又附和米勒、帕拉斯1665说和莎斯季娜1663—1665年间说①，实际上重复了俄国和苏联学者的旧说。因此，学界关于策妄阿喇布坦的生年，1665年说一直是主流。②

其实，若松宽所根据的史料只有两条，一是《平定准噶尔方略》所载乾隆元年（1736年）正月，策妄阿喇布坦长子噶尔丹策零致乾隆的表文中所说"我父幼时，与博硕克图汗同居共事。后彼渐强盛，既害其弟，又欲潜图我父。岁在已巳，我父年四十七，与彼交恶，收其土地人民之半，建牙于额林哈毕尔噶之地"③；二是前引俄国使节伊凡·翁可夫斯基的报告。

关于噶尔丹策零表文所言"岁在已巳，我父年四十七"之说，若松宽做了如下考证：已巳为康熙二十八年（1689年），这一年如果策妄阿喇布坦47岁，那么他的生年就是崇德八年即1643年，这就比其叔父噶尔丹生年——1644年猴年还要早一年，1727年去世时已经85岁高龄，显然与翁可夫斯基所记1723年策妄阿喇布坦60岁左右的记载相矛盾。由此，若松宽武断地认为"四十七"为"二十七"之误，并据此推算策妄阿喇布坦生于康熙二年（1663年）。若松宽的这个结论与莎斯季娜所主张1663—1665年说接近，但是，若松宽最后还是遵从米勒的说法，认为策妄阿喇布坦生年是1665年。

我们认为若松宽对《平定准噶尔方略》有关记载的理解有误，因此，其结论不能成立。策妄阿喇布坦的真实生年应是康熙六年丁未年，即公元1667年。

前引《平定准噶尔方略》的记载中隐藏着有关策妄阿喇布坦生年的重要信息，需正确理解并做出合理的解释。我们知道，蒙古人用十二生肖纪年，一般不配天干。关于自己父亲年龄的记忆方法也只有一个，那就是属相，直到今天依然如此。如果不了解蒙古人的纪年法和习俗就很难正确解释《平定准噶尔方略》的有关记载。噶尔丹策零表文说明，策妄阿喇布坦不是巳蛇年生人，因为已巳年他47岁（暂且不管这种说法准确与否）。策妄阿拉布坦若是巳蛇年出生，已巳年就是其本命年，应是25、37或49岁。所以我们首先可以排除策妄阿喇布坦属蛇。米勒、帕拉斯、若松宽等所主张的策妄阿

① 详见若松宽《清代蒙古的历史与宗教》，《策妄阿喇布坦的崛起》，第78—80页。

② 〔法〕莫理斯·古朗著，冯桂生汉译：《十七和十八世纪的中亚细亚—卡尔梅克帝国还是满洲帝国？》，《准噶尔史略》编写组整理内部资料之《卫拉特蒙古历史译文汇集》（第三册）等国内外论著均采纳此说，没有人对此提出异议和批评。

③ 《平定准噶尔方略》前编，卷40；若松宽：《清代蒙古的历史与宗教》，《策妄阿喇布坦的崛起》，第78页。

喇布坦生年 1665 年，正是己巳蛇年，所以肯定是错误的。

噶尔丹策零所谓“岁在己巳，我父年四十七”这一记载的“记忆基础”是在某个蛇年其父策妄阿喇布坦 47 岁，而这个 47 岁是根据其父生年属相推算出来的。换句话说，噶尔丹策零所知道的只有其父亲的属相——羊年，己巳年 47 岁之说是根据其父属相推算出来的。尽管这种推算有误，但误差只能是十二生肖的一个或多个完整轮回，而不是简单的“四十七”减“二十”。前文提到，策妄阿喇布坦己巳年四十七岁之说与表文本身记载自相矛盾。如若松宽考证，己巳是康熙二十八年（1689 年），这一年正好是策妄阿喇布坦离开噶尔丹之年，噶尔丹策零所谓其父“与彼（指噶尔丹）交恶，收其土地人民之半，建牙于额林哈毕尔噶之地”，不误；所误者，只有 47 岁这个年龄，它或许是在生肖上添加五色天干时产生的错误，也可能因为其他原因产生的。我们知道，策妄阿喇布坦去世之年是 1727 年，而据与策妄阿喇布坦多次谈判的沙皇使节翁可夫斯基的记载，公元 1723 年时策妄阿喇布坦“六十岁左右”，因此，策妄阿喇布坦 47 岁时所遇到的蛇年，只有康熙五十二年癸巳（1713 年）。那么，他的出生年羊年只能对应康熙六年丁未，即公元 1667 年。

据五世达赖喇嘛自传记载，策妄阿喇布坦父亲僧格被杀害是在藏历铁狗年（1670 年）十月二十五日[①]，当时策妄阿喇布坦只有四岁，他的两个弟弟更小，幼弟丹津俄木布很可能刚刚出生。策妄阿喇布坦叔父噶尔丹平定叛乱后继承了僧格的珲台吉职位，并按蒙古习惯娶嫂阿奴哈吞为妻，年幼的策妄阿喇布坦等与母亲一起随叔父兼继父噶尔丹生活。噶尔丹策零所谓“我父幼时，与博硕克图汗同居共事”，正指此事。康熙二十八年己巳（1689 年），策妄阿喇布坦 23 岁（而不是间隔两轮的 47 岁），羽翼渐丰的他与叔父噶尔丹分道扬镳，走上了独立发展的道路。1697 年噶尔丹去世，策妄阿喇布坦“合法地”成为准噶尔汗国的汗。

那么，《平定准噶尔方略》中噶尔丹策零所谓“岁在己巳，我父年四十七”这一误说除追加天干（如若松宽认为“己巳”应是“辛巳”之误，其实还不如说是“癸巳”之误）时产生外，还有没有其他可能呢？如果我们不相信噶尔丹策零关于自己父亲策妄阿喇布坦离开叔祖噶尔丹时的年龄记忆有 24 年的误差，那就还有如下可能：噶尔丹策零的蒙古文（托特蒙古文）表文在满译、汉译过程中或入《平定准噶尔方略》的过程中因裁剪、编辑而出现了错误。噶尔丹策零说“岁在己巳，我父年四十七”，或为“岁在己巳，彼（噶尔丹）年四十七”、“岁在己巳，彼（噶尔丹）年四十七，我父年二十三”之类记载的裁剪错误。因为按现在通行的说法，噶尔丹出生于顺治元年甲申（1644 年），己巳年 46 岁，与“四十七岁”只差一年。或许噶尔丹策零有关噶尔丹年龄的记忆有一年的误差，或许噶尔丹真实的生年就是葵未（1643 年），己巳年正好“四十七岁”。不过这些假设还有待原始档案的发现和印证。

① 《五世达赖喇嘛传》，第 721 页，藏历铁狗年十月二十五的记载有：“在厄鲁特，卓特巴巴图尔为追求安乐、舒适，伪装突然发动夜袭，杀死了僧格。十一月二日，火速交送僧格的超荐回向物品的墨尔根格隆到达拉萨，我为僧格做了超度和回向祈祷。”

清代外藩蒙古奈曼、察哈尔、喀尔喀左翼等旗牧地变迁考

——以一份翁牛特右翼旗印务处档案为中心

萨出日拉图
（内蒙古师范大学）

一、引言

笔者新近从赤峰市档案馆所藏翁牛特右翼旗印务处档案中发现了一份康熙五十七年（1718年）的蒙古文档案，即“理藩院札翁牛特王额驸苍津为会盟办理奈曼旗王与喀尔喀左翼旗贝勒牧地纠纷等事文”（以下简称《奈曼旗与喀尔喀左翼旗牧地纠纷档》）。[①] 该档案篇幅较长，共有242行字，内容可分为三部分：第一部分是第1至第96行，记载了奈曼王额驸吹忠向理藩院呈报奈曼旗牧地变迁，并请求与喀尔喀左翼旗共同驻守原察哈尔旗牧地等内容；第二部分是第97至第142行，记载了喀尔喀多罗贝勒准对向理藩院呈报牧地纠纷原委，并请求查办土默特左翼旗塔布囊及苏鲁克（牧厂）越界驻牧等内容；第三部分是第143至第242行，记载了理藩院查得奈曼旗与喀尔喀左翼旗最初划分牧地的情况，并命令昭乌达盟盟长苍津等妥善结案等内容。

《奈曼旗与喀尔喀左翼旗牧地纠纷档》的内容比较清楚地反映了清初奈曼、察哈尔、喀尔喀左翼等旗牧地在天聪年间至康熙末年之间的变迁。三旗中，奈曼旗是天聪元年建立的扎萨克旗之一，察哈尔旗是康熙年间被撤销的扎萨克旗，而喀尔喀左翼旗是康熙初年建立的扎萨克旗之一，根据这份档案可以了解该三旗牧地变迁的详细经过。清代蒙古牧地变迁方面如此详尽而可靠的资料非常稀见，因而其价值弥足珍贵，值得认真研究。

二、奈曼旗牧地变迁

奈曼旗是清朝以蒙古察哈尔万户奈曼部为基础建立的扎萨克旗。对奈曼部的源流

① 赤峰市档案馆藏：翁牛特右翼旗印务处档案，全宗号1，目录号1，卷号27。

和归附爱新国/清朝以后的历史，前人有较多研究①，但由于史料有限，学界对奈曼部/旗牧地变迁方面的研究还很欠缺。17世纪前期，蒙古、明朝、爱新国在东北亚形成鼎立之势，展开了激烈的政治博弈。在此复杂的政治形势下，奈曼部于天聪元年归附了爱新国。在《奈曼旗与喀尔喀左翼旗牧地纠纷档》中，奈曼旗吹忠王追述道：

minu ölüngčög / ečige gönčög qung baγatur② čaqar γaǰar / (-ača) öber-ün eǰen lindan qutuγtu qan③-i maγu / kemen tegün-eče urbaǰu, / *boγda eǰen④-i eriǰü irekü-dür tang toroi kemekü / γaǰar-tur / *eǰen-i ǰolγaǰu / *boγda eǰen öröšiyeǰü törö-yin darqan giyün wang / ergümǰilebe.

汉译：我(即奈曼旗吹忠王)的祖父衮楚克洪巴图鲁从察哈尔地方，恶其主林丹汗，逃来投奔圣主的时候，在唐突垒地方会见了圣主。圣主施恩，封为多罗达尔汉郡王。

这段记载与天聪元年爱新国与敖汉、奈曼二部的誓词内容比较相似。誓词中说：

čaqar-un qaγan, öber-ün töröben ebdeǰü törögsen töröl-iyen / ülü taniǰu, yala ügei tabun otoγ qalq-a-yi ebdegsen-ü tula / auqan naiman-u noyad, čaqar-un qaγan-du maγulaǰu. / sečen qaγan-du tüšiy-e geǰü iregsen……⑤

汉译：察哈尔汗破坏自己的国政，不认宗亲，击溃无罪的五鄂托克喀尔喀(即内喀尔喀五部)之故，敖汉、奈曼的诺颜们与察哈尔汗交恶，前来投奔了天聪汗……

据此可知，林丹汗出兵击溃内喀尔喀五部以后，敖汉、奈曼二部与林丹汗交恶，投奔了爱新国。康熙年间的奈曼旗蒙古人对此事仍记忆犹新，还指出当时是在“tang toroi”地方会见了天聪汗皇太极一事。根据《满文原档》，皇太极迎接敖汉、奈曼二部时，从杜尔笔山前行，渡过辽河至十里处，与二部相会，并与之举行了盟誓。⑥据此推断，“tang toroi”地方应该在杜尔笔山附近。双方的誓词中还强调，爱新国不能将敖汉、奈曼二部“迁入边内，待若己民”，敖汉、奈曼二部也不能“听信察哈尔谗言，心怀异志，背弃我们(即爱新国)”。通过盟誓，双方建立了反察哈尔联盟。根据《奈曼旗与喀尔喀左翼旗牧地纠纷档》，奈曼旗吹忠王还说：

basa / *boγda eǰen-ü ǰarliγ mongγol kitad-i nigen adali tegšin-u / ǰasamui. kitad-tür aγči činu bosqul-i γarγaγulǰu / činu qaγučin nutuγ-tur oroγuluy-a kemen / *jarliγ baγulγaǰu mongγol kitad-i tegšileǰü qaraldai / qotan-i nigen jaγun dalan naiman bosqul-i γarγaγulǰu / man-dur öröšiyeǰü oroγuluγsan bölöge.

汉译：又，圣主谕，将一视同仁，治理蒙汉。查出尔等所属汉人中之逃人，遣归尔之故地。遂治理蒙汉，查出 qaraldai 城一百七十八名逃人，赐予了我们。

① 宝音德力根：《好陈察罕儿、察罕儿五大营及八鄂托克察罕儿》，《内蒙古大学学报（蒙古文）》，1998年第3期。达力扎布：《明后期蒙古察哈尔部的南迁及其分布》，《明清蒙古史论稿》，民族出版社，2003年，第121页。包国庆：《敖汉、奈曼部归清始末——从满蒙文档案史料看察哈尔本部的分裂》，《蒙古史研究》第七辑，内蒙古大学出版社，2003年。

② 奈曼旗扎萨克达尔罕郡王衮楚克（1636—1653年在位）。

③ 林丹呼图克图汗（1604—1634年在位）。

④ 清太宗皇太极（1627—1643年在位）。

⑤ 中国第一历史档案馆：《十七世纪蒙古文文书档案（1600—1650）》，内蒙古少年儿童出版社，1997年，第20页。

⑥ “台北故宫博物院”：《满文原档》第6册，台北，沉香亭企业社，2006年，第127页。

《清实录》中也有与之相似的记载。即天聪五年，爱新国围攻大凌河城，分配所获逃人之事。据《清实录》记载：

> 其蒙古人自戊午年逃至大凌河者，悉令查出，有兄弟亲戚在敖汉、奈曼部者，仍给敖汉、奈曼，在喀喇沁部者，仍给喀喇沁……①

但《奈曼旗与喀尔喀左翼旗牧地纠纷档》记载的“qaraldai qotan”不是大凌河城。天聪元年，皇太极给奈曼部衮楚克洪巴图鲁的信中提到过该“qaraldai”。② 这份书信后来被译成满文载入《满文原档》，还被译成汉文载入了《清实录》。《满文原档》中对应“qaraldai”的是“ning iowan”③，《清实录》是“宁远”。④ 由此可知，qaraldai qotan 指的是宁远城。

爱新国与敖汉、奈曼二部的誓词和遣返逃人的事情说明双方的联盟有着平等互利的一面，但是这种联盟关系并没有维持太久。林丹汗西征以后，爱新国迅速占领大兴安岭南麓，并通过招兵出征、申明约法等政治措施，使联盟关系转变为宗蕃关系。天聪三年，皇太极命科尔沁、敖汉、奈曼、扎鲁特、巴林、喀喇沁等部悉尊爱新国制度。⑤ 爱新国还在天聪六年的什剌勒济台会盟和天聪八年的硕翁科尔会盟中指授归顺蒙古诸部牧地，崇德元年任命扎萨克，编设了佐领。奈曼部衮楚克洪巴图鲁就在崇德元年被封为多罗达尔汉郡王。⑥ 至此，爱新国经过十年的治理，使敖汉、奈曼等蒙古部从盟友变成了外藩，从而奠定了清代外藩蒙古盟旗制度的基础。

归附爱新国以后，奈曼部 / 旗牧地发生了不少变化。《奈曼旗与喀尔喀左翼旗牧地纠纷档》记载：

man-u nutuγ urtu inu / qoyiši uruγši qoyar ǰaγun arban ber-e⑦-yin / γaǰar, aγuu inu ǰiran ber-e-yin γaǰar. / minu ölüngčög ebüge ečige gönčög qung baγatur / wang-un aγsan čaγ-tur, arban naiman / sumunnai kümün nutuγlaǰu yabuγsan bölöge. / edüge / *γaiqmšiγ eǰen-ü kešig-tür, man-u qošiγun-u / arad üsčü, döčin yisün sumun / bolqan boi.

> 汉译：我们（即奈曼旗）的牧地，南北袤二百十里，东西广六十里。我（即奈曼旗吹忠王）的曾祖父衮楚克洪巴图鲁王在世时，有十八佐领人口。如今，承蒙杰出君主之恩泽，我旗（即奈曼旗）属民繁衍至四十九佐领。

这里提到，吹忠王时期的奈曼旗牧地南北袤 210 里，东西广 60 里。《一统志》也详细记载了康熙年间的奈曼旗牧地范围，据其记载，奈曼旗东西距 95 里，南北距 220

---

① 《清太宗实录》卷 10，天聪五年十一月癸酉。

② 中国第一历史档案馆：《十七世纪蒙古文文书档案（1600—1650）》，第 11 页。

③ “台北故宫博物院”：《满文原档》第 6 册，第 19 页。

④ 《清太宗实录》卷 2，天聪元年二月己亥。

⑤ 《清太宗实录》卷 5，天聪三年春正月辛未。

⑥ “台北故宫博物院”：《满文原档》第 10 册，第 143 页。

⑦ ber-e：长度单位。所指长度不确定，在此译作“里”。据《蒙古語大辭典》，“ᠪᠡᠷᠡ bere：[名]（西）དཔག་ཚད་ s.yodjana. parasanga.【勢派。里】一，里「四千サーデエン」。二，勢力。”（[日]陸軍省：《蒙古語大辭典，蒙和部分》，偕行社，1933 年，第 829 页）另据《ТӨВӨД-МОНГОЛ ИХ ТОЛЪ ВИЧИГ》，“དཔག་ཚད། -бээр нъ 14.5KM”（Урианхай Л.Тэрбиш, Урианхай Т.Чулуун-Эрдэнэ：《国立民族学博物馆调查报告 98 ТӨВӨД-МОНГОЛ ИХ ТОЛЪ ВИЧИГ》，中西印刷株式会社，2011 年，第 1060 页）

里。① 显然，以上两种记载有些出入，这应该和《奈曼旗与喀尔喀左翼旗牧地纠纷档》中记载的案件有关。此事还关系到奈曼部 / 旗的牧地变迁。17 世纪前期，敖汉、奈曼二部主要活动于明朝大康堡边外 400 余里处，敖汉部由大康堡入市赏，奈曼部由镇远堡入市赏。② 归附爱新国以后，开始被重新指授了牧地。天聪六年什剌勒济台会盟中划定的奈曼部牧地在“霍塔赤至花当”之间，位于今内蒙古通辽市科尔沁左翼后旗西部；天聪八年的硕翁科尔会盟中划定的奈曼部牧地则以“巴噶阿尔合郡、巴噶什鲁苏忒”与两红旗为界，位于今内蒙古通辽市开鲁县至科尔沁左翼后旗西部之间。③ 而根据《一统志》的记载可知，康熙年间奈曼旗牧地已迁到今内蒙古通辽市奈曼旗一带，可见奈曼旗牧地在清初发生过较大变化。从《奈曼旗与喀尔喀左翼旗牧地纠纷档》的记载可知，期间的变迁与察哈尔扎萨克旗和喀尔喀左翼旗密切相关。对此，下文将详细论述。

上引档案还提到，衮楚克洪巴图鲁王时期的奈曼旗有 18 佐领，吹忠王时期繁衍到 49 佐领。上述硕翁科尔会盟中为分划牧地，统计过蒙古诸部的户数，当时奈曼部有 1400 户。④ 崇德元年，清朝遣官至外藩蒙古编设佐领时，奈曼旗共有 1210 户，并以 50 户为一佐领，编设了 24 佐领，甲兵 245 名。衮楚克达尔汉郡王本人领有 800 户，16 佐领。⑤《奈曼旗与喀尔喀左翼旗牧地纠纷档》记载的“18 佐领”是何时的情况已无从考证。顺治十六年，清廷题准外藩蒙古以 150 丁为一佐领，披甲 50 副。⑥ 从此，不再以 50 户为一佐领。这是清朝对外藩蒙古内部行政组织做的一次重要改革，《奈曼旗与喀尔喀左翼旗牧地纠纷档》记载的吹忠王时期的“49 佐领”就是此后的佐领数。该记载作为当时人的记述，无疑是可信的。而《一统志》记载，“奈曼一旗，佐领五十员”⑦，《大清会典》（以下简称《会典》）也记载，“奈曼旗佐领五十”。⑧ 由此可知，从康熙年间到嘉庆年间，奈曼旗人口又增加了一个佐领。

综上所述，天聪初年，敖汉、奈曼二部因与林丹汗交恶，投奔爱新国，与之建立了联盟。而爱新国通过近十年的治理，使敖汉、奈曼等蒙古部变成了外藩。归附清朝以后，奈曼旗牧地方位和规模发生了较大变化，这些变化与下文谈及的察哈尔扎萨克旗和喀尔喀左翼旗密切相关。

三、察哈尔扎萨克旗牧地变迁

察哈尔旗是清朝以蒙古大汗直属的察哈尔部众为基础建立的扎萨克旗。乌云毕力

---

① 《大清一统志（康熙朝）》卷 346，奈曼，第 7 页。

② 张鼐：《辽夷略》。薄音湖、王雄：《明代蒙古汉籍史料汇编》（第二辑），内蒙古大学出版社，2006 年，第 476 页。

③ 参见拙文《爱新国指授归顺蒙古诸部游牧地考述》，《西域历史语言研究集刊》第九辑，科学出版社，2017 年。

④ 《清太宗实录》卷 21，天聪八年十一月壬戌。

⑤ “台北故宫博物院”：《满文原档》第 10 册，第 583、599 页。

⑥ 《大清会典（康熙朝）》卷 142，台北，文海出版社，1993 年，第 7031 页。

⑦ [清] 穆彰阿：《嘉庆重修一统志》卷 534，蒙古统部，页 18 正。康乾两朝的两部《一统志》中没有记载。

⑧ 《大清会典（嘉庆朝）》卷 50，台北，文海出版社，1991 年，第 2356 页。康雍乾三朝的三部《大清会典》中没有记载，嘉庆、光绪两朝的两部《大清会典》中有记载。

格曾对康熙年间的察哈尔扎萨克旗牧地做过深入研究。[①]但据《奈曼旗与喀尔喀左翼旗牧地纠纷档》记载，察哈尔旗牧地在顺治年间还发生过一次变化。天聪八年，林丹汗病殁打草滩，其部属纷纷东返，大部分归附爱新国，被编入了八旗。天聪九年，林丹汗长子额哲也率众归附了爱新国。翌年，皇太极封额哲为和硕亲王。[②]从此时到1675年因布尔尼事件被撤销为止，察哈尔扎萨克旗存续了40年。关于皇太极安置额哲所属察哈尔部众的牧地，《清实录》记载：

命苏泰太后、额尔克孔果尔额哲居孙岛习尔哈地方。[③]

但在这里没有指明孙岛习尔哈地方的确切地理位置。另外，《平定察哈尔方略》还记载：

十年，下嫁固伦长公主于林丹子额哲，特择善地，俾居义州。[④]

《一统志》也记载：

本朝天聪六年，太宗文皇帝统大军亲征，林丹汗走死。其子孔果尔额哲来降。即其部编旗，驻义州。[⑤]

义州卫是明朝辽东都司所辖二十五卫之一。[⑥]天命六年，努尔哈赤占领广宁之后将义州民户迁往盖州，派代善、豪格率两红旗及正白旗驻守义州。接着，麾兵进攻明朝锦州、宁远等地。明朝兵部尚书孙承宗督师蓟辽，遏制住了爱新国的攻势，义州遂成双方的战争前线。1642年，祖大寿降清，清军占领锦州以后，义州才开始脱离兵戎之厄。可见，天聪年间的义州并不是《平定察哈尔方略》所说的“善地”，皇太极更不可能让刚刚归附的额哲居住在这样的军事要地。根据《义州乡土志》记载：

崇德四年，辽东巡抚邱禾嘉请筑义州、广宁二城。遂以七月兴工。我朝崇德五年，派郑亲王济尔哈朗、贝勒多铎率兵修义州。顺治初年，以此地与察哈尔王。[⑦]

据此判断，清军入关以后战争前线移至关内，辽东地区趋于稳定，清廷才将义州赐给了“察哈尔王”。额哲病逝于1641年，其弟阿布鼐因年幼，1648年才承袭爵位。所以，1641年到1648年之间，事实上是额哲妻固伦公主在管理察哈尔旗。《义州乡土志》中提到的察哈尔王应该是察哈尔固伦公主，义州应该是顺治初年赐给察哈尔固伦公主的食邑。前人研究业已指出这一点，并证实察哈尔固伦公主当时经常从义州经过土默特左右二旗之间给她留的安全走廊，前往位于今库伦旗一带的察哈尔扎萨克旗。[⑧]

另外，雍正十一年（1733年），为将额鲁特贝勒多尔济色布腾属民迁居察哈尔旗故地，理藩院下发昭乌达盟盟长翁牛特旗扎萨克郡王鄂斋尔的一份蒙古文文书[⑨]，也记载了察哈尔旗牧地范围。乌云毕力格教授率先对该档案进行详细考证，得出了如下结论：察

① 乌云毕力格：《清初“察哈尔国”游牧地考》，《蒙古史研究》第九辑，内蒙古大学出版社，2006年。

② 达力扎布：《清初察哈尔设旗问题考略》，《内蒙古大学学报》（哲学社会科学版），1999年第1期。《清初察哈尔设旗问题续考》，《明清档案与蒙古史研究》第一辑，内蒙古人民出版社，2000年。

③ 《清太宗实录》卷26，天聪九年十一月丁未。

④ [清]勒德洪：《平定察哈尔方略》，《清代方略全书》2，北京图书馆出版社，2006年，第6页。

⑤ [清]蒋廷锡：《大清一统志》卷343，察哈尔，第16页。

⑥ [明]李贤：《大明一统志》卷25，辽东都指挥使司。

⑦ [清]陶应润、温广泰：《义州乡土志》，中国国家图书馆所藏抄本。

⑧ 乌云毕力格：《察哈尔扎萨克旗游牧地考补证》，《中央民族大学学报》（哲学社会科学版），2015年第2期。

⑨ 赤峰市档案馆藏：翁牛特右翼旗印务处档案，全宗号1，目录号1，卷号103。

哈尔旗牧地范围的南界为哈喇乌苏河与库昆河，即今日内蒙古库伦旗南部的厚很河及其支流哈喇乌苏河流域；西界为达勒达河、察罕河一带，即今日库伦旗西部、奈曼旗东北部；北界为西拉木仑河南岸；东界为科尔沁王阿勒坦格埒勒和宜什班第两旗西界，即今日自库伦旗东南部向北至开鲁县东南境的西辽河一带。这说明，清初“察哈尔国”游牧地以今日通辽市库伦旗全境为中心，包括科尔沁左翼后旗西北一角、开鲁县辽河以南部分和奈曼旗东北一部分。①

根据新发现的《奈曼旗与喀尔喀左翼旗牧地纠纷档》，笔者不仅可以为乌云毕力格的结论提供有力的佐证②，还可以根据该档案提供的新信息，进一步补充察哈尔扎萨克旗牧地的变迁。在《奈曼旗与喀尔喀左翼旗牧地纠纷档》中，奈曼旗吹忠王追述了一段非常重要的事实：

*šisü eǰen③-ü čaγ-tur čaqar-un ulus-un güngǰü④ / *šisü eǰen-dür γuyun ayiladqaγsan anu minu saγuγsan / nutuγlaqu γaǰar yerü qola man-u töröl-ün / qung baγatur gönčög-ün saγuγsan γaǰar aγuu / aqala büged basa oyiro oldobasu qaγas-i / abču nutuγlay-a kemen ayiladqaγsan-dur / *šisü qan-u ǰarliγ yerü mön čaqar güngǰü nutuγlaǰu / yabuγsan bölöge.

汉译：世祖皇帝时期，察哈尔固伦公主奏请世祖皇帝曰：“我所居住的牧地实在偏远。我们的亲族洪巴图鲁衮楚克所居牧地宽阔而且近。恳请取其一半居住。”故，尊世祖皇帝谕旨，察哈尔公主居住矣。

由此可知，察哈尔固伦公主曾在顺治年间以其牧地偏远为由请求分得奈曼旗牧地的一半居住，并得到了顺治皇帝的同意。顺治皇帝赐给察哈尔固伦公主的新牧地就是原奈曼旗牧地的一部分，其范围就是前述乌云毕力格考证的以今库伦旗为中心的地方。

那么，察哈尔旗原先那个“偏远”的旧牧地在哪里呢？根据前引《清实录》的记载，察哈尔旗牧地原来在孙岛习尔哈地方。天聪八年，爱新国举行硕翁科尔会盟，指授归顺蒙古诸部牧地时也提到塔赖达尔汉与两白旗以塔喇布喇克、孙岛为界。⑤该“孙岛”在今内蒙古通辽市科尔沁左翼后旗海鲁吐苏木巴润散都嘎查和准散都嘎查一带，此地以附近有繁茂的刺榆树而得名。⑥那么，这个“孙岛”与“孙岛习尔哈”是否有关呢？崇德五年，皇太极率和硕亲王等，幸察哈尔固伦公主、固伦额驸额哲所居地行猎。⑦途中行至讷讷格屯时，科尔沁国固伦公主及固伦额驸祁他特前来朝见，恭进筵宴。⑧次日，皇太极赐来朝的科尔沁固伦公主、额驸宴。⑨之后隔了一天，皇太极才行围至察哈尔孙

① 乌云毕力格：《清初“察哈尔国”游牧地考》，《蒙古史研究》第九辑，内蒙古大学出版社，2006年。

② 在原档中的“察哈尔故地”是指额哲兄弟时期的察哈尔扎萨克旗，还是指原林丹汗时期察哈尔部的故地，因为没有直接佐证，过去有人抱有疑问。《奈曼旗与喀尔喀左翼旗牧地纠纷档》显示，察哈尔故地指额哲兄弟察哈尔旗的游牧地已经毫无疑问。

③ 清世祖福临（1644—1661年在位）。

④ 固伦温庄长公主马喀塔（1625—1663年在世），清太宗皇太极第二女。

⑤ 《清太宗实录》卷21，天聪八年十一月乙酉。

⑥ 内蒙古自治区地名委员会：《内蒙古自治区地名志——哲里木盟分册》，内蒙古自治区地名委员会，1990年，379页。

⑦ 《清太宗实录》卷50，崇德五年润正月乙酉。

⑧ 《清太宗实录》卷50，崇德五年润正月乙未。

⑨ 《清太宗实录》卷50，崇德五年润正月丙申。

岛石尔噶地方，察哈尔固伦公主及固伦额驸额哲恭进筵宴。[1]据此可以算出，除去筵宴的时间，皇太极率领的行围队伍从讷讷格屯出发到孙岛石尔噶只用了一天时间。讷讷格屯，今作农能阁村，属于吉林省四平市双辽市。[2]农能阁村到巴润散都嘎查或准散都嘎查的直线距离约 130 里，行围队伍可以在一天内轻松到达。然而，布尔尼亲王时期的察哈尔扎萨克旗牧地，即今内蒙古通辽市库伦旗一带地方距离农能阁村将近 400 里远，行围队伍绝对不可能在一天之内到达。而且，巴润散都嘎查和准散都嘎查之间有散都泡子，散都泡子东北 20 里处还有协日嘎泡子，协日嘎泡子北岸是准协日嘎嘎查。据《内蒙古自治区地名志》记载：

> 准协日嘎嘎查，位于苏木（即布敦哈日根苏木）政府驻地西 15 公里。光绪年间建屯，因此处曾死过一匹草黄色快马，故名。准协日嘎：蒙古语，东草黄色（马）。[3]

因为散都、协日嘎两地相距很近，故而可以合称为散都协日嘎，而散都协日嘎、孙岛石尔噶、孙岛习尔哈等都是同一地名的不同汉译。但由于散都、协日嘎两地相距仅 20 里，察哈尔旗的牧地不可能如此狭小，据此我们可以断定，爱新国在天聪年间授予额哲的牧地在以今内蒙古通辽市科尔沁左翼后旗东南部散都泡子、协日嘎泡子一带为中心的地方，但它的四至已无从考证。

综上所述，天聪九年（1635 年），额哲归附爱新国之初，察哈尔扎萨克旗牧地位于今内蒙古通辽市科尔沁左翼后旗东南部以散都泡子、协日嘎泡子一带为中心的地方。顺治初年，察哈尔固伦公主在清廷的允许下迁至今内蒙古通辽市库伦旗一带的牧地居住。1675 年，察哈尔旗因布尔尼事件被撤销。清朝在原察哈尔旗牧地上建立了喀尔喀左翼旗，由此引发了《奈曼旗与喀尔喀左翼旗牧地纠纷档》所记载的牧地纠纷。

四、喀尔喀左翼旗的建立

喀尔喀左翼旗是清朝以蒙古外喀尔喀右翼贵族衮布伊勒登属部为基础建立的扎萨克旗。乌云毕力格曾利用康熙年间的两份理藩院满文题本，论述康熙初年清朝安置归降喀尔喀人及设立喀尔喀左翼旗的史实，指出了清代官修史书的错误记载[4]，但还是未能确定设立喀尔喀左翼旗的准确时间。1662 年，外喀尔喀发生内乱。一些贵族为躲避战乱，归附了清朝，衮布伊勒登就是其中之一。康熙三年，衮布伊勒登来归时，清廷封其为多罗贝勒，令他暂居于达赖达尔汉亲王旗，即后来的喀尔喀右翼旗境内。翌年，清廷令衮布伊勒登往敖汉旗驻牧，并制定了详细的划分牧地计划。至此，衮布伊勒登一直附牧于别旗，喀尔喀左翼旗仍没有建成。而在《奈曼旗与喀尔喀左翼旗牧地纠纷档》中，奈曼旗吹忠王追述了关于清朝建立喀尔喀左翼旗的一段重要事实：

---

① 《清太宗实录》卷 50，崇德五年润正月戊戌。

② 特木尔巴根：《清初嫩科尔沁部历史若干问题研究》，内蒙古大学博士学位论文，2015 年，156 页注 3。

③ 内蒙古自治区地名委员会：《内蒙古自治区地名志——哲里木盟分册》，内蒙古自治区地名委员会，1990 年，352 页。

④ 乌云毕力格：《康熙初年清朝对归降喀尔喀人的设旗编佐——以理藩院满文题本为中心》，《清史研究》，2016 年第 4 期。

qoyin-a čaqar-un burni[①] / ebderegsen-ü qoyin-a minu ebüge ečige tayiǰi / očir[②] nigen sanaɣan-u čing kemen / *eǰen[③]-i eriǰü iregsen-dür yekede öröšiyeǰü wang / ergümǰilebe. basa dakiǰu / *ǰarliɣ baɣulɣaǰu čaqar-un nutuɣ-i sakiǰu nutuɣlaǰu / yabutuɣai kemebe. minu ebüge ečige wang očir / *（eǰen）-ü ǰarliɣ-i daɣaǰu, čaqar-un nutuɣ-tur oroǰu / arban ɣurban ǰil saɣuba. qoyin-a engke amuɣulang-un / qorin ǰirɣuduɣar on / *eǰen-ü ǰarliɣ čaqar-un nutuɣ-tur sürüg oroǰu / nutuɣlatuɣai kemebe. minu ebüge ečige wang očir / man-u nutuɣ-tur negügsen-ü qoyin-a önggerebe. / daraɣ-a darui / *eǰen-ü ǰarliɣ sürüg oroqui-yi bayituɣai mön-kü / naiman nutuɣlaǰu yabutuɣai kemebe. man-u naiman-u / qošiɣu / *(eǰen)-ü ǰarliɣ-i daɣaǰu luu ǰil[④] dakiǰu čaqar nutuɣ-tur / oroǰu ɣurban ǰil boloɣsan-u qoyin-a, qalq-a-yin / beyile lobzang[⑤]-i kömüǰilekü-yin inaɣši-dur / saɣutuɣai kemen ayiladqaɣsan-dur / *ǰarliɣ qalq-a beyile lobzang tan saɣuǰu kömüǰiletuɣai / kemebe.

汉译：后来，察哈尔之布尔尼灭亡以后，我（即奈曼旗吹忠王）的祖父台吉鄂齐尔一心笃志，来归圣上之故，上施隆恩，封为王。又下旨，令住察哈尔牧地。我的祖父王鄂齐尔遵旨入住察哈尔牧地十三年。后来在康熙二十六年，上谕苏鲁克（牧厂）入住察哈尔牧地。我的祖父王鄂齐尔迁回自己的牧地后去世。不久，上谕苏鲁克（牧厂）不必入住（察哈尔牧地），仍令奈曼居住。我们奈曼旗遵旨，于龙年再次入住察哈尔牧地。过了三年以后，喀尔喀贝勒罗卜藏奏请前往（察哈尔牧地）居住休养。遂令喀尔喀贝勒罗卜藏居住休养。

据此可知，布尔尼事件之后，清朝将顺治年间赐给察哈尔固伦公主的牧地还给了奈曼旗。此后，奈曼旗在那里驻牧了 16 年。在此期间，清朝曾在康熙二十六年（1687）撤出奈曼旗，计划将苏鲁克（牧厂）迁入察哈尔旗旧牧地。不久又取消这个计划，仍令奈曼旗入住察哈尔旗旧牧地。因此，《圣武记》等清代史书中有关清廷处置察哈尔旗旧牧地的记载，即“空其牧地，置牧厂，隶内务府太仆寺”[⑥]之说与史实不符。奈曼旗进入察哈尔旗旧牧地 16 年以后，清朝令衮布伊勒登之子罗卜藏贝勒率喀尔喀部众迁居察哈尔旗旧牧地。据此推算，罗卜藏贝勒迁居察哈尔旗旧牧地是康熙二十九年的事。《奈曼旗与喀尔喀左翼旗牧地纠纷档》还记载：

ilɣabasu / engke amuɣulang-un qorin yisüdüger on, yisün / sar-a-dur, beyile lobzang čaqar-un nutuɣ-un / ɣaǰar-tur tariyalang toɣosun oyira, tür / nutuɣlaɣulqui kemen bariɣsan-dur, man-u yabudal-un / yamun-ača čaqar-un nutuɣ-un ɣaǰar-i-yi tür / naiman-u qošiɣun-dur ögčü qadaɣalaɣulǰuqui, edüge / sula büküi-yin tulada, naiman-ača abču beyile / lobzang-un qošiɣun-dur tür ögčü nutuɣlatuɣai / beyile lobzang-tan teden-ü qošigun-u arad aǰu / törökü sayin boloɣsan čaɣ-tur, yabudal-un yamun / –dur medegülügsen qoyin-a, mön-kü dal nuur-tur

① 察哈尔旗扎萨克亲王布尔尼（1669—1775 年在位）。
② 奈曼旗扎萨克达尔汉郡王鄂齐尔（1675—1687 年在位）。
③ 清圣祖玄烨（1661—1722 年在位）。
④ luu ǰil（龙年），即康熙二十七年（1688 年），戊辰年。
⑤ 喀尔喀左翼旗扎萨克多罗贝勒罗卜藏（1682—1707 年在位）
⑥ [清] 魏源：《圣武记》上，中华书局，1984 年，第 97 页。

/ nutuγlatuγai kemen kelelčeǰü ayiladqaǰu yabuγuluγsan / dangsan-dur temdegleǰüküi.

汉译：查得，康熙二十九年，九月，贝勒罗卜藏以察哈尔牧地近农田，呈请暂居。我们理藩院曾将察哈尔牧地交给奈曼旗暂时保留。今，因为尚在闲置，可从奈曼收回，暂时交给贝勒罗卜藏旗驻牧。贝勒罗卜藏等的旗民生活好转之时，呈报理藩院，仍令驻牧达尔泊等议奏札行情形记录在档。

这段记载证明罗卜藏贝勒率众迁居察哈尔旗牧地的确切时间是在康熙二十九年九月，并且，罗卜藏贝勒原来的牧地在达尔泊。可是理藩院题本记载，康熙四年（1665年）钦定喀尔喀衮布伊勒登往敖汉旗驻牧。而上引《奈曼旗与喀尔喀左翼旗牧地纠纷档》的记载说明，康熙四年的决定并没有被付诸实施，只是理藩院题本中没有留下相关记载。《奈曼旗与喀尔喀左翼旗牧地纠纷档》中，喀尔喀左翼旗准对贝勒还追述道：

minu ečige noyan aγsan lobzang, ayiladqaγsan inu / minu qošiγun-u arad ögeled γaldan[①]-u / čerig-tür dobtoloγdaba. basa mal keǰig-tür / ükügsen-ü tulada ügegürebe. man-u qošiγun-u / arad idekü amu olqu ügei aǰu töröǰü / bolqu ügei-yin tula, mandur čaqar-yin / nutuγlaqu γaǰar-i šangnaǰu ögkü aǰiyamu kemen / ayiladqagsan-dur / *eǰen örösiyeǰü, man-yi čaqar-yin nutuγlaqu / γaǰar-tur oroγuluγsan bölöge. qoyin-a / yabudal-un yamun-ača tümed-un darqan noyan / arabtan[②]-dur qabsuruluγsan qalq-a-yin törö-yin / noyan lobzang dambac tan-dur qar-a usun / –ača doruγši γurban uliyasu-dur kürügülǰü / gučin ber-e-yin γaǰar, gedürgü γučin ber-e / *(širegetu küriyen-dür quǰir-un γool-un ǰegün eteged uqar tangtus ǰerge-yi nutuγlatuγai) / –yin γaǰar tür saγutuγai kemen bičig / ilegegsen bölöge.

汉译：我（即喀尔喀左翼旗准对贝勒）的父亲，曾是贝勒的罗卜藏奏曰，我的旗民由于被厄鲁特噶尔丹掳掠，又有牲畜患疫倒毙而变得贫穷。因我们的旗民得不到食粮，没办法生存，请将察哈尔牧地赐予我们。上施恩，让我们入居察哈尔牧地。后来，理藩院致书附土默特达尔汉贝勒阿喇布坦之罗卜藏丹巴，令其居于哈喇乌苏以下至古尔班乌里雅苏为止三十里，再往回三十里（今席埒图库伦居虎几尔河之东，乌科尔、唐突斯等地）之地。

由此可见，罗卜藏贝勒请求迁居察哈尔旗旧牧地的原因是噶尔丹汗的掳掠和牲畜患疫倒毙等情导致的贫困。众所周知，准噶尔汗国噶尔丹汗于1690年出兵征讨外喀尔喀时，通过哈拉哈河、乌拉盖河侵入清朝境内。同年八月初一日，准噶尔军队在乌兰布通与清军交战，败退。这时，喀尔喀罗卜藏台吉牧地就在乌兰布通以北的达尔泊附近，即噶尔丹汗的行军路线上，遭到准噶尔军队掳掠也是难免的事。因此，乌兰布通战役结束一个月后，他们就得到清廷的批准，迁到了察哈尔旗旧牧地。至此，这部分喀尔喀人才迁到了后来的喀尔喀左翼旗牧地上。罗卜藏贝勒迁居察哈尔旗旧牧地后，附土默特达尔汉贝勒阿喇布坦的罗卜藏丹巴也迁到哈喇兀素驻牧。此即清代附土默特左翼旗的唐古特喀尔喀。唐古特喀尔喀早在康熙四年就随巴尔布冰图归附了清朝，清朝令巴尔布冰图迁往扎鲁特右翼旗驻牧。巴尔布冰图之子是索诺木贝勒，而索诺木贝

① 准噶尔汗国噶尔丹博硕克图汗（1670—1697年在位）。

② 土默特左翼旗扎萨克多罗达尔汉贝勒阿喇布坦（1713—1739年在位）。

③ 附土默特左翼旗喀尔喀多罗贝勒罗卜藏丹巴（1692—1722年在位）

勒之子就是罗卜藏丹巴贝勒。美国国会图书馆庋藏的一幅清代漠南蒙古舆图，在达尔池、席喇穆伦河附近注记了“喀尔喀索诺木贝勒，去古北口六百七十四里”。[①]这位喀尔喀索诺木贝勒可能是巴尔布冰图之子索诺木贝勒，因为绘制这幅漠南蒙古舆图时，索诺木贝勒正掌管唐古特喀尔喀。因此，虽然在康熙四年钦定衮布伊勒登往敖汉旗，巴尔布冰图往扎鲁特右翼旗，喀喇车里克索诺木台吉不得并入翁牛特左翼旗，改往克什克腾旗，阿霸哈纳尔都西希雅布台吉往阿霸垓左翼旗[②]，但到了后来，清廷又调整计划，令衮布伊勒登、巴尔布冰图等统统迁往达尔泊驻牧。只有阿霸哈纳尔都西希雅布台吉按原计划往阿霸垓左翼旗，组建了阿巴哈纳尔左翼旗。康熙二十九年，驻牧达尔泊的喀尔喀人遭到准噶尔军掳掠以后，才得到清廷批准迁往察哈尔旗旧牧地。按照清朝建立扎萨克旗的三要素，康熙三年，衮布伊勒登受封多罗贝勒，康熙四年编设佐领，康熙二十九年指授牧地，喀尔喀左翼旗才真正建成。

综上所述，衮布伊勒登早在1664年就归附了清朝。清朝最初计划将他并入敖汉旗，但后来改变计划，让他和喀尔喀巴尔布冰图、喀喇车里克索诺木台吉等一同迁往达尔泊附近驻牧。1675年，察哈尔旗被撤销后，其牧地由奈曼旗驻守。1690年，噶尔丹汗率准噶尔军侵入清朝境内，驻牧达尔泊附近的喀尔喀人遭到准噶尔军队掳掠，遂请求清廷迁到察哈尔旗旧牧地居住。这时，喀尔喀左翼旗才最终建成。

五、编修《一统志》与划定疆界

衮布伊勒登为首的喀尔喀人从达尔泊迁来以后，如何为他们划分牧地就成了问题的核心。从档案记载来看，清廷并没有把察哈尔旗所有牧地划给喀尔喀人，而是将一部分牧地留给了奈曼旗。这就引起了喀尔喀左翼旗和奈曼旗之间一系列牧地纠纷。这时，清朝正在组织编修《大清一统志》，划定疆界的事也就提上了日程。《奈曼旗与喀尔喀左翼旗牧地纠纷档》记载：

ilγabasu / engke amuγulang-un γučin qoyaduγar on / namur-un dumdadu sar-a-dur, i tüng ǰi / bičig-tür oroγulǰu bičibesü ǰokiqu yabudal-i / ilγaqui meiren-ü janggi fiyangγu-nar ilegegsen / bičig-tür, ǰaq-a-yi todorqailan □ / □□ qalq-a-yin noyan lobzang-yin / qosiγu-dur kürüǰü öber-e qošiγun-u / ǰaq-a aγula γool-i ilγaqui-dur boro / quǰir γaǰar-ača qoyitu looq-a γool, / egüde olom kemekü γaǰar-tur kürtegülǰü / ǰüreke elesü mangqan. qoodai □ sobarγan, / šir-a mören sar elesü-yin ǰerge / γaǰar-i čöm teden-ü γaǰar kemekü, naiman-u / wang bandi-yin qošiγu-dur kürčü ilγaqui / –dur jüreke mangqan-u ǰerge γaǰar-i naiman / basa teden-ü γaǰar kememüi, eyimü-yin tula / □□□□□ ilγaqu / kümün-i čuγlaγulǰu asaγubasu ○qalq-a-yin / noyan lobzang-un qošiγun-u tusalaγči tayiǰi čiiruγ / qošiγun-u eǰen daši, sumun-u ǰanggi moǰa-yin

① “中央研究院数位文化中心”、美国国会图书馆：《皇舆搜览——美国国会图书馆所藏明清舆图》，台北，四海电子彩色制版股份有限公司，2014年，第160—161页。

② 中国第一历史档案馆，中国人民大学国学院西域历史语言研究所：《清朝前期理藩院满蒙文题本》，内蒙古人民出版社，2010年，第270—271页。乌云毕力格：《康熙初年清朝对归降喀尔喀人的设旗编佐——以理藩院满文题本为中心》，《清史研究》，2016年第4期。

kelekü-anu / bide ijaγur-tur dal naγur-un γajar-tur nutuγlaju / saγuγsan bölöge. tende mori mal öskü ügei tariy-a / tariju bolqu ügei-yin tolada, engke amuγulang-un / qorin yisüdüger on yabudal-un yamun-dur sonosqaba. / čaqar-un burni-yin yabudal-i man-dur ögkü ajiyamu kemen / bičig ergügsen qoyin-a yabudal-un yamun-ača ayiladqaju / čaqar-un yabudal-i mandur urida boro qujir γajar-ača / qoyiši looq-a γool-un egüde olom-dur kürtele, jirüke / elesü, qoodai sobarγan šir-a mören-ü sar elesü-yin / jerge-yin γajar čöm čaqar burni-yin / γajar-un tula, man-u qošiγun-u qariy-a-tu / γajar mön kememüi, naiman-u wang bandi-yin qošiγun-u / qošiγun-u kereg-i tusalan ilγaγči ulus-dur / tusalaγči güng gerel①, qošiγun-u ejen mookin-u / kelekü anu, engke amuγulag-un arban dörbedüger on / burni-yi sönösgegsen qoyin-a, čaqar-un yabudal-i / yabudal-un yamun-ača man-u qošiγun-dur tušiyaju / ögkügsen bölöge. engke amuγulang-un qorin yisüdüger / on, yabudal-un yamun-ača čaqar-un yabudal-i abču / qalq-a-yin noyan lobzang-dur ögčü ilegsen / qoyitu jaq-a, šir-a mören-ü sar elesü-eče / emün-e jüg qoodai sobarγan jirüke elesü-dür kürtele / jirüke-eče baraγun jüg, baraγun jaq-a, boro / qujir-un γajar-tur kürtele, boro qujir-ača / qoyitu jüg, baraγun qoyitu jaq-a looq-a γool-un / egüde olom-dur kürtele egüde olom-ača jegün / jüg mön-kü šir-a mören-ü sar elesü-dür / kürtele, ene nige keseg elesü yabudal-i mön-kü / man-u naiman-u qošiγun-dur tušiyaju ögbe. / ene jerge-yin yabudal-i yerü qalq-a-dur ögkügsen / yabudal ügei-yin tula, man-u naiman-u jaq-a-yin / γajar kemen bičiju ögkügsen mön kememüi. egüde / olom-un jerge-yin γajar yabudal-i qoyar qošiγu qarilčan / temečemüi. ali qošiγun-u yabudal-i yerü ilγan / temdeg ügei-yin tula öber öber-e qošiγun-u / dörben jüg-ün jaq-a-yi toγtaγaju dangsa-dur / bičiju, jiruγ jiruqui-dur berke. eyimü-yin tulada / yabudal-un yamun-ača čaqar-un nutuγ-yi čöm / qalq-a-dur ögbe. yerü ali γajar-ača abču / naiman-u qošiγun-dur ögkü yabudal-i todorqailan / ilγaju toγtaγaju ilegekü ajiyamu kemejuküi.

汉译：查得，康熙三十二年，仲秋，察办编入《一统志》事务副都统费扬古等遣书道，为察明疆界□□□往喀尔喀贝勒罗卜藏旗，分别各旗边界山川时，他们说博罗霍吉尔地方以北至老哈河额固德鄂罗木地方为止，珠日和沙地、货代□塔、西拉木仑河萨尔沙地等地都是他们的牧地。往奈曼王班第旗分界时，奈曼又说珠日和沙地等地是他们的土地。因此，□□□□□招集能分辨之人询问。〇喀尔喀贝勒罗卜藏旗协理台吉齐亦鲁克、固山额真达什、佐领穆扎等说，我们原来驻牧达尔泊。因为那里马牛不能生长，不能种田，所以康熙二十九年呈报理藩院，恳请将察哈尔布尔尼牧地给我们。之后，理藩院奏请（圣上）将察哈尔牧地给了我们。博罗霍吉尔地方以北至老哈河额固德鄂洛木，珠日和沙地、货代塔、西拉木仑萨尔沙地都是察哈尔布尔尼的牧地，所以，是我们旗的领地。奈曼王班第旗协理旗务辅国公格勒尔、固山额真茂肯说，康熙十四年，消灭布尔尼以后，理藩院将察哈尔牧地交给了我们的旗。康熙二十九年，理藩院将察哈尔牧地取回，给了喀尔喀贝勒罗卜藏。由北界西拉木仑河萨尔沙地向南至货代塔、珠日和沙地为止，由珠日和向西至西界博罗霍吉尔地方为止，由博

① 辅国公格勒尔：奈曼旗扎萨克达尔罕郡王鄂齐尔弟，康熙十四年（1675 年）受封辅国公。

罗霍吉尔向北至西北界老哈河额固德鄂洛木为止,由额固德鄂洛木向东至西拉木仑河萨尔沙地为止的这块沙地仍交给了我们的奈曼旗。这些地方向来没有给喀尔喀之事,因此,应记作我们奈曼的领地。二旗互争额固德鄂洛木等地。由于没有分辨何旗之地的证据,很难确定各自旗界四至,编入档册,绘制舆图。因此,恳请理藩院分别察明,确定察哈尔牧地是否全部给予喀尔喀,应取自何地给予奈曼旗等事。

这里详细记载了使喀尔喀左翼旗与奈曼旗产生纠纷的牧地范围。1693 年八月，副都统费扬古为编修《一统志》前往外藩蒙古勘察各旗边界时，遇到了这两个旗的牧地纠纷问题。产生纠纷的牧地边界在西拉木仑河萨尔沙地、货代塔、珠日和沙地、博罗霍吉尔、老哈河额固德鄂洛木等地。西拉木仑河萨尔沙地就是 1631 年和 1632 年爱新国划分归顺蒙古诸部牧地时提到的“sar 萨尔”①,位于今内蒙古通辽市奈曼旗明仁苏木的北萨仁阿日嘎查、南萨仁阿日嘎查附近。货代塔是光绪三十三年的喀尔喀左翼旗游牧图上注记的“hoobi-yin soburγa-u ayil 货毕塔村”②，位于今内蒙古通辽市库伦旗茫汉苏木苏布尔根塔拉嘎查附近。珠日和沙地不详，应该就在货代塔附近。博罗霍吉尔也是上引喀尔喀左翼旗游牧图注记的“boru quǰir-un naγur 伯罗霍雅伦诺尔”③,位于今内蒙古通辽市库伦旗三道洼乡附近。老哈河额固德鄂洛木不详。这个地名意为老哈河门户渡口，所以应该在老哈河与西拉木仑河汇流处附近。根据以上地理方位的考证可知，使两旗产生纠纷的牧地在察哈尔旗旧牧地北部，即今库伦旗西北部和奈曼旗东北部。喀尔喀左翼旗认为清朝既然将察哈尔旗旧牧地赐给了他们，所以这块牧地理应归他们所有，奈曼旗则认为清朝并没有将这块牧地划给喀尔喀左翼旗。于是，费扬古请求理藩院察明情况。《奈曼旗与喀尔喀左翼旗牧地纠纷档》记载：

eyimü-yin tula, tusalaγči / tüšimel qabula-dur asaγubasu, kelekü anu, ilγaqu / tüšimel küwenǰü man-u qoyaγula ečiǰü čaqar-un / burni γaǰar-i qalq-a-yin beyile lobzang-dur / ögbe. basa elesü mangqan-u jerge-yin γaǰar-i / ǰegün emun-e-yi bulung jirüke mangqan-ača qoyiši / šir-a mören-dür kürtel-e baraγun emün-e boro / quǰir-ača qoyiši looq-a γool-dur kürtel-e / naiman-u wang bandi-dur ögčüküi kememüi. / eyimü-yin tula egün-i i tüng ǰi bičig-tür / oroγulǰu bičigsen yabudal-i ilγaqu meyiren-ü / ǰanggi fiyangγu tan-dur bičig yabuγuluγsan-i / dangsa-dur temdegleǰüküi.

汉译：为此,询问员外郎喀布喇时,他说,我和郎中冠珠一同前去将察哈尔布尔尼牧地给了喀尔喀贝勒罗卜藏。又将沙漠地区东南布隆珠日和沙地以北至西拉木仑河,西南博罗霍吉尔以北至老哈河之地给了奈曼王班第。为此,遣书(告知于)察办编入《一统志》事务副都统费扬古等情记录在档。

由此可知，康熙二十九年为喀尔喀左翼旗划分牧地的是员外郎喀布喇、郎中冠珠等人。他们承认将察哈尔旗旧牧地划给喀尔喀人的时候，把这块产生纠纷的牧地留给了奈曼旗。至此，双方的牧地疆界得到官方确认，并经过费扬古等人的察明，编入《一统志》，最终尘埃落定。

① “台北故宫博物院”：《满文原档》第 7 册，第 352 页；第 8 册，第 322 页。

② Walther Heissig. Mongolische Ortsnamen. Teil Ⅱ. Wiesbaden：Franz Steiner Verlag GMBH，1978. p93.

③ Walther Heissig. Mongolische Ortsnamen. Teil Ⅱ. p93.

但是双方的纠纷仍没有结束。据《奈曼旗与喀尔喀左翼旗牧地纠纷档》记载，康熙四十一年，奈曼王班第为察哈尔扎萨克旗牧地之事又向理藩院提出了怨言，因为察哈尔扎萨克旗牧地原来由奈曼旗管理，喀尔喀人迁来的时候说的也是暂时居住。所以会盟大臣坡尔盆奉旨让班第王和罗卜藏贝勒自己议定。结果双方经过商议，仍决定喀尔喀人游牧于察汗河以东、沙漠以南的察哈尔牧地，奈曼旗游牧于沙漠以北，即奈曼旗仍保留产生纠纷的牧地。到了康熙五十七年，喀尔喀贝勒准对又提出异议，认为康熙四十一年虽然已经议定，但是因为没有理藩院的凭证，不许奈曼旗到察哈尔牧地居住。所以理藩院再次遣书，让双方商议。结果双方仍按原来的划分，奈曼旗游牧于“tüimürtü 忒穆尔图”以北至西拉木仑河的地方，以南是喀尔喀左翼旗牧地。而且光绪三十三年绘制的喀尔喀左翼旗游牧图上，“tüimertü-yin ayil 忒穆尔图村”仍是该旗的北界。①这说明康熙二十九年奈曼旗和喀尔喀左翼旗瓜分察哈尔旗旧牧地以后，经过清廷确认，编入了《一统志》，两旗游牧地始终没有发生改变。《一统志》的编修显然对清代外藩蒙古扎萨克旗牧地的定型起到了重要作用。

六、结论

通过以上分析，本文总结出以下三点见解：

第一，翁牛特右翼旗印务处档案大部分是弥足珍贵的遗留性史料，从中可以看到清朝政令在蒙古地区的推行情况及蒙古地方社会发展变迁的许多历史细节。这些也是很难在清代中央档案和官修史书中看到的内容。例如，根据《奈曼旗与喀尔喀左翼旗牧地纠纷档》可知，清朝为编修《一统志》，曾派遣副都统费扬古等前往外藩蒙古勘察疆界，使扎萨克旗牧地更加清晰，最后定型，这对《一统志》的成书起到了积极的推动作用。

第二，清代外藩蒙古扎萨克旗的形成，经过了长期的编设和调整过程，奈曼、察哈尔、喀尔喀左翼等旗牧地的最终划定就经过了近一个世纪的时间。17 世纪前期，爱新国在与蒙古、明朝的政治博弈中因势制宜地采取有效政策，迅速占据了上风，于是，敖汉、奈曼等蒙古诸部开始与之建立联盟。最后，林丹汗病逝，其子额哲也归附了爱新国。在这种有利形势下，爱新国逐步对蒙古诸部指授牧地，编设佐领，任命扎萨克，建立了扎萨克旗制度。入清以后，额哲之孙布尔尼叛乱，察哈尔扎萨克旗被撤销，其牧地由奈曼旗驻守 16 年之久。1690 年，噶尔丹率军攻打清朝。驻牧于达尔泊的外喀尔喀人遭到了准噶尔军队掳掠，遂请求清廷迁到察哈尔旗旧牧地居住。而清朝将察哈尔旗旧牧地分给奈曼旗和外喀尔喀人，建立了喀尔喀左翼旗。最后，清朝为编修《一统志》，遣官至外藩蒙古，察明疆界，使外藩蒙古各旗牧地基本确定。

第三，外藩蒙古扎萨克旗的建立经过也是清朝通过制度化治理，对蒙古加强统治的过程。首先，清朝在治理敖汉、奈曼等部的实践中积累经验，创建了外藩蒙古扎萨克旗制度。其次，清朝在施政过程中恩威并济，建立了稳固的统治秩序。对蒙古大汗

① Walther Heissig. Mongolische Ortsnamen. Teil Ⅱ . p93.

后裔布尔尼亲王采取的严厉措施，在外藩蒙古产生了以儆效尤的作用。再次，清朝因时制宜地采取羁縻笼络政策，加强了对其他蒙古中诸部的政治渗透。外喀尔喀衮布伊勒登等贵族率部归降以后，清朝为其赐封爵位，指授牧地，建立扎萨克旗，为收服整个喀尔喀蒙古打下了基础。最后，清代外藩蒙古扎萨克旗并不是有封建领地和“君国子民”之权。① 清朝对扎萨克旗的土地分配、编制取舍、人丁管理等方面都有最高统治权。清朝对奈曼旗牧地的多次划分，撤销察哈尔旗，组建喀尔喀左翼旗等都说明了这一点。

附 :《奈曼旗与喀尔喀左翼旗牧地纠纷档》拉丁文转写

○γadaγ-a-du mongγol-un törö-yi ǰasaqu yabudal-un / yamun-u bičig. ongniγud-un wang efü sangjin-dur / ilegebe. naiman-u wang efü čoyiǰong tan-u / kürgeǰü iregsen bičig-tür, minu ölüngčög / ečige gönčög qung baγatur čaqar γaǰar / (-ača) öber-ün eǰen lindan qutuγtu qan-i maγu / kemen tegün-eče urbaǰu, / *boγda eǰen-i eriǰü irekü i-dür tang toroi kemekü / γaǰar-tur / *eǰen-i ǰolγaǰu / *boγda eǰen öröšiyeǰü törö-yin darqan giyün wang / ergümǰilebe. basa / *boγda eǰen-ü ǰarliγ mongγol kitad-i nigen adali tegšin-u / ǰasamui. kitad-tür aγči činu bosqul-i γarγaγulǰu / činu qaγučin nutuγ-tur oroγuluγ-a kemen / *ǰarliγ baγulγaǰu mongγol kitad-i tegšileǰü qaraldai / qotan-i nigen jaγun dalan naiman bosqul-i γarγaγulǰu / man-dur öröšiyeǰü oroγuluγsan bölöge. tegün-i / qoyin-a / *šisü eǰen-ü čaγ-tur čaqar-un ulus-un güngǰü / *šisü eǰen-dür γuyun ayiladqaγsan anu minu saγuγsan / nutuγlaqu γaǰar yerü qola man-u töröl-ün / qung baγatur gönčög-ün saγuγsan γaǰar aγuu / aqala büged basa oyiro oldobasu qaγas-i / abču nutuγlay-a kemen ayiladqaγsan-dur / *šisü qan-u ǰarliγ yerü mön čaqar güngǰü nutuγlaǰu / yabuγsan bölöge. qoyin-a čaqar-un burni / ebderegsen-ü qoyin-a minu ebüge ečige tayiǰi / očir nigen sanaγan-u čing kemen / *eǰen-i eriǰü iregsen-dür yekede öröšiyeǰü wang / ergümǰilebe. basa dakiǰu / *ǰarliγ baγulγaǰu čaqar-un nutuγ-i sakiǰu nutuγlaǰu / yabutuγai kemebe. minu ebüge ečige wang očir / *（eǰen）-ü ǰarliγ-i daγaǰu, čaqar-un nutuγ-tur oroǰu / arban γurban ǰil saγuba. qoyin-a engke amuγulang-un / qorin ǰirγuduγar on / *eǰen-ü ǰarliγ čaqar-un nutuγ-tur sürüg oroǰu / nutuγlatuγai kemebe. minu ebüge ečige wang očir / man-u nutuγ-tur negügsen-ü qoyin-a önggerebe. / daraγ-a darui / *eǰen-ü ǰarliγ sürüg oroqui-yi bayituγai mön-kü / naiman nutuγlaǰu yabutuγai kemebe. man-u naiman-u / qošiγu / *(eǰen)-ü ǰarliγ-i daγaǰu luu ǰil dakiǰu čaqar nutuγ-tur / oroǰu γurban ǰil boloγsan-u qoyin-a, qalq-a-yin / beyile lobzang-i kömüǰilekü-yin inaγši-dur / saγutuγai kemen ayiladqaγsan-dur / *ǰarliγ qalq-a beyile lobzang tan saγuǰu kömüǰiletuγai / kemebe. tegün-ü qoyin-a minu ečige wang bandi / čaqar-un nutuγ-un šiltaγan-dur engke amuγulang-un / döčin nigedüger on yabudal-un yamun-dur / γomudaqui-yin učir-tur bičig bariγsan-u / qoyin-a yabudal-un yamun-ača čiγulγan-u sayid / bayičatuγai kemegsen bölöge. čiγulγan-dur odoγsan / güng borbon tan-u üge, čaqar-un nutuγ

① 乌云毕力格：《康熙初年清朝对归降喀尔喀人的设旗编佐——以理藩院满文题本为中心》，《清史研究》，2016 年第 4 期。

kemegči / ijaγur naiman-u qošiγu ǰakiruǰu nutuγlaǰu / yabuqui kemebe. / *ǰarliγ aγči anu ünen. wang beyile ta čöm töröl / bolai. tan-u dotor-a narilaǰu togton / baraγsan-u yabudal-i man-dur sonosqul kemegsen-dür / wang bandi, beyile lobzang-un kemekü anu, urida / naiman-u qošiγu ǰakiruγsan anu ünen. bide / *eǰen-dür ayiladqaǰu tür saγuy-a kemegsen-ü γaǰar / mön ünen. teyimü bolbaču man-u qošiγun-u / arad čül qaqara dörben sumu boi. čaqar-un / nutuγ čaγan γool-un ǰegün eteged elesün-ü / öber-un eteged γaǰar man-u qalq-a tan / nutuγluǰu yabuy-a. tan-u naiman-u kümün olan-u / tulada, elesün-ü aru eteged-i nutuγlaǰu / yabutuγai kemen ǰöbšiyereǰü kelelčegsen bölöge. / wang beyile qoyaγula güng borbon-dur medegülǰü, / nutuγlaǰu saγuγsan bölöge. edüge qalq-a-yin / beyile sungdui tan-u üge, urida wang noyan / qoyaγula ǰöbšiyereǰü toγtaγaγsan anu ünen / teyimü bolbaču, yabudal-un yamun-ača temdeg / ügei-yin tula nutuγlaγulqu ügei / kememüi. eyimü-yin tula, man-(u γomudaǰu) / sonosqulqui učir, man-u nutuγ urtu inu / qoyiši uruγši qoyar ǰaγun arban ber-e-yin / γaǰar, aγuu inu ǰiran ber-e-yin γaǰar. / minu ölüngčög ebüge ečige gönčög qung baγatur / wang-un aγsan čaγ-tur, arban naiman / sumunnai kümün nutuγlaǰu yabuγsan bölöge. / edüge / *γaiqmšiγ eǰen-ü kešig-tür, man-u qošiγun-u / arad üsčü, döčin yisün sumun / bolqan boi. man-u edüge saγuγsan γaǰar / -tur tariy-a tariqui, basa mal talbiqui-dur / yekede čuqul, qalq-a-yin noyan cungdui tan / čaqar-yin nutuγ-tur dörben sumun-u er-e / nutuγlaǰu yabumui. čaqar-yin nutuγ kemegči, / man-u edüge saγuγsan γaǰar-ača mašida / aγuu aqala. eyimü-yin tula, minu ebüge / ečige wang očir-tur sakiγuluγsan yosoγar / man-u naiman-u qošiγu-yi qalq-a-yin / nige adali čaqar nutuγ sakiγulqu ajiyamu / kemeǰüküi. qalq-a-yin törö-yin noyan / cungdui tan-u kürgeǰü iregsen bičig-tür / minu ečige noyan aγsan lobzang, ayiladqaγsan inu / minu qošiγun-u arad ögeled γaldan-u / čerig-tür dobtoloγdaba. basa mal keǰig-tür / ükügsen-ü tulada ügegürebe. man-u qošiγun-u / arad idekü amu olqu ügei aǰu töröǰü / bolqu ügei-yin tula, mandur čaqar-yin / nutuγlaqu γaǰar-i šangnaǰu ögkü aǰiyamu kemen / ayiladqagsan-dur / *eǰen öröšiyeǰü, man-yi čaqar-yin nutuγlaqu / γaǰar-tur oroγuluγsan bölöge. qoyin-a / yabudal-un yamun-ača tümed-un darqan noyan / arabtan-dur qabsuruluγsan qalq-a-yin törö-yin / noyan lobzang damba tan-dur qar-a usun / –ača doruγši γurban uliyasu-dur kürügülǰü / gučin ber-e-yin γaǰar, gedürgü γučin ber-e / *(širegetu küriyen-dür quǰir-un γool-un ǰegün eteged uqar tangtus ǰerge-yi nutuγlatuγai) / –yin γaǰar tür saγutuγai kemen bičig / ilegegsen bölöge. naiman-u törö-yin giyün / wang efü čoyiǰong, nutuγlaqu γaǰar-yin / tula ǰaγalduγsan-dur yabudal-un yamun-ača / mandur ilegegsen bičig-tür, wang aγsan / bandi nutuγlaqu γaǰar-yin tula čiγulγan-dur / γaruγsan sayid güng borbon tan-u kelelčegsen-iyer / tan-u aq-a degüü qarilčan ey-e-ber saγutuγai / kemebe. wang aγsan bandi, noyan aγsan / lobzang-ača kelelčeǰü naiman tüyimürtü-eče / qoyitu šir-a mören-dür kürtegülǰü saγutuγai / uruγsi γaǰar-i bide saγuy-a kemen kelelčeǰü / saγuγsan bölöge. edüge yamun-ača mandur / ilegegsen bičig-tür, wang aγsan bandi noyan / aγsan lobzang, qoyaγula kelelčegsen yosoγar / kelelče kemegsen-i daγaǰu, bide qoyar qošiγu / neileǰü kelelčeǰü mön-kü tegün-ü yosoγar / kelelčeǰü yamun-dur bičig ilegegsen bölöge. / tümed-ün noyan arabtan-u qošiγun-u kedü / tabunung-nar man-u γaǰar-tur baising ger / bariǰu tariy-a tariγsan, basa /

*eǰen-ü sürüg kemen man-u nutuɣlaqu ɣaǰar-tur / oroɣulǰu, man-u qaduɣsan ebesü, tariɣsan / tariy-a-yi mal talbiǰu ideǰüküi. man-u / nutuɣ-tur oroɣsan sürüg adu-dur / qulaɣai oroqu, ɣal talbiqui-dur ayumui. / kügebesü yerü qoyiši odqu ügei egün-i sayid / –un ilɣaǰu ögkü aǰiyamu kemeǰüküi. ilɣabasu / engke amuɣulang-un ɣučin qoyaduɣar on / namur-un dumdadu sar-a-dur, i tüng ǰi / bičig-tür oroɣulǰu bičibesü ǰokiqu yabudal-i / ilɣaqui meiren-ü janggi fiyangɣunar ilegegsen / bičig-tür, ǰaq-a-yi todorqailan □ / □□ qalq-a-yin noyan lobzang-yin / qosiɣudur kürüǰü öber-e qošiɣun-u / ǰaq-a aɣula ɣool-i ilɣaqui-dur boro / quǰir ɣaǰar-ača qoyitu looq-a ɣool, / egüde olom kemekü ɣaǰar-tur kürtegülǰü / ǰüreke elesü mangqan. qoodai □ sobarɣan, / šir-a mören sar elesü-yin ǰerge / ɣaǰar-i čöm teden-ü ɣaǰar kemekü, naiman-u / wang bandi-yin qošiɣu-dur kürčü ilɣaqui / –dur jüreke mangqan-u ǰerge ɣaǰar-i naiman / basa teden-ü ɣaǰar kememüi, eyimü-yin tula / □□□□□ ilɣaqu / kümün-i čuɣlaɣulǰu asaɣubasu ○qalq-a-yin / noyan lobzang-un qošiɣun-u tusalaɣči tayiǰi čiiruɣ / qošiɣun-u eǰen daši, sumun-u ǰanggi moǰa-yin kelekü-anu / bide iǰaɣur-tur dal naɣur-un ɣaǰar-tur nutuɣlaǰu / saɣuɣsan bölöge. tende mori mal öskü ügei tariy-a / tariǰu bolqu ügei-yin tolada, engke amuɣulang-un / qorin yisüdüger on yabudal-un yamun-dur sonosqaba. / čaqar-un burni-yin yabudal-i man-dur ögkü aǰiyamu kemen / bičig ergügsen qoyin-a yabudal-un yamun-ača ayiladqaǰu / čaqar-un yabudal-i mandur urida boro quǰir ɣaǰar-ača / qoyiši looq-a ɣool-un egüde olom-dur kürtele, ǰirüke / elesü, qoodai sobarɣan šir-a mören-ü sar elesü-yin / ǰerge-yin ɣaǰar čöm čaqar burni-yin / ɣaǰar-un tula, man-u qošiɣun-u qariy-a-tu / ɣaǰar mön kememüi, naiman-u wang bandi-yin qošiɣun-u / qošiɣun-u kereg-i tusalan ilɣaɣči ulus-dur / tusalaɣči güng gerel, qošiɣun-u eǰen mookin-u / kelekü anu, engke amuɣulag-un arban dörbedüger on / burni-yi sönösgegsen qoyin-a, čaqar-un yabudal-i / yabudal-un yamun-ača man-u qošiɣun-dur tušiyaǰu / ögkügsen bölöge. engke amuɣulang-un qorin yisüdüger / on, yabudal-un yamun-ača čaqar-un yabudal-i abču / qalq-a-yin noyan lobzang-dur ögčü ilegsen / qoyitu ǰaq-a, šir-a mören-ü sar elesü-eče / emün-e ǰüg qoodai sobarɣan jirüke elesü-dür kürtele / jirüke-eče baraɣun ǰüg, baraɣun ǰaq-a, boro / quǰir-un ɣaǰar-tur kürtele, boro quǰir-ača / qoyitu ǰüg, baraɣun qoyitu ǰaq-a looq-a ɣool-un / egüde olom-dur kürtele egüde olom-ača ǰegün / ǰüg mön-kü šir-a mören-ü sar elesü-dür / kürtele, ene nige keseg elesü yabudal-i mön-kü / man-u naiman-u qošiɣun-dur tušiyaǰu ögbe. / ene ǰerge-yin yabudal-i yerü qalq-a-dur ögkügsen / yabudal ügei-yin tula, man-u naiman-u ǰaq-a-yin / ɣaǰar kemen bičiǰü ögkügsen mön kememüi. egüde / olom-un ǰerge-yin ɣaǰar yabudal-i qoyar qošiɣu qarilčan / temečemüi. ali qošiɣun-u yabudal-i yerü ilɣan / temdeg ügei-yin tula öber öber-e qošiɣun-u / dörben ǰüg-ün ǰaq-a-yi toɣtaɣaǰu dangsa-dur / bičiǰü, ǰiruɣ ǰiruqui-dur berke. eyimü-yin tulada / yabudal-un yamun-ača čaqar-un nutuɣ-yi čöm / qalq-a-dur ögbe. yerü ali ɣaǰar-ača abču / naiman-u qošiɣun-dur ögkü yabudal-i todorqailan / ilɣaǰu toɣtaɣaǰu ilegekü aǰiyamu kemeǰuküi. ilɣabasu / engke amuɣulang-un qorin yisüdüger on, yisün / sar-a-dur, beyile lobzang čaqar-un nutuɣ-un / ɣaǰar-tur tariyalang toɣosun oyira, tür / nutuɣlaɣulqui kemen bariɣsan-dur, man-u yabudal-un / yamun-ača čaqar-un nutuɣ-un ɣaǰar-i-yi tür / naiman-u qošiɣun-dur ögčü qadaɣalaɣulǰuqui, edüge / sula büküi-yin tulada, naiman-ača abču beyile / lobzang-un qošiγun-dur tür ögčü nutuγlatuγai / beyile lobzang-tan teden-ü qošigun-u arad aǰu / törökü sayin boloγsan čaγ-tur, yabudal-un yamun / –dur medegülügsen qoyin-a, mön-kü dal nuur-tur / nutuγlatuγai kemen kelelčeǰü ayiladqaǰu yabuγuluγsan / dangsan-dur temdegleǰüküi. eyimü-yin tula, tusalaγči / tüšimel qabula-dur asaγubasu, kelekü anu, ilγaqu / tüšimel küwenǰü man-u qoyaγula ečiǰü čaqar-un / burni γaǰar-i qalq-a-yin beyile lobzang-dur / ögbe. basa elesü mangqan-u jerge-yin γaǰar-i / ǰegün emun-e-yi bulung jirüke mangqan-ača qoyiši / šir-a mören-dür kürtel-e baraγun emün-e boro / quǰir-ača qoyiši looq-a γool-dur kürtel-e / naiman-u wang bandi-dur ögčüküi kememüi. / eyimü-yin tula egün-i i tüng ǰi bičig-tür / oroγulǰu bičigsen yabudal-i ilγaqu meyiren-ü / ǰanggi fiyangγu tan-dur bičig yabuγuluγsan-i / dangsa-dur temdegleǰüküi. eyimü-yin tula, egün-i / juu uda-yin čiγulγan-u auqan-u wang čoyimbal / qoyar ongniγud qalq-a-yin beyile cungdui naiman / wang čoyiǰong ta bügüdeger neyileǰü qoyar qošiγun / nutuγlaqu γaǰar-i örgön, urtu dörben ǰüg-ün / ǰaq-a, iǰaγur-un nutuγ qobiyaγsan γaǰar, / basa qalq-a-yin beyile cungdui, basa tümed-ün / beyile arabtan-u qošiγun-u kedün tabunung-nar / öber-ün γaǰar-tur qašiγ-a ger bariǰu tariyan / tariba. basa / *eǰen-ü sürüg kemen nutuγ-un γaǰar-tur / oroγuluγsan kemeküi ǰerge-yin yabudal-i čöm / todorqailan ilγaγulǰu toγtaγan kelelčeǰü baraγtun / egün-ü tula ilegebe. / engke amuγulang-un tabin doloduγar on-u □.

《明史纪事本末·兴复哈密》史源考[①]

韩慧玲
（内蒙古大学）

哈密位于中原通西域的要道之上，中国历代封建王朝经营西域无不重视哈密的建设，汉朝时期，西域归其版图，汉明帝置宜和都尉，管屯田。唐朝在此设立伊州，重兵驻守。元朝在哈密设王镇守，即察合台第六子拜答儿之子阿鲁浑曾为察合台汗，因汗位旁落，其次子出伯和长子合班于元世祖忽必烈至元年间从中亚投奔于元朝，在元朝的扶持下形成了与中亚察合台汗国相对应的另一个察合台兀鲁思。出伯系诸王屯驻于河西西部至哈密一带，实际上形成以出伯子孙为核心的政治军事集团，长期驻守于这一地区，为元朝效力。明朝建立后，以羁縻的方式将元代河西的蒙古诸王集团转化为关西七卫[②]，与西域的察合台后裔抗衡。

元朝末年，哈密地区是元朝威武王忽纳失里[③]的封国，后其弟安克帖木儿承袭王位。洪武（1368—1398年）时，安克帖木儿向明朝臣服。永乐二年（1404年），明成祖封安克帖木儿为哈密忠顺王。不久，安克帖木儿被蒙古大汗鬼力赤毒死。从此，哈密国从元朝的封国转变为明朝的属国，但长期摇摆于明蒙之间。

明永乐年间，设立哈密卫，是明王朝对哈密地区管辖统治的标志。但是，这一情况在成化年间发生了变化。成化九年（1473年），哈密西部的土鲁番（西察合台汗国）强大起来，开始与明朝争夺哈密卫，明朝的“兴复”计划被提上日程。

《明史纪事本末·兴复哈密》一卷记载了哈密地区从汉朝至元朝的沿革、明初至成化九年明朝对哈密地区的经营、明朝与土鲁番争夺哈密的全过程、明朝最终放弃哈密等事件。明朝与土鲁番对哈密的争夺历经三个阶段，从成化九年（1473年）哈密第一次被土鲁番所据，到嘉靖九年（1530年）明朝最后决定放弃哈密为止，长达50多年。其间有西域地区各民族上层人物间的纷争、哈密的时叛时服、明廷统治集团内部各派政治势力的较量，从侧面反映了明代中期上层内部矛盾斗争与政治腐败、

① 本文为内蒙古哲学社会科学规划项目“有关明蒙关系直接史料研究”（2019NDB078）阶段性成果之一。

② 明太祖朱元璋和明成祖朱棣时先后设立了安定、阿端、曲先、赤斤、罕东、沙洲、哈密卫。因为七卫地处嘉峪关以西，故称“关西七卫”。

③ 出伯之子亦里黑赤之孙。

内忧外患的历史现象。《明史纪事本末》命名其为"兴复哈密"，后世学者常称其哈密"三立三绝"。

《明史纪事本末·兴复哈密》一篇记载内容连贯、叙述完整。从其结构而言，着笔重点在于弘治、正德年间，哈密存在的危机以及明朝对哈密的经营及兴复，这构成了全卷的主题。史料来源与史书的史料价值及地位密切相关，评定一部史料的价值，主要取决于其所利用的资料。关于《明史纪事本末·兴复哈密》的史源，史无明言，因此，本文从史源学的角度对本篇进行探讨，以期昭示其史料价值。

一、《明史纪事本末·兴复哈密》对马文升《兴复哈密记》的利用情况

下面举例说明《明史纪事本末·兴复哈密》参考马文升《兴复哈密记》情况。

马文升，回族，宣德元年（1426年）出生于河南均州（今河南禹州市禹县），字负图，号三峰居士。景泰二年（1451年）进士，卒于正德五年（1510年）。他的政治生涯历经景泰、英宗、宪宗、孝宗、武宗等五个明帝朝，历任御史，巡按御史（山西、湖广），右、左副都御史，都御史，兵部侍郎，尚书和吏部尚书等职位。马文升一生为官60年，而任于兵部长达13年。弘治年间，对马文升来说处置得最重要的一件事情就是"兴复哈密"。弘治十三年（1500年），马文升经理哈密事务，后考述哈密兴衰的历史，成《兴复哈密记》。记事追溯到永乐初，系统叙述了哈密国的封建、承袭、数次遭蒙古侵凌、被土鲁番攻破，及明朝为兴复哈密所做的努力。此书属于当时人记当时事，因此，史料价值弥足珍贵。

《兴复哈密记》中，成化九年土鲁番速檀阿力侵哈密之事记载如下：

> 成化九年土鲁番锁檀阿力王掳王母、金印以去，（A）本国番夷离散，皆逃居苦峪、肃州，亦有阴随土鲁番者。甘州守臣(B)奏报，兵部集议以闻(C)，上命高阳伯李文、右通政刘文往抚之。比至，止调集罕东、赤斤番兵数千驻苦峪，不敢前。(D)自此番兵渐轻中国之兵矣，竟无功而还。朝廷屡命守臣经略，而王母、金印竟不可返。①

而《明史纪事本末·兴复哈密》篇对于此事的记载比《兴复哈密记》更加详细，字下有标点部分为添加内容。

> 宪宗成化九年(癸巳，一四七三)秋九月，土鲁番速檀阿力王入哈密，掠王母并金印去。（A）哈密，汉西域、唐伊州地也。汉武帝置酒泉、张掖、燉煌三郡，即今甘、凉、肃之境。又出玉门关通西域，置都护及戊己校尉，以断单于右臂，则今之哈密云。晋为凉州牧张实所据。历后魏，西域复通。隋炀帝因裴矩进《图记》，躬度玉门关，置伊吾、且未镇。唐隶陇右道，安氏之乱，尽没吐蕃。地无水而常寒，多雪，雪销乃得水。元封其裔勿纳失里为威武王，居之。明初，高皇帝定陕西、甘肃诸镇，嘉峪关以西置不问。永乐二年，安克帖木儿贡马，诏封为忠顺王，即其地置哈密卫。关以西卫七，曰哈密、安定、阿端、赤斤蒙古、曲先、罕东、罕东左，而哈密最西。东去肃州，西去土鲁番各千五百里。北数百里抵瓦剌，以天山为界。授其目马哈麻火只目等指挥，分

① 马文升：《兴复哈密记》，纪录汇编本。

居苦峪城，赐金印诏命，凡西域入贡，悉道哈密译上，亦汉武遗意也。

洪熙元年，哈密贡硫黄，上曰："哈密既有硫黄，猝遇战斗，须有备。"敕边吏知之。正统四年，瓦剌强，数侵哈密，哈密惧，稍持两端。玺书谕毋背德，终不悛，至拘留汉人转鬻，使至多暴横。边吏请责，诏曲贷之。而忠顺王再传为孛罗帖木儿，天顺末，见弑，无子。王母弩温答失力署国事，为乩加思兰所破。成化二年，兵部奏："王母以乩加思兰侵掠，避居赤斤苦峪，今寇退，宜敕复还哈密。"乃以把塔木儿为右都督守哈密，把塔木儿本畏兀族，故忠义王外孙也。把塔木儿死，子罕慎嗣。而土鲁番时强盛，控弦可五万，其速檀阿力尤雄黠。

至是，挟哈密、赤斤诸夷，王母不从，遂见掠及劫金印去。罕慎窜苦峪城，众或归附居肃州，亦有随土鲁番去者。甘肃抚臣 (B) 娄良以闻，兵部尚书 (c) 白奎言："哈密为我西藩，土鲁番无故凌夺，不救则赤斤诸卫尽为蚕食。嘉峪外皆强敌，而祸中甘肃。请集廷议恢复。"因举高阳伯李文、右通政刘文往经略之。比至哈密，众已溃散。文等不敢深入，止调集罕东、赤斤诸番兵数千驻苦峪不敢进，(D) 谬言："阿力欲乘虚捣二卫，宜还兵自为守。"遂引还。阿力始轻中国，益侵内属诸卫矣。

《明史纪事本末·兴复哈密》此段记载中 A 段记载了哈密历史沿革及成化九年之前哈密与明朝及其他族部之间的关系，作为亲身经历者的马文升被派往哈密并不在此时，而且当时是以右副都御史身份巡抚陕西。他应该不太清楚当时奏报守臣及兵部尚书的准确姓名，所以在他的《兴复哈密记》中没有载入。而《明史纪事本末·兴复哈密》根据其他史料加以补充，使其内容较史源资料更加充实。而据笔者查阅，A、B、C、D 段均援引自《皇明象胥录》。

马文升《兴复哈密记》记有：

弘治元年，阿黑麻以罕慎非贵族，乃假结亲而杀之。寻遣夷使入贡，且乞大通事往和番，因求为王，以主哈密国事。予时任兵部尚书，以为近日迤北大虏亦不遣使通好，今阿黑麻自有分地，亦难封彼为王以主哈密，彼若入贡，亦所不拒。乃具以上闻，请降玺书付甘州守臣，遴遣哈密夷人曾居甘州者赍赐阿黑麻，切加责谕，时王母已故。弘治四年，本酋遂以金印、城池来归，守臣具闻，事下兵部。①

《明史纪事本末·兴复哈密》据以上史料编纂为：

孝宗弘治元年冬十二月，土鲁番阿黑麻杀忠顺王罕慎，复据哈密。时有奸回诱阿黑麻攻哈密，阿黑麻亦壮，乃曰："罕慎非脱脱族，安得王？王故应我。"阳好语罕慎联姻，至哈密城下顶经盟，诱杀之。亦未敢颂言据哈密，遣使入贡，请代领西域职贡。且乞大通事往和番。兵部尚书马文升议："阿黑麻与哈密各有分地，安得相并。以北敌之强，我屡却款，何小蠢辄与我构，且僩然王也！姑许如例入贡，请敕阿黑麻还王母及金印，归我哈密。"玺书下，阿黑麻怒，欲勒兵近塞，要求之。其帅牙兰曰："哈密去吾土千余里，敌国辐辏，远出已难，况又近塞乎？今既杀其国王，番汉之心皆怒。若合谋并进，非我利也。不如乘势还城印以款之，再图后举。"阿黑麻以为然。

四年秋九月，遣哈密卫目写亦虎仙赍敕谕阿黑麻。时王母已死，阿黑麻亦悔祸，

① 马文升：《兴复哈密记》，纪录汇编本。

上金印及所据城。诏褒予金币，以写亦虎仙为都督佥事。

画线部分为补入内容。

马文升《兴复哈密记》记：

（弘治四年）本年八月，予以为哈密国回回、畏兀儿、哈剌灰三种番夷同居一城，种类不贵，彼此颉颃。北山一带又有小列秃、野乜克力数种强虏时至哈密需索，稍不果愿，辄肆侵陵（凌），至为难守，必须得元之遗孽袭封以理国事，庶可慑服诸番，兴复哈密。不然，虽十年未得安耳。先是曲先、安定王遣使入贡，即忠顺王裔派（流）也。予因命通事询贡使安定王族中子侄有可以主哈密国事者。贡使举王侄陕巴可任状，予遂奏令甘肃守臣取陕巴审可否。守臣寻以陕巴堪举及据哈密三种大头目奄克孛剌等亦皆合词告保陕巴年少量洪，足以服众，愿乞早袭王爵，管理国事状闻。弘治五年二月，予集议请以陕巴袭封忠顺王主哈密，然尚未给冠服也。守臣急欲成功，仓卒遣使送之于哈密。未几，诸番夷以陕巴无所犒赐，而阿黑麻复怒大头目都督阿木郎尝克其赏赐，又尝虏其部落头畜，遂杀阿木郎，复掳陕巴及金印以去，时弘治六年也。

报至，适阿黑麻先所遣大头目写亦满速儿等四十人入贡在京师，内阁礼部尚书大学士丘公浚谓予曰："哈密事重，须烦公一行。"予曰："边方有事，臣子岂可辞劳？但西域贾胡唯图窥利，不善骑射，自古岂有西域为中国大患者？徐当静之。"丘曰："有谶言，不可不虑。"予因集议请自往，众曰："哈密一方事耳，今北虏在边，四方多故，公往甘凉，四方边事付之何人？"乃议以兵部右侍郎张公海、都督佥事缑谦领勅率写亦满速儿等往经略之。①

据以上史料，《明史纪事本末·兴复哈密》记为：

五年春二月，封哈密陕巴为忠顺王，遣使护归之。马文升谓："戎俗重种类，且服元久。哈密故有回回、畏兀儿、哈剌灰三种，而北山又有小列秃乜克力相侵逼，必得元裔填之，可慑诸番。"乃行求忠顺近属，得曲先安定王侄陕巴，奏令甘肃守。再询诸番族，立陕巴可否状，番族合词称"陕巴可立为王，主国事"。乃遣使立之，辅以奄克孛剌、阿术郎。未几，诸番索陕巴犒赐不得，阿术郎更引哈剌灰夷掠土鲁番牛马。阿黑麻怒，复构兵。

六年冬十月，土鲁番复入哈密，执陕巴，支解阿术郎，掠金印去。事闻，大学士丘濬谓马文升曰："哈密事重，须公一行。"文升曰："方隅有事，臣子岂敢辞劳。但西域贾胡嗜利，不善骑射，古未有西域能为中国大患者，徐当靖之。"濬复言，文升乃请行。诸大臣言："北寇方强，文升不当往甘、凉，委四方边事。"乃敕兵部侍郎张海、都督侯谦往经理之。会阿黑麻前遣部目写亦满速儿等四十余人修贡至京。事下廷议，通事王英言："罕东及野也克力诸部怨土鲁番剌骨，抚而用之，皆吾兵也。西域使者方扣关互市为利，我声阿黑麻罪，谢勿与通。令彼穷而归怨，皆吾间也。"而廷议皆欲命海以檄往，如土鲁番归陕巴，听予贡；否则留前使勿遣，而绝其后使。上从之。

马文升《兴复哈密记》接着记：

既抵甘州，议令写亦满速儿等数人并遣在边通事先以勅谕阿黑麻顺天道，归陕

① 马文升：《兴复哈密记》，纪录汇编本。

巴、金印，而诸夷使缘此皆欲同回，张、缑等不可，唯遣哈密夷人以勅往。迨久未回，张、缑等遂以上命修嘉峪关，清各卫久居哈密回回名数以闻。复捕哈密久通阿黑麻黠诈回回二十余人，发戍广西，诸夷颇知畏惧。予以为此虏既遣使入贡，复虏陕巴、金印，迨勅使往，又久不报，其轻中国之心著矣。遂请以写亦满速儿等四十余人皆安置两广、福建，并闭嘉峪关，示西域入贡诸番夷俱毋令入，使阿黑麻结怨于众夷，以孤其势。张、缑等于弘治七年三月未前闻即归，上怒其不进图本又无成功，皆下狱，张降外任，缑住俸闲住。然阿黑麻愈肆骄横，大抵皆哈密回回教之也。盖以成化闻(间)，彼番贡狮子，甘州守臣奏至，宪宗皇帝预命内臣接至河南入京，赏赉甚厚。今上即位初，彼复贡狮子，泛海由广东来。奏至，上不贵远物，谏官交章请却之而回，其余贡至者亦不及昔年厚赏利，乃教诱阿黑麻诈称领夷兵一万，用云梯攻肃州城并蹂甘州。报至，朝野颇惊。予以为彼张虚声以挟我耳，且土鲁番至哈密十数程，中经黑风川，俱无水草，哈密至苦峪又数程，亦无水草，入贡昔往返皆驮水而行。使我整兵以俟，谨烽火，明斥堠，彼至肃州，我以逸待劳，纵兵出奇一击，必使彼匹马不返矣。夷使入贡至京者，亦以此意晓之，伐彼邪谋，自此再不敢复言来攻肃州矣。①

据以上史料，《明史纪事本末·兴复哈密》记为：

海等至甘州，遣哈密人赍玺书往责阿黑麻归陕巴，不报。乃修嘉峪关，捕哈密奸回通阿黑麻者二十余人，奏请戍广西。

七年春三月，下张海、侯谦于狱。张海等不候命，遽归，上言："西域远方，势难兴师。哈密存亡，不必过烦中国。"上怒其无功，下海、谦狱，黜之。马文升乃请"安置写亦满等四十余人于闽、广，示惩创。而稍用王英策，闭嘉峪关，命西域诸贾人归怨阿黑麻，以携其党。"从之。乃闭嘉峪关，绝西域贡。时西域诸胡皆言："成化间，我入贡，皇帝先遣中贵人迓我河南，至京宴赐甚伙。今不抚我，我泛海万里贡狮子，谓我开海道，却不受。即从河西贡者，赏宴亦薄。天朝弃绝我，相率从阿黑麻，且拒命，中国能奈我何。"阿黑麻遂复入据哈密，自称可汗，大掠罕东诸郡。谍言："土鲁番用云梯攻肃州，且蹦甘州。"文升曰："是虚声恫喝我耳！土鲁番至哈密十数程，中经黑风川，哈密至苦峪又数程，皆绝水草，贡使往返驮水行。我第整师旅，谨斥堠，俟彼至肃州，出奇纵击，以逸待劳，可匹马不返也。"

通过比对二书内容，可知《明史纪事本末·兴复哈密》篇利用《兴复哈密记》此段内容时，除了对部分字词稍作改动或删减或添加外，内容基本相近。如《兴复哈密记》中阿黑麻杀罕慎之事记为："弘治元年，阿黑麻以罕慎非贵族，乃假结亲而杀之。寻遣夷使入贡，且乞大通事往和番，因求为王，以主哈密国事。"② 言简意赅，而《明史纪事本末·兴复哈密》略详于史源，记作："孝宗弘治元年冬十二月，土鲁番阿黑麻杀忠顺王罕慎，复据哈密。时有奸回诱阿黑麻攻哈密，阿黑麻亦壮，乃曰：'罕慎非脱脱族，安得王？王故应我。'阳好语罕慎联姻，至哈密城下顶经盟，诱杀之。亦未敢颂言据哈密，遣使入贡，请代领西域职贡。且乞大通事往和番。"且记录时间方面要比史源更加精确。

① 马文升：《兴复哈密记》，纪录汇编本。
② 马文升：《兴复哈密记》，纪录汇编本。

二、《明史纪事本末·兴复哈密》对许进《平番始末》的利用情况

许进，出生于1437年，成化二年（1466年）进士，曾任大同巡抚、甘肃巡抚，官至兵部尚书。许进善于边防军务，曾带兵征伐土鲁番、哈密等地，军功卓著，明正德元年，明廷根据他的军功，升他为兵部尚书。他文武双全，除政绩卓然，还著有《平番始末》一书。此书是他兴复哈密城后，据当时所存奏稿、书牍纂成，其中记载了关于哈密地区回回、畏吾儿、哈剌灰诸种族，瓦剌余部小列秃、野乜力克，察合台后裔土鲁番首领阿黑麻部情况以及他们之间的往来关系，记载翔实具体，而《明实录》等其他史书却鲜见载入，因此史料价值颇高。

《明史纪事本末·兴复哈密》利用《平番始末》情况不尽人意，很多重要信息均被省略，这应是此篇不足之处。尽管如此，《明史纪事本末·兴复哈密》作者并未忽视许进直接史料的重要性。《明史纪事本末·兴复哈密》利用《平番始末》有以下几处：

《平番始末》载：

> 未几，阿黑麻怒曰："罕慎，贱族也，安得为王？"弘治元年，乃率众假以欲结亲，罕慎执而杀之。随遣使称贡，且乞天使和番并求为哈密王。时钧阳马公文升在兵部，议谓遣使和好，虽迤北大虏未有此行。又阿黑麻自有分地，难复主哈密。至于入贡，则有常例，在所不拒，请下玺书，切责阿黑麻。阿黑麻得书怒，谋欲勒兵近塞要求之。其酋牙兰曰："哈密去吾土千余里，敌国辐辏，远出已难，况又近塞乎？今既杀其国王，则夷汉之心皆怒，若合谋并进，非我利也。不如乘势还城、印以款之，再图后举。"阿黑麻以为然。①

据以上史料，《明史纪事本末·兴复哈密》记：

> 孝宗弘治元年冬十二月，土鲁番阿黑麻杀忠顺王罕慎，复据哈密。时有奸回诱阿黑麻攻哈密，阿黑麻亦壮，乃曰："罕慎非脱脱族，安得王？王故应我。"阳好语罕慎联姻，至哈密城下顶经盟，诱杀之。亦未敢颂言据哈密，遣使入贡，请代领西域职贡。且乞大通事往和番。兵部尚书马文升议："阿黑麻与哈密各有分地，安得相并。以北敌之强，我屡却款，何小蠢辄与我构，且惘然王也！姑许如例入贡，请敕阿黑麻还王母及金印，归我哈密。"玺书下，阿黑麻怒，欲勒兵近塞，要求之。其帅牙兰曰："哈密去吾土千余里，敌国辐辏，远出已难，况又近塞乎？今既杀其国王，番汉之心皆怒。若合谋并进，非我利也。不如乘势还城印以款之，再图后举。"阿黑麻以为然。

内容相差无几，行文稍有异同。此段句下有标点部分最早出现于《平番始末》中，后出史书多有参考。

再如马文升、许进等征讨牙兰之事，《平番始末》记载翔实：

> 弘治八年正月至甘州，时阿黑麻已去，留其大头目牙兰与撒他儿率精锐二百人守哈密。牙兰机警有勇力，能并开六弓，夜宿十徙，虽近人莫知所在。哈密胁从者皆

① 许进：《平番始末》，纪录汇编本。

慑服不敢动，其雄黠者反投之，教以挠中国之术。僚佐颇以为忧，问予所图，予曰："已有拙见，徐当议之。"乃访抚夷官熟知夷情道路者，得指挥杨翥，令其假以他事深入探听。既而得其情状缓急甚悉，众复以为问，予曰："哈密事未易言也。昔我太宗建立此国，为虑最悉，外连罕东、赤斤、苦峪等卫，使为唇齿，内连甘肃等卫，使为应援，若哈密有警，则夷夏共救之，此非为哈密，为藩篱计尔。土鲁番去哈密千余里，中经黑风川等处，俱无水草，虽其人惯战习兵，使哈密有备，诸番犄角，我兵乘之，其易破哉！王母之虏也，实以哈密久安亡备，土番乘间袭之尔。既而哈密逃散者不能自归，一切仰我经略，我边又不肯身任其事，令其暂住苦峪等处，蓄积养锐，以图恢复，是以日月坐迁，愈久愈废，罕慎之封也，天兵之威未加，土番之情未复，哈密之势未振，赤斤等卫之援未合，苟简为之，能不取败？罕慎既死，贼势亦横，谓我兵不能远制，遂求为王，以主哈密。迨皇上震怒，下勅切责，则又佯归城、印以欵我谋，而其实主哈密之心无日不在也。大臣急欲成功，遽封陕巴而不思土番何畏而不再来，哈密何恃而能死守，轻信寡谋，致有今日。且今牙兰凭其累胜之威，据有坚城，内外连结，大势已定，非复昔日或出或入专事剽略之举，而哈密三遭残破，锐气已尽。近闻苦峪遗民种瓜放债，生理百出，皆不愿回本国，此岂有恢复之志哉？其赤斤等卫则又劫于土番之余威，心怀疑二，踪迹不定。然则独欲以我兵与之千里争锋，诛寇立王，此谈兵之士所以为之束手而无策也。"众曰："于公何如？"予曰："不袭斩牙兰，则天威不振，而土番终不知惧；不怀来诸夷，则声援不合，而我兵终不敢入。今日之计，结好北虏，抚谕南羌，收赤斤等卫未一之心，作苦峪遗民已馁之气，以夷攻夷，佐以汉兵，出其不意，则牙兰成擒。牙兰既擒，贼计阻塞，然后绥和诸夷，使之结为姻好，分守要害，以防报复。少迁苦峪居者之半，使之共守哈密，以理旧业。整饬我兵，联络声势，以为诸夷应援。如是则土番进不能战，退无所得，力屈智穷，称欵有日矣。"二月，予乃以用兵方略闻，上可其奏（省略）。

（省略）十月，予乃以赵协副守甘州，身同刘公宁、陆公誾至肃州调集各处卫所官军，简（拣）其精锐者凡四千员名，议以副总兵彭清为前部，予兵一千五百人，先期出嘉峪关，沿途候调赤斤等卫夷兵亲临节制，俱会于羽集乜川，以待分遣。以指挥杨翥赍勅亲诣番族抚调赤斤等卫夷兵共一千五百员名，与彭清会，以候大军。以少监沈让整饬在营一应神鎗、神铳、火器、火药等件器械，以户部郎中杨奇、提督仓场，以佥事孟准随营督运粮草，以兵备副使李旻偾运军饷，以分巡西宁佥事杨萱预备接济，以百户何祯、镇抚刘宝赍执旗牌统领官军，都指挥李清等一千五百员名骑牵正驮马匹，各带军火器械，营料什物，沿途巡点，勿致遗落。而予与刘、陆二公躬统大军续发，与彭清等及番兵俱会于羽集乜川，以议进攻。分布既定，十一月初五日，誓众于肃州演武场。初六日发嘉峪关，历扇城、赤斤、苦峪、王子庄等处，凡八日至羽集乜川，营于卜陆吉儿之地。是夜大风振作，扬沙沙转徙，须臾平地成阜，军士寒不支，僵卧马傍。余重裘尚不堪，乃环走帐外，问慰诸军。胡地有鸟夜鸣，声极悲切，僚佐有垂泣者，余曰："此正臣子图报之日，死沙场亦幸矣，何泣为？"夜半风止而雪，军士少安。翌日，小列秃遣其弟卜六赛罕玉（王）等十六人至营曰："前日脱脱迷失往甘州见众大人报信，与了大赏赐。又差哈剌灰人矮胖到我营，有我与朝廷出力。土鲁番原与我们仇家，我老子因此与阿黑麻厮杀中箭死了。如今我哥哥卜六阿歹做了太师的职事，终日要报此仇。想起朝廷洪惠，不敢有忘，差我卜六赛罕等来边上谢礼，就告禀众大人知道，我兄弟每连我叔孛罗罕同领人马与朝廷出气力，如今人马见堵著土鲁番路里。"余喜（嘉）其意，犒以牛酒，令随中军。时彭清兵与各卫番兵俱集，惟罕东未至，众欲待之，余曰："潜师远袭，贵在神速，兵已足用，不须待也。"乃令彭清精选番、汉兵共一千九百五十员名，授以方略，即日进发。别遣指挥杨禧领兵三百，分布北路坦力一带，指挥朱玉领兵三百分布南路养威一带，俱为彭清声援，以防不测。余则与刘、陆二公以大军继之，令番兵三百往来哨探，联络声势。苦峪去哈密凡三程，无水，入贡者皆驮水往来。至是得雪，余遂得以兼程西向。

十八日黎明，大兵掩至城下，以都指挥李清所领甘州官军六百一十余员，名分为左哨，令百户何祯、冠带舍人刘訔执旗牌督之，与番兵六百三十余名四面合势进攻，贼亦悉力拒战，自寅至辰，贼气渐衰，我兵呼澡（噪）并进，凿城为坎，蚁附而登，贼众崩溃，退保土剌。土剌者，犹华言大台也。我兵乘胜直入，与贼首撒它儿复战于土剌下，指挥何玉、李珍等奋不顾身，先登陷阵，贼败，斩首六十余级，攻破土剌五座，烧毁房屋三百间，俘获已故忠顺王妻女，获到牛、马、羊只二千有奇。牙兰、撒它儿乘间逸出，余贼四散逃匿山林，城中震慑，不敢动。惟余大土剌一座，守者几千人，我兵以鎗炮矢石攻之，杀百数十人，尚未下。问其俘，则言皆哈密人为牙兰协从，非敢拒命，恐一槩被诛尔。余闻其说，急遣人传令勿攻。时有贪功者，异欲封侯，乃诣予耳语曰："此辈既从牙兰，即是逆贼，且面貌不异土番，若诛之，得八百首级，甚奇功也。且我等忘身犯险，千里争锋，而以数十百级归，何以为辞？"余曰："朝廷用我辈专为恢复，我辈图恢复当务安定，妄杀一人，尚恐远人不服，况八百乎？且得其城而屠其人，其谁与守？吾宁无功，决不为此，汝今尚未有嗣，第从吾言，天必令生佳儿，不然吾劾汝矣。"乃止。令官执信牌往谕之，遂下，咸给牛种，抚令宁家，并谕以时寒天兵不能远留，各宜改心涤虑，谨守旧土，春来当为尔等修筑城垒。迁发流人，以图久安之计。二十三日，乃以获到牛马犒赏将士，分哨结营，全胜而回，遂遣人以捷音闻，而合军由嘉峪关入。诸番兵令各还本卫，其头目皆赴肃州议功行赏。①

据以上史料，《明史纪事本末·兴复哈密》记为：

八年春正月，阿黑麻西去，留其将牙兰与撒他儿率精锐二百守哈密。牙兰机警，骁勇绝人，能并开六弓，夜宿十徙，虽近人莫知所在。哈密胁从者，皆慑服不敢动。其雄黠者反从之，教以挠中国之术。马文升闻之，曰："是可袭而执也。"召肃州指挥杨翥至计事，抚其背曰："尔谙番情，悉西域道里。今欲擒斩牙兰，策安出？"翥言："罕东有间道可进兵，不旬日达哈密。"文升曰："如若言，以罕东兵三千为锋，我师三千后继，各持数日熟食，兼程袭之若何？"翥称善。而甘肃巡抚都御史许进亦以方略闻，且曰："不斩牙兰则天威不振，土鲁番终不知惧。"文升乃即以前策属之。遣副总兵彭清统锐卒由南山驰至罕东，即调罕东诸番兵，乘夜倍道袭牙兰。

冬十一月，许进及总兵刘宁抵肃州，驻师嘉峪关外。迟罕东兵不至，乃偕彭清循

① 许进：《平番始末》，纪录汇编本。

> 大路行，以水草乏绝不得驰。牙兰诇知，乘千里马宵遁，惟余番人八百，登台自保。师入哈密，得陕巴妻女并牛羊三千，斩级六十。拔哈密胁从者八百余人还。我士马乏粮，多物故。文升徒取空城，竟失牙兰。然西域亦自是颇惮中国。上念边吏冒险出塞，进等及太监陆誾皆以功升秩。①

《明史纪事本末·兴复哈密》对史源《平番始末》此段内容删减成略，对其利用不充分，这是《明史纪事本末·兴复哈密》欠缺之处。

三、《明史纪事本末·兴复哈密》利用《皇明象胥录·哈密》情况

《皇明象胥录》，明茅瑞征撰，八卷，内容记述明代周边国家地区的民族史事，有朝鲜、琉球、日本、安南、占城、满加拉、哈密、西域、西番、兀良哈等目。哈密及兀良哈目下记有关于蒙古的资料。茅瑞征曾官兵部职方司，根据历代史碟及耳目闻见撰为此书，以补郑晓《皇明四夷考》，记事迄于万历。

下面举例说明《明史纪事本末·兴复哈密》利用《皇明象胥录·哈密》情况：

《皇明象胥录》载：

> 阿黑麻西去，令夷目牙兰以四百骑据哈密。文升曰："是可袭而执也。"召肃州抚夷指挥杨翥至计事，抚其背曰："汝习夷情，悉西域道里。今欲擒斩牙兰，策安出？"翥言："罕东有间道可进兵，不旬日达哈密。"文升曰："如若言，以罕东兵三千为锋，我师三千后继，各持数日熟食，兼程袭之若何？"翥称善。文升即属而甘肃巡抚许进如前筴调兵食，遣副总兵彭清统锐卒由南山驰至罕东，诸番兵，乘夜倍道袭牙兰。八年冬，进及总兵刘宁抵肃州，驻师嘉峪关外。迟罕东兵不至，乃偕彭清循大路行，以水草乏绝不得驰。牙兰诇知，宵遁，惟余番夷人八百，登台自保。师入哈密，得陕巴妻女并牛羊三千，斩级六十而还。我士马乏粮，多物故。文升以出师违节制，徒取空城，大失望。议牙兰不获功，无可录，独军士远征劳苦，亦升赏。②

据《皇明象胥录》史料，《明史纪事本末·兴复哈密》记为：

> （弘治）八年春正月，阿黑麻西去，留其将牙兰与撒他儿率精锐二百守哈密。牙兰机警，骁勇绝人，能并开六弓，夜宿十徙，虽近人莫知所在。哈密胁从者，皆慑服不敢动。其雄黠者反从之，教以挠中国之术。马文升闻之，曰："是可袭而执也。"召肃州指挥杨翥至计事，抚其背曰："尔谙番情，悉西域道里。今欲擒斩牙兰，策安出？"翥言："罕东有间道可进兵，不旬日达哈密。"文升曰："如若言，以罕东兵三千为前锋，我师三千后继，各持数日熟食，兼程袭之若何？"翥称善。而甘肃巡抚都御史许进亦以方略闻，且曰："不斩牙兰则天威不振，土鲁番终不知惧。"文升乃即以前策属之。遣副总兵彭清统锐卒由南山驰至罕东，即调罕东诸番兵，乘夜倍道袭牙兰。冬十一月，许进及总兵刘宁抵肃州，驻师嘉峪关外。迟罕

① 马文升：《兴复哈密记》，纪录汇编本。

② 茅瑞征：《皇明象胥录》，四库禁毁书丛刊（史部10册），第633页。

东兵不至，乃偕彭清循大路行，以水草乏绝不得驰。牙兰诇知，乘千里马宵遁，唯余番人八百，登台自保。师入哈密，得陕巴妻女并牛羊三千，斩级六十。拔哈密胁从者八百余人还。我士马乏粮，多物故。文升徒取空城，竟失牙兰。然西域亦自是颇惮中国。上念边吏冒险出塞，进等及太监陆誾皆以功升秩。

《明史纪事本末·兴复哈密》此段史料是以《皇明象胥录》为框架，据当事人之作，有内容上的补充。画线部分是据许进《平番始末》载入，如："弘治八年正月至甘州，时阿黑麻已去，留其大头目牙兰与撒他儿率精锐二百人守哈密。牙兰机警有勇，力能并开六弓，夜宿十徙，虽近人莫知所在。哈密胁从者，皆慑服不敢动。其雄黠者反投之，教以挠中国之术……不袭斩牙兰则天威不振，而土番终不知惧。"[①]

《皇明象胥录》载：

十一年，越出河西，而陕巴至甘州。令三种都督，回回则写亦虎仙，畏兀儿则奄克孛剌，哈剌灰则拜迭力迷失，共佐陕巴。奄克孛剌以罕慎弟，与陕巴不协，乃妻陕巴以罕慎女结好。是秋赐陕巴蟒玉大帽，复封为忠顺王，释写亦、满速儿等西归。亡何越卒，哈密三种人久厌兵，而哈剌灰以射猎为生，不愿还哈密。文升请许留家之半肃州。十二年春，以兵护陕巴归哈密，而土鲁番诸夷许复入京朝贡，劳赐良厚。陕巴嗜酒，掊克诸部，阿孛剌等咸贰。十七年春更，阴构阿黑麻，迎其次子真帖木儿来王哈密，陕巴弃城走沙州。守臣遣指挥董杰及奄克孛剌往谕夷众，迎陕巴还，阿孛剌不从。杰等遂擒斩阿孛剌并其党六人，余怖服。乃别令都指挥朱瑄勒兵送陕巴复王，而以真帖木儿还土鲁番。真帖木儿时年十三，其母亦罕慎女也。会阿黑麻死，诸兄雠杀，真帖木儿惧，不敢还，愿依奄克孛剌，守臣恐与陕巴嫌，使居甘州。而其兄满速儿寻定国乱，自立矣。[②]

《明史纪事本末·兴复哈密》据《皇明象胥录》资料，载：

十一年秋八月，复封陕巴为哈密忠顺王。先是，都御史王越出河西，而陕巴至甘州。越乃令三种都督，回回则写亦虎仙，畏兀儿则奄克孛剌，哈剌灰则拜迭力迷失，共佐陕巴。奄克孛剌以罕慎弟，与陕巴不协，乃妻陕巴以罕慎女结好。遂赐陕巴蟒玉大帽，为忠顺王，而释写亦满等西归。会越卒，哈密三种人久厌兵，初以国乱，入居甘肃境上，射猎为生，不愿归哈密。文升请留家之半肃州，往来自便。十二年春正月，遣兵护忠顺王陕巴还哈密，以都督写亦虎仙、奄克孛剌、拜迭迷失三种辅之，主国事。土鲁番诸部许复入京朝贡，劳赐良厚。已而陕巴嗜酒，掊克诸部，阿孛剌等咸贰。十七年春三月，阿孛剌阴构阿黑麻，迎其次子真帖木儿来王哈密，陕巴弃城走沙州。边吏遣指挥董杰及奄克孛剌往谕部众，迎陕巴还，阿孛剌不从。杰等遂擒杀阿孛剌并其党六人，余怖服。乃别令都指挥朱瑄勒兵送陕巴复王，而以真帖木儿还土鲁番。真帖木儿时年十三，其母亦罕慎女也。会阿黑麻死，诸子雠杀，真帖木儿惧，不敢还，愿依奄克孛剌，曰："吾外祖也。"守臣恐与陕巴嫌，乃携还，使居甘州。而其兄满速儿寻定国乱，自立。

① 许进：《平番始末》，纪录汇编本。
② 茅瑞征：《皇明象胥录》，四库禁毁书丛刊（史部10册），第637页。

二书内容基本相同，《明史纪事本末·兴复哈密》有确切的月份记载，可能参考了当时的档案资料，而这些现已不存，其他史料均不得见。

《皇明象胥录》载：

正德元年，陕巴死，子拜牙郎嗣，真帖木儿尚未遣。三年，满速儿称速檀朝贡，上书求真帖木儿。兵部议质所爱，不予。五年，走出城，追获之。七年冬，始令哈密三都督送真帖木儿西还。八年春至哈密，独奄克孛剌止不行，写亦虎仙、满剌哈三护至土鲁番。以国情输满速儿，潜诱拜牙郎叛中国。拜牙郎淫暴，心怵属夷谋害，欲挟奄克孛剌往。不从，奄克孛剌遂奔肃州。拜牙郎弃城走土鲁番，满速儿令夷目火者他只丁与写亦虎仙、满剌哈三取金印，守哈密。九年正月，满速儿率众至，分据剌木等城。而河西大饥窘，真帖木儿且谓甘州城南黑河可引灌城。日夜聚谋侵甘肃。①

《明史纪事本末·兴复哈密》据此载：

武宗正德元年秋九月，忠顺王陕巴死，子拜牙郎嗣位，淫虐不亲政事。八年春二月，真帖木儿还土鲁番。先是，满速儿称速檀朝贡，上书求真帖木儿。兵部议质所爱，不予。寻逸出城，追获之。七年冬，始令哈密三都督送真帖木儿西还。至哈密，奄克孛剌欲止之，写亦虎仙、满剌哈三不可，护至土鲁番。以国情输满速儿，潜诱拜牙郎叛中国。拜牙郎淫暴，心怵属部谋害，欲掩奄克孛剌往。不从，奄克孛剌奔肃州。八月，拜牙郎弃城叛归土鲁番，满速儿令头目火者他只丁与写亦虎仙、满剌哈三取金印，守哈密。又令火者马黑木等至甘州索赏。哈密诸部乃译书言："拜牙郎弃国从番，乞命将守哈密。"巡抚赵鉴谬谓："满速儿忠义，守城勤劳。"命抚戎官赐之金币。抚戎官入哈密，满速儿亦率众至，分据拉木等城。真帖木儿又言："河南大饥，人死亡且半。甘州城南黑河可引灌城。"于是满速儿及火者他只丁、牙木兰日夜聚谋侵甘肃矣。

又如《皇明象胥录》载：

（嘉靖）四年，牙木兰复据哈密，侵肃州，又入沙州。起原任大学士杨一清督陕西军务，初，哈密二种避雠内徙，一居肃州东关，一居金塔寺等诸处。九畴议移肃州北境弃地，以杜后患。一清以各夷一旦外徙，不北合瓦剌，必西连察台，徒足召衅。议遂寝。寻一清召入，尽出平凉所羁夷使，往谕土鲁番。令悔罪，归我哈密。而杨廷和坐议礼罢，彭泽亦去职。诸新贵人张璁、桂萼等用事，方雠廷和。知王琼故怨之，言："哈密不靖由彭泽，泽以廷和曲庇。惟急用琼，西鄙乃可宁也。"七年春，起琼兵部尚书，兼右都御史，代王宪总督，琼上书辨泽、九畴事，言："满速儿实不死。"按验九畴诬罔，璁、萼拟坐斩，并罪廷和。刑部尚书胡世宁力争，"九畴虽上首功 提督陕西军务。陈大学士杨寻王宪为提督，复失实，然其人忠勇可任，有功河西，最为土鲁番所忌"。得谪戍边。勒泽及金献民归里。②

《明史纪事本末·兴复哈密》据此载：

四年春二月，土鲁番牙木兰复据哈密，率众入沙州，侵及肃州。五年春三月，命尚书王宪提督陕西边务。先是，起杨一清提督军务，一清请羁縻土鲁番还城印。未几，

① 茅瑞征：《皇明象胥录》，四库禁毁书丛刊（史部10册），第637页。

② 茅瑞征：《皇明象胥录》，四库禁毁书丛刊（史部10册），第639页。

召入阁，以宪代。宪尽出平凉羁留贡使，往谕土鲁番。令悔过伏罪，归我哈密。七年春正月，起王琼为兵部尚书，兼右都御史，提督陕西军务。初，哈密二种避雠内徙，一居肃州东关，一居金塔寺诸处。陈九畴议移肃州北境弃地，以杜后患。大学士杨一清以各部一旦外徙，不北合瓦剌，必西连察台，徒足召衅。议遂寝。寻王宪为提督，复遣使往谕之，土鲁番亦未肯服。而杨廷和坐议礼罢，彭泽亦去职。张璁、桂萼等用事，方雠廷和。知王琼故怨之，言："哈密不靖由彭泽，泽以廷和曲庇。惟急用琼，西鄙乃可宁也。"至是，遂以琼代宪总督。琼被用，即上书论泽、九畴事，言："满速儿实不死。"按验九畴诬罔，璁、萼拟坐斩，并罪廷和。刑部尚书胡世宁力争，"九畴虽上首功失实，然其人忠勇，再保河西有功，为土鲁番所忌"。得不死，戍边。泽、金献民归里，廷和得免。

以上史料依例系录，内容略同于史源，不过《明史纪事本末·兴复哈密》有更明晰的日期记载。这些在其他明代史书中是不得见的，很可能二书另有共同的史源，现已不存，但部分珍贵史料流传于二书中，且被保存下来。

总结

如上举例，《明史纪事本末·兴复哈密》一篇在各家著述的基础上斟酌去取，缀集成篇。主要取材于当事人之作的马文升《兴复哈密记》及许进《平番始末》、茅瑞征《皇明象胥录》三书，抑或参酌诸司档案。虽然内容上多移用了上述史料，但也增补了不少新内容，有些日期上的记录，其他史书不见记录。官修《明实录》对哈密的记载均散见于各朝实录中，多为奏疏，内容不连贯，而且与其他记载交织在一起，而马文升、许进的记载又侧重于弘治、正德年间对哈密的兴复，其他年间的事情涉及不多。因此，《明史纪事本末·兴复哈密》的史料价值凸显在补充直接史料之缺，亦可与《明实录》中的记载相互印证。不足之处为对官修史料依据不够，利用《平番始末》情况不尽人意，有些重要信息被删减省略，这应是《明史纪事本末·兴复哈密》史源征引方面的不足之处。不过总体来讲，《明史纪事本末·兴复哈密》一篇叙述清晰、编排得当、内容较为集中，是《明史纪事本末》中质量较高的一部，能基本反映有关兴复哈密之事概貌，不失为一部有参考价值的史料。

蒙古法制史研究的历史与现状①

那仁朝格图
（内蒙古大学）

蒙古法制史是介于历史学、法学和蒙古学的一门交叉性学问。长期以来，国内外学术界从历史学、文献学、语言学和法律史学的视角对蒙古族历代法制文献和法律制度进行考察，取得了丰硕的成果。本文在大量搜集整理前期研究成果的基础上，对西方早期蒙古法制史研究，俄罗斯—苏联、日本、蒙古国、中国及其他国家和地区的蒙古法制史研究现状进行了简要的评述。

引言

蒙古族法制传统源远流长。蒙古族是古代北方游牧民族制度文明的集大成者，蒙古法制丰富多彩，独树一帜，绵延千载。古代蒙古法制以崇尚和谐、追求正义、刑罚宽缓、法条简平、司法公正、提倡无讼、开放包容为内涵和特征，其主要渊源是古代匈奴、东胡、鲜卑、柔然、乌桓、突厥、回鹘、契丹等蒙古兴起前草原游牧先民的制度文明和相沿已久的法制文化。蒙古法制在司法过程中形成了游牧社会独具特色的法律形式和司法程序。7—12 世纪是蒙古法制准法律意义上的形成阶段，这时期，蒙古高原上的突厥——蒙古各部落联盟主要以社会规范或习惯法的形式调节各种社会关系。13 世纪初大蒙古国建立后，成吉思汗以“大札撒”法律治理国家，蒙古法制进入成文法的雏形期。元代，汉法、蒙古法、伊斯兰法和土司习惯法等多元法制在“各依本俗法”的指导思想下形成了同时并存、兼容并蓄的法文化特点。元亡后，明蒙战争和蒙古内讧导致蒙古社会进入动荡不安的混乱局面，经达延汗“中兴”，蒙古社会趋于稳定，藏传佛教的再度传播和建立“政教合一”国家成为时代主流。大汗为首的各封建领主纷纷立法，于是，16—17 世纪，蒙古法制进入了法典编纂的活跃时期。18—20 世纪初，蒙古诸部逐渐成为清朝的藩属，清廷通过刑部和理藩院以“蒙古例”为主的国家立法

① 该成果获得国家社科基金项目“蒙古文传统法律典籍研究”（13BFX020）课题和中国博士后科学基金面上资助项目“青海卫拉特联盟法典研究”（2012M521666）课题的资助。

对外藩蒙古各盟旗进行法律支配，并允许外藩蒙古自行制定地方性法规作为国家法的补充，形成二元法律体制并存的局面。

西方学术界早在 17 世纪就开始广泛关注蒙古族的历史、语言、文化和经济生活。他们在研究蒙古历史和民族志田野调查的过程中，对蒙古族的制度文化，尤其是对蒙古族的社会习惯和法律制度产生极大的兴趣。最初，西方学者通过阿拉伯文献和旅行家的行纪资料着手对蒙古法制文献与制度进行考察和研究。18—19 世纪，西方的汉学研究空前繁荣，西方汉学家和俄罗斯东方学家对西部卫拉特蒙古和西伯利亚布里亚特蒙古社会的法律资料和刑法及司法制度进行考释和阐述。20 世纪初开始，日本学术界在西方和俄罗斯学术界早期蒙古法制史研究的基础上，对蒙古法制史做了较全面的研究，并发表和出版了大量的研究成果。当代蒙古国和中国学术界因各种原因对蒙古法制史的研究起步比较晚，近年来，随着各语种法制文献档案的大量挖掘整理、中蒙两国蒙古学研究交流的深入和民族法制文化研究领域的进一步拓展，蒙古法制史研究有了新的发展趋势。

本文是笔者在多年资料积累 [1] 和参考刘晓 [2]、李玉年 [3]、胡兴东 [4]、额定其劳 [5]、萩原守 [6]、达力扎布 [7]、赵九燕、杨一凡 [8]、M.И. 戈尔曼 [9] 等学者前期成果的基础上完成的，因涉及面较广，挂一漏万在所难免。

一

早期蒙古法制史研究是从蒙古文法制文献的搜集整理与翻译注解开始。17 世纪是欧洲东方学的初兴阶段，法、英、意、德、荷等国家都拥有相当数量的东方学文献，当时法国的东方学居于领先地位。法国人克鲁瓦（PetisdelaCroix）是最早利用阿拉伯史料编著蒙元史的西方学者，其《古代蒙古和鞑靼人的第一个皇帝伟大成吉思汗史》（巴黎，1710 年；伦敦，英译本，1722 年）一书是根据波斯、阿拉伯文史料和欧洲旅行家的行记，对成吉思汗及其继承者的传记，古代蒙古人的风俗、习惯和法规，蒙古、突厥、钦察、畏兀儿及东西方鞑靼人的地理进行研究的巨著。在此基础上，瑞典人多桑的《蒙古史》（第一卷 1824 年出版，1852 年出齐全部四卷）对成吉思汗时代蒙古人的法律做了较详细的论述。此后，西方汉学家开始关注蒙古族的历史、文化及法律制度。C. 利巴夫采夫的《理藩院则例（第 2 卷）》（圣彼得堡，1828 年）是较早关注清代蒙古法制文献的成果。A.M. 波兹德涅耶夫的《蒙古及蒙古人》（圣彼得堡,1893 年）的考察日记，对沿途蒙古地区的法律及执行情况做了详细的记录。

从 17 世纪中叶开始，俄国政府对西伯利亚地区蒙古族的地理、民族、物产等进行了大量的调查。俄国科学院组织了大规模的西伯利亚地区的探险考察，发掘了大量民族志文献资料。18 世纪 20 年代，外交官 B .M. 巴库宁曾翻译过《伊赫 · 察济》（即《蒙古—卫拉特法典》），后 Л.B. 舍列麦契耶夫伯爵以《蒙加尔和卡尔梅克人法规译本》为题，于 1776 年首次发表，此后又于 1826 年分别发表在俄国《北方档案》和《祖国之子》杂志。被聘于俄国科学院的德国博物学家 П. 帕拉斯参加了西伯利亚的考察，他通过译员的帮助收集卫拉特蒙古史料，编纂了《蒙古族历史资料集》（共 2 卷，德译本，约翰格奥尔格弗莱舍，1776年；俄译本，圣彼得堡，1801年)，该汇编曾是西方学者研究蒙古史的基本资料之一。在第一编中，题为《蒙古人的法规》之文辑录了从卡尔梅克发现的一部托忒蒙古文法律文献的抄本，即1640年的《蒙古—卫拉特法典》，此后俄国学界开始大力关注蒙古人的习惯和法律。其中较典型的有К.Ф.戈尔斯通斯基的《1640年蒙古卫拉特法典，附噶尔丹珲台吉的补充敕令和在卡尔梅克汗敦杜克达什时代为伏尔加河的卡尔梅克民族制定的法规》(圣彼得堡，1880年)的一部成果，是《蒙古—卫拉特法典》较好的译本。Б.劳费尔曾评价说："К.Ф.戈尔斯通斯基的译本是一部极好的持批判态度的版本，它应该成为研究蒙古法的一切学术著作的基础。"(参见《蒙古文献概论》，1927年)

此外，17世纪被俄国所征服的居住在西伯利亚的布里亚特人的习惯法也成为研究的焦点，如萨马科瓦索夫的《西伯利亚异族法律汇编》(1876年)中收集了《1823年霍里布里亚特法典》，Ф.И.列昂托维奇在《论俄国异族法律史》(敖德萨，1879年)中的《古代蒙古—卡尔梅克或卫拉特惩罚条例》一文提出了"布里亚特法律起源于卫拉特法"的观点。在K.萨噶斯特、C.鲍登、Н.Я.雅金夫(俾丘林)、Ф.А.比尤列尔、Н.涅费季耶夫、П.涅鲍利辛等学者和Н.斯特拉霍夫、П.穆尔洛夫等官员的著作中，对《蒙古—卫拉特法典》都做过描述。

早期蒙古法制史的研究内容主要集中在蒙元时期法律制度、17—18世纪卫拉特及布里亚特习惯法的研究方面，并主要以法律文献的整理、分类及西语翻译为主。

二

20世纪是蒙古法制史研究的黄金时代，俄国—苏联学界和日本学界在这一舞台上扮演了重要的角色，其规模之大和成果之多是空前的。日俄学界在西方学界和早期俄国学界发掘整理的法制文献和研究成果的基础上做了进一步的大量工作，研究视角也从单纯的文献考论转变为蒙古族法律制度史的研究。

"十月革命"前后的俄罗斯学者仍继承早期蒙古法制史研究的衣钵，对卫拉特蒙古社会的法律、喀尔喀蒙古人的法律和霍里布里亚特人的法律文献进一步进行整理和研究。同时，俄罗斯学术界给蒙古法制赋予了"草原法"的新称谓。

П.С.波波夫的《成吉思汗的"牙萨"(札撒)和蒙古朝代的则例、元朝典章》(载《俄国考古学会东方分会通报》第17卷，圣彼得堡，1902年)、М.Д.普立瑟克夫的《汗的封诰》(彼得格勒，1916年)中对伏尔加河流域土尔扈特汗庭的法律做过探讨。

И.Я.古尔良德在《远古到17世纪的草原法》(载《喀山大学关于考古、历史学、民族学地方抄本》卷20，1904年)一文中对霍里布里亚特的习惯法做了研究。该成果曾被收集整理至布里亚特学者Ц.Ж.扎姆查拉诺和А.Н.图鲁诺夫的《法律汇编》中。他们撰写的《蒙古部落书面法律文献述评》(伊尔库茨克，1920年)一文，对学术界系统了解蒙古文书面法律文献做出了贡献。他们的文献描述《喀尔喀法规》(《国立伊尔库茨克大学著作集》第6期，伊尔库茨克，1923年)是较早介绍18世纪这部蒙古法制文献的成果。作为布里亚特蒙古人的Ц.Ж.扎姆查拉诺，一生倾力搜集霍里布里亚特人的多部法律资料，推动了布里亚特习惯法的研究。古尔梁德的《自上古至十七世纪的草原法》（喀山，1904 年）和 С.Д. 迪雷科夫的《喀尔喀法规》（科学出版社，莫斯科，1964 年）、《大法典—17 世纪蒙古封建法的古文献》（莫斯科，1981 年）等几部著作把《蒙古—卫拉特法典》和布里亚特习惯法翻译成俄文后进行了深入的文本研究。

В.А. 梁赞诺夫斯基是 20 世纪 30 年代研究蒙古法制史著名专家，他的《布里亚特习惯法》（赤塔，1920 年）、《蒙古民族习惯法研究》（喀山，1929 年）、《蒙古习惯法研究》（哈尔滨，1931 年）、《蒙古法基本原理》（青木富太郎日译本，天津，1937 年）、《西伯利亚游牧民族习惯法》（不详，1938 年）等系列著作是目前为止蒙古法制史研究领域的早期权威成果，他还发表过《蒙古诸部习惯法》（《亚洲通讯》1923 年 51 期、1924 年 52 期）、《中国法对蒙古法的影响》（《中国社会、政治科学评论》，1931 年）、《元代蒙古法与中国法》（同上，1936 年）、《古代蒙古文化与法律对俄国文化与法律的影响》（同上，1936 年）、《成吉思汗大札撒》（哈尔滨，1933 年；《哈尔滨法学院学报》1936 年第 10 期）等论文。据说梁赞诺夫斯基也曾编辑过一部《法律汇编》的资料汇编，其中收录了大量的蒙古法制文献。以梁赞诺夫斯基汇编为基础，俄罗斯科学院西伯利亚分院布里亚特社会科学研究所的 Б.Д. 齐比科夫撰写了《豁里布里亚特蒙古习惯法》（西伯利亚，1992 年）一书，全面系统地介绍了布里亚特蒙古人的习惯法和研究现状。

在国际东方学界享有盛誉的苏联学者 Б.Я. 符拉基米尔佐夫的东方学系列著作中，《蒙古社会制度史》（莫斯科，1934 年）巨著在论证蒙古封建时代社会制度时大量利用蒙古法律文献作为基础史料研究蒙古社会制度，《成吉思汗传》（莫斯科，1922 年）中也大篇幅地探讨了札撒法律。

另外，有苏联时代的 M.H. 戈利曼的《1640 年蒙古卫拉特法典的俄文译文和抄本》（《蒙古文集——经济 · 历史 · 考古学》，莫斯科，1959 年），В.Л. 科特维奇的《有关 17—18 世纪与卫拉特人交往的俄国档案文献》（同上），P. 拉契涅夫斯基的《元代法典》（《汉学高级研究所丛书》第四卷，巴黎，1937 年）、《元代中国立法中的蒙古处罚法制》（《中国—阿尔泰研究》，1961 年）、《论中国立法的蒙古影响》（第 25 届国际东方学家大会论文，1963 年）、《成吉思汗札撒及其疑难问题》（国际阿尔泰研究学会论文，1974 年），Л.С. 普契柯夫斯基的《苏联科学院东方研究所所藏托忒文〈卫拉特法典〉抄本三种》（《蒙古史研究参考资料》新编第 24 辑，第 42—44 页，1982 年），И.Н. 贝勒津的《成吉思汗的札撒》（《蒙古学研究参考资料》第 18 辑，呼和浩特，1981 年），С.Д. 迪雷科夫的《厄鲁特蒙古封建法的整理和研究》（《民族译丛》1984 年第 5 期）等较有代表性的成果问世。

苏联解体后，当代俄罗斯的蒙古法制史研究相关成果及动态因资料缺失尚未整理和归纳。

三

明治维新以来，日本学界把蒙古史作为东洋史的分支，开始广泛关注蒙元史，其中，元代法制史是一项重要的研究领域。在这方面，对大蒙古国时期的历史与政治制度、元朝政治制度和元代法制文献的研究较为突出，在诸如《大元圣政国朝典章》《大元通制条格》《元史·刑法志》的点校和研究、元代民族政策及制度变迁、赋税制度、阶级、军制、行政制度等领域进行了广泛的探讨。

20世纪初叶以来，日本东洋史学界对蒙古法制史及元代法制史的研究成果颇丰，并形成了相对稳定的研究队伍。在小林高四郎、仁井田陞、有高岩、宫崎市定、冈本敬二以及滋贺秀三、寺田浩明、冈野誠、高见澤磨等学者的有关中国法制史研究或元代法制史的研究论著中，涉及蒙古法制史方面的内容。

柏田忠一的《关于蒙古民族法的研究》(《史学杂志》，9-1，1933年）一文和羽藤秀利的《蒙古法制史概论》(《蒙古》，1945年）一文，简明扼要地概述了蒙古法制史的发展演变和基本内容。坂野龟一的《蒙古司法制度》(《蒙古事情研究资料第八辑》，1935年)，林章的《关于蒙古律令——其性质与习惯法》(欧亚学会编《内陆亚洲研究》，研究报告三，1955年)，田村實造的《成吉思汗的札撒》(《中国征服王朝研究（中)》，东洋史研究会，1971年)，青木富太郎的《蒙古忽里台考》(1935年)、《元初行省考》(1938年)、《元代的羊马抽分》(1940年)、《蒙古之民族与历史》(1941年)、《古代蒙古的幼子继承制》(1955年）等论著，译介的梁赞诺夫斯基的《蒙古法基本原理》(1937年）一书和《元代蒙古法和汉法》(《蒙古》，90，1939年）等论著，是日本早期蒙古法制史研究成果。

田山茂除《清代蒙古社会制度》(文京书院，1954年）外，还著有《蒙古法典研究》(日本学术振兴会，1967年）专著和《近代蒙古的裁判制度》《〈蒙古—卫拉特法典〉与〈喀尔喀吉如姆〉》等蒙古法制史研究专题论文。

岛田正郎是当代日本国际东方学研究学者，是辽代制度史和蒙古法制史研究的权威专家，他用毕生精力耕耘游牧民族法制史的研究，硕果累累。《关于蒙古狩猎习惯》(《法律论丛》28-1，1954年)、《关于蒙古的畜牧习惯》(《法律论丛》28-4，1954年)、《蒙古游牧民的亲子关系》(《法律论丛》30-2，1956年)、《关于蒙古游牧民的家族》(《法律论丛》31-1，1957年)、《东洋の法史の历史》(三和书房，1956年；后修订成《东洋の法史》，1972年)、《アジヤ史》(《亚洲历史与法》，啓文社，1962年)、《北亚洲法制史》(台北中国文化学院印行，1964年)、《东洋法史》(明好社，1970年；东京教学社再版，1974年；东京教学社增订版，1985年)、《北方ユーラシア法系の研究》(创文社，1981年)、《清朝蒙古例の研究》(创文社，1982年)、《明代蒙古的习惯法——〈北虏风俗〉的法制史料》(载于《边政研究所年报》，第3期，1984年)、《明末清初の蒙古法研究》(创文社，1986年)、《清朝蒙古例の実効性の研究》(创文社，1992年)、《北方ユーラシア法系通史》(创文社，1995年）等是蒙古法制史领域的代表性成果。在系列著作中，作者全面系统地阐述了蒙古法的法源、特点、法制文献、刑法制度、刑罚措施及蒙古社会状况、蒙古法与蒙古前其他民族的法律关系以及蒙古法和汉法的关系等前沿问题并进行考辨，提出了“蒙古法系”这一学术概念。除蒙古法制史的研究外，该学者还对契丹辽朝的制度文明及西夏的法律制度进行了深入的研究，奠定了该研究领域的基础。

当代日本学者的同领域研究方面，二木博史的《译注白桦法典（一)》(《游牧社会史探究》第50册，1977年)、《译注白桦法典（二)》(《蒙古研究》第12号，1981年)、

《译注白桦法典（三）》（《蒙古研究》第 14 号，1983 年）、《关于白桦法典》（《亚非语言文化研究》第 21 号，1981 年）、《〈喀尔喀吉如姆〉的形成过程》（《一桥研究》第 8 卷第 1 号）、《论清代喀尔喀蒙古之奴隶解放文书》（《东洋法史之探索——岛田正郎博士颂寿纪念论集》，汲古书院，1987 年）等系列论著基于蒙古国发现的 17—18 世纪法律文献，对《白桦法典（桦皮律）》和《喀尔喀法规》的文本考释、内容结构、阶级、土地等问题进行了细致的研究。荻原守的《论清朝蒙古刑事裁判之事例——以证明清朝蒙古例之实效性为中心》（《史学杂志》，第 1 号，1988 年）、《清代蒙古的刑事审判事例》（《史学杂志》第 97 编，第 12 号，1988 年）、《18 世纪喀尔喀的法律变迁》（《东洋史研究》第 49 卷，第三号，1990 年）、《清朝蒙古例渊源的形态——北京图书馆所藏蒙古文法规〈崇德三年军律〉为例》（《东洋学报》第 76 卷 33 号，1995 年）、《崇德三年谕诸王贝勒》（《东洋学报》第 76 卷 33 号，1995 年）、《清朝之蒙古例：蒙古律例、理藩院则例》（载滋贺秀三主编《中国法制史——基本史料的研究》，东京大学出版社，1993 年）、《清代蒙古地区裁判制度和裁判文书》（创文社，2006 年）、《〈喀尔喀吉如姆〉的判例集〈乌兰哈齐尔特〉被收录的判例条文序号的整理》（载小長谷有紀编《蒙古高原游牧变迁的历史民族学的研究》，2001 年）、《适用于清代蒙古也克沙毕之法律——大活佛之领民与刑事裁判》（《内蒙古师范大学学报》，2010 年 1 期）等论著，对清代早期蒙古立法、蒙古地区独特的裁判制度、蒙古文裁判文书做了研究和考订。冈洋樹的《清代盟旗制度研究》（东方书店，东京，2007 年）、《喀尔喀蒙古地区清朝盟旗制支配的形成经过——以牧地问题为中心》（《史学雜誌》，97-2，1988 年）、《关于清代蒙古扎萨克旗官制——以外蒙古车臣汗部中末旗作为事例》（《東洋学集刊》，81，1999 年）、《清代喀尔喀蒙古比丁册》（《东北亚细亚研究》2，1998 年）、《清代喀尔喀蒙古的台吉和随丁——以喀尔喀东路车臣汗部中翼末旗为例》（《国际文化研究》6，1999 年）等论著，依据清代满蒙古文文书档案，以崭新的视角对盟旗制度的成立过程、官制、阶级和法律实施问题进行了考述。窪田新一的《从〈乌兰哈齐尔特〉管见的 18—19 世纪蒙古的裁判制度》（《大正大学大学院研究論集》，8，1984 年），楠木贤道的《清初对蒙古政策史的研究》（汲古书店，2009 年）、《天聪年间爱新国对蒙古诸部的法律支配进程》（《社会文化史学》第 40 号，1999 年）等代表性著作充分利用满蒙汉文献资料，对清初蒙古实施的统治政策、立法及政治制度做了有意义的探索。高遠拓児的《清代秋审制度和蒙古犯——以秋审招册记录事情为中心》（《中央大学亚洲史研究》，32，2008 年）、《关于中央大学图书馆藏〈秋审招册〉所见非民人犯人案件》（《档案世界》，中央大学出版部，2009 年）、《清代秋审文书和〈蒙古〉——关于十八世纪后半叶至二十世纪初叶蒙古死刑事案的处理》（《东洋文化研究所纪要》157，2010 年），宇野伸浩的《蒙古汗国斡耳朵的驻营形式及内部陈列——太宗、宪宗时期》（《赤峰学院学报》2010 年第 1 期）、《成吉思汗大札撒再考》（《中国史学》第 12 号，2002 年），四日市康博的《关于札鲁忽赤与必帖赤的考察——蒙古帝国时代的行政官》（《史観》，147，2002 年）、《札鲁忽赤考——蒙古帝国多层的国家构造及其分配系统的关系看》（《史学雜志》，114-4，2005 年）等成果，具有综合运用多学科研究方法、利用史料扎实、得出结论客观公允的特点。

在日中国青年学者们也以崭新的视角进行蒙古法制史的研究与探索。如额定其劳的《清代阿拉善期审判文书和格式》(《内陆亚洲史研究》，25，2010年)、《关于清代蒙古地区阿拉善旗的裁判（一、二、三）》(《法学论丛》，2011年)、《关于清代喀喇沁右翼旗的裁判》(《东北亚研究》,16,2012年),王长青的《关于康熙六年〈蒙古律书〉》(《日本蒙古学会纪要》，41，2011年)，蒙古勒呼的《雍正、乾隆朝时期归化城土默特旗的审判制度——以命盗案为中心》(《史滴》，33，2011年)、《〈喀尔喀吉如姆〉中的乾隆十一年法律再考察——以“蒙古例”中的乾隆十二年法律为线索》(《内陆亚洲史研究》，29，2014年）等论文，充分吸收中日学者的研究成果，较好地参考了新近发现的蒙古文档案文献的新成果。

当代日本蒙古法制史研究的一大特点是在前人研究的基础上，广泛利用汉、蒙、满、藏、阿拉伯、波斯文历史文献和新发掘的法制资料对蒙古法制史进行研究，与日本早期的蒙古法制史研究相比，在多语种资料的占有利用和研究方法上有了较大的突破和创新。

四

当代蒙古国学术界对民族传统法律制度的研究，与西方及俄日学界相比起步较晚。在法制文献的整理和研究方面,20世纪70年代以来,对《阿勒坦汗法典》《桦皮律》《喀尔喀法规》及《乌兰哈齐尔特》等法律文献进行了整理和注释。C. 扎兰阿扎布的《〈喀尔喀法规〉是蒙古早期法律文献》(乌兰巴托，1958年）是一部以马克思主义理论全面研究《喀尔喀法规》的专著，该书利用了《喀尔喀法规》以外大库伦沙毕衙门其他档案资料，如《乌兰哈齐尔特》《衙门规则》等，在研究蒙古法制史方面至今仍有一定的学术参考价值。X. 普日来的《桦皮律》(乌兰巴托，1973年)、Ш. 那楚克道尔吉的《乌兰哈齐尔特（文献描述)》(乌兰巴托,1956年）和《喀尔喀新发掘的珍贵法律文书——喀尔喀七旗法典》(乌兰巴托,1973年)、Ш. 毕拉的《阿勒坦汗法典》的翻译和介绍(《科学院通讯》1975年第3期)及《十善福白史册》的研究(载《蒙古史学史(13—17世纪)》，莫斯科,1978年)较有代表性。Ш. 纳楚克多尔济于1963年又出版了两本《喀尔喀法规》的蒙古文笔记。佚名氏《阿拉特的上诉书和请愿书(18世纪至20世纪初)》(乌兰巴托，1966年）成果对喀尔喀地区封建时代的司法状况做了阐述。

20世纪末的东欧剧变和苏联解体,致使蒙古国摆脱苏联的控制,成为总统制的国家。改制后的蒙古国在学术领域开始大力开展本国的传统历史文化的研究，蒙古法制史研究作为蒙古史研究和法制史研究的分支学科，以蒙古法制文献的文本研究为主要的研究对象。近年来，蒙古国科学院法学所、蒙古国国立大学法学院、护法大学（原警官大学)、蒙古国国立师范大学及成吉思汗大札撒大学等科研院所专家学者从法学的视角关注蒙古族传统法制文化和司法制度。

其中有 Ц. 阿拉坦格日勒的《喀尔喀吉如姆》(乌兰巴托,1995年)，Г. 巴雅尔呼的《蒙古帝国时期及其蒙古历代法律、制度比较研究》(乌兰巴托，1997年)，包勒德巴特尔、伦德坚赞的《蒙古国家政制、法制传统》(乌兰巴托,1999年)，Н. 尼玛敖德斯尔的《13—14世纪蒙古的国家和国家制度研究》(乌兰巴托,2003年)，В. 巴雅尔赛罕的《〈蒙古律例〉注释本》(乌兰巴托，2004年)、《〈蒙古律例〉研究》(乌兰巴托，2004年)，J. 乌仁高娃、

B. 巴雅尔赛罕的《1913—1918 年蒙古哲布尊丹巴政权现行法律》（东京，2006 年），B. 巴雅尔赛罕、S. 乔玛的《〈大法典〉文本研究》（乌兰巴托，2008 年），B. 巴雅尔赛罕等校注的《外藩蒙古理藩院遵行则例》（东京，2007 年）、《乌兰哈齐尔特：蒙古裁判历史文献研究》（乌兰巴托，2010 年）等。另外，《蒙古法典：比较研究》（乌兰巴托，2001 年）、《蒙古法典：文本研究》（乌兰巴托，2004 年）、《1913—1917 年蒙古国现行法律》（乌兰巴托，2004 年）、《蒙古律例（影印）》（乌兰巴托，2004 年）、《1640 年蒙古—卫拉特法典（俄译蒙）》（乌兰巴托，2004 年）、《钦定理藩院则例》（东京，2007 年）、《喀尔喀法规：文本研究》（乌兰巴托，2009 年）、《1206—2010 年蒙古法律法规史汇编（共 16 卷）》（乌兰巴托，2010 年）、《钦定蒙古国则例》（乌兰巴托，2011 年）等文献整理和资料汇编，极大地丰富了蒙古法制史研究的资料基础。

当代蒙古国学者参考西方学术研究的成功经验和社会科学研究方法，较好地校勘、注解蒙古文传统法律文献，并对蒙古早期习惯法、古代蒙古法律思想、蒙古族法制人物和大札撒法律、《桦皮律》《蒙古—卫拉特法典》《喀尔喀法规》《蒙古律例》《理藩院则例》及 20 世纪初“独立”“自治”期间的蒙古国法制进行研究，取得了丰厚的成就，但因汉籍利用方面存在不足，导致研究内容和考释方面一定程度上有较大的局限性。

五

长期以来，中国学术界致力于少数民族法制文化遗产的发掘、整理与研究事业。学者们在搜集、整理和校勘大量蒙古兴起前北方游牧民族法制资料和元代浩瀚的汉文法制资料的同时，充分挖掘和研究蒙古文传统法律典籍及民国时期各类政权的立法和司法文件。

在我国，元代法制资料的整理和研究较早开始。清末民初，国学大师们在整理注释《元朝秘史》《蒙古源流》《蒙鞑备录》《黑鞑事略》《圣武亲征录》等蒙古历史文献和《大元圣政国朝典章》《通制条格》《元史》等元代史料的语言学注解过程中，对某些特定的法律语汇进行过释读，为后世法制语言的研究提供了扎实的资料基础。比如王国维对元代的马政、官制、铜虎符和烧饭（一种丧葬习俗）、安答（一种交换信物结交的习俗）等特定词汇做过考察。翁独健在《燕京学报》上先后发表的《蒙古时代的法典编纂》（28 期）、《斡脱杂考》（29 期）、《元典章译语集释》（30 期）等论文和韩儒林的《蒙古答剌罕考》（载华西大学《中国文化研究所集刊》第 1 卷第 2 期，1940 年）、《蒙古答剌罕考增补》（同刊第 1 卷第 4 期，1941 年）、《元代阔端赤考》（同上）、《成都蒙文圣旨牌考释》（同刊第 2 卷第 2 期，1942 年）等论文，对蒙元时期的立法活动、典制文献和相关社会制度做了详尽的考释。

中华人民共和国成立以来，内蒙古的学术界一直重视民族法制史料的搜集、整理与释读工作。从 20 世纪 50 年代开始，内蒙古社会科学院组织莫日根巴特尔、额尔德木图等专家搜集整理大量蒙古历史文献，其中就有《蒙古—卫拉特法典》的托忒文抄本、《喀尔喀法规》《十善福白史册》各种抄本及阿拉善旗判例法律档案等法制文献。

(一)元代法制资料的整理与校勘

元代法制资料的挖掘与整理一直是该学术领域的重点。历史学界在研究方法上采取传统的校读与沿革考辨，目标是说明元朝法律编纂中的特征，或者是说明元朝法律发展中的汉文化与蒙古文化因素的关系与影响。《元典章》是元英宗至治二年（1322 年）以前元朝法令文书的分类汇编，元明以来有多种传抄本。1908 年，北京法律学堂刊行由沈家本作跋的刻本，世称沈刻本。1931 年，陈垣以此为底本，参以其他抄本，校正沈刻本脱漏之处达 12000 余条，写成《元典章校补释例》一书。1925 年，在北平故宫发现了元刻本，1972 年，“台北故宫博物院”影印了这部元刻本，使《元典章》得以原貌重新问世。祖生利、李崇兴曾借鉴日本学术界的成果点校了《大元圣政国朝典章·刑部》（山西古籍出版社，2004 年）。陈高华等的《元典章（全 4 册）》（天津古籍出版社，2011 年）点校本是目前国内有关《元典章》最权威的学术成果。

《通制条格》是至治三年 (1323 年) 刊行的《大元通制》的“条格”部分。现有黄时鉴的《通制条格》（浙江古籍出版社，1986 年）、郭成伟的《大元通制条格》（法律出版社，2000 年）和方龄贵的《〈通制条格〉校注》（中华书局，2001 年）三种点校本。

黄时鉴编《元代法律资料辑存》（浙江古籍出版社，1988 年）、王晓欣点校《台宪通纪（外 3 种）》（浙江古籍出版社，2002 年）、洪金福编《元代台宪文书汇编》（台湾“中央研究院”历史语言研究所，2003 年）和黑城出土的元代法制史料的整理为元朝法制史的研究提供了较好的资料基础。

(二)蒙古法制文献、档案的整理与出版

20 世纪 80 年代以来，部分蒙古法制文献被整理、校注和出版，开始进入我国学术界视野。

余大钧曾把 Ц.Ж. 扎姆查拉诺的《蒙古—卫拉特法典》（《蒙古学》，乌兰巴托，1958 年）俄译本译成中文（载《蒙古学研究参考资料》新编第 24 辑，1982 年）。道润梯布先后校注《卫拉特法典》（内蒙古人民出版社，1985 年）和《喀尔喀律令》（内蒙古人民出版社，1989 年）两部蒙古文法律文献。在此基础上，宝音乌力吉、包格校注出版《蒙古—卫拉特法典》（内蒙古人民出版社，2000 年）。

清代民族法制文献的整理方面，中国社会科学院边疆史地研究中心编印《蒙古律例》和《理藩院则例》两部文献的影印本（全国图书馆文献缩微复制中心出版，1988 年），尼日拉图、金峰校注道光朝《钦定理藩院则例（蒙古文）》（内蒙古文化出版社，1989 年），杨选第、金峰校注光绪朝《钦定理藩院则例（汉文）》（内蒙古文化出版社，1998 年），张荣铮等点校光绪朝《钦定理藩部则例（汉文）》（天津古籍出版社，1998 年），多杰才旦编辑《钦定理藩部则例（汉文）》（中国藏学出版社影印版，1987 年），赵云田点校《钦定外藩蒙古理藩院则例（汉文）》（中国藏学出版社，2006 年），包银海校注北京图书馆藏《外藩蒙古理藩院则例（蒙古文）》（民族出版社，2006 年），李保文整理编译中国第一历史档案馆藏《康熙六年（1667 年）〈蒙古律书〉》（《历史档案》2002 年第 4 期）和《理藩院律书》（《故宫学刊》第 1 期，2004 年），台湾广文书局曾编印《蒙古律例》（广文书局，1972 年）的清代蒙古法制文献。

苏鲁格译注《阿勒坛汗法典》（载《蒙古学信息》，1996 年第 1、2 期），清代青海蒙藏杂居地区专门法规《西宁青海番夷成例》分别载于周希武编著的《玉树调查记》（青海人民出版社，1986 年）和孙明轩标点整理的《青海藏区部落习惯法资料集》（青海人民出版社，1993 年），才仁巴力、青格力整理出版了青海乌兰县发现的《青海卫拉特会盟法典》（民族出版社，2009 年），李金山主编的《蒙古古代四部法典》（内蒙古教育出版社，2010 年）收录了苏鲁格译《阿勒坦汗法典》、图雅译《白桦法典》、额尔德木图译《蒙古—卫拉特法典》和余大钧译《喀尔喀法典》的中文译文，金峰搜集整理的《蒙古文献史料九种》（呼和浩特市蒙古语文历史学会编印，1983 年）辑录了《察哈尔正镶白旗查干乌拉寺规》的寺院规章史料。

特·额尔灯陶克涛、那仁朝格图、达日玛巴咱尔编辑的《蒙古族经世法典》丛书（内蒙古科学技术出版社，2015—2017 年）收录了《蒙古族禁忌》《成吉思汗“大札撒”》《十善福经教白史》《八思巴文圣旨》《元朝立法》《蒙元时期法令文书》《阿拉坦汗法典》《蒙古—卫拉特法典》《喀尔喀桦皮律令》《喀尔喀法规》《青海卫拉特联盟法典》《孛翁衮及寺庙戒律》《霍里布里亚特习惯法》《蒙古律例》《外藩蒙古理藩院则例》《清代诉讼档案》《呼伦贝尔、阿拉善、喀尔喀地方立法》《民国时期蒙古法制》《民国政府有关蒙古的法律》《中华人民共和国民族区域自治制度》20 种法制文献。

档案是人类历史文化的积淀，是了解历史、再现历史的主要载体，其功能是记忆，具有原始性、凭证性的特点。中国第一历史档案馆大量清代满蒙汉文历史档案和内蒙古、辽宁等地的盟旗地方档案被整理出版，其中有不少档案为清代司法档案，是研究清代蒙古法制史的珍贵资料，能够填补以往研究中存在的利用多语种档案资料的不足问题。李保文整理的《十七世纪蒙古文文书档案（1600—1650）》（内蒙古少年儿童出版社，1999 年），内蒙古档案局编《清末内蒙古垦务档案汇编》（内蒙古人民出版社，1999 年），齐木德道尔吉、萨·那日松编《清内秘书院蒙古文档案资料汇编（全 7 册）》（内蒙古人民出版社，2006 年），宝音德力根、乌云毕力格编《清朝内阁蒙古堂档（全 22 册）》（内蒙古大学出版社，2006 年），乌云毕力格、吴元丰、宝音德力根编《清前期理藩院满蒙古文题本（全 23 册）》（内蒙古人民出版社，2010 年），蒙古国国家档案局、内蒙古自治区档案馆编《旅蒙商档案集萃》（内蒙古大学出版社，2010 年），苏德毕力格编《准格尔旗扎萨克衙门档案（全 42 册）》（内蒙古科学技术出版社，2012 年），晓克等整理《清代至民国时期归化城土默特土地契约（共 3 册）》（内蒙古大学出版社，2012 年），土默特左旗档案馆等编《土默特左旗档案馆藏清代蒙古文档案选编（上、下）》（内蒙古人民出版社，2013 年），布仁巴依尔主编《清代阿拉善和硕特旗蒙古文档案选编（全 5 册）》（国家图书馆出版社，2015 年），巴图德力格尔主编《鄂尔多斯右翼中旗蒙古文历史档案选编（全 12 册）》（内蒙古文化出版社，2011 年），喀喇沁左翼旗王府档案整理编委会编《喀喇沁左翼旗王府档案（全 10 册）》（辽宁民族出版社，2013 年），希都日古编译《清内秘书院蒙古文档案汇编汉译》（社会科学文献出版社，2015 年），乌力吉陶格套整理校注的《民国〈政府公报〉蒙古资料辑录》（内蒙古人民出版社，2016 年）等档案内容丰富，部分档案充分反映了清代蒙古地区的司法现状和清代刑部、理藩院审理蒙古刑案的资料和民国涉蒙司法文件，具有较高的史料价值。

（三）蒙古法制史研究代表性成果

潘世宪参考日本学术界的相关研究成果撰写的《蒙古民族地方法制史概要》（油印本，1983年）稿本是我国学者首次较全面论述蒙古法制史的成果。亦邻真（1931—1999年）对蒙元时期的元典章、札鲁忽赤、札撒、札里赤、约孙、忽剌罕赤（参见《中国大百科全书·中国历史·元史》，中国大百科全书出版社，1985年；《中国历史大辞典·辽夏金元》，上海辞书出版社，1986年）等数十个法律术语、官制做过考证。

20世纪90年代以来，我国学术界开始关注蒙古法制史的研究。研究主要集中在蒙古族早期习惯法、大札撒法律、蒙古—卫拉特法典、阿勒坦汗法典、桦皮律、蒙古律例、理藩院则例、喀尔喀法规、青海卫拉特联盟法典及蒙古族司法制度、民国时期对蒙古立法等领域。代表性的著作有赛熙亚勒著《成吉思汗传》（内蒙古人民出版社，1987年），格·那木吉勒编《成吉思汗札撒与必力克》（内蒙古文化出版社，1987年），张晋藩、郭成康著《清入关前国家法律制度》（辽宁人民出版社，1988年），赵云田著《清代理藩院、理藩院资料和理藩院研究》（中国社会科学院中国边疆史地研究中心编《清代理藩院资料辑录》，1988年），张晋藩主编《清朝法制史》（法律出版社，1994年），韩玉林主编《中国法制通史（元朝卷）》（法律出版社，1999年），刘广安著《清代民族立法研究》（中国政法大学出版社，1992年），徐晓光著《清代蒙藏地区法制研究》（四川民族出版社，1996年），李光灿、张国华主编《中国法律思想通史（辽金元卷）》（山西人民出版社，1998年），奇格著《古代蒙古法制史》（辽宁民族出版社，1999年），吴海航著《元代法文化研究》（北京师范大学出版社，2000年），策·巴图著《〈蒙古—卫拉特法典〉词语研究》（民族出版社，2006年）、黄华均著《蒙古族草原法的文化阐释——〈卫拉特法典〉及卫拉特法的研究》（中央民族大学出版社，2006年），周宝峰、包文汉、那仁朝格图编著《蒙古学百科全书·法学卷》（内蒙古人民出版社，2007年），乌力吉陶格套著《清至民国时期蒙古法制研究》（内蒙古大学出版社，2008年），内蒙古典章法学研究所编《〈成吉思汗法典〉及原论》（中华书局，2006年），吴海航著《中国传统法制的嬗递：元代条画与断例》（知识产权出版社，2008年），胡兴东著《元代民事法律制度研究》（中国社会科学出版社，2008年），曾代伟著《金元法制丛考》（社会科学文献出版社，2009年），齐木德道尔吉等著《喀尔喀法规文本研究》（乌兰巴托，2009年），朝克图著《成吉思汗的法律（蒙古文）》（内蒙古大学出版社，2012年），策·巴图著《〈蒙古—卫拉特法典〉语言研究（蒙古文）》（民族出版社，2012年）、《〈蒙古—卫拉特法典〉文献学研究（蒙古文）》（民族出版社，2014年），戴双喜著《游牧者的财产——蒙古族苏鲁克民事习惯研究》（中央民族大学出版社，2009年），杨强著《清代蒙古族盟旗制度》（民族出版社，2004年）、《清代蒙古法制变迁研究》（中国政法大学出版社，2010年）、《蒙古族法律传统与近代转型研究》（中国政法大学出版社，2013年）、《近代内蒙古社会变迁与法制改革研究》（中国民主法制出版社，2016年），达力扎布著《〈喀尔喀法规〉汉译及研究》（中央民族大学出版社，2015年），那仁朝格图著《13—19世纪蒙古法制沿革史研究》（辽宁民族出版社，2015年），那仁朝格图、成崇德、鲁哈达著《中国少数民族法史通览（第一卷：蒙古族）》（陕西人民出版社，2017），宋国华著《元代法制变迁研究》（知识产权出版社，2017年），宋丛越著《日本在内蒙古殖民法律制度研究与批判——以伪蒙疆政权为中心》（内蒙古大学出版社，2012 年），金山、包斯琴的《清代蒙古地方法规研究》（辽宁民族出版社，2018）等综合或专题研究成果问世。

另外，部分成果从少数民族习惯法和边疆民族法制史的视角对蒙古法制史进行考论。如徐晓光著《中国少数民族法制史》（贵州民族出版社，2002 年）、高其才著《中国少数民族习惯法研究》（清华大学出版社,2003 年）、苏钦著《中国民族法制研究》（中国文史出版社，2004 年）、杜文忠著《对清代治边法制的历史考察：边疆的法律》（人民出版社，2004 年）、李鸣著《中国民族法制史论》（中央民族大学出版社，2008 年）、胡兴东著《中国少数民族法律史纲要》（中国社会科学出版社，2015 年）等。

因篇幅所限和未及分类，本文对国内发表的大量有关蒙古法制史多语种论文和通论性成果没有进行评述。

此外，其他国家和地区的学术界也对蒙古法制史进行过研究。如美籍俄人 Г. В. 维尔纳德斯基的《成吉思汗札撒的范围和内容》（载《哈佛亚洲研究杂志》第三卷，第 3—4 册，1938 年）、《论成吉思汗“大札撒”的组成：附志费尼〈历史〉中关于“札撒”一章》（布鲁塞尔，1939 年），印度学者曼苏尔·海德尔的《成吉思汗的“札撒”在中亚的残存（14—15 世纪）》（载《中亚学报》卷 28，第 1—2 期，威斯巴登，1984 年），台湾学者李则芬的《成吉思汗新传》（台北中华书局，1970 年），阿雅伦的《再论成吉思汗的大札撒》（《伊斯兰研究》33、34、36、38 期，1971 年、1972 年、1973 年），大卫·摩尔的《成吉思汗的大札撒与伊利汗国的蒙古法》（《亚洲学院学报》，1986 年），罗依果的《试论成吉思汗大札撒》（柏林，1993 年），韩国学者金正洛的《千年人物（汉译本）》（民族出版社，2003 年）对成吉思汗的《大札撒》进行了分类整理和考察。

C. 阿林其的《蒙古法律：对蒙古书面法规的描述（私法、刑法和诉讼法）》（莱比锡，1934 年），M. 普拉甫京的《成吉思汗及其遗产》（斯图加特，1938 年），H.H. 弗里兰德的《蒙古社会与家族结构》（纽黑文，1957 年），B. 施普勒的《蒙古人在伊朗：伊利汗时代的政治、管理、文化（1020—1350）》（第一版，莱比锡，1939 年；第二版，柏林，1955 年）、《定居社会中的蒙古游牧制：金帐汗国》（载《第十四届国际历史学大会》，旧金山，1975 年），F.W. 柯立甫的《十三世纪和十四世纪蒙古的公文程式》（载《哈佛亚洲研究杂志》第 14 卷，第 3—4 期，1951 年），亨利·赛瑞斯的《喀尔喀法规中的誓约》《传统蒙古地区的监狱和囚犯》（载《中亚学报》卷 27，第 3-4 期，威斯巴登，1983 年）等论文从不同视角关注过蒙古族法律文化。2002 年，韩国学中央研究院的安承俊教授在韩国庆州江东面良洞村孙氏家族调查古文书时，意外地发现了元刊残本《至正条格》二册，包括“条格”“断例”各一册。《至正条格》的发现是 21 世纪元史研究、元代法制史研究的一大新发现，经过几年的修复和整理，庆州残本《至正条格》终于在 2007 年由韩国学中央研究院出版，内容大白于世，其中包括条格 12 卷、断例近 13 卷，还有断例全部 30 卷的目录。

结语

蒙古法制史研究是交叉性极强的一门新的研究领域，需要多语种资料和多学科综合性研究方法的支撑。其未来深入方向是在历史学、蒙古学和语言学的基础上，进一步加强其法学研究的属性。目前，该研究从最初的法制文献的发掘、整理到利用已有300多年的历史，在这过程中，国内外学术界从东方学、民族学、历史学、社会学、语言学、法学、蒙古学的角度对蒙古历史上各个时期的法制文献、法律制度、司法制度及法制文化进行考察，取得了非凡的成就，为该领域学术研究的发展奠定了扎实的基础。有关蒙古法制史的研究主要集中在法制资料的文本研究、语汇研究、法典研究、法律制度的渊源、司法制度流变方面，而在蒙古法律制度及法制文化的内涵、本质、特点、刑法规范、刑罚措施、民事规范、亲属制度、继承制度、婚姻家庭、司法制度、历代法律文献之间的内在联系、法制思想、法律人物、法律规范、法律设施、法律事件、司法判例、法律文体、礼俗禁忌方面有深度的研究成果仍然较少。另外，清代汉蒙满文司法档案、民国时期蒙古地区立法及司法实践、“满洲国”时期涉蒙法律制度、“蒙疆政权”法律制度方面的研究不足，亟待有新的研究成果问世。

参考文献

[1] 那仁朝格图：近30年来中国蒙古法制史资料整理概况,《民族法学评论》第六卷，知识产权出版社，2008年。

[2] 刘晓：日本有关元代法制史研究概述 [J]，中国史研究动态 ,1996(4)。

[3] 李玉年：论中国元代法制史研究 [J]，合肥学院学报（社会科学版），2007(5)。

[4] 胡兴东：元代法律史研究几个重要问题评析 [J]，内蒙古师范大学学报（哲学社会科学版），2010(5)。

[5] 额定其劳：蒙古法史日本语论文著作目录（1924—2008），摘录寺田浩明撰写的载于杨一凡主编的《中国法制史考证》丙编《日本学者考证中国法制史重要成果选译》第四卷，中国社会科学出版社，2003年。

[6] [日] 萩原守、额定其劳：蒙古法制史研究动态，彩虹、蒙古勒呼译，载《中国边疆民族研究》(第十辑)，中央民族大学出版社，2016年。

[7] 达力扎布：《喀尔喀法规》汉译及研究，中央民族大学出版社，2015年。

[8] 赵九燕、杨一凡：百年中国法律史学论文著作目录，社会科学文献出版社，2014年。

[9] [苏] 马伊戈尔曼著,陈弘法译：西方的蒙古史研究(十三世纪—二十世纪中叶)，内蒙古教育出版社，1992年。

关于清代以来的蒙旗地租

——以哲里木盟各旗地租为例

苏德毕力格
（内蒙古大学）

清朝入关，长城内外归于一统后，内地汉人不断迁入蒙古地区从事农耕，于是，与汉地接壤的内蒙古各地出现了农耕区域。随着蒙地开垦的不断推进，蒙人收租、汉人纳租呈常态化，蒙汉之间形成了错综复杂的土地租佃关系。以内蒙古东西部各蒙旗而言，地租的形态、形式等在不同时期、不同地域之间也有很大的差别，很难一概而论。本文所讲地租，不是蒙旗个人地主向个人佃农收取的一般地租，而是指蒙旗作为一个团体或一个利益共同体向汉人佃农按照一定标准收取的地租。这类地租后来统称"蒙租"。下面以清代以来内蒙古哲里木盟各旗为例探讨蒙租的发生、发展和消亡过程。

一、清代前期哲里木盟各旗所征蒙租

哲里木盟是内蒙古东部三个盟之一，由科尔沁、郭尔罗斯、扎赉特三部 10 个旗组成。自清初以来，由于汉人移民的增多和蒙旗普遍招民放垦，在内蒙古特别是其东部地区，即哲里木、昭乌达、卓索图三盟各旗境内出现了不同程度的农耕区域，原先从事单一畜牧业的蒙古人开始经营土地，以获取地租。由此，土地的收益物由原先单一的畜产品变为地租等多种产品。蒙古人将土地租给汉人收取地租，也叫"吃租"。依照清朝的法律规定，蒙古人本不能将牧地私自租给汉人耕种，更不得进行土地买卖，因此，清初蒙古人当中个人吃租者并不普遍，只有王公上层和少数官员中才会有个别吃租者。对此，清廷也基本未进行干预和刻意限制。乾隆朝以后，吃租的蒙古人越来越多了起来，移居蒙地从事农耕的汉人数量不断增长。随着汉人移民的增多和蒙旗开垦地的不断扩大，愈来愈多的蒙古人加入"吃租"的行列中，其中王公、台吉等贵族阶层获利显著而逐渐成为招民放垦的主力军，蒙汉间的租佃关系成为实际生产关系的一个构成部分。于是清廷对蒙古人招垦和汉人纳租不得不加以关注并进行干预，遂相继出台相关的法令和法规，禁止蒙古人私自招民放垦和汉人随意进入蒙地开垦。与此同时，对蒙汉之间已有的租佃关系、蒙租的征收与分配等进行干预和规范，试图将蒙地的招垦与征租置于官府的监控之下。

乾隆十三年议准："民人在蒙古地方租种地亩，赁租房屋，务令照原议数目纳租交价。倘恃强拖欠，或经扎萨克行追，或经业主、房主举告，差往之司员及同知、通判等即为承追。欠至三年者，即将所种之地、所赁之房撤回，另行招租。"[①] 清廷认为，蒙古扎萨克旗下土地是蒙古人的土地，汉人如果租种蒙古人的土地，或租赁蒙古人的房产，必须交租。地租的征收是所有权的一种表现，这说明在外藩扎萨克旗，无论旗下公有地还是私有性质的土地，其实际所有权属于全体旗民。嘉庆五年，清廷允准郭尔罗斯前旗向垦种该旗长春堡地方之汉人自行收取租息，"毋庸官为经理"。嘉庆十一年，又重申郭尔罗斯地方"至所垦地亩，均系蒙古地界，所出租银，仍听征收，不得官为经理"。[②] 这里明确规定租银由蒙旗自行收取，地方官不得插手，意在保护蒙旗的征租权或实施上的土地所有权。但是，蒙旗土地所有权形态与中原内地完全个人所有的私有土地制是不同的，由游牧经济性质所决定，蒙旗土地向来归蒙旗全体旗民所总有，因此土地开垦之后，地租收入亦需全体旗民按照一定比例分成，即使旗主扎萨克也不能独占地租之利。对此，清廷十分关注并出台了相关的规定。例如，嘉庆十六年议定："[科尔沁左翼后旗]昌图额尔克地方所开地亩，每年征收租息，赏给该郡王一半，其余一半，照郭尔罗斯种地之例，合计该旗台吉、官员、兵丁户口数目，均匀赏给。该扎萨克及该通判各出具并无侵蚀甘结报院查核。"[③] 由此可见，清朝明确规定扎萨克不能把地租据为己有，至少要把一半的地租分给其余旗民，而且要由管理汉民的通判等地方官对这种地租分配制进行监督。这从另一方面体现了蒙旗土地的总有性质。

清廷虽多次对蒙旗私招民人开垦牧地申明例行禁止，但对事实上形成的土地租佃关系往往采取默认的态度，因此蒙旗土地开垦越往后越呈现出不可阻挡之势。汉人只要有了地契，尤其是蒙旗发给的土地执照，便可获得土地使用权，也就可以在蒙旗落脚了。汉人一旦立足于蒙地，便施展其勤于农耕的天性和善于经营的本领，在不断改善自身生活的同时，也给蒙古人源源不断地提供地租之利。"蒙租"这个非来源于牲畜、相对稳定且不断增长的收入来源，无论对王公上层还是普通牧民都有难以拒绝的吸引力。而对于汉族佃农来讲，在蒙旗，超经济强制基本不存在，这是与内地的最大区别之一，也是吸引汉人农民的重要原因之一。

下面对哲里木盟各旗蒙租征收、蒙租形态和数量、蒙租租率等逐一进行探究。

蒙租的征收 清代前期，在以游牧经济为基础的蒙旗，土地总有制占主导地位，个人的土地支配权力是很弱的，即使王公扎萨克也不能完全自由支配旗内公共游牧地。因此，蒙古人向汉人征收地租起初主要是以旗为单位，由旗扎萨克衙门派人收地租来实现的。

蒙旗征收地租，起初并无专门的征租机构，后来随着垦地的不断扩大，在佃租制相对发达的内蒙古东部各旗相继出现了专门的征租机构——地局（有的地方也称租子柜，类似于内地税柜）。哲里木盟科尔沁左翼中旗、科尔沁左翼后旗、郭尔罗斯前旗等

① 《大清会典事例》卷九七八，"理藩院"。

② 《大清会典事例·理藩院》卷九七九，"耕牧"。

③ 杜心宽：《清末民初哲里木盟地局概述》，见内蒙古自治区政协文史资料研究委员会编《内蒙古文史资料》第四十辑，1990年。

旗一般都依照各旗发给佃户的土地执照所规定，通过地局人员，按照较为规范的程序征收地租。地局大致分为两种，"一种是旗有地局，一种是私人地局。私人地局又分为王公个人地局和经营农业的富裕蒙民联合组织的地局"。①

内蒙古东部最早设立的旗有地局是郭尔罗斯前旗于嘉庆初年在长春堡设立的租子柜。此后，随着开垦地的增多，其他各旗也陆续设立了地局，其中科左中旗到宣统元年时共有大小地局 36 处②，为数最多。此外，科左后旗、科左前旗以及科尔沁右翼三旗也设立了为数不等的地局。据不完全统计，到宣统元年，在哲里木盟各旗境内大小地局有 50 余处。③ 地局在承担征租任务的同时，也体现着蒙旗、蒙古王公以及普通蒙古人对开放蒙地拥有的土地所有权。

蒙租的形态与定额 蒙租以其形态分为实物地租和货币地租，最初是以实物分成租的形式出现的。实物地租一般称粮租，是指佃户纳租时要交粮食。例如郭尔罗斯前旗放垦之初，佃出的土地分上、中、下三等，分别以二、三、四斗缴纳谷子、红粮、豆子三色粮。货币地租通常称钱租，是指佃户纳租时要缴纳银两或制钱。随着开垦地的扩大和地租收入的增多，各旗多征收钱租，收粮租的愈来愈少，因而在哲里木盟各旗，定额货币地租占主导地位。以郭尔罗斯前旗为例，光绪八年以前每晌地纳中钱 220 文，八年以后增加到 420 文。④ 此外，蒙旗征收的地租又分大租与小租。大租指旗府或王府所征收的正租，小租指附加税，起初有一定的不确定性，后来多充作地局经费。以科左中旗为例，佃户"自领地之日起第五年纳租，每晌交租小数钱二千三百文（即大租——引者），小租钱一百文作为局用盘费"。⑤

蒙租租率 蒙租的征收标准即租率，一般是根据土地面积、肥瘠等实际情况确定的。各旗的收取标准在不同地域、不同时期都有些差异，但总体上有趋同的特点。

清末放垦前哲里木盟部分蒙旗地租列表

科尔沁左翼后旗⑥

年代	嘉庆年间	道光十二年	道光十二年
地点	昌图额尔克	库都力	该旗西北部
大租每顷	银 5 两 5 钱	制钱 5000 文	制钱 5 吊（合东钱 30 吊零 500 文）
小租每顷	东钱 3 吊	制钱 320 文	制钱 330 文（合东钱 2 吊）

科尔沁左翼中旗⑦

公益地局管辖地	大租每晌	小数钱 2300 文（即东钱二吊三百文）
	小租每晌	小数钱 100 文

① 《大清会典事例·理藩院》卷九七九，"耕牧"。
② 南满洲铁道株式会社编：《满洲旧惯调查报告——蒙地》，大同印书馆，1935 年复版，第 53—55 页。
③ 达瓦敖斯尔：《我所知道的原哲盟十旗租赋地局》，《内蒙古文史资料》第四十辑，1990 年。
④ 兴安局：《开放蒙地资料第一辑·郭尔罗斯前旗开放蒙地调查报告书》，1938 年，第 9、91、92 页。
⑤ 钱开震修、陈文焯纂：《奉化县志·补遗》，光绪十一年刻本。
⑥ 南满洲铁道株式会社编：《满洲旧惯调查报告——蒙地》，大同印书馆，1935 年复版，第 16 页。
⑦ 钱开震修、陈文焯纂：《奉化县志·补遗》，光绪十一年刻本。

郭尔罗斯前旗[①]

年代	嘉庆五年	道光十一年	光绪九年
地点	长春堡一带	东大荒	东大荒
地租	每亩征粮 4 升	每晌中钱 220 文	每晌中钱 440 文

※ 东钱主要用于奉天省，160 文一吊；中钱主要用于吉林、黑龙江两省，1 枚两文，500 个为一吊，相当于传统制钱的半吊。

清中叶以后，特别是在嘉庆、道光年间，东蒙古开垦区域不断扩大，卓索图盟的喀喇沁、土默特各旗基本农耕化。在昭乌达盟南部及哲里木盟郭尔罗斯前旗、科尔沁左翼三旗等南部各旗业已出现成片的农业区，承租蒙地的汉人数量与日俱增。这一变化引起了兼管蒙旗的东三省将军等官员们的关注，他们觉得现今承种蒙地的汉人越来越多，如果只征蒙租不征国赋，实在可惜。嘉庆初年，吉林将军秀林奏请对蒙旗"照吉林民人例一体纳租"，试图改变租种蒙地之汉人不缴纳国赋只交蒙租的惯例。当时秀林的提议遭到嘉庆皇帝的申斥，以为"不晓政体"。[②] 嘉庆十六年，针对敖汉旗开垦地，清廷又规定："每年令该扎萨克将租息收齐，会同该理事官员、地方官齐集蒙古等，共同放给。仍令该理事司员、地方官，严查有无侵蚀入己等弊，具结呈送都统查核，加结报院。"[③] 清廷只是要求理藩院派驻的理事司员和地方官等监督蒙旗征收、发放租息，并不主张从中劈分，以征国赋。由此可见，蒙旗的土地放垦虽然不断扩大，但蒙旗土地总的支配权和收益权仍掌握在蒙旗手中。

二、清末放垦与蒙租的劈分

清朝前期，在财政上实行解款协款制度，由清廷统一管理收支，户部拥有"制天下之经费"的权力。各省并无财政权，只是奉清廷命令征收各项赋税，存入公库，然后奏准开销各项经费，如有节余，均需解运户部或收支不敷的邻省。太平天国运动之后，解款协款制度渐趋废弛。随着地方财权的不断扩大，各省当局千方百计扩大财源、增加收入。于是，那些与蒙古地区接壤的各边省督抚以及兼辖蒙旗的驻防将军、都统等，纷纷将视线转移到蒙古地区广阔的土地上，急想通过放垦蒙地收取荒价、报地升科，以增加地方收入。此间，兼管内蒙古东部各蒙旗的东三省将军中不断有人提出解除"封禁"、放垦蒙旗牧地的提议。

光绪二十五年，黑龙江将军恩泽上奏清廷，请求放垦扎赉特等蒙旗的牧地。他说："本省属内之扎赉特、都（杜）尔伯特、郭尔罗斯后旗等蒙古部落，地面辽阔，土脉膏腴，

① 兴安局：《开放蒙地资料第一辑·郭尔罗斯前旗开放蒙地调查报告书》，第 9、49、91 页。该资料中对郭尔罗斯前旗开放蒙地蒙租的表述并不一致，在谈到德惠县蒙租时称"开放当初每晌（似应为每亩——引者）征粮四升，后来改征中钱，且分大租和小租。大租归蒙旗征收，每晌征中钱四百文；小租为征收费用及地方民官所收取的津贴，每晌征中钱二十文。大小租合计四百二十文"。

② 《清仁宗实录》（中华书局影印本）卷 71，第 947 页。

③ （光绪）《大清会典事例·理藩院》卷 979。

可垦之田实多。虽该族均以游牧为生，而近年牧不蕃息，蔓草平原，一望无际，闲置殊觉可惜。……况各蒙族之荒地均极饶沃，若照寻常荒价加倍订拟，以一半归之蒙古，既可救其艰窘，以一半归之国家，复可益我度支。而民户乐于得荒，更无不争先快领，日后升科收租，亦于其中酌提经费，为安官设署之用，诚一举而数善备之道也。”①

这一奏折中，恩泽提出了大规模放垦扎赉特、杜尔伯特、郭尔罗斯后旗等基本未开垦的哲里木盟北部各旗土地，并将荒价（即地价）之一半划归国家，升科后的蒙旗地租也要劈分的主张。时隔二年后，山西巡抚岑春煊上奏清廷，请求由官府出面开垦内蒙古西部伊克昭、乌兰察布两盟十三旗土地，并照恩泽所提将荒价之一半划归国家。这一奏折最终得到清廷的批准。自光绪二十八年（1902 年）开始，清政府几乎在全内蒙古范围实施放垦蒙地，完全放弃了尽力保护蒙旗牧地的传统政策。哲里木盟北部各旗从扎赉特旗开始放垦，如史料所记，“其官局丈放者则始于扎赉特旗，踵而行之者科尔沁右翼三旗及杜尔伯特、后郭尔罗斯诸旗是也。奏定收入押租银两国家与蒙旗各分其半，将来垦熟升科，每晌例纳岁租中钱六百六十文，以二百四十文归国家，以四百二十文归蒙旗”。② 各旗具体地价虽略有不同，但地租收入均由蒙旗与国家按照统一的比例劈分。

清末放垦后的哲里木盟各旗地租定额及分配比例 ③

清末放垦至民国初年	蒙旗所得份额		国家所得份额	其他	合　计
	大租每晌	小租每晌	大租每晌（国赋）	清赋局费	中钱 660 文
	中钱 400 文	中钱 20 文	中钱 200 文	中钱 40 文	

地价、地租的劈分宣告蒙旗不承担国赋的时代已经结束，蒙旗与国家之间劈分地租，实际上意味着蒙旗已开始承担一定数额的国赋。蒙旗部分地租的转让，显示了“外藩蒙古”今非昔比，要对国家承担相应的经济义务。清末放垦中，蒙租租率的提升和租额的劈分，是内蒙古东部蒙旗土地制度史上的重大变革。由于针对各蒙旗具体情况而制定的《放垦章程》的相继出台和实施，使蒙旗的地租征收有了比较明确的法律依据和制度保障，蒙人“吃租”已不再受限制。清政府劈分一部分蒙租作为“国赋”后，从中再拿出一部分补贴设治县财政，因此蒙租又成为设在开放蒙地的各县财政收入的来源之一。清末放垦也大大促进了蒙旗私人土地所有权的发展，从而加快了游牧性土地总有制的解体。因此，蒙租的分割不再只是旗王府与旗民之间实现再分配、再调整的问题，而是预示着整个旗地总有制本身的解体。这一变化进一步加强了蒙旗与设治县之间的经济关系，此后，各省当局愈来愈看重蒙地放垦与蒙租征收，于是王公贵族、乡绅地主乃至个人对蒙旗地权和佃权的争夺和竞争更加剧烈了，蒙地开垦呈现出突飞猛进之势。

① 朱寿朋编：《光绪朝东华录》（四），中华书局 1984 年版，总第 4478 页。

② 徐世昌等编纂：《东三省政略》卷二，“蒙务下”。

③ 徐世昌等编纂：《东三省政略》卷二，“蒙务下”，“附哲理木盟蒙旗官局丈放荒地一览表”。

三、民国初年的蒙地开垦与蒙租的衰萎

中华民国成立后，北洋政府于1914年2月颁布《禁止私放蒙荒通则》，该通则规定："凡蒙旗出放荒地，无论公有私有，一律应由扎萨克行文该管地方行政长官，报经中央核准，照例由政府出放，否则以私放论……"；还规定："本通则未尽事宜，准由兼辖蒙旗之奉天、吉林、黑龙江、甘肃、新疆、热河、绥远、察哈尔、阿尔泰各该巡按使、都统、办事长官就各处情形，另订施行细则，咨部核准进行。"①该法令的颁布意在使蒙旗放垦、征租等具体规则的制定和实施权转移到蒙旗周边各省官吏手中。北洋政府一方面严格限制蒙旗"自行招垦"，另一方面鼓励蒙旗和各省通过"中央核准""政府出放"方式积极放垦蒙地，为此专门颁布实施《垦辟蒙荒奖励条例》。该《条例》中规定，"凡将本旗地亩报由国家放垦，地在一千方以上者给予勋章，五千方以上者给予翊卫处各职衔，一万方以上者晋给爵衔"，"凡人民领垦蒙荒，垦竣一百方以上者给予奖励"②等具体奖励办法。

在上述法令的指引下，东三省当局在开放蒙地上纷纷设立荒务局和荒务分局等放垦机构，在继续放垦哲里木盟南部各旗"余荒"的同时，将放垦的重点逐渐转移到了该盟北部各旗"新荒"的垦辟上。

至于荒价和地租的劈分，民国初期基本延续了清末形成的定制。北洋政府蒙藏院于1915年颁布的《边荒条例》规定，"……如所放系蒙藏回游牧地段，其所收荒价半归国家，半归该旗，由放荒县署和荒务局征收，分解分交"；"凡新垦荒地……如系蒙藏回游牧地段，则所收大小租应解国库若干，应分给该旗若干，亦照该地向例办理"；"所收镇基、屯基领地之价……如系蒙藏回游牧地段，则所收镇基、屯基领地之价，仍半归国家、半归蒙旗"。③这些法令的颁布表明，蒙汉土地买卖继清末官垦蒙地，继续合法化和规范化。

随着蒙汉土地交易的合法化，汉人商业资本投资蒙地的积极性大增，而地方政府乐于从中获利。但是，晚清以来，由于东北旗地（满洲旗人所占有的土地——引者）、蒙地的"非法私垦"盛行，造成了东北土地权利关系混乱和田赋的流逝，这对东三省地方政府"开荒受益"形成诸多不利因素。因此，民国建立伊始，东三省便相继设立清理田赋局，实施田赋清理。此间，各省在各自所管辖蒙地内也实施土地清理，重点对佃户开垦的"浮多地"，即土地执照内未记载的私自开垦的土地实施清理，意在将开垦的蒙地纳入地方租赋体系当中。

1917年，吉林全省清理田赋局发布了《吉林省长春、农安、德惠、长岭四县蒙地佃民自报浮多升科单行章程》，令上述各县遵照章程，对佃户所垦种的浮多地实施调查，要求佃民限期呈报升科，不得隐匿。

---

① "统计局编行政统计汇报·蒙藏类"，《政府公报》1917年6月21日，第519号，附录。

② "统计局编行政统计汇报·蒙藏类"，《政府公报》1917年6月20日，第518号，附录。

③ 南京中国第二历史档案馆藏档，代号1045，档号505。转引自王德胜《北洋军阀对蒙政策几个问题初析》，《内蒙古近代史论丛》第三辑，内蒙古人民出版社，1987年，第75页。

但是,这一章程中规定的“自报升科后由民国财政部给蒙地佃户发放部照”的规定，遭到蒙旗方面的反对。时任哲理木盟盟长、郭尔罗斯前旗扎萨克齐默特色木丕勒向吉林省公署提出：“该四县蒙地本属于蒙旗私产，并非官荒，当初以借地养民之名奏明出放的，佃民向来给蒙旗所设租子柜缴纳租赋，不准人民之间进行以土地买卖为目的的交易。然而财政部误解此等土地之性质，依照丈放普通生熟荒地办法欲发给部照，是不妥当的。”①

由于蒙旗的反对，吉林省对“蒙地自报升科章程”进行修改后重新规定：佃户自报浮多地，照章升科后，由吉林省公署和郭尔罗斯前旗共同发放蒙汉合璧大照，使佃户“永远承佃执业”。此次土地整理中，郭尔罗斯前旗通过与省方共同发放土地执照的方式，保住了对开放蒙地拥有“所有权”的名义。但是，根据“蒙地自报升科章程”承种郭尔罗斯前旗蒙地的汉人佃户得到“永远承佃执业”的权利，成为法律认可的实际土地所有者。吉林省公署和郭尔罗斯前旗王府联名发放的执照内虽然说明了长春、农安、德惠、长岭四县蒙地系“借地养民”，但却删去了过去必有的“如欠租不交，即行撤地另佃”这一关键词，只写“此次发给执照后，再查有隐匿不报等项情弊，定行照章严惩不贷”②,这意味着郭尔罗斯前旗事实上已经丧失了对欠租者采取“撤地另佃”的制裁措施、行使土地支配权的能力。随着各省新的土地法规的出台和实施，哲里木盟周边各省加快了放垦蒙荒的步伐。

随着开垦地日渐扩张，租种蒙地之汉人与日俱增，蒙旗方面也越来越看重地租收入，遂围绕开垦和征租，与放荒县署和荒务局进行角逐，试图保存对开垦蒙地所拥有的征租权。于是在其新放垦区内增设地局的同时,在设治县署所在地也普遍设立了地局，以图自行管理征租事宜。但是，地租的具体征收、升科面积的确定、租额的劈分等多由县方操控，蒙旗往往无所适从。到后来，因为债务等原因，有的地局甚至直接被县里接管了。例如扎赉特旗起初本来自行印制租票，通过自己的地局征租，后来由于该旗欠有黑龙江省巨额债务，还款不利，应征地租改由黑龙江省大赉厅代征，以偿还该旗债务。民国以后，“仍由县（泰来县——引者）里代征上交国库，并扣除其他经费之后的余额才交给地局”。③于是，通过地局交到旗里的地租数额已经很少了，而且地局本身的征租能力也随之日渐衰萎。

民国以后，蒙旗虽仍保留着对开放蒙地的征租权，但这种权利往往得不到有效的保障，因而呈现出开放蒙地蒙租的支配权逐渐转移到县署的趋势。

四、“满洲国”时期的“蒙地奉上”与开放蒙地蒙租的取消

经过清末、民初的蒙地放垦，内蒙古东部蒙旗土地关系变得更加复杂、纷乱，其中蒙旗与已设县的所谓“开放蒙地”之间的土地权利关系变得尤为敏感和微妙，往往

① 兴安局：《开放蒙地资料第一辑·郭尔罗斯前旗开放蒙地调查报告书》，第205页。
② 兴安局：《开放蒙地资料第一辑·郭尔罗斯前旗开放蒙地调查报告书》，第69—70页。
③ 《满洲帝国地方事情大系》（L第八号），土屋定国编：《兴安南省扎赉特旗事情》，满洲帝国地方事情大系刊行会发行，1937年，第89页。

牵动地方政局。“满洲国”建立后，日伪当局感觉到蒙旗从开放蒙地征收蒙租对其殖民统治和蒙汉分治政策有诸多不利影响，但在开头八年里并未采取改变这种局面的具体举措，因为稍有不慎就会危及其殖民统治的稳定。经过相当长时间的调查、研究和酝酿后，日伪当局于1938年率先在兴安省所属各蒙旗推行“蒙地奉上”政策。次年，又在锦州、热河两省所属蒙旗推行了这一政策。通过实施所谓“蒙地奉上”，日伪当局迫使蒙旗和旧蒙古王公等将历来具有的对开放蒙地的征租权、地权奉献给“满洲国”。各旗“土地奉上”后不久，各旗所设蒙租征租局（地局）纷纷废除。从此，各蒙旗完全失去了对开放蒙地的征租权利，蒙租转由县公署征收，归入“国库”，成为“满洲国”的国税。

这样，民初以来尽管日渐衰萎，但还一直保留着的蒙旗对开放蒙地的征租权完全被剥夺了，蒙旗失去了对开放蒙地的一切利益诉求权。随之，原先以地租为纽带，与蒙旗保持紧密的经济关系，同时在行政治理上亦有诸多瓜葛的开放蒙地各县完全脱离于蒙旗，作为独立的县域归属于各省。

“蒙地奉上”不仅取消了蒙租，同时对近代内蒙古东部蒙旗行政版图的改变，即蒙旗管辖区域的缩小和东三省管辖区域的扩张起到了极为关键的作用。因为“蒙地奉上”范围很大，涉及的地域达32县一市（四平市）一特别市（新京特别市），约占“满洲国”县份的五分之一。蒙地奉上总面积约为12,503,681晌，蒙租赋课面积为8,479,102晌。[①]它们从蒙旗的剥离出去，对于后来的东部内蒙古社会历史发展、演变产生了深远的影响。

1945年，日本战败，“满洲国”随之消亡，“蒙地奉上”作为既成事实，为继任者所接受。中共挺进东北后，东蒙古自治政府和各蒙旗逐步接受中共领导。蒙旗土地问题和蒙汉土地关系问题必然为中共所关注，中共西满分局于1946年9月发布的《关于蒙汉杂居地区土地问题中一些具体问题的意见》中指出：“地权问题，原为蒙人总有者，应保持其总有权，伪满时土地奉上，已取消总有权者不必恢复。”[②]可见，“蒙地奉上”在内蒙古自治政府成立前后的关键时期，成为足以证明蒙旗对开放蒙地失去支配权的重要历史依据，进而对内蒙古自治政府东蒙古管辖区域的确定起到了不可忽略的作用。

五、中国共产党的“平分土地”与“蒙租”的全面取消

1946年，中国共产党在东北解放区普遍建立地方政权后，准备仿照中国汉地土地革命方式，在东蒙古发动群众消灭“封建剥削”“平分土地”，实行“耕者有其田”。

当时的兴安省政府（原东蒙古自治政府）虽接受中共“平分土地”，实行“耕者有其田”的主张，但对于蒙旗如何实施“平分土地”，提出了自己的基本原则和主张。1946年7月14日，兴安省领导人、中共兴安省工作委员会委员哈丰阿在西科前旗工作团群众工作总结会上讲话时指出：

> 根据兴安省政府的施政纲领和东蒙总分会“兴安地区目前工作指示”，要没收敌

---

① 兴安局：《开放蒙地奉上关系记录集成》，1938年，第3页。

② 内蒙古自治区档案馆藏档《关于蒙汉杂居地区土地问题中一些具体问题的意见》，编号11-2-18。

伪土地分配给贫苦无地的农民，要使贫苦农民都得到土地。但是执行这一工作的原则，基本上有两个：一是分配土地要照顾基本群众的利益，不分蒙汉，使贫苦无地农民或者很少土地的农民得到土地，以便逐渐达到"耕者有其田"。一是不破坏蒙古土地的总有权。譬如汉奸张海鹏的土地，政府宣布没收，即将其土地分配给无地或地少的贫苦农民。分地不分蒙汉，分得土地者由政府发给新的地照，最好一块地发一张地照，以使农民安心承认分得土地者的所有权，他可以使用、受益并出卖，但为保存蒙古土地总有权，分得土地者照例要缴纳蒙租。①

当时尚在张家口的内蒙古自治运动联合会领导人云泽，即乌兰夫，对于在蒙地照汉地办法进行土改也有不同的看法，所以希望中共中央在内蒙古进行土改运动时要考虑到蒙汉民族关系问题和蒙古人的土地权利问题，采取适合蒙地实际情况的、不同于汉地的土改政策。1946 年 8 月 1 日，云泽致电中共中央提出：

一、内蒙有三种区域：农业区、半农半牧区、游牧区，以农业人口占多数。农业区就是蒙汉完全杂居区域，即东北的哲盟、热河的卓盟、绥远的土默特旗等地。农业区蒙人较汉人是少数，大量汉人已经过各种原因与方法从蒙人手中取得土地与地权。因此，在同一地区，蒙地主数量比汉地主少得多。……二、在农业区发动蒙古群众斗争，分配土地时最重要的问题，是注意民族问题，即蒙汉关系与地权问题。……斗争取得胜利要给蒙人分配蒙奸、恶霸土地或公地时，要把土地分给蒙人，汉人佃户可以分得一部分土地，耕种使用，用租种形式，地权仍属蒙人公有。交最低地租给旗政府，目的是保存蒙古地权。……根据蒙古民族特点，在对个别蒙奸、恶霸斗争胜利后，一般可以通过蒙古机关和有威信的人说服蒙古地主将一部分或大部分土地分给蒙古农民。在畜牧区不进行分配土地，在半农半牧区一般不分配土地。②

据上述两位领导人的表述，当时内蒙古领导人面对即将到来的土改运动，至少坚持以下几方面的立场和主张：首先，赞成平分土地，且不分蒙汉，使贫苦农民得到土地；其次，保留蒙古人土地总有权（或公有权）；其三，汉人分得土地后向蒙旗政府缴纳最低限度的蒙租；其四，在畜牧区不进行分配土地，在半农半牧区一般不分配土地。

由此可见，当时内蒙古地方的领导人，无论东部的还是西部的，都希望内蒙古的土改运动要考虑到民族和地区的特殊性，采取一些变通的办法，以保全蒙古人的传统土地权益。对此，中共中央及中共西满分局起初也曾表示原则上同意。例如中共中央在发给云泽的复电中称，"对蒙古土地问题意见甚好。由于民族问题、蒙汉土地关系与地权问题及蒙古人民觉悟程度等，目前在畜牧区、半农半牧区不宜进行分配土地。即农业区除将罪大恶极的土地分给蒙人汉人外，对蒙地主不动为有利"。③9 月 13 日，《西满分局关于东蒙工作的指示》中也提出，在蒙汉杂居地区分配土地时，"蒙汉贫苦农民均有分得土地的权利，但原为蒙地者，蒙人有优先权，原为未开放或非开放者，应保持蒙古人的'总有权'（分得地后仍照二五减租原则交纳蒙租）。一般地主由于农民群

① 《哈丰阿在西科前旗工作团群众工作总结会上讲话［提纲］》，内蒙古自治区档案馆编《内蒙古自治运动联合会档案史料选编》，档案出版社，1989 年，第 81—86 页。

② 《云泽关于内蒙古土地问题的意见致中央电》，《内蒙古自治运动联合会档案史料选编》，第 105—106 页。

③ 《中央关于蒙古土地问题给云泽、分局、中央局电》，《内蒙古自治运动联合会档案史料选编》，第 106 页。

众的要求，出于自愿拿出一部分土地与牲畜分给贫苦农民，则予以表扬鼓励，但不得强迫分配”。①

1947 年 5 月 1 日，内蒙古自治政府成立，兴安省被撤销。5 月 26 日，中共中央东北局决定成立内蒙古共产党工作委员会，同时撤销兴安省工作委员会，将其全部工作移交内蒙古共产党工作委员会。此后，以云泽为首的内蒙古自治政府领导人已不再坚持土地问题上的原有主张，尤其不再强调蒙租问题了。

1947 年 10 月，中共中央颁布《中国土地法大纲》后，在东蒙古掀起了宣传贯彻该《大纲》的高潮。根据该《大纲》“彻底消灭封建剥削，实现耕者有其田”的规定，内蒙古东部蒙旗王公、伪满洲国时期的官僚以及富有蒙古人等向汉人出租土地“吃租子”的制度皆属于封建剥削制度，是彻底消灭的对象。在急迫的战争形势和暴风骤雨式的土改运动中，内蒙古自治政府领导人只能顺应形势的变化，并且为得到中共中央对自治政府的扶持，必须遵照《中国土地法大纲》，在农区乃至半农半牧区进行土地改革，以平分土地。

1947 年 11 月，内蒙古东部地区土改运动全面展开后，乌兰夫在兴安盟群众工作会议上，就蒙旗土地和蒙租问题进行说明并指出：“应认识到，内蒙自治区内所有的土地都是内蒙民族的。汉族人在内蒙自治区内有同样的公民权，我们对蒙汉民族是一律平等的待遇，那汉人同样能得到土地，不应再收蒙租。”② 这番话可理解为内蒙古自治区的土地为蒙汉人民共同所有，而不是仅为蒙古人所有，所以不应再收蒙租。

同年 12 月，中共中央东北局颁布的《东北解放区实行土地法大纲补充办法》第十三条规定：“在东北解放区境内，各少数民族应与汉人同等分地，并享有所有权。”③ 根据这个规定，蒙汉人民在土地关系上完全是平等的，汉人既然拥有了同蒙古人相同土地所有权，就不应该再收蒙租。依照上述办法，凡实行土地改革、平分土地的蒙旗地方，不再征收蒙租，至此，在内蒙古东部地区长期存在的蒙租被全面取消。

蒙租的取消标志着内蒙古东部各蒙旗作为土地的所有者向汉人佃农征收地租的时代宣告结束。因“平分土地”，消灭“封建剥削”，分得私有地的蒙古人通常情况下亦不能转租土地“吃租”，因此，凡从事农耕的蒙古人同汉人一样，将变成自耕农且承担向政府（旗政府和国家）缴纳赋税的义务。不区分民族，而以阶级划分土地的土改运动，最终彻底改变了清代以来形成的蒙汉之间土地租佃关系，促使了地权的私有化和单一化，从根本上打破了维系传统游牧社会的根基——土地总有制。蒙租的产生、演变和消亡过程，从一个侧面反映出原先相对独立、封闭的游牧蒙旗因融入农耕社会并参与土地经营而嬗变的轨迹和脉络。

---

① 《西满分局关于东蒙工作的指示》，《内蒙古自治运动联合会档案史料选编》，第 129 页。

② 《云主席在兴安盟群众工作会议上的讲话》，1947 年 11 月 15 日，内蒙古自治区档案馆，编号：11-1-18。

③ 《东北解放区实行土地法大纲补充办法》，乌兰浩特市档案局档案，编号：2-2-2。

参考文献

[1]《钦定大清会典事例》卷九七八、九七九，“理藩院”。

[2] 南满洲铁道株式会社编:《满洲旧惯调查报告——蒙地》，大同印书馆，1935 年复版。

[3] 伪满洲国土地局:《土地证明书研究》油印本，1934 年。

[4] 伪满洲国兴安局:《开放蒙地资料第一辑 · 郭尔罗斯前旗开放蒙地调查报告书》，1939 年。

[5] 伪满洲国兴安局:《郭尔罗斯前旗、郭尔罗斯后旗、杜尔伯特旗、依克明安旗土地调查报告书》，1940 年。

[6] 伪满洲国兴安局:《开放蒙地奉上关系记录集成》，1938 年。

[7] 内蒙古自治区档案馆编:《内蒙古自治运动联合会档案史料选编》，档案出版社，1989 年。

[8] 広川佐保:《蒙地奉上——满洲国的土地政策》，汲古书院，2005 年。

[9] 朝格满都拉:《近代兴安盟地区土地问题研究》，内蒙古大学博士学位论文，2012 年。

清代至民国时期土默川地区
社会变迁特征浅析

乌仁其其格
（内蒙古财经大学）

清代至民国时期的土默川无论从政治、经济、文化，还是社会生活各个领域都发生了前所未有的变化。这一变化除了近代蒙古地区社会变迁的相同因素之外，更重要的是拥有了本地区独有的特色。如果说社会的发展变化是必然的话，对发展变化特点的分析与了解应该是研究社会变迁的价值和意义所在。

一、社会变迁具有外源性

清至民国时期与中国传统社会向现代社会过渡的转型同期，土默川地区也发生着最深刻、最特殊的变化。土默川地区是塞北漠南最接近中原的地区，其区位优势及自然特质使本地区自俺答汗统治时期开始出现由游牧逐渐向定居的转变，也出现半农半牧和农业，但经济转型、社会变迁不明显，尤其是明末清初连年战乱和灾荒以及蒙古游牧社会的封闭性与不稳定性，致使其社会变迁的内部动因非常缓慢，而变迁主要来自于外生动力。

土默川千年的游牧国，曾是北方牧民孳繁牛羊马驼的漫漫草原，虽因独特的自然禀赋及入住者的意向而间有耕牧交绥，但直至 17 世纪仍以传统畜牧业著称于世。清以降，在清廷扶持和保护下，土默川畜牧业显现出复苏和发展的迹象，“每年转销内省者，羊约四十余万只，马十余万匹，骆驼一万只以上”。① 但同时，土默川地区的经济政策也在渐次发生着变化。随着台站地、八旗马场地以及耕地面积的扩大，至乾隆八年（1743 年）时，土默川两翼牧场仅剩计约 61，668 顷，约占土默川两翼总面积的五分之一。在牧用土地日渐减少之际，本地区由于军民给养以及经济利益的驱使，先后出现庄头地、驿站地和大粮地小粮地以及六成地等，到乾隆七年（1742 年）时，“二旗开垦田亩共十万顷”。② 清朝仅仅用了半个世纪就开垦了本地近 60%的草场，“一岁所获，足敷

① 绥远通志馆：《绥远通志稿》第三册，卷二十一《牧业》，内蒙古人民出版社，2007 年。

② 呼和浩特市土默特左旗档案馆满文档案，乾隆十三年三月二十一日。80-24-18。

三年之食”[①],基本满足了驻军以及大量客民的生计问题。而乾隆朝之后,余下的土地继续被开垦，到光绪末年，经贻谷在土默川地区清丈放垦，农田已近 13 万顷，说明了土默川地区农耕拓展之迅速。

从清初开始，晋陕等省种地、经商各色人等来到土默川地区，虽有几代相沿，“至乾隆时，五厅设治，客民日多，百业随以繁盛”[②]，“各方农民租种蒙古地亩，初则数椽茅屋，略避风雨，比户聚居，渐成村落”[③]，但仍属寄居性质，被称为寄民或客民。随着光绪九年（1883 年）山西巡抚张之洞“筹边十二条”的落实，休养生聚二百年的数十万户寄民实现了落籍。光绪三十二年（1906 年），贻谷清丈地亩以及北洋政府“清理土默川旗地亩”，成功落籍的民人按等则交纳地价又获得安身立命之根本——土地，为农业的长期稳定发展提供了充足的劳动力。

与牧转农、人口增多与结构变化相伴而生的是商业贸易与金融业的兴起与发展，完成了传统经济向多元化经济的转型。经济转型而引发的物质基础的变化，推动着原住民物质生活的悄然变化以及外来文化和本地文化的适应与变异，一种单纯的、本土化的社会生活被多元化的生活所代替。特殊的政治体制亦使本地区社会变迁的外部因素进一步加强。由于历史与民族的记忆使本地区自清代开始实行了与蒙古地方其他蒙古盟旗迥异的内属旗制，实施旗厅并存、旗县并存的形式，突破了单纯蒙古盟旗内部管理模式。中央政府的意志、内地行政的惯例、蒙古盟旗的记忆在这里汇聚，并在实践中相互牵制、相互调适，突破了传统社会在体制机制上的相对稳定性，加速了社会变迁的速率。虽然这一过程强化中央监控，减弱地方自主，剥夺自主发展能力，但削弱和破坏了传统政治观念，将不同民族、不同区域的政治文化融合于土默川地区，催化了社会变迁。

外源性动因下的社会变迁是强制的、快速的，但由此衍生的负面影响也是不容忽视的，涉及当局对资源调配的任意性而导致的资源分配的不均衡、资源开发利用中的过渡性与浪费，弱化经济持续发展能力等问题。

二、区域腹地城市孕育成长

城市是人类文明演进的重要现象，也是了解社会发展演变的重要指标。首府城市，旧称“首邑”，是一种地理上的概念，通常指地方政府的行政中心城市。“城市是经济、政治和人民精神生活的中心，是前进的动力。”[④] 对长期以游牧为业，原非定居的蒙古族来说，兴建城市不仅意味着与其原有游牧社会有了很大的不同，更象征着其开始进入新的发展阶段，尝试以不同于以往的方式来突破长期以来单一产业的种种限制与困境。自阿拉坦汗兴建库库和屯、清朝建筑绥远城以及两座城市从明代中叶单一的贵族城市功能向清代复合型的行政和世俗城市的转变孕育并助长了其商贸、行政、文化等多方面的职能，漠南蒙古腹地条件逐渐成熟。

---

① 绥远通志馆：《绥远通志稿》第九册，卷六十六《赈务》，内蒙古人民出版社，2007 年。

② 绥远通志馆：《绥远通志稿》第四册，卷三十《关税》，内蒙古人民出版社，2007 年。

③ （咸丰）《古丰识略》卷 23《地部·村庄》。

④ 《列宁全集》第 19 卷，人民出版社，1959 年，第 264 页。

明万历年间，俺答汗大兴土木兴建的城池库库和屯——土默川上唯一的中心城市，明朝赐名归化城，自始即具有在蒙古地区发展城市贸易与传布佛法的强烈动机。当时归化“城里店铺林立，都用砖石砌成，还带后院……商店中的货物有各种缎子和棉布”，“还有大量的各色丝绸”和“许多铁（器）和铜（器）”。“该城有许多铺子、货栈和为蒙古商人设立的旅店。这里有几个市场，专卖牲畜。每种牲畜都有各自的市场，有的专卖骆驼，有的专卖马，有的专卖牛，有的专卖羊……各种生活必需品”。① 城市又带动周边经济的发展，“整个郊外都是耕地”，“种植的作物有糜黍、小麦、大麦、燕麦、亚麻户大麻等等”，还有“瓜果蔬菜”“油料作物”。② 后几经战火毁坏和几度重修，拥有了砖筑的庙，宽大的街道，卖各种颜色缎子、棉布、绢的小卖店③，归化城已成为“外藩贸易者络绎于此，而中外之货亦毕集”④ 的繁华塞外商业城。而清代绥远城的建成不仅没有削弱归化城的核心地位，反而使其如虎添翼。清人王循路过归化城时曾写道：“小部梨园同上国，千家闹市人丰年。圣朝治化无中外，十万貔貅向控弦。”⑤ 表述了归化城早期梨园界的发达以及兵丁之多，为归化城商业贸易的发展提供了动力。至清末光绪年间，归化、绥远二城“市衢毗连，二城之间几无隙地”，“不异一城”⑥，二城逐渐成为统一的区域经济实体，且城市内部出现了复杂的行业分工和征税机构，业已成为漠南蒙古地区第一大商业繁荣城市，“这种繁荣景象是1840年鸦片战争以前发展的顶点”。⑦

归化城是阿拉坦汗以政教合一的原则来兴建和经营的，使它成为蒙古在各部分立驻牧形势下的政治统治中心。其本质是在蒙古既有的社会结构中树立一个新的典范，并借此达到维持秩序的政治目的。⑧ 清代归化城“北门里街西向南为王府，清初废顺义王号，府为都统丹津所占”⑨，都统于乾隆年间奉裁，旧衙为丹津子孙世守，久为归化税局所僦居；在丹府前靠西为右翼都统府，后改为镇守归化城副都统衙门；归化城北门内路东设置了土默特旗务衙署⑩，而城外河北设置归绥兵备道衙署，离城西一里设理事同知衙署，离城西北半里设协理同知事务笔帖式衙署，离归化城南一里有圣庙和学舍，城北一里余设教场、巡察归化城御史衙署一所等机构。⑪ 民国时期，这里有土默特旗务衙署、归绥观察使署、归绥财政分厅公署、绥远道尹公署等。

绥远城将军的设置进一步强化了归化、绥远二城的行政功能。将军作为土默川地

---

① 陈弘法：《俄国人笔下的呼和浩特》，呼和浩特市地方志编修办公室《呼和浩特史料》第五集，1985年，第321—323页。

② 陈弘法:《俄国人笔下的呼和浩特》,呼和浩特市地方志编修办公室《呼和浩特史料》第五集,1985年,第321页。

③ ［日］森川哲雄：《十七世纪前半叶的归化城》，《蒙古学资料与情报》1985年第3—4期。

④ 《清圣祖实录》卷177，康熙三十五年十月己未。

⑤ 张曾：《归绥识略》卷三十一，人部·诗词补遗。

⑥ 王轩：《山西通志》卷三十，《府州厅县考》，中华书局，1990年。

⑦ 金启孮：《呼和浩特旧城的变迁和新城的兴建》，《内蒙古大学学报》，1960年第二期，第21页。

⑧ 黄丽生：《由军事征掠到城市贸易：内蒙古绥远地区的社会经济变迁》（14世纪中至20世纪初），“台湾师范大学”历史研究所专刊，第308页。

⑨ 荣祥、荣赓麟：《土默川沿革》（征求意见稿），内蒙古土默特旗文化局编，1981年，第40页。

⑩ 高赓恩：《土默川旗志》卷九，《官职考》，《内蒙古历史文献丛书》之七，远方出版社，2008年。于永发：《土默川旗务衙署》，远方出版社，2000年，第3—4页。

⑪ 《八旗通志初集》卷二十四，第466页。

区最高军政的核心，其职责不仅包括归化城土默川地区的军政、贸易税务及宗教事务，而且负责乌伊两盟，乌里雅苏台、科布多地区的军务，具有高度集中的权力，成为中央政府在本地区的实际代理人。绥远城内分布有将军衙署、兵户司衙署、副都统衙署、理事厅衙署、仓库大使衙署、官学、钟鼓楼及仓库①等。民国时期，改将军为都统，将军衙门易名为都统公署；民国十七年（1928年），绥远建省，遂改为省政府；民国二十六年（1937年），成为日伪巴彦塔拉盟公署，挂起“蒙疆联合自治政府”之牌。日本投降后，傅作义将省政府从河套陕坝迁回归绥原址，民国三十五年（1946年），省政府改组，董其武任绥远省主席。

土默川这一北方游牧民族的家园，在多民族的进退起落兴亡更迭中积累并沉淀了首府呼和浩特今天的包容并蓄、深邃厚重的文化底蕴。多元的民族文化交相辉映，是首府地区民族关系的一大特色。原先虽为“汉式形制却具有鲜明蒙古意识”，“实亦为蒙汉藏三大民族文化互动交聚”②的城市，自从归化城兴建之后，蒙古社会开始出现稳定的文教阶层，文化传承也从只限于少数蒙古文书写教育的部落时代，进步到榜什般众、学者著书立教的城市社会。③随着城市的统合与发展及居民成分的复杂化，不仅拥有了大量藏传佛教寺庙，还兴建了文庙、关帝庙、龙王庙、神农坛及大小清真寺等。多样化的宗教建筑的集中出现，也强化了区域宗教中心职能，成为各民族文化交流的场所，并由此发展成为漠南蒙古地区的一座文化城。这些建筑不仅有蒙古元素，同时吸纳了大量内地、西藏的医学、建筑、艺术、天文、思想等文化养料，补充和丰富了蒙古民族在移牧穹庐到建城定居过程中未及自行发展积累的各种文化素养，使其成为蒙古文化的新要素。随着城市的发展，为丰富居民文化娱乐生活，民国十四年（1925年）④，着手准备建风景园林，选址卧龙岗，建筑龙泉公园……栽杨树5400余株……⑤，并利用原仓厫旧址和拆卸鼓楼及东西城楼一切材料修筑戏园，即民乐社戏园⑥，为居民文化娱乐活动场所。

区域腹地条件孕育和成熟的同时，以归化、绥远二城为中心的区域次级城镇也迅速发展起来，如萨拉齐等从小村落发展成为市，加速了归化、绥远二城作为区域中心城市向心集聚发展的空间趋势。

三、社会整体近代化程度较低

近代是相对于传统而言，近代化就是传统社会向现代社会的变迁，它将引起社会生产力、经济制度、政治制度、思想文化乃至人们的生活方式价值观念和心理态度的

① 贻谷修：《绥远旗志》卷二，《城垣》。载双宝主编《民族古籍与蒙古族文化》（总第1—2期），呼和浩特市民族事务委员会编辑出版，2001年，第59页。

② 黄丽生：《由军事征掠到城市贸易：内蒙古绥远地区的社会经济变迁》，“台湾师范大学历史研究所”专刊，1996年，第487—488页。

③ 黄丽生：《由军事征掠到城市贸易：内蒙古绥远地区的社会经济变迁》（14世纪中至20世纪初），“台湾师范大学历史研究所”专刊，第315页。

④ 呼和浩特市土默特左旗档案馆汉文档案，民国十四年五月五日。79-1925-440。

⑤ 呼和浩特市土默特左旗档案馆汉文档案，民国二十年八月二十六日。79-1931-382。

⑥ 呼和浩特市土默特左旗档案馆汉文档案，民国十六年四月一日。79-1927-281。

多元化等各个方面的变革，其核心是经济的工业化和政治的民主化。清代以来，内地汉文化和近代资本主义文明传入土默川地区影响颇大的是市镇，而广大的偏远地区或山后地区受近代外来文化的影响要小得多；区域内交通便利的城镇的近代化较快，而广大农村牧区变迁慢得多，这直接导致清代以来土默川地区社会整体近代化进程的缓慢态势。

自清末经历民国时期的动荡岁月，土默川地区的经济总体上仍十分落后。如清代归化城在康熙年间“外番贸易者，络绎于此。而中外之货亦毕集，乃扼要之地也。……归化城外番贸易，蜂集蚁屯，乃冲踞扼要之地也”①，到雍正时期“居民稠密，行户众多，一切外来货物先汇集该城囤积，然后陆续分拨各处售卖”②，再“至乾隆时，五厅设治，客民日多，百业随以繁盛”③的极盛时期，至民国二十年（1931年）时仅有800余家④。闻名遐迩的旅蒙商大盛魁经营200多年，积累资产近一亿两，到民国十八年（1929年）竟然宣告歇业。

本地区手工业进入了畜产加工、金属加工、食品加工以及其他加工制造业全面发展时期。本省历来较可称述之工业，则以制革、毛织二业为最。⑤皮革生产用具制作坊，即黑皮坊，至民国以后凋零⑥；皮革生活用品制作坊，即白皮坊，散处乡村，处于自制自用阶段，未形成规模；毛织业多数为自织自售或承做订货的家庭式作坊性质；官商私合办的工艺局仅存在十几年（1905—1918年）便停办。毛织业用机器设备生产的只有两家，一是成立于民国二十三年（1934年）、本地区最大的归绥市绥远毛织股份有限公司，多用美式机器设备，一是有一架木质机轮织布机的五原县政府倡办的民生毛织工厂。粮食加工业在康熙中期就有了十二行⑦，到民国二十三年（1934年），本地才有机磨面粉业，由英美购入设备，备有洗麦机、净麦机、打麦机、特别检沙机、检匹尔发机、平筛漂粉机、吸热吸尘机、装袋机、缝袋机、修理机等。其余多数为半手工性质，资本有独资、合资经营两种，用旧式石磨制造面粉。而金属加工业，多数规模小、资本不丰，出品皆以手工制造。手工业虽然从种类、数量上看比较齐全，但整体发展不平衡，发展水平较低，基本还处在萌芽阶段。据不完全统计，1949年以前归绥市的工厂仅有10家，工人总数670人，工业产值141.5万元⑧。

不仅经济的工业化程度较低，政治民主化仍处于萌芽状态。尊师是土默川地区居民的传统，无论在寺院教育或私塾的年代，还是拥有真正意义的学校时期，教育始终是土默特人执着追寻并努力建树的事业，也是土默川地区保持其区域发展中的腹地条件之一。在清廷教育改制的推动下，土默川地区的书院于光绪二十七年（1901年）先后改设或创建为学堂，之后自光绪二十九年（1903年）至民国元年（1912年），本地

① 张鹏翮：《奉使俄罗斯日记》，神州国光社，1947年版，第14—15页。

② 巴延三：《查明归化城税务情形》，清档军机处录副，中国第一历史档案馆藏。

③ 绥远通志馆：《绥远通志稿》第四册，卷三十，《关税》，内蒙古人民出版社，2007年。

④ 绥远通志馆：《绥远通志稿》第三册，卷二十七（上）《商业》，内蒙古人民出版社，2007年。

⑤ 绥远通志馆：《绥远通志稿》第三册，卷十九《工业》，内蒙古人民出版社，2007年。

⑥ 绥远通志馆：《绥远通志稿》第三册，卷十九《工业》，内蒙古人民出版社，2007年。

⑦ 绥远通志馆：《绥远通志稿》第三册，卷二十七（上）《商业》，内蒙古人民出版社，2007年。

⑧ 高延青：《呼和浩特经济史》，华夏出版社，1995年，第197页。

区各类学校均成立新式学堂，自民国十一年至十七年（1922—1928 年）纷纷创办初级小学、高等小学、中学、中等专业学校，除师范学校、农科职业学校、工科职业学校和其他中等学校教育外，还建有平民学校、民众教育馆和妇女识字班[①]等社会教育体系。土默川地区教育在近代经历了一场由表及里的嬗变，取得了一定程度的发展，但是，终因地处边疆、战争时期的社会动荡以及由此导致的经济凋敝而未见更大成效。

清代禁止蒙汉通婚，若蒙汉通婚应依照法典之例治罪。[②]到民国时，土默特十二参领晓谕，所属蒙汉通婚不分区域。[③]甚至绥远都统署专发政字六百七十八号令，提倡五族通婚，并另派员分赴各村讲演劝导。[④]同时，为了顺应全国行政管理改革，当局对原有行政机构进行改制，采取了事业厅改为建设厅[⑤]，审判处改为高等法院[⑥]，先农坛改设农业试验场[⑦]，筹备易俗社[⑧]，筹设以办理公共卫生及诊疗疾病为宗旨的蒙古卫生院等[⑨]一系列措施，但这种形式上的变化未能改变或助力本地区自主发展能力。

四、夹缝中重塑民族文化

清代至民国，在土默川地区的社会变迁中，民族因素也是值得关注的一点。虽然自清以来土默川蒙古族的主导地位已经不复存在，但随着清朝对蒙政策的变化和驻军、开垦与移民的推进，以及在生存与适应的挣扎中，土默川蒙古族经历着文化结构的重构，其所受到的冲击和蓄积的变量日显增多，直至原有民族文化基本沦失，成为蒙古各部落中文化变迁最独特的一个。

清初，土默川蒙古人的交际交流均使用蒙古语言文字。“凡属蒙人，概以蒙语问答，假有杂以汉语者，耆老严斥之，同辈讥笑之。”[⑩]康熙中后期，土默川官方个别行文中开始出现少量满文书写的人名、地名、职别[⑪]，且有些新名词直接用汉语。到乾隆五十一年（1786 年），土默川蒙古人中年龄在 50 岁以上者皆听不懂汉语[⑫]，到乾隆末年，除五六十岁老人蒙古语尚熟练，40 岁以下者或懂汉语或蒙汉语皆用[⑬]，清同治至光绪中年时，一般青年则全操汉语。[⑭]但同时，古老的蒙古语言也在其故土上发挥着魅力，或多

① 呼和浩特市土默特左旗档案馆汉文档案，民国三十五年九月七日。79-1946-98。
② 呼和浩特市土默特左旗档案馆汉文档案，乾隆十五年九月二十五日。80-32-139。
③ 呼和浩特市土默特左旗档案馆汉文档案，民国四年三月十二日。79-1915-579。
④ 呼和浩特市土默特左旗档案馆汉文档案，民国十四年五月二十八日。79-1925（2）-597。
⑤ 呼和浩特市土默特左旗档案馆汉文档案，民国二十七年九月十八日。79-1928-105。
⑥ 呼和浩特市土默特左旗档案馆汉文档案，民国二十七年十月三十日。79-1928-264。
⑦ 呼和浩特市土默特左旗档案馆汉文档案，民国二十七年四月十四日。79-1928-322。
⑧ 呼和浩特市土默特左旗档案馆汉文档案，民国二十四年三月二十三日。79-1925-657。
⑨ 呼和浩特市土默特左旗档案馆汉文档案，民国二十五年十二月二十八日。79-1936-725。
⑩ 绥远通志馆：《绥远通志稿》第七册，卷五十一《民族》（蒙古族），内蒙古人民出版社，2007 年。
⑪ 巴彦塔拉盟公署：《蒙古联合自治政府巴彦塔拉盟史资料集成——土默川特别旗之部》（蒙古、汉、满三种文）第一辑，1942 年，23 页。
⑫ 呼和浩特市土默特左旗档案馆满文档案，乾隆五十一年四月初四日。80-32-302。
⑬ 呼和浩特市土默特左旗档案馆满文档案，乾隆五十一年四月四日。80-32-302。
⑭ 绥远通志馆：《绥远通志稿》第七册，卷五十一《民族》（蒙古族），内蒙古人民出版社，2007 年。

或少地产生着影响，延续着自身的生存，如“绥地蒙汉杂处，汉语中亦有羼入蒙言”①，本地区儿歌亦有以蒙古语、汉语错综成词的。②

语言的渗透与交融，渐次影响到人们的饮食起居、生活习俗，出现民俗转型、融合的新趋势。土默川上的蒙古族一向逐水草而游牧，均居住蒙古包。但到康熙二十七年（1688 年）时，“通过蒙古毡帐，见其凿木为门，顶上中空，覆片毡于其外，以绳牵之，晴启雨闭，正中叠石作灶，上加铁围，用以安鉴，爇马通以烹饪。北置木榻，高可尺许，其卧所也。衾褥皆羊皮为之。旁置一木棱，贮食用物”。③ 这幅游牧生活的美景仅限于个别地区，更多者“所见蒙古皆有土屋”，“旗民废毡包而建平房其来久矣”。④ 蒙古族的饮食向来以“白食”(乳制品)和“红食”(肉食)为主，开垦之后，随着食物来源扩大并丰富，蒙古族也多以谷物和蔬菜为主食，辅以肉食或经常吃谷物，其中“有麦有谷有豆有黍……瓜、瓠、茄、芥、葱、韭之类，自款贡以来，种种俱备”⑤，而本地区汉族也在一定程度上受蒙古族的影响，“饮食衣服，渐染蒙部习俗，以糜谷、麦面、牛乳、羊肉为大宗，喜欢砖茶”。⑥

清初，归化城土默川人，“男妇衣帽无别，唯妇人则以珊瑚玛瑙相累做坠环悬耳，锐其下，长寸余，卷黑布如筒，贯发其中，垂于两肩，亦有耳垂两环者，亦有项带银圈或数珠者，亦有红锦做帕，或做人字分贴项后者。最重其帽，以漏顶为羞耻”。⑦ 受官府干预，土默川蒙古族中封爵任官者均着清廷官服，居家穿蒙古袍或汉装。到民国，已出现本族与他族融合、土洋结合的趋势。在农业文明的包围下蒙古民族服饰文化，在悄然发生变化的同时，不仅以其独特的方式保存自身特点，还影响着本地区汉族，如汉族“水烟以羊腿为烟袋，成丁以上之人，大率手携一支，冬季著羊皮”，东胜汉族“棉衣与他处不同，内多絮以羊毛，而少用棉花”⑧，也有脚穿用羊毛擀制而成的低靿毛鞋或高靿嘎蹬的。

土默川蒙古族的嫁娶，至乾隆初年，仍见传统生活特质，“送聘礼羊、山羊十五只，马三匹，牛四头”。⑨ 民国时期，亲事择日下定，按以蒙古礼仪备办哈达、酒肉点心并一切银器等件⑩，虽亦保留蒙古族固有习俗，但“迎娶时，男骑马，女坐车，设华堂，拜见六亲，其礼式一如汉人”。⑪ 丧葬通常为野葬，到雍正年间，野葬的习俗已被视为陋习⑫；乾隆年间，土默川蒙古人的丧俗已与汉族丧葬大体相同了。⑬

---

① 绥远通志馆：《绥远通志稿》第七册，卷五十《民族》（汉族），内蒙古人民出版社，2007 年。
② 绥远通志馆：《绥远通志稿》第七册，卷五十《民族》（汉族），内蒙古人民出版社，2007 年。
③ 钱良择：《出塞纪略》，见《内蒙古文史资料选编》第三辑，第 186 页。
④ 顾祖禹：《读史方舆纪要》卷四十四。
⑤ 箫大亨：《北虏风俗》，见《内蒙古文史资料选编》第三辑，第 142 页。
⑥ 绥远通志馆：《绥远通志稿》第七册，卷五十《民族》（汉族），内蒙古人民出版社，2007 年。
⑦ 钱良择：《出塞纪略》，见《内蒙古文史资料选编》第三辑，第 192 页。
⑧ 绥远通志馆：《绥远通志稿》第七册，卷五十《民族》（汉族），内蒙古人民出版社，2007 年。
⑨ 呼和浩特市土默特左旗档案馆满文档案，乾隆十三年三月二十二日。80-39-51。
⑩ 呼和浩特市土默特左旗档案馆汉文档案，民国五年二月二十三日。79-1916-497。
⑪ 绥远通志馆：《绥远通志稿》第七册，卷五十一《民族》（蒙古族），内蒙古人民出版社，2007 年。
⑫ 刘士铭：《朔平府志》卷十二，《艺文志》，雍正十一年(1733 年)刻本。
⑬ 呼和浩特市土默特左旗档案馆汉文档案，光绪十一年四月。80-4-493。

宗教信仰的多样化也是民族文化变迁的深层反映。“土默川旗崇信佛法，祭佛为普遍之俗。”[①] 随着土默川蒙古族风俗习惯的变异，本地区信仰亦逐渐多样化，先后出现致祭先农坛、关帝、孔子、文昌、观音，同时信仰各种各样的宗教。清初，道教传入土默川[②]；道光二十二年（1842年），法国传教士在归化城尝试传教；同治十一年（1872年），比利时传教士在归化城构建教堂。在外国传教士的游说和劝诱下，民国十四年（1925年），蒙古殷德贺、苏鲁岱、德善、德克吉珂、国安、托克托布等人入洋教受洗。[③] 至20世纪30年代，绥远省天主教教民总计约有五六万人，教士百余人，而教堂则建于各县城镇乡村……[④] 土默川地区的社会变迁使土默川蒙古族文化浸染满汉等他族文化，但无论在语言文字还是风俗习惯上，均在调适与交融中孕育了独具特色的土默川文化，从而体现出民族与民族文化在激烈的社会变迁中，经历生存与适应、传承与发展而得到新生的路径。

清代以来，土默川地区社会变迁就其特征而言，在强制的外生变量的推动下快速实现的变迁进程，弱化了社会内在发育程度，减缓了持续发展的内力，导致了当地政治、经济与民族因素的流变与重塑，但终究延续了已有的区域中心，并夯实了漠南蒙古腹地城市的条件，为区域经济社会的持续发展奠定了基础。

① 绥远通志馆：《绥远通志稿》第七册，卷五十一《民族》（蒙古族），内蒙古人民出版社，2007年。

② 钱良择：《出塞纪略》，见《内蒙古文史资料选编》第三辑，第194页。

③ 呼和浩特市土默特左旗档案馆汉文档案，民国十四年七月二十九日。79-1925(2)-784。

④ 绥远通志馆：《绥远通志稿》第七册，卷五十八《宗教》（天主教·耶稣教），内蒙古人民出版社，2007年。

近代内蒙古自治运动与草原“根据地”设想①

——论内蒙古人民革命党“乌拉特根据地计划”

朝鲁孟
（内蒙古大学）

1926年上半年，冯玉祥出走苏联，8月，国民军南口大败，冯玉祥部鹿钟麟撤出张家口。随着国民军失势，内蒙古人民革命党第一次组建的军队——国民军中的蒙古骑兵队在热河的行动也宣告失败，该党准备召开的内蒙古国民代表大会也未能如期举行。时局发展愈发不利，原本想通过反奉，计划在内蒙古东部蒙旗内发展武装力量的内蒙古人民革命党不得不转移到内蒙古西部，试图找一个合适的蒙旗作为“大本营”或“根据地”。② 具体来讲就是，在一个条件允许的内蒙古蒙旗建立“根据地”，逐步向其他蒙旗扩张，最好先控制各蒙旗政权，然后建立新的武装力量或将原有的旗兵置于自己领导下，通过发动武装力量，推进整个内蒙古的自治运动。对内蒙古人民革命党来说，“根据地”的选择并非任意，除自身条件和与蒙旗关系以外，其同盟冯玉祥国民军的走向及其与苏蒙之间的关系，是更为重要的影响因素。

一、“乌拉特根据地计划”的产生

热河行动失败后，内蒙古人民革命党中央委员会带领蒙古骑兵队余部转移到包头，在此设立军官学校，准备重新组织军队，并派人到乌兰巴托向蒙古人民革命党求助。随后进入鄂尔多斯活动，分别与乌审、鄂托克两旗签订“三方协议”，组建党支部，发展党员，该两旗实权分别被内蒙古人民革命党乌审旗党部和鄂托克旗党部，即原独贵龙组织所控制。

1926年10月16日，内蒙古人民革命党中央委员会在鄂托克旗召开伊克昭盟第一次党员代表大会，做出如下决议：（1）选出内蒙古人民革命党伊克昭盟总部临时中央

---

① 此文系2018年度国家社科基金西部项目“20世纪早期东北亚国际关系与蒙古民族运动研究”（项目号18XZS047）阶段性成果之一。

② 美国学者Christopher P. Atwood在《Young Mongols and Vigilantes in Inner Mongolia’s Interregnum Decades, 1911—1931》（2 vols. Leiden: Brill, 2002）著作中首次较为系统地论述了内蒙古人民革命党“根据地”策略。

委员会；（2）召开伊克昭盟各旗独贵龙会议，向其他盟旗宣扬独贵龙精神；（3）在原独贵龙内组织党支部；（4）各旗召开党支部会议，组织旗党支部委员会，中央委员会向每旗派出一名驻旗代表；（5）向军政学校派送学生；（6）每三个月召开一次全盟党代会，选举盟总部常务委员；（7）拟于杭锦旗希拉昭庙或包头召开内蒙古人民革命党第二次大会。①会后，中央委员会进驻杭锦旗希拉昭庙。从表面上看，内蒙古人民革命党在鄂尔多斯的工作取得很好的发展。

不久，内蒙古人民革命党中央委员会决定向乌兰察布盟乌拉特草原转移。该决定受到了国民军战事变化和军火补给线变动的影响。首先，内蒙古人民革命党成立后，将其武装建立在国民军编内，军事方面在很大程度上依靠国民军。当国民军在反奉战争中受挫时，他们也无法立足，只好随国民军向内蒙古西部转移。冯玉祥五原誓师后，内蒙古人民革命党在附近的安全地带活动。其次，当时内蒙古人民革命党受到苏联和蒙古人民共和国援助，包括政治指导和枪支弹药，尤其蒙古人民革命党的援助是最直接的。当然，蒙古方面提供的武器来自苏联，毕竟蒙古无法独立生产武器，也没有大量储存。一般情况下，蒙古人民共和国援助内蒙古人民革命党的武器与苏联向冯玉祥提供的武器一起运输到蒙古人民共和国与内蒙古边界，再送到国民军部，最后分配给内蒙古人民革命党。因此，冯玉祥军火运输线的变动直接影响着内蒙古人民革命党的活动。

冯玉祥所控制的势力范围处于内陆，交通相对闭塞。他决定接受苏联援助时，情况只允许通过蒙古人民共和国运输军火及与苏联（或共产国际）联络，在此情况下，与蒙古人民共和国接壤的内蒙古蒙旗地位变得尤为重要。1925 年 5 月，冯玉祥与蒙古人民共和国建立“友好互助”关系后，想让张库大道成为其长期的军火运输路线，但因战事不利而撤出张家口。冯玉祥五原誓师后，乌拉特草原成为其首选路线。该地区北邻蒙古人民共和国，南与伊克昭盟交界，东接茂明安旗，西连阿拉善旗，由乌拉特中公旗、乌拉特东公旗和乌拉特西公旗组成，其中与蒙古人民共和国索朗克尔地区接壤的乌拉特中公旗成为最佳选择。冯玉祥计划把苏联援助的军火经蒙古人民共和国—乌拉特中公旗运到五原、包头一带，就是说，内蒙古人民革命党要想继续活动就得持续补充武器弹药，那么最好将驻地部署在离冯玉祥军火运输线不远的地方。此外，在经费和政治指导直接来自蒙古人民共和国的情况下，内蒙古人民革命党对边境蒙旗的控制会让双方通信、联络更加方便、安全。因此，他们一度认为，乌拉特草原的地理位置正好满足以上条件，既方便与蒙古人民共和国联络，又是伊克昭、阿拉善、锡林郭勒、察哈尔等地区的核心。②

内蒙古人民革命党中央委员会一方面派出白云梯等中央委员与国民军接洽，另一方面决定将整个中央委员会及士兵、军政学校转移到乌拉特草原。③他们准备在那里建立“根据地”，其中乌拉特中公旗是最理想的地区。

① Монгол Улсын Үндэсний Төв Архивын Харъяа Монгол Ардын Намын Баримтын Төв.ц7-1-16：7。野津彰：《内蒙古赤化运动的变迁》，《内蒙古近代史译丛》第一辑，1986 年，第 136 页。萨楚日勒图编写：《鄂尔多斯革命史》，内蒙古人民出版社，2004 年，第 178 页。

② Монгол Улсын Үндэсний Төв Архивын Харъяа Монгол Ардын Намын Баримтын Төв.ц7-1-16：34—35.

③ 京师警察厅编译会编：《苏联阴谋文证汇编》，文海出版社有限公司，1928 年，第 672 页。

二、进驻乌拉特西公旗

内蒙古人民革命党首先与乌拉特西公旗取得联系，进驻其境内的乌日图高勒庙。1926年11月初，其中央委员会与士兵约50人到此庙，召开会议，与乌拉特西公旗衙门代表额尔和道尔吉协理签订协议，成立旗兵团，招募党员。据称，恩克巴雅尔和协理额尔和道尔吉、斯仁宝、管旗章京沙克都尔等人都加入了内蒙古人民革命党①，沙克都尔被任命为新成立的旗兵团团长，察哈尔人赛兴阿被任命为政治指导员。②

11月8日前后，内蒙古人民革命党中央委员会到包头召开会议，做出以下决议：(1)派代表到乌兰察布盟各旗（主要是乌拉特三旗）活动；(2)招募5000名士兵，成立内蒙古人民革命党下属部队，即"内蒙古人民军"（又称内蒙古人民革命军）；(3)在包头成立军政学校（学习班），招生名额为300人，拟于1926年12月1日开学；(4)申请取消中国国民党内蒙古省党部，内蒙古蒙古族民众的党务工作皆由内蒙古人民革命党领导，汉族民众的党务工作仍归国民党三区省党部直接负责；(5)请求中国国民党中央大力资助军费；(6)起草对蒙古民众的宣言；(7)召开伊克昭、乌兰察布两盟党代表联合大会。③获冯玉祥同意后，内蒙古人民革命党中央委员会即着手召开联合大会。

11月20—23日，内蒙古人民革命党伊克昭、乌兰察布两盟党代表联合大会在包头召开。④大会讨论两盟党务与军政学校工作，联合各旗骑兵组织内蒙古人民军以及派遣代表赴蒙古人民共和国、苏联布里亚特考察等事宜，最后做出以下决定：

1. 将内蒙古人民革命党中央委员会、士兵和军政学校转移到乌拉特西公旗莫尔根庙或德布斯格庙。

2. 内蒙古人民革命党中央委员会向鄂托克、乌审、杭锦、达拉特四旗各派全权代表一名，向扎萨克和郡王旗派一名代表负责两旗党务。

3. 建立军政学校，拟于1926年12月1日在包头开学，将来移至莫尔根庙；招生名额如下：郡王旗20名，扎萨克旗15名，乌审旗30名，鄂托克旗30名，杭锦旗20名，达拉特旗拉西绰伦庙葛根处5名，准格尔旗20名，达拉特旗20名。这些学生将来可以选派到蒙古人民共和国留学。

4. 联合伊克昭、乌兰察布两盟各旗骑兵，正式建立"内蒙古人民军"，分为基本部队和地方部队；地方部队包括将在鄂托克旗建立的"内蒙古人民军"骑兵第11团、乌

① Christopher P. Atwood. "Young Mongols and Vigilantes in Inner Mongolia's Interregnum Decades, 1911-1931", 2 vols. Leiden: Brill, 2002. pp. 607。那顺巴雅尔撰写、宝音翻译整理：《关于恩和巴雅尔从事"红党"活动的史料辑要》，《巴彦淖尔文史资料》第六辑，1986年，第44页。沙万川整理：《白云梯》，《宁城文史资料选辑》第二辑，1986年，第48页。Монгол Улсын Үндэсний Төв Архивын Харъяа Монгол Ардын Намын Баримтын Төв.ц7-1-16：10、29—34。

② Christopher P. Atwood. "Young Mongols and Vigilantes in Inner Mongolia's Interregnum Decades, 1911-1931", 2 vols. Leiden: Brill, 2002. pp. 607; 中共乌兰察布盟委员会档案史志局编：《纪松龄纪念文集》，内蒙古教育出版社，1999年，第51页。

③ 中共中央统战部编：《民族问题文献汇编》，中共中央党校出版社，1991年，第51页。

④ 京师警察厅编译会编：《苏联阴谋文证汇编》，文海出版社有限公司，1928年，第672页。

审旗的“内蒙古人民军”骑兵第12团、郡王旗和扎萨克旗的“内蒙古人民军”骑兵第13团、达拉特旗的“内蒙古人民军”骑兵第14团、乌拉特西公旗的“内蒙古人民军”骑兵第18团、杭锦旗希拉昭庙和达拉特旗拉西绰伦庙的“内蒙古人民军”骑兵第1营以及将来另行组织的准格尔旗骑兵。从各旗招募士兵进行扩编，限期一个月送到莫尔根庙，将来计划扩编至3000名。

5. 地方部队的各团、营将驻防各旗；团长和营长由各军、各旗党部推荐后，由内蒙古人民革命党中央委员会任命；士兵必须加入内蒙古人民革命党，在各军内成立党支部，宣传党务和政治工作；各军必须加强相互联系以及与中央委员会的联系；各军粮饷、衣物、马匹等均由各旗提供。

6. 内蒙古人民革命党中央委员会承诺向各军发放部分武器并负责运送到蒙古人民共和国索郎克尔，从索郎克尔送到各旗的运输由各团和营自行负责，中央委员会可提供一定经费；

7. 由内蒙古人民革命党中央委员会根据时势特别讨论两盟政务并做出指示。

8. 内蒙古人民革命党中央委员会将根据时势，领导两盟各旗收回被天主教堂所占领的土地。

9. 两盟各旗党部负责成立学校。

10. 两盟各旗各选举一名代表，成立“内蒙古代表团”，前往考察蒙古人民共和国与苏联布里亚特。

11. 内蒙古人民军将于1927年春完成组建工作，届时在察哈尔、热河等地开展活动。①

从大会决定来看，内蒙古人民革命党以伊、乌两盟为主，以乌拉特地区为核心编练军队，运送、发放武器，恢复与察哈尔、热河蒙旗的联系，并进一步向其他盟旗扩张。

三、“乌拉特根据地计划”的落空

联合大会后，内蒙古人民革命党中央委员会离开包头，于12月8日带领基本部队与部分军政学校学生向德布斯格庙出发。到韩盛基窑子时，不料遭土匪伏击，被迫缴械，物资、军装、马匹、武器装备和文件甚至印章也被抢走。② 这些土匪属于入编国民军的哥老会张老么和白从喜、方艾等部。冯玉祥不仅自己是哥老会成员，还收编不少哥老会武装，包括“河套王”王同春之子王英。内蒙古人民革命党对这些入编国民军的哥老会没有防备心理，放松了警惕，结果被抢劫一空。

内蒙古人民革命党部队遭劫后，住在附近的乌拉特西公旗协理斯仁宝收留了他们。

---

① Монгол Улсын Үндэсний Төв Архивын Харъяа Монгол Ардын Намын Баримтын Төв.ц7-1-14：5—11；京师警察厅编译会编：《苏联阴谋文证汇编》，文海出版社有限公司，1928年，第672—674、687页。

② 京师警察厅编译会编：《苏联阴谋文证汇编》，文海出版社有限公司，1928年，第688—689页。Монгол Улсын Үндэсний Төв Архивын Харъяа Монгол Ардын Намын Баримтын Төв.ц7-1-16：33。刘兆高：《回忆李裕智同志》（节录）《内蒙古革命历史资料汇集（1921年7月—1927年7月）》第一辑，内部出版，2011年，第120页。乌嫩齐主编：《一代英豪：建党初期的蒙古族共产党员》，民族出版社，2000年，第192页。

斯仁宝之所以帮助内蒙古人民革命党并加入该党，可能与蒙古人民革命党的早期宣传有一定关系。据称，蒙古人民革命党员巴拉丹道尔吉于1923年到乌兰察布盟，与“策仁梅林”等人联络，进行关于人民革命党、人民政权的宣传。① 笔者认为，此“策仁梅林”就是斯仁宝。

得知内蒙古人民革命党军遭劫后，白云梯、墨尔色等中央委员会要员赶到五原，要求国民军和李裕智等人与土匪交涉，要回被抢物品。② 经调解，土匪答应归还所抢马匹、军装等，国民军方面另发6架机关枪、6万发子弹和27支枪以及军装给内蒙古人民革命党。③ 但从后来的情况来看，土匪并没有归还武器弹药，国民军也没有完全兑现诺言。这次事件对重新组织军队的内蒙古人民革命党来说是一个沉重打击。

当时，内蒙古人民革命党在五原存有200支枪和部分子弹。12月18日，内蒙古人民革命党中央委员会把一半武器发给前来五原的近100名乌拉特西公旗士兵，并让他们把另一半武器弹药转交到在斯仁宝家暂住的基本部队和军政学校学生手里。④ 然而其他旗兵团则没有收到武器援助，也未能按原计划向军政学校派送学生，这让内蒙古人民革命党在乌拉特莫尔根庙或德布斯格庙编练军队、成立军政学校的计划变得十分困难。

此时，乌拉特中公旗又与国民军发生冲突，这让“乌拉特根据地计划”变得更加渺茫。冯玉祥收编哥老会王英部后，派其为护路司令，以负责从包头到宁夏的沿路安全和运输问题。1926年11月，王英到乌拉特中公旗征用骆驼⑤，遭到旗衙门拒绝后，王英直接进行抢夺，乌拉特中公旗进行反击，并阻止国民军通过该旗运输武器。12月中旬时，该旗已封锁自索郎克尔至五原的汽车道。

起初，内蒙古人民革命党不以为然，他们可能觉得此次事件对“乌拉特根据地计划”没有太大影响，甚至遐想如此勇敢的乌拉特中公旗人民是建立“根据地”、进行自治运动的坚强后盾。他们称乌拉特中公旗“仅凭一旗之力抵抗国民军，虽有些鲁莽，但体现出蒙古人民的英勇精神，成为其他盟旗人民革命斗争的榜样”，墨尔色（又名郭道甫，内蒙古人民革命党中央委员会秘书长）也称赞“他们（乌拉特人）那勇的遗风，还没有消灭咧”。⑥ 他们认为，该旗失去大量牧地，常受军阀、土匪掠夺，因此他们的民族主义和反抗精神较为强烈，这正符合本党进行内蒙古自治运动的目标。⑦ 内蒙古人民革命党中央委员会设想在乌拉特中公旗建立“根据地”，这样，运输武器弹药、相互联络

---

① С.Г.Лузянин, орчуулсан Болдын Доржханд. “XX Зууны Эхний Хагас Дахь Орос, Монгол, Хтад: 1911-1946 Оны Улс Төрийн Харицааны Асуудал”, Улаанбаатар, 2015. p127—128.

② Монгол Улсын Үндэсний Төв Архивын Харъяа Монгол Ардын Намын Баримтын Төв.ц7-1-16：33；沙万川整理：《白云梯》，《宁城文史资料选辑》第二辑，1986年，第48页。

③ 京师警察厅编译会编：《苏联阴谋文证汇编》，文海出版社有限公司，1928年，第688—689页。Монгол Улсын Үндэсний Төв Архивын Харъяа Монгол Ардын Намын Баримтын Төв.ц7-1-16：33。乌嫩齐主编：《一代英豪：建党初期的蒙古族共产党员》，民族出版社，2000年，第192页。

④ Монгол Улсын Үндэсний Төв Архивын Харъяа Монгол Ардын Намын Баримтын Төв.ц7-1-16：32—34.

⑤ Монгол Улсын Үндэсний Төв Архивын Харъяа Монгол Ардын Намын Баримтын Төв.ц7-1-16：32；京师警察厅编译会编：《苏联阴谋文证汇编》，文海出版社有限公司，1928年，第687页。

⑥ Монгол Улсын Үндэсний Төв Архивын Харъяа Монгол Ардын Намын Баримтын Төв.ц7-1-16：325；奥登挂编：《郭道甫文选》，内蒙古文化出版社，2009年，第122页。

⑦ 参见 Монгол Улсын Үндэсний Төв Архивын Харъяа Монгол Ардын Намын Баримтын Төв.ц7-1-16：32—35.

既方便又安全，该旗人民的“民族主义”和保卫家乡之勇气也有了“用武之地”。

国民军为保住武器运输线，屡次派人到乌拉特中公旗交涉，但均遭拒绝。国民军又委托内蒙古人民革命党去协调。内蒙古人民革命党想利用此次机会试探与乌拉特中公旗合作或进驻该旗的可能性，如果可以，将该党中央委员会、基本部队和军政学校都移往该旗以建立“根据地”，与当地群众同心协力，促进整个内蒙古自治运动。

但由于王英部属于国民军，该旗民众认为国民军与当地哥老会一样，都是土匪，为国民军说情的内蒙古人民革命党自然也是“一丘之貉”。他们始终没有同意冯玉祥通过本旗运输武器的要求，当然也不会容许在其旗境内建立所谓的“内蒙古人民革命党根据地”。虽然区区一个旗兵不是国民军对手，但因国民军彻底撤出绥远，没有使用武力使乌拉特中公旗屈服。① 就是说，冯玉祥国民军放弃了乌拉特运输路线。

1926年末，奉军紧逼绥远、包头一带。日、英、美等国家为保证各自在东北亚的权益，暗地里支持张作霖，对抗苏联援助的中国国共两党和冯玉祥。受到极大压力的冯玉祥决定由陇入陕，出潼关与北伐军会师中原。因乌拉特中公旗封锁交通，急需补充军火的冯玉祥只好通过与蒙古人民共和国接壤的阿拉善旗运输苏援军火。受此影响，内蒙古人民革命党中央委员会决定放弃“乌拉特根据地计划”，随国民军迁至宁夏。他们将编为“内蒙古人民军”骑兵第18团的乌拉特西公旗士兵留在该旗，仍由沙克都尔指挥，留一名中央委员在乌兰察布进行秘密工作，其他委员与士兵撤出乌拉特西公旗。②1927年1月20日，内蒙古人民革命党中央委员会、士兵和军政学校学生转移到宁夏。③ 此后，他们又试图在离宁夏不远的阿拉善旗建立“根据地”。当时的阿拉善有了新的角色，即冯玉祥与苏蒙之间的军火补给线和联络通道，这是内蒙古人民革命党选该旗作为“根据地”的主要原因。

结语

内蒙古人民革命党自成立以来，从张家口到阿拉善一路奔波，结果却事与愿违。这一段路程表明其决策和举动在很大程度上与冯玉祥国民军、蒙古人民革命党及其背后的苏联、共产国际有关，甚至有很大的依赖性。这是内蒙古人民革命党自身力量有限所决定的，是在当时国内与国际形势下的必然选择，也是内蒙古人民革命党能够成立、发展的必要条件。冯玉祥对内蒙古人民革命党的支持虽然不太彻底，但至少提供了一些资源和安全保障。当时内蒙古人民革命党在国民军势力范围内活动是最安全的，因此，国民军的进退是影响内蒙古人民革命党决策和行动的重要因素。在国民革命时期，苏联对中国国共两党和冯玉祥等进行援助，进而形成了革命统一战线。而蒙古人民革

① Christopher P. Atwood. “Young Mongols and Vigilantes in Inner Mongolia’s Interregnum Decades, 1911—1931”, 2 vols. Leiden: Brill, 2002. pp. 616.

② Монгол Улсын Үндэсний Төв Архивын Харъяа Монгол Ардын Намын Баримтын Төв.ц7-1-16：10、29—34；那顺巴雅尔撰写、宝音翻译整理：《关于恩和巴雅尔从事“红党”活动的史料辑要》，《巴彦淖尔文史资料》第六辑，1986年，第47页。

③ Монгол Улсын Үндэсний Төв Архивын Харъяа Монгол Ардын Намын Баримтын Төв.ц7-1-15：4.

命党对内蒙古人民革命党的援助，也是这一统一战线的一个组成部分。内蒙古人民革命党所需武器援助、经费补助和政治指导虽然直接来自于蒙古人民革命党，但实际上，其相当一部分包含在苏联给予国民军的援助里。因此，内蒙古人民革命党对“根据地”的选择必然要考虑到安全联络和方便运输这两个因素，即他们尽量会选择边境蒙旗（在国民军势力范围内）或具备安全“越境”条件的蒙旗。“乌拉特根据地计划”与随后的“阿拉善根据地计划”充分体现了以上情况。这些计划虽然没有得到实施，但作为近代中国内蒙古自治运动历史上的一次草原“根据地”设想，不仅体现了内蒙古人民进行自治运动振兴民族的愿望和尝试，而且还反映了当时蒙古民族运动与国内局势乃至整个东北亚国际政治之间的微妙关系。

兴安学院及其学报《兴安岭》杂志[①]

娜荷芽
（内蒙古大学）

前言

“国立兴安学院”（简称兴安学院）是“满洲国”政府为“培养”当地人才而创立的第一所蒙古人中等教育机构。因兴安学院授课内容分“实务”与“教育”两个专业，所以该校毕业生认为兴安学院属于高等专科学校。[②]与“满洲国”政府设置兴安学院的初衷相反，历史证明兴安学院的毕业生在其后内蒙古地区的近代化建设中做出了不可磨灭的贡献。

对兴安学院进行深入的考察不仅是因为该学院自创设当初即受到“满洲国”政府异常重视，并成为在内蒙古地区招收蒙古族学生的最高学府，还因为“满洲国”政府是以兴安学院为试点，进而把其办学经验拓展应用到对蒙古人中等教育的实践当中，在其后相继创设了20余所中等教育机构。[③]但目前对这一课题进行考察时所面临的最大的问题即史料的不足，因此，至今为止的相关研究未能就“满洲国”时期以兴安学院为中心的蒙古人中等教育进行系统而深入的考察。

本文将利用兴安学院学报《兴安岭》杂志、《兴安总署汇刊》《蒙政部汇刊》等第一手资料，当事者的回忆录以及笔者对兴安学院毕业生所做的采访[④]等，考察兴安学院的创设问题，揭示一些鲜为人知的史实，并对《兴安岭》杂志做一解读。

一、兴安学院的设立

有关“满洲国”对蒙古人中等教育机构的筹备过程，兴安学院的具体状况，兴安

① 本研究为国家社会科学基金项目“20世纪前半期蒙古族青年留学日本历史研究”（项目号：14BMZ014）阶段性研究成果。

② 根据笔者于2006年8—9月在内蒙古自治区呼和浩特市、北京市，2012年2月在海拉尔市对兴安学院毕业生所做的采访资料。

③ 20世纪40年代所设立的蒙古人中等教育机构分别为兴安东省四所、兴安南省九所、兴安西省三所、兴安北省二所、热河省二所、锦州省一所，合计21所中学校。

④ 根据笔者于2006年8—9月在内蒙古自治区呼和浩特市、北京市，2012年2月在海拉尔市对兴安学院毕业生所做的采访资料。

学院的学生组织、学习及学术活动，该校教师队伍等问题，笔者曾做过专门研究。① 本文现就兴安学院的设立过程展开论述，以补充以往未能涉及的一些内容。

1932 年“满洲国”建立后，即着手制定对内蒙古的文化教育政策。同时，从清末至民国时期一直由蒙古人自主推行的各类文化教育活动，也被一并统合至“满洲国”政府对蒙文教政策管理之下。“满洲国”对蒙古人中等教育机构的筹备过程可分三个阶段，即兴安局、兴安总署时期（1932.3—1934.11）、蒙政部时期（1934.12—1937.7）与兴安局时期（1937.8—1945.8）。特别是在 1934 年 8 月，兴安总署文教科初步完成了对民国时期蒙古人中等教育机构的重编，当时曾拿出数套方案对民国时期蒙古人中等教育机构进行了改组。如下所述，在这一过程中，全体职员皆由蒙古人构成的兴安总署民政司文教科在对蒙文教政策的制定过程中起到了举足轻重的作用。

1932 年 7 月，“满洲国”政府设立文教部，作为主管文化教育工作的政府机关，但与蒙古人相关的文化、教育行政工作却并不归属于文教部。早在 1932 年 3 月“满洲国”建立时，该政府在新京设立了兴安局，在蒙古人居住地区设立了兴安省。同年 8 月，兴安局改称兴安总署。其职员中，民国时期曾从事教师职业或曾经从事教育相关工作的人数比例约为 44%。② 当时，兴安总署设置了以蒙古人为主的民政司文教科，着手制定对蒙古人的文化教育政策。③1934 年 12 月，随着兴安总署被改组为蒙政部，对蒙古人的文化、教育行政工作也由兴安总署民政司文教科移交蒙政部文教科管理。1937 年 7 月，“满洲国”政府撤销蒙政部，重设兴安局。兴安局的权限与蒙政部相比缩小了很多，其中有关蒙古人文化、教育行政工作则被移交新设的“满洲国”民生部教育司。

如上所述，“满洲国”时期主管蒙古地区的行政机关曾被数次改组改名，并且随着机关名称的变更，其对蒙政策也发生了变化。进而，“满洲国”对蒙文化、教育政策也深受不同时期政治状况的影响。目前，通过史料研究，可以肯定当时在设立兴安学院一事上，兴安总署、蒙政部与“满洲国”政府意见相左。

（一）兴安局、兴安总署时期

1932 年，兴安局（同年 8 月改名为兴安总署，署长齐默特色木丕勒）成立后，即着手制定对蒙文化教育政策。当时，全部由蒙古人组成的民政司文教科即成为完成上述工作的核心机构。科长那木海扎布（陈封，1904—1989 年），毕业于北京国立师范大学，民国时期曾任黑龙江蒙旗师范学校主任教员、蒙旗教育委员会委员等职。1932 年 6 月 10 日，那木海扎布就任兴安局民政司文教科长，因其熟悉教育工作得到重用。蒙政部时代，他在继任民政司文教科科长后，出任民生部大臣官房参事官，后于 1942 年就任兴安局参与官。出任文教科教育股股长一职的色楞尼玛毕业于东北大学文学学院，民国时期曾执教于东北蒙旗师范学校，出任语文教师。色楞尼玛在《东北蒙旗师范学校

① 详见娜荷芽《“满洲国”时期蒙古人的中等教育：以兴安学院为例》，日本蒙古学会《日本蒙古学会纪要》第42期，2012 年，第 3—21 页。

② 兴安总署官僚及职员合计 25 人中，旧王公有 3 人，占总人数的 12%；其他职员中有 11 名曾在民国时期从事教育相关工作，占总人数的 44%（根据兴安总署调查科《蒙古人名录》，新京，1933 年）。

③ 1932 年 7 月开始，“满洲国”政府开始在蒙古人居住地区实施旗制。其后，蒙旗行政制度几经改组，但各分省公署都在民政厅内设立了文教科，在各旗内务科设立了文化股，作为对蒙古人的文化、教育行政机构（兴安局调查科：《满洲帝国蒙政十年史》，《蒙古研究》第 5 卷第 5、6 辑，1942 年，第 21、24 页）。

专刊》（创刊号）汉文版上以何恨蝶之名发表《春夜有怀》《白袷》《书怀》《其二》《其三》《金缕曲：为一琴弟之南京作》等六首诗歌，文笔优美流畅，汉语造诣极高。① 之后，色楞尼玛还曾出任奉天第一商业高级中学教员等职。② 文教科其他职员还有宗教股股长那顺务莅吉，职员道宝、恩和、巴彦、哈旺扎布等，先后于 1932 年 6 月至 1933 年 10 月之间到任。另外，兴安总署在兴安各分省公署也设立了文教科，在各旗设立了文教股，其职员构成几乎都是蒙古人。③

当时，兴安总署民政司文教科着手对民国时期蒙古人中等教育机构进行了重编与改组，新建蒙古人中等教育机构。"九一八"事变爆发时，东北地区蒙古人中学曾一度陷入停课状态。兴安总署民政司文教科成立初期，曾拿出数套方案以期重编与改组蒙旗中等教育机构，并向民国时期在东北地区建立的蒙旗中学校提供资金，促其开课。首先是向黑龙江蒙旗师范学校（齐齐哈尔）的教员及当时滞留在校的学生提供一定金额的补助，以维持该校的运营。④ 其后正式决定从 1933 年 7 月 1 日开始，由兴安总署支付黑龙江蒙旗师范学校办学经费。后兴安总署又发布"兴安第一职业学校令"，规定每月发放 2000 元的学校补助资金，并将"黑龙江蒙旗师范学校"校名改为兴安第一职业学校（3 年制），招生方法及学校标准等依旧遵照黑龙江蒙旗师范学校时期规定执行。兴安总署民政司文教科还就"兴学第一职业学校"这一校名做了如下解释：取"兴安学校"之名，原则上应为设在兴安省内的学校。但因王爷庙的校舍现正在施工中，目前暂在齐齐哈尔办校。⑤

民国时期，黑龙江蒙旗师范学校还设有附属小学。附属小学校长阿成嘎（1906—？）向兴安总署请愿，希望继续开设黑龙江蒙旗师范学校附属小学。兴安总署批示兴安第一职业学校搬迁至王爷庙之前，继续运营该附属小学。⑥

1933 年，东北蒙旗师范学校（沈阳）得到兴安总署提供的运营资金后恢复办学，并改名为兴安第一师范学校，9 月开始招生。同年 9 月，兴安总署向兴安各省省长发放公文，指示要在上述两，校即兴安第一职业学校、兴安第一师范学校实施学费补助制度，以确保招生以及学校的运营工作。⑦1934 年 4 月，经兴安总署许可，兴安第一师范学校增设了讲习班。⑧1934 年，兴安第一师范学校在校生人数为 120 名、教员 12 名，分三年制初级师范班与 3 年制高级师范班；兴安第一职业学校在校生人数为 150 名、教员 11 名，两校学生总数合计为 270 人。⑨ 因此，"满洲国"政府文教部认为蒙古人中等教育普及率极低⑩，提出了重点培养师范类毕业生，合并兴安第一职业学校与兴安第一

① 东北蒙旗师范学校：《东北蒙旗师范学校专刊》（创刊号），1930 年，第 14—15 页。
② 兴安总署调查科：《蒙古人名录》，新京，1933 年，第 11 页。
③ 国务院文教部：《满洲国文教年鉴》，新京，1934 年 3 月，第 84 页。
④ 当时，兴安总署曾向黑龙江蒙旗师范学校在校生提供了 300 元的补助金（《兴安总署汇刊》第 1 卷第 7 号，1933 年 10 月，第 20 页）。
⑤ "令兴安第一职业学校"，《兴安总署汇刊》第 1 卷第 8 号，1933 年 11 月，第 9 页。
⑥ 《兴安总署汇刊》第 1 卷第 12 号，1934 年 3 月，第 18 页。
⑦ "令兴安各分省长：1933 年 9 月 14 日"，《兴安总署汇刊》第 1 卷第 9 号，1933 年 12 月，第 10—11 页。
⑧ 《兴安总署汇刊》第 2 卷第 3 号，1934 年 6 月，第 21 页。
⑨ 兴安局调查科：《满洲帝国蒙政十年史》，《蒙古研究》第 5 卷第 5、6 辑，1942 年，第 36 页。
⑩ 文教部学务司：《满洲国少数民族教育事情》，新京，1934 年 3 月，第 2 页。

师范学校的意见，即合并上述两校后，新校迁址至兴安省内，重组为“兴安学院”的计划。①

但在 1934 年 7 月 21 日，兴安总署否定了“满洲国”政府合并上述两校，重组“兴安学院”的计划，提出新设兴安学院的方案。此后，兴安总署文教科向伊克明安旗等兴安省外四蒙旗教育委员会移交了兴安第一职业学校的管理运营权②，同年 8 月，兴安省外蒙旗教育委员会正式接管了该校。③至此，兴安总署文教科初步完成了对民国时期蒙旗中等教育机构的重编与改组，步入建立新校的阶段。

兴安总署时期，新建了以培养兴安军军官为目的的兴安陆军军官学校。该校开设于 1934 年 1 月，甘珠尔扎布出任校长，以训练骑兵为主。④该校后来还接收德王派遣的军事“留学生”入学，以蒙古人教官为中心培养骨干军官。

1934 年下半年，“满洲国”政府国务院颁布了《师范教育令》等一系列师范教育相关规定。在此背景下，兴安总署文教科着手制定培训蒙古人教员计划。如制定实施现役教员培训计划，派遣蒙古人教员前往由文教部主办的教员讲习所培训⑤，或派遣“教员留学生”前往日本各地留学等。根据《第三次教员留学生派遣要点》记载，1934 年 10 月至 1935 年 9 月，以研究日本学校教育、考察其社会环境与文化设施为目的，文教部进行了第三次教员留学生派遣工作。本次教员留学生合计 20 名，其中有数名来自兴安省的蒙古人教员。⑥

（二）蒙政部时期

1934 年末，“满洲国”开始进行地方行政机构的改制。在本次改制中，兴安总署升格为蒙政部（大臣为齐默特色木丕勒），兴安各分省升格为兴安省四省，蒙古人官员的权限与兴安总署时期相比得到一定程度的扩大。⑦另一方面，蒙政部时期也是“满洲国”与苏联、蒙古人民共和国之间围绕国境线发生纠纷，国际局势日益紧张的时期，在上述背景之下，可以说，蒙政部时期“满洲国”对蒙古人的文化、教育政策是紧紧围绕该政府对苏、蒙战略展开的。

蒙政部时期，蒙古人中等教育机构数目有了较大幅度的增加。经兴安总署重组的兴安第一师范学校及兴安第一职业学校于 1936 年合并后迁移至齐齐哈尔，更名为齐齐哈尔蒙旗师范学校。1938 年，齐齐哈尔蒙旗师范学校又迁至兴安东省，更名为扎兰屯师道学校，完成了兴安总署民政司文教科时期的计划，搬迁至兴安省内。⑧

蒙政部时期新建中等教育机构中特别值得一提的是 1935 年 9 月 1 日在王爷庙设立

① 文教部学务司：《满洲国少数民族教育事情》，第 13 页。
② 《兴安总署汇刊》第 2 卷第 6 号，1934 年 9 月，第 9 页。
③ 《兴安总署汇刊》第 2 卷第 7 号，1934 年 10 月，第 14 页。
④ 1934 年 7 月 1 日开学时，以钱家店南省警备司令部顾问部为临时校舍，同年 8 月 1 日迁至王爷庙校址（满洲帝国协和会调查部：《兴安蒙古》，新京，满洲事情案内所，1943 年，第 58 页）。
⑤ 《兴安总署汇刊》第 1 卷第 11 号，1934 年 2 月，第 20 页。
⑥ 《兴安总署汇刊》第 1 卷第 11 号，1934 年 2 月，第 21 页；《兴安总署汇刊》第 2 卷第 8 号，1934 年 11 月，第 10 页。
⑦ “满洲国”蒙旗行政归蒙政部管辖。该政府后把省外四旗，1937 年又把锦州、热河蒙旗也归到蒙政部行政管辖之下。
⑧ 《满洲帝国蒙政十年史》，《蒙古研究》第 4 卷第 5、6 辑，1942 年 12 月，第 36 页。

的兴安学院（全称“国立兴安学院”）。[①] 此后，又于1937年4月在海拉尔新建了以培养畜产技师为目的海拉尔兴安学院。1939年，海拉尔兴安学院与海拉尔第一国民高等学校合并。[②]

蒙政部时期也是“满洲国”与蒙古人民共和国之间围绕国境线问题纷争不断，关系日益紧张的时期。1935年1月，发生“哈尔哈庙事件”后，“满洲国”政府与蒙古人民共和国当局在满洲里召开会议，但未能达成协议。期间，又发生了“凌升事件”[③]，蒙政部被突然撤销，蒙古人的政治活动遭受较大的打击。

目前，因史料所限，尚不清楚当时兴安总署民政司文教科以外的人员与设立兴安学院一事的关系。但在1934年7月前后，齐默特色木丕勒（兴安总署署长）、韩穆精阿（兴安总署特约顾问）、菊竹实藏（次官）、中村撰一（参与官）、松冈信夫（参与官）、白浜晴澄（总务处理事官）、青木英三郎（总务处调查科科长）等人任职于兴安总署。[④] 此外，寿明阿时任兴安南省省长。其中，韩穆精阿为教育家，时任东京外国语学校和大阪外国语学校教员，著有《蒙语初步》（1933年）、《蒙和辞典》（1940年）等蒙古语教科书及词典。菊竹、中村、松冈、白浜等人一直与蒙古相关的行政工作关系极为密切，而青木则在其后出任了兴安学院第一任主事（主任）。因此可推断上述人员主持或参与了设立兴安学院的工作。

经过约一年的准备，在蒙政部时期实现了新建兴安学院一事。1935年7月30日，国务总理大臣（张景惠）与蒙政部大臣签署了《兴安学院官制》（敕令第82号）[⑤]，并发布于蒙政部官报。《兴安学院官制》由“兴安学院属于蒙政部大臣之管理，为对从事于实业者教授所需之知识与技能并养成为初等学校教员者之所”等八项内容构成，明确记载该学院设立目的为实施实业教育（本科）与初等师范教育（师范科），并对兴安学院院长、学院校址、教授科目、学制、入学资格及其他事项做了明确规定。翌日，国务总理大臣张景惠核准启用“兴安学院印”“兴安学院院长印”。

1935年9月1日，“满洲国”时期第一所新设的蒙古人中等教育机构兴安学院在兴安南省公署驻地王爷庙落成开学。同年10月，第一期50名学生经所属各旗旗长推荐，并经学院面试后正式入学学习。

综上所述，可见当时在设立兴安学院一事上，兴安总署、蒙政部与“满洲国”政府存在意见分歧。“满洲国”政府文教部主张合并兴安第一职业学校与兴安第一师范学校，并迁址至兴安省内重组为“兴安学院”，但兴安总署否定了“满洲国”政府合并重组“兴安学院”的计划，提出新设兴安学院的方案，使兴安第一职业学校与兴安第一师范学校继续得到运营，1938年更名为扎兰屯师道学校，即扎兰屯师范学校的前身；蒙政部则继续执行了兴安总署时期所制定的计划。

① 有关兴安学院，详见娜荷芽《“满洲国”时期蒙古人的中等教育：以兴安学院为例》，日本蒙古学会《日本蒙古学会纪要》第42期，2012年，第3—21页。

② 《满洲帝国蒙政十年史》，《蒙古研究》第4卷第5、6辑，1942年12月，第37页。

③ 1936年4月，兴安北省省长凌升因被怀疑犯特务罪遭处决。

④ 兴安总署职员中蒙古人约有25名。

⑤ 《蒙政部汇刊》1935年第2卷第8号，第3—6页；“满洲国国务院法制处”：《满洲国法令辑览（第3卷）》，新京，满洲行政学会，1936年，第134/30/4—134/32页。

兴安学院在1935年建校至1945年停办为止的十年间，共招收了1000余名学生，毕业生主要就职于各蒙旗教育机构、兴安局、旗公署、县公署、新京青旗报社、协和会等地。升入大学者则分别进入满洲医科大学、吉林师道大学、哈尔滨学院、建国大学、大同学院、新京工业大学、新京医科大学、新京畜产兽医大学等继续深造。此外还有部分毕业生留学日本。兴安学院既是多种文化的接收之地，同时也成为各方信息的发送平台。在受到“满洲国”政府对蒙政策限制的同时，兴安学院也成为使用蒙古语传授文化与知识的重要场所、蒙古族知识分子聚集之地。

二、《兴安岭》杂志的创刊

日本人在中国东北地区发行报刊始于1905年（日俄战争结束后）。[①] 至1932年，除发行日文报刊50余种外，还曾发行汉语、英语、俄语、朝鲜语、蒙古语[②] 等诸语种报刊。19世纪末20世纪初正是日本积极推进“大陆政策”的关键时期，上述报刊的发行与日本近代“大陆政策”是有密不可分的关系的。

“满洲国”政府同样非常重视对蒙媒体的宣传作用，先后刊发《兴安总署汇刊》（1932年）、《蒙政部汇刊》（1934年）、《蒙古报》（1934年）、《蒙古新报》（1937年）、《青旗》报（1941年）、《大青旗》（1943年）等报刊。在内蒙古西部地区（“蒙疆”）也曾刊发《蒙古周刊》（1938年，呼和浩特）、《蒙古画报》（张家口）、《文化专刊》（呼和浩特，1942年后张家口，1940年更名为《蒙古文化》）、《复兴蒙古之声》（呼和浩特，1940年，1942年后张家口）等报刊。

如上所述，20世纪40年代的内蒙古东部地区曾有以兴安学院为中心的20多所招收蒙古人的中等教育机构。当时，这些院校曾出版刊发校刊与学报，目前已确认的有兴安学院学报《兴安岭》（创刊号）杂志、兴安北省第一中学（简称海拉尔一中）学报《草丘》杂志等。此外，一些学校还曾刊发过校刊。

上述学报、校刊的发行与当时“满洲国”政府对内蒙古地区所采取的殖民统治政策是有密切关系的。1942年，时值兴安学院建校七周年、“满洲国”建立十周年，当时“满洲国”政府曾大力举办各类庆典活动。而《兴安岭》杂志的创刊即兴安学院庆典活动内容之一。在兴安学院日方主事（主任）德宿太重的主持下，1941年3月开始筹备，并于1942年正式成立了兴安学院“兴安岭同窗会”及“国立兴安学院学友报国团”。[③] 同时，为记录同窗会及学友团活动，发行了蒙日双语学报《兴安岭》杂志。德宿太重是日本茨城县人，毕业于东京帝国大学（今东京大学），1939年11月至1945年8月在兴安学院工作，1943年出任兴安学院日方主事，直至1945年8月该校解散。

《兴安岭》之刊名，是根据该校教师马忠林（1914—2008年）提议命名的，封面插

① 1896年发行于汉口的《汉报》是日本人在中国境内发行的最早的报纸。

② 如1918年在奉天（沈阳）发行的《奉天蒙文报》（周报，1918—1920，创办人是中岛真雄）。

③ 兴安学院兴安岭同窗会创设纪念号《兴安岭》，第75—78页；「巻頭の辞」，第1—2页。

图由该校第五期在校生哈顺额尔德呢[①]绘制。马忠林，辽宁省海城县人，1934—1938年先后就读于营口新制师范学校、吉林高等师范学校，1939年1月受聘于兴安学院，开始了长达半个多世纪的教师生涯。1943—1946年任长春女子师范大学教师及长春市第二女子中学教务主任、代理校长等职务；1946—1949年出任"国立长白师范学院"（吉林）数学系副教授、吉林大学副教授；1949年5月，吉林大学与当时在佳木斯的东北大学合并(后迁到长春市)为东北大学，1950年改为东北师范大学，马忠林在此历任副教授、教授，为东北师范大学数学系的创建和发展做出了巨大的贡献，被称为"数学教育研究领航人，国际学术交流开拓者"。[②]

《兴安岭》(创刊号)分蒙古文版与日文版。蒙古文版编辑为兴安学院教师德礼格尔，日文版编辑为冈上博美。德礼格尔，克什克腾旗人，兴安学院二期毕业生，1941—1945年任兴安学院蒙古语课程教师。据该校毕业生回忆，德礼格尔是一位深受学生爱戴的老师。冈上博美为日本籍朝鲜人，来自日本高知县，毕业于新京大同学院，于1941—1945年任兴安学院国民道德教育课程教师。

三、《兴安岭》杂志的内容

兴安学院原本计划定期发行学报《兴安岭》杂志，但目前只收集到该刊日语、蒙古语创刊号一册，其他刊号或已遗失，或未及发行。创刊当时，《兴安岭》杂志日语稿源颇丰，但由于篇幅所限未能全部刊载，共刊载稿件40余篇。[③]作者除日本人（兴安总省官员、兴安学院教师等）外，还有兴安学院蒙古族教师、学生、毕业生等，日语功底皆较为深厚。另一方面，由于路途遥远、邮寄不便等原因，蒙古语稿源不甚理想[④]，共刊载稿件27篇，作者多为该校在校生和毕业生。

具有代表性的文章有兴安学院第四期学生额尔登特古苏（1922—1991年）的《同胞の同輩へ》(《至同胞同辈们》)一文。"额尔登特古苏"是1942年作者本人所标记的名字，1942年"兴安学院第四期学生名单"中所填写的"额尔登特古斯"，1998年兴安学院毕业生回忆录《兴安学院回忆录》[⑤]中所出现的"额尔敦特古斯"，皆为同一人。额尔登特古苏是20世纪40年代前中期内蒙古地区最具代表性的文学家，也是兴安学院秘密学生组织"兴蒙党"的创始人之一。

在1941年6月前后，以兴安学院高年级学生为主，学院内秘密组织了一个学生组

---

① "哈顺额尔德呢"汉字根据当时学生名册记载。该生实为该校第五期学生，但在《兴安岭》"编辑后记"（蒙古文，44页）中误记为第四期学生。

② "编辑后记"《兴安岭》（蒙古文），第44页。沈呈民、马静茄：《祝贺马忠林先生八十寿辰》，天津师范大学《数学教育学报》第2卷，1993年7月，第55—56页。章士藻：《数学教育研究领航人 国际学术交流开拓者》，天津师范大学《数学教育学报》第25卷，2016年10月，第102页。

③ 「編集後記」，『興安嶺』（日本語），第114页。

④ "编辑后记"，《兴安岭》（蒙古语），第43页。

⑤ 中国人民政治协商会议呼伦贝尔盟政协文史委：《兴安学院回忆录》（汉文），1998年。

织“兴蒙党”。① 该党组织发起人为额尔登特古苏、通拉嘎、布克德力格尔三人，中心成员有 16 人，均为第四期学生。学生们在成吉思汗像前秘密举行了兴蒙党成立仪式，通拉嘎主持了仪式，额尔登特古苏作为代表宣读了入党誓言。兴蒙党的宗旨是“振兴蒙古民族”,并通过“积极地开展教育活动,为蒙古民族的振兴与发展做贡献”。② 其后，兴蒙党在该学院第五期生中开展宣传活动并发展了成员。

额尔登特古苏渴望通过教育活动振兴蒙古民族，其后的经历证明他把毕生的精力都奉献给了蒙古民族的教育事业。这也体现了兴蒙党的宗旨。在兴安学院求学时期，额尔登特古苏作为一位文学青年，喜爱诗歌以及尹湛纳希的作品。当时，尹湛纳希所著《青史演义》在蒙古人中广为流传，这对额尔登特古苏的创作活动产生了极大的影响。③ 额尔登特古苏喜读尹湛纳希作品的原因之一，与兴安学院教师棍布色丹的影响关系密切。出生于土默特左旗的棍布色丹，毕业于吉林高等师范学校，是尹湛纳希的曾孙。棍布色丹于 1940 年 1 月至 1945 年 8 月执教于兴安学院，教授物理、化学两门课，深得学生们的钦佩与信赖。④

在《致同胞同辈们》一文中，额尔登特古苏首先分别就蒙古人民共和国、布里亚特、青海、新疆及“蒙古自治邦”的情况进行了分析，阐述了自己的见解；其次指出蒙古人与世界各国相比较，在教育、产业各方面都落后于发达国家至少一个世纪；进而提出振兴这样一个四分五裂又极其落后的蒙古民族，首先要从振兴其教育与产业入手的观点，认为蒙古青年的使命即开发产业、振兴教育。⑤ 从该文中可管窥作者当时的思想与兴蒙党的理念。额尔登特古苏从兴安学院毕业后，即赴德王执政的“蒙古自治邦”身体力行地从事教育工作。

兴蒙党的宗旨反映了 20 世纪 40 年代初期，蒙古族知识青年希望通过教育的近代化推进蒙古社会的再生与革新的理念。中华人民共和国成立后，内蒙古自治区党委经审查，认为兴蒙党为“自发的、进步的青年组织”。⑥

其他还有农业部调查科村冈重夫《蒙古の風景と人人と生活》(《蒙古的风景、人及生活》)、福田正《科爾沁右翼中旗開拓史》(《科尔沁右翼中旗开拓史》)、马忠林《兴安岭创刊志有感》、莫尔根巴塔尔《ダホル族の乞雨祭》(《达斡尔族乞雨祭》)、蒙和博彦《民族と国家》(《民族与国家》)、勿游《蒙古に於ける農業の現状》(《蒙古农业现状》)、和什格图《訪日修学旅行感想》(《访日修学旅行感想》)、蒙和《国内修学旅行感想》(《国内修学旅行感想》)、《興安学院沿革》(《兴安学院沿革》)、《職員名簿》(《职员名单》)等 40 余篇，内容涉及当时内蒙古东部地区的社会状况、民生、风俗、各地相关调查数据、兴安学院沿革等。

---

① Kingγan-u degedü surγaγuli-yin duradqal-un nairaγulqu ǰüblel, *Kingγan-u degedü surγaγuli-yin duradqal---Činggis-ün ür-e keüked-ün ula mör*,2001on，p167—176；《兴安学院回忆录》（汉文），1998 年，第 92 页。

② *Kingγan-u degedü surγaγuli-yin duradqal---Činggis-ün ür-e keüked-ün ula mör,* 2001 on，p172.

③ [日]二木博史:《论“满洲国”时期蒙古文学家额尔登特古苏新发现的作品》,《日本蒙古学会纪要》第 29 号，1998 年，第 7 页。

④ *Kingγan-u degedü surγaγuli-yin duradqal---Činggis-ün ür-e keüked-ün ula mör*,2001on，p129—132.

⑤ 额尔登特古苏：《致同胞同辈们》，《兴安岭（创刊号）》，第 46—48 页。

⑥ 《兴安学院回忆录》（汉文），1998 年，第 96 页。

结语

本文利用兴安学院学报《兴安岭》杂志、《兴安总署汇刊》《蒙政部汇刊》等第一手资料，并结合当事者的回忆录、笔者对兴安学院毕业生所做的采访等，首先揭示了在设立兴安学院一事上，兴安总署、蒙政部与“满洲国”政府出现意见分歧。当时，“满洲国”政府文教部主张在民国时期蒙旗中学基础上更名后开设的两校，即兴安第一职业学校与兴安第一师范学校合并更名为“兴安学院”。但兴安总署否定了“满洲国”政府合并重组“兴安学院”的计划，提出新设兴安学院的方案。这一决定使得兴安第一职业学校与兴安第一师范学校得以继续运营，为1946年建立扎兰屯师范学校奠定了基础。在这一过程中，全体职员皆由蒙古人构成的兴安总署民政司文教科在对蒙文教政策的制定过程中起到了举足轻重的作用。蒙政部则继续执行了兴安总署时期所制定的计划。

在新建兴安学院一事上，时任兴安总署署长的齐默特色木丕勒、兴安总署特约顾问韩穆精阿、次官菊竹实藏、参与官中村撰一、参与官松冈信夫、总务处理事官白浜晴澄、总务处调查科科长青木英三郎、时任兴安南省省长的寿明阿等人为关键人物。兴安学院毕业生近半数就职于各地公职机构，其余分别升入国内外大学继续深造。以兴安学院为中心的蒙古人教育机构在开明官僚、进步教师们的共同努力之下成为多种文化的接收之地、各方信息的发送平台。

在20世纪40年代内蒙古东部地区蒙古人中等教育机构出版发行的学报中，《兴安岭》是目前为止最具代表性的学报。其内容涉及当时内蒙古东部地区的社会状况、民生、风俗、各地相关调查数据、兴安学院沿革等。如兴安学院学生秘密组织“兴蒙党”的创始人之一，20世纪40年代前中期内蒙古地区最具代表性的文学家额尔登特古苏等人的文章作为第一手史料，在近现代蒙古史研究、内蒙古地区报刊发展史研究、思想史研究中具有无可替代的资料价值。

日本战败后的李守信

娜仁格日勒
（内蒙古大学）

在内蒙古近代历史上，李守信“是一个相当典型的反面人物”。其典型形象不仅表现在他在“满洲国”时期的种种行为上，也充分表现在他在日本战败后仍追随德王从事“蒙古自治”运动上。本文根据文献记载和实地调查资料，对于1945年以后李守信的经历进行阐述，具体内容包括担任国民党第十路军总司令、出任蒙古自治政府蒙古军副总司令、追随德王赴阿拉善、进入蒙古人民共和国被逮捕引渡回中国直至1970年去世等。

引言

李守信（1892.7.11—1970.5.?），原名那孙巴雅尔，又名李义，到热河游击马队后使用李守信这一名字。字子忠，系内蒙古卓索图盟土默特右旗（今辽宁省朝阳）蒙古人，上将军衔，曾任东北军骑兵第17旅团长、旅长。自1933年投日后，历任热河游击师司令兼经、林留守司令①，察东特别自治区行政长官，察东警备军司令。1936年以后，在德王政权中一直担任军政要职。李守信的兵力是德王政权的军事支撑。

日本战败后，蒋介石任命他为“东北民众自卫军”总司令，主要活动在东北和内蒙古东部地区。1949年，到阿拉善与德王一起组织“蒙古自治政府”，后逃入蒙古人民共和国，遭逮捕被遣送回中国关押。在狱中度过近15年的漫长岁月后，1964年12月28日，73岁高龄的李守信被特赦出狱，1970年5月于呼和浩特辞世。

李守信在其自述中详细回顾了从幼时到1945年8月撤离张家口逃至北平的半生经历。《李守信自述》是他出狱后开始写的，因“文化大革命”爆发而中止。②或许是出于李守信经历的复杂性，至今没有相关的专论或专著发表，这位曾经身为德王政权第二号人物的重要存在，仿佛已被世人遗忘。这不能不说是内蒙古近代史研究的一个缺憾。

① 内蒙古自治区政协文史资料研究委员会编：《李守信自述》（内蒙古文史资料第20辑），1985，第11—12页，第24页。经、林留守司令，即经棚、林西留守司令（《李守信自述》，第128页）。

② 《李守信自述》，第352页。

鉴于此，本文尝试梳理其 1945 年以后的活动轨迹及晚年生活等片段，希望能够对这位历史人物的研究略尽绵薄之力。

一、1945—1947 年间在内蒙古东部和东北地区的活动

日本投降时，德王和李守信都在“蒙古自治邦”政府所在地张家口。从张家口撤走北平后，李守信出关到东北组织军队，一时，队伍发展比较迅速。

（一）从张家口到北平

1945 年 8 月 15 日早上，在张家口的李守信从日本人那里得知日本战败投降的消息时，其蒙古军的大部队在厚和[①]附近，由宝贵廷带领，小部在宣化、察北和绥东。他当即电话指示宝贵廷将部队先集中到厚和，然后再决定下一步行动。下午，有八路军送达陈毅的劝降书，李守信让送信人将信件转交日本驻蒙军军部，随后自己也去军部请示对策，得到的答复是“我们投降美国和蒋介石，绝不投降俄国人和八路军。……我们走了以后，希望你们把张家口交给国民党，千万不要投降俄国人和八路军，他们不讲信义”。[②]但李守信并未做出最后的决定。

15 日晚，他再次电话指示宝贵廷率领部队速来张家口，然而电话线中断，此后再未能取得联系，到 17 日晚上也没有等到宝贵廷的到来。原来，17 日时，大青山的八路军攻打厚和，宝贵廷进行抗拒，与八路军展开战斗，替傅作义守住厚和，和包海明一起投归了傅作义。[③]而后来，宝贵廷的部队受到傅作义等军阀的排挤和分化削弱，终被瓦解，也致使李守信重回厚和、重新率领蒙古军队的愿望成为泡影。[④]

15 日当晚，德王告诉李守信，蒋介石来电报指示他们坚守岗位。德、李商量对策后，决定派乌勒吉敖喜尔与八路军联络。但是，17 日，正当李守信在德王公馆时，两架苏联飞机在张家口上空扔下炸弹后撒下大量传单，上面称德王是卖国贼、蒙奸。德王要投奔苏蒙，但是“这条路看来已经不行了”。[⑤]

18 日，苏蒙联军由张北向张家口发动进攻。19 日，德、李在日军保护下乘坐火车离开张家口。20 日到达宣化时，接到蒋介石将蒙古军改编为第十路军的命令和任命李守信为总司令的委任状，李守信当即着手布置在察东和晋北各县招收兵马。李守信后来认为，由于无法对形势做出正确的判断和预测，同时牵挂北平的财产，他没有亲自组织和带领队伍，导致了日后“蒙古军的四分五裂”。其实，在傅作义等大军阀的压迫下，即使李守信亲自带领部队，也未必能逃脱被分割吞并的命运。曾经拥有 2 万名士兵的蒙古军总司令，瞬时变成了无一兵一卒的光杆司令。在宣化时，他再次接到陈毅催促

① 全称厚和浩特，现在的呼和浩特市。抗战胜利后，复称为归绥市。

② 《李守信自述》，第 338—340 页。

③ 《李守信自述》，第 341 页。

④ 内蒙古自治区政协文史资料委员会编：《伪蒙古军史料》，内蒙古文史资料第 38 辑，1990 年，第 96—98 页。

⑤ 《李守信自述》，第 340—342 页。这一情况还可以与德王的忆述等相印证［德穆楚克栋鲁普《赴蒙古人民共和国的经过》，《德王在阿拉善》（阿拉善盟文史第五辑）第 47 页；德王自述第 190 页，《伪蒙古军史料》第 74 页，也有同样的记述］。

谈判投降的信件，李守信以“等研究考虑以后再答复”而拒绝[①]。21日，到达北平。

（二）为国民党拉拢部队

李守信出关集结部队，是他到达北平半年以后的事情。这期间，他其实一直梦想着返回归绥，重整旧部。

1. 李守信欲重新掌握蒙古军，遭傅作义拒绝

到达北平后不久，李守信随同德王以及吴鹤龄、乌古廷、超克拔都尔（陈绍武）等经西安飞往重庆，9月3日，会见蒋介石。按照蒋介石的指示，李守信于10月初旬先于德王返回北平。[②]在北平，李守信与玛尼巴达喇有过接触。当时，玛尼巴达喇为前往重庆会见蒋介石而停留于此。

另一方面，鉴于德王、李守信与国民党的接触，中共于10月23日发出了《中共中央关于内蒙工作方针给晋察冀中央局的指示》，强调应迅速消除其产生的影响，防止国民党对德、李的进一步利用。[③]1945年11月，中共晋察冀边区政府发布通缉令，“通缉伪蒙疆政府主席德王、伪蒙古军总司令李守信、伪蒙疆政府政务院长吴鹤龄”。[④]

李守信从重庆回到北平后，期盼回到绥远重新领导军队，但是一直未能与十二战区司令长官傅作义和旧部宝贵廷取得联系。此时蒙古军的大部队由宝贵廷率领。后得知傅作义不愿他回到归绥重新领导蒙古军。1945年12月上旬，在北平见到傅作义时，傅作义向李守信解释了他认为李守信回归绥不相宜的原委[⑤]，这等于傅作义当面拒绝了李守信重回绥远的要求。事实上，日后傅作义将宝贵廷率领的蒙古军的大部分肢解分割。李守信也曾请求国民党第十一战区司令长官孙连仲拨给旧部下宋万里、刘继广的部队一些给养，亦遭拒绝。部队后来也被孙连仲乘机吞并。[⑥]

2. 国民党再三催促，不得已出关集结队伍

此时，国民政府方面通过军统特务马汉三不断逼迫李守信去关外拉拢新队伍。11月，戴笠到北平，召见并指示李守信到锦州找东北行营接洽拉拢队伍事宜。于是，李守信经锦州到北票，打算在北票召集兵马，却遭热河省主席刘多荃的阻挠，未能拉起队伍来。12月初，李守信返回北平，正值蒋介石和戴笠来北平。蒋和戴分别会见李守信，再次要求其出关集结队伍，一切补给由东北行营发放。[⑦]然而，李守信仍一直未动身。

1946年3、4月间，戴笠又来北平，再次催促李守信出关。李守信不得已，孑身一人离开北平前往锦州，在锦州面见了熊式辉，并按照其指示在北票成立了“人民自卫军”司令部，主要在热辽边区招收兵马。如前文已述，李守信强烈希望回归绥重新领导旧部，

---

① 《李守信自述》，第242、270、344、347页。

② 内蒙古自治区政协文史资料研究委员会编：《德穆楚克栋鲁普自述》（以下简称德王自述），内蒙古文史资料第13辑，1984年，第141页。

③ 中共中央统战部编：《民族问题文献汇编》，中共中央党校出版社，1991年，第964页。

④ 内蒙古公安厅公安史研究室：《解放战争时期内蒙古东部地区公安工作大事记述》（繁本第一稿，征求意见稿），1986年，第11页。

⑤ 《伪蒙古军史料》，第94—96页。

⑥ 内蒙古公安厅公安史研究室：《解放战争时期内蒙古东部地区公安工作大事记述》（繁本第一稿，征求意见稿），1986年，第68—69页。

⑦ 《伪蒙古军史料》，第98页。

然而傅作义一直不允许，无奈，他只有回东北重新拉起队伍，在北票很快聚集了3000人马，其中包括旧部刘继广、李树声的若干人员，依恒额（依绍先）在阜新招收的1700人。开鲁县县长张念祖于1946年1月16日被共产党打败，逃离开鲁驻扎北票①，此时率领队伍500多人投奔李守信。②

但是，由于国民党热河省主席刘多荃的排挤，“人民自卫军”司令部成立不久，便被迫迁往东部的阜新。1946年6月，蒋介石来北平时再次召见李守信，指示他在东北行营的支持下继续扩大队伍。③李守信回阜新后，又有队伍相继来投。原库伦旗保安队改编的东蒙古人民自治军骑兵④第2师14团驻扎在库伦旗，7月中旬，库伦旗扎萨克王爷罗布桑林沁⑤的心腹乌力吉巴图在扎萨克指示下率领600多人马叛变，前来投靠李守信，被收编为热河边区骑兵5团，乌力吉巴图任团长。在此次事件中，罗布桑林沁被东蒙古人民自治军骑兵2师师长那钦双和尔下令秘密逮捕并杀死。8月，李守信军攻占开鲁。⑥

原奈曼旗保安队改编为东蒙古人民自治军骑兵2师15团后，驻扎奈曼旗。9月22日，15团顾问、原保安队副司令洛布登率团叛变，带领1300多人马请求李守信收编。此次事件是由奈曼旗王爷苏达那木道尔吉策划领导的。国民党东北行营任命奈曼旗王爷苏达那木道尔吉为“人民自卫军”副司令。⑦至此，李守信部队下设有四个支队，即依恒额部、张念祖部、库伦旗保安队以及奈曼旗保安队，总数至少5000人马。

3. 对清卓里克图的策反

为扩大队伍，1946年7月，李守信从北票捎信，准备在乌丹沙窝给东蒙古人民自治军骑兵第4师师长清卓里克图（和子章）空投枪弹物资。信件在途中被共产党公安机关扣留，并冒充和子章与李守信多次联络，诱捕了前来的联络人。⑧李守信对于清卓里克图的策反不止一次，而是反复多次地进行。7月间，李守信派特务给清卓里克图送去任命他为“国民党昭乌达盟自卫军军长”的委任状和印章，中途被共产党截获，和子章一直不知此事。8月成立的东北行营蒙旗联防指挥部，曾派军统特务吴化民潜赴林

① 内蒙古公安厅公安史研究室:《解放战争时期内蒙古东部地区公安工作大事记述》(繁本第一稿，征求意见稿），1986年，第19页。

② 1946年1月，张念祖率队伍1000多人进攻奈曼，并恢复了绥东县，率部在奈曼盘踞。不久，阿思根率蒙古骑兵与奈曼保安队一起攻打大沁他拉，张念祖败逃，后投奔李守信（奈曼旗政协文史资料工作委员会：《奈曼旗文史资料》第1辑，出版年代不明，第25页、43页）。

③ 《伪蒙古军史料》，第122—123页。

④ 关于内蒙古骑兵的演变过程参考娜仁格日勒《内モンゴル騎兵部隊の解散までの軌跡》（『日本とモンゴル』第49卷第1号，2014年9月）。

⑤ 库伦旗扎萨克王爷罗布桑林沁原是喇嘛，其弟是该旗扎萨克，八路军攻入库伦旗时枪杀了其弟弟。此后，罗布桑林沁还俗当了扎萨克，为给弟弟报仇，率军投奔了李守信（内蒙古公安厅公安史研究室，1986年，第36—37页；《伪蒙古军史料》，第123—124页）。

⑥ 赤峰市政协文史资料委员会：《和子章与蒙骑四师》，1989年，第46页。《解放战争时期内蒙古东部地区公安工作大事记述》第37页记载，李守信攻占开鲁的时间为1946年11月。

⑦ 《解放战争时期内蒙古东部地区公安工作大事记述》，第37页。关于此次库伦旗和奈曼旗的叛乱结果，该文献第37—38页还记载，在“土改、镇反及历次运动中，人民政府又对叛变首恶、骨干及叛变后有罪恶、民愤的分子进行彻底清查。据库伦叛变案清查处理结果统计，先后处死二十八名，战争中已击毙十名，判处徒刑及管制二十三名。奈曼王爷苏达那木道尔吉解放后被捕，一九五二年病死北京西城监狱”。

⑧ 内蒙古公安厅公安史研究室：《解放战争时期内蒙古东部地区公安工作大事记述》（繁本第一稿，征求意见稿），1986年，第56页；《和子章与蒙骑四师》，第45页。

东策反清卓里克图，也被共产党中途秘捕。11月，德王、李守信捎口信给清卓里克图，希望他谋反。国民党93军军长卢浚泉亲自写信给和子章，以德王、李守信为蒙古民族而战的旗号，劝其反叛，但送信的特务也被共产党公安处逮捕。①

4. 蒙古骑兵追随李守信

对于清卓里克图的策反工作虽然没有成功，但是东蒙古骑兵部队中有不少队伍投奔了李守信。

从1946年4、5月到11、12月间，已被共产党掌握的部分武装接连发起叛变事件。除了上述骑兵2师14、15团以外，主要有阿鲁科尔沁旗公安科长孙根全（即孙明海）率保安队120多人叛变，和子章部下的蒙骑4师第一支队长兼35团团长额尔登格与其兄阿鲁科尔沁旗德布勒庙葛根塔拉巴②以及连长阿力本嘎、道敖尔布的叛变③，34团副团长兼3连连长韩桑杰④以及3连副连长丁和尔札布、2连连长乌尔塔分别率部队叛变，36团部分官兵以及37团⑤团长洪富升格与参谋长僧格嘎日布率部队的大部分士兵叛变⑥等十多起武装叛变。蒙骑四师的这些叛变部队中，仅额尔登格部队就达500多人，四师总叛变人数达1000余人，均被李守信收编。

此外，小规模的叛变也很多，都投奔了李守信。这些武装与科左中旗的苏和巴特尔、库伦旗的罗布桑林沁、奈曼旗王爷苏达那木道尔吉的部队遥相呼应，总人数曾达到3000人。10月，额尔登格、塔拉巴联合开鲁蒙旗自卫军达理扎布部欲夺取重镇天山，与解放军展开了战斗，即天山保卫战。⑦

投奔李守信的还有不少其旧部。例如在崔兴武手下时的祝韩三、张奎武等，都投奔李守信并被任命为自卫军的师长、旅长等。祝、张二人决定扩大军队编制，计划于1947年4月在林西、经棚同时“举事”，消灭驻林西的中共冀察热辽首脑机关，攻打林东、天山，向李守信驻地靠拢。这些情况被共产党侦查员掌握，1947年1月31日，祝韩三等人被捕，即所谓“黑龙案”。⑧

---

① 内蒙古公安厅公安史研究室：《解放战争时期内蒙古东部地区公安工作大事记述》（繁本第一稿，征求意见稿），1986年，第43页，第55页。

② 35团由原阿鲁科尔沁旗保安队改编。额尔登格与塔拉巴率35团绝大部分官兵500多人叛变（全团共600多人），叛变后与李守信联系，请求收编，李守信任命塔拉巴为热北保安副总司令。塔拉巴后来到了沈阳，其后又与德王侄子阿拉坦瓦其尔等合流（内蒙古自治区公安厅边防局编：《内蒙古公安边防史料1950—1985》，1989年，第136页）。

③ 阿鲁科尔沁旗志编纂委员会编：《阿鲁科尔沁旗志》，内蒙古人民出版社，1994年，第849页、866页。赤峰军事志编纂小组编：《赤峰军事志》，内蒙古人民出版社，1992年，第407—409页。

④ 34团是从原巴林右旗保安队改编的。韩桑杰后被李守信任命为警卫队队长（翁牛特旗军事志编纂委员会编：《翁牛特旗军事志 公元1295年—公元2005年》，2008年，第243页，第245—252页）。

⑤ 37团由原扎鲁特旗自卫队改编。关于洪富升格与参谋长僧格嘎日布的叛变参见都瓦萨《内蒙古自卫军骑兵第四师三十七团》，《扎鲁特史话》，内蒙古人民出版社，1989，第186—190页；《赤峰军事志》，第391页；《和子章与蒙骑四师》，第81—86页，第151页。

⑥ 克什克腾旗军事志编纂委员会编：《克什克腾旗军事志 公元前300年—公元2005年》，2008年，第28—29页。

⑦ 内蒙古公安厅公安史研究室：《解放战争时期内蒙古东部地区公安工作大事记述》（繁本第一稿，征求意见稿），1986年，第45页；《赤峰军事志》，第391页。

⑧ 内蒙古公安厅公安史研究室：《解放战争时期内蒙古东部地区公安工作大事记述》（繁本第一稿，征求意见稿），1986年，第65页。

5.“人民自卫军”总司令部迁往开鲁

李守信部队发展迅速，国民党又任命李守信为热河省保安副司令，总司令依然由刘多荃兼任。1946年8月，国民党东北行辕蒙旗联防指挥部于锦州正式成立，任命李守信为“热蒙各旗联防司令”，后由李守信推荐乌古廷担任。①

蒙旗联防指挥部成立后，管辖热辽边区各县的国民党第71军军长陈明仁表面上也表示协助李守信。于是，李守信按照陈明仁的指示到郑家屯设立“人民自卫军”司令部并招收兵马。这时，内蒙古东部地区的东蒙古人民自治政府已被取消，在其领导下建立的蒙古骑兵5个师也改由内蒙古自治运动联合会指挥，并改称为内蒙古人民自卫军。②李守信来到郑家屯以后，内蒙古人民自卫军骑兵第2师的两个团近2000人也追随他而来。李守信将他们安置在郑家屯。陈明仁驻郑家屯的一个师曾于黑夜突袭这两个团，企图消灭掉它，但未成功。陈明仁部队并未就此罢休，在蒙古骑兵团进城挂马掌和购买物品时，多方刁难，处处挤压。③同时，作为东北行营主任的熊式辉也拒绝给李守信军队提供必需的武器和给养，1946年9月14日，李守信来见熊式辉，请求补给并发给枪械2000支，但熊氏“告知须向前方去努力，勿久在后方耽误，如收复小库伦，当予枪支补助”。④

由于暗中处处受到陈明仁的排挤，1946年10月，李守信放弃在郑家屯招收队伍的计划，打算回阜新扩大队伍。途经沈阳时，中共军队逼近开鲁，东北行营命李守信速回阜新，率领队伍援助驻守开鲁的陈明仁部队。李守信立即率领大军开往哲里木盟。⑤李守信的旧上司崔兴武和旧部下刘继广率部队在阜新福兴地、库伦的库伦沟与解放军交战。在库伦沟的解放军撤退后，李守信指示队伍向开鲁进发。11月，李守信军队重新夺取了库伦、奈曼和重镇开鲁。年末，“人民自卫军”总司令部迁往开鲁。⑥

6. 兵败开鲁

李守信此次进入开鲁时，其军队主要有在郑家屯时的两个团中的一个整团约900人投奔而来，达理扎布的故乡鲁北县来的约800人，阿鲁科尔沁旗的喇嘛塔拉巴与其弟额尔登格率领的近600人，蒙骑4师其他队伍的叛兵等。由于开鲁地处军事要地，陈明仁此时也赶来开鲁，拉拢分裂投奔李守信的喇嘛塔拉巴，意在压制李守信。⑦

12月下旬，解放军在开鲁附近进一步集结大量兵力。投奔李守信而来的其旧师长宋万里驻守开鲁城，在解放军接近开鲁时，不战而散。宋万里逃离开鲁后，塔拉巴和张念祖部在开鲁南60里处与解放军交战，解放军失利，暂时停止攻城。此战后，张念

① 内蒙古公安厅公安史研究室:《解放战争时期内蒙古东部地区公安工作大事记述》(繁本第一稿，征求意见稿)，1986年，第42页。

② 乌嫩齐主编：《中国人民解放战争时期内蒙古骑兵史》，辽宁民族出版社，1997年，第14页。

③ 《伪蒙古军史料》，第125页。

④ 熊式辉著:《海桑集 熊式辉回忆录 1907—1949》，克星尔出版有限公司，2010年，第335页。

⑤ 通辽市军事志编纂委员会：《通辽市军事志》，军事科学出版社，2007年，第309页。内蒙古公安厅公安史研究室：《解放战争时期内蒙古东部地区公安工作大事记述》（繁本第一稿，征求意见稿），1986年，第68页。

⑥ 内蒙古公安厅公安史研究室:《解放战争时期内蒙古东部地区公安工作大事记述》(繁本第一稿，征求意见稿)，1986年，第67—68页；《伪蒙古军史料》，第126—127页。

⑦ 《伪蒙古军史料》，第128页。

祖和塔拉巴的部队也都交给李守信带领。①

1947年初，内蒙古人民自卫军骑兵2师1700多名士兵在阿思根将军的率领下接近开鲁城。②骑兵先迫使奈曼旗洛布登部退入开鲁城内南街。李守信和陈天喜师驻守开鲁城。2月25日夜间，阿思根率骑兵攻打开鲁城，经过十多个小时的激战，26日冲进城内，李守信战败，逃离开鲁。这场战斗中双方的主力都是蒙古骑兵。③

1946年4月以后，李守信在东部内蒙古地区势力发展迅速，召集、收编了大量蒙古骑兵队伍，与中共解放军多次交战，迫使中共党政机关撤出赤峰，使之蒙受损失。但是，李守信最终被内蒙古人民自卫军骑兵2师打败，逃离开鲁。

二、1947年10月—1949年7月之间的李守信

（一）“人民自卫军”缩编

李守信从开鲁逃脱后，与余部约300人的队伍汇合，向彰武县出发。1947年3月1日抵达彰武县。2日，接到东北行营速来沈阳的指示。3日，离开彰武乘火车赴沈阳。4日抵达沈阳，次日会见东北行营主任熊式辉，获得批准在沈阳休养。“人民自卫军”暂时由参谋长刘继广率领。刘继广部队在开鲁战后经通辽也向彰武撤退，与驻守彰武的陈天喜师部取得了联系。④

1947年5月，东北行营决定成立三个骑兵军，第1军军长包善一⑤，第2军军长王玉崑，第3军军长李守信。熊式辉召见李守信，指示其迅速将“人民自卫军”整编为骑兵第3军。8月末，骑3军被缩编为新骑1旅。李守信被任命为行营中将军事参议，驻沈阳。他推荐乌古廷任新骑1旅旅长。不久，由关邦杰接任旅长。

从出关招收人马建立部队起，李守信及其部队一直被外牌相待，作战任务一个接一个，补给却很少，到处受挤压。此时的李守信对国民党尽管很不满，但是事已至此，他也无能为力。在沈阳待了两个月后，10月29日，李守信请假回北平家中养病。在回北平的第二天，有国民党宪兵团的班长登门求见，理由是宪兵团有责任保护他及其家属的安全。李守信清楚，这是监视。⑥

1948年7月，傅作义在北平华北“剿总”召开会议，宝贵廷前来参加。会后，宝贵廷分别前去会见居住在北平的德王和李守信。

（二）从北平到南京、台湾

① 《伪蒙古军史料》，第130页。

② 乌嫩齐主编：《中国人民解放战争时期内蒙古骑兵史》，辽宁民族出版社，1997年，第152—163页。

③ 内蒙古公安厅公安史研究室：《解放战争时期内蒙古东部地区公安工作大事记述》（繁本第一稿，征求意见稿），1986年，第67—68页。张万有、韩玉臣：《开鲁的战略转移和再次收复》，《哲里木史志》，1986年第3期，第38—39页。

④ 《伪蒙古军史料》，第133页。

⑤ 1931年，巴布扎布之子甘珠尔扎布和正珠尔扎布组织蒙古独立军时曾出任第1军司令。关于包善一等武装部队在东北地区的反共活动的详细情况，参见《民族问题文献汇编》（中共中央统战部编，中共中央党校出版社，1991年）第1072—1074页、第1086页等内容。

⑥ 《伪蒙古军史料》，第135—138页。

1948 年底，宝贵廷在张家口养病，其部队在宝昌一带。这时，李守信在东北建立的新骑 1 旅也由苏和巴特尔[①]带领到了宝昌附近。与新骑 1 旅同时到达宝昌附近的蒙古骑兵部队还有奈曼旗和巴林左旗的保安队。这样，自 1945 年 8 月以后分开在两个地区的蒙古军，即李守信在东北地区的部队和宝贵廷在西部地区的队伍又重新会合。

李守信在北平期间，军统特务不断鼓动他到热河省山区拉起队伍，效劳国民党，未果。很快，北平局势紧张，1948 年 10 月 29 日，李守信与家人飞往上海。到上海后，军统头目又以保护其安全为名前来拜访。李守信知道这是逼迫他去南京，于是安顿家眷后来到南京。1949 年 1 月 1 日，德王也飞抵南京。[②]在南京，蒋介石接见德王和李守信，指示他们去定远营（今阿拉善巴彦浩特）组织蒙古自治运动。

1949 年 1 月 25 日，德王乘机离开南京到达兰州，在此停留 2 个月。4 月，去定远营。李守信在南京送走德王后返回上海。很快，上海局势也吃紧。1949 年 4 月，李守信带家眷飞往台北。5、6 月间，为成立“蒙古自治政府”赴广州请愿的德王发电报给李守信，邀他来广州。6 月 28 日，德王又派德古来飞到台北，请李守信等前往广州。于是，李守信与德古来飞往广州。7 月 28 日，德王、李守信等离开广州，经重庆、汉中、兰州、银川前往阿拉善定远营。[③]

李守信在从东北到开鲁再到东北的过程中，一直在各方面受到国民党军阀的挤压，但是他又不得不听命于国民党。闲居北平期间，国民党特务以保护为名监视其活动，并施加压力，企图使他离开北京再到地方招收队伍，继续为国民党卖命。而此次前往阿拉善，是因为德王的邀请。

三、1949 年，追随德王赴阿拉善

1948 年 12 月至 1949 年 1 月间，董其武下令将新骑 1 旅[④]和宝贵廷的第 3 总队都划归宝贵廷指挥。此后一段时间，宝贵廷部队一直在归绥附近。

1949 年 5 月，宝贵廷为投奔德王率领部队西移固阳，经乌拉特中旗同义隆等地，7

---

① 苏和巴特尔，达尔罕王之侄，也称包三爷或高山。日本撤退后，组织成立科左中旗保安队，任队长。共产党建政时期，保安队改编为公安大队，苏和巴特尔任第 2 中队长。1946 年 7 月下旬，苏和巴特尔率队叛变，在关邦杰之后任新骑 1 旅旅长。1948 年 10 月，在辽沈战役中被击溃，后突围。按照乌古廷的指示，11 月 14 日，率骑兵 1000 余人向西，与宝贵廷合流，成为德王定远营“蒙古自治政府”的军事支柱，任新编蒙古军第 1 师师长。1949 年 12 月，与李守信等进入蒙古人民共和国，被捕。据苏和巴特尔 1950 年的自供，在 1945—1948 年的三年中，同解放军、共产党公安队进行重大战斗 9 次。1950 年被遣送回中国，后被处死 [内蒙古公安厅公安史研究室：《解放战争时期内蒙古东部地区公安工作大事记述》（繁本第一稿，征求意见稿），1986 年，第 38—39 页。另外，该资料所记载“苏和巴特尔是达尔罕王之侄，又称包三爷或高山”的内容有待进一步证实]。关于苏和巴特尔与解放军战斗的情况还可参阅通辽市军事志编纂委员会《通辽市军事志》，军事科学出版社，2007 年，第 309、317、332 页；内蒙古自治区志・军事志编纂委员会：《内蒙古自治区志・军事志》，内蒙古人民出版社，2002 年，第 592—604 页。

② ドムチョクドンロプ著　森久男訳『德王自伝』，岩波書店，1995 年，第 340 页；《伪蒙古军史料》，第 160—162 页。

③ 德王自述，第 162—163 页；《德王在阿拉善》，第 89—90 页。

④ 此时安恩达任新骑 1 旅旅长，苏和巴特尔、孙明海为副旅长（《伪蒙古军史料》，第 164—166 页）。

月到达宁夏布隆淖尔。由于给养困难，经宝贵廷、李守信与马鸿逵交涉，新骑1旅由宁夏收编，暂归宁夏军阀马敦静（马鸿逵次子）指挥，给养等一切由宁夏负担。但是，马敦静只允许宝贵廷率蒙古骑兵驻在黄河以东的陶乐县，不许进入黄河以西的阿拉善地区。①

8月10日，德王和李守信组织的蒙古自治政府在定远营正式成立，李守信被选为保安委员会副委员长。宝贵廷从部队中选派内蒙古东部和锡察盟各旗代表洛布登、乌尔塔、诺尔布达那等30多人，前往定远营参加蒙古自治政府成立大会。

此间，李守信和乌古廷在宁夏与马敦静多次交涉，请求允许宝贵廷部队进驻定远营，马敦静不予答应。不久，马敦静以兰州西北军政长官马步芳的名义，任命李守信为陕甘宁边区骑兵总司令，率领新骑1旅归宁夏兵团指挥。李守信当即表示反对，而马敦静以这是马步芳的命令来压制李守信。时至8月下旬，李守信有意去绥远，但是傅作义已来绥远，此次，傅作义仍坚决拒绝李守信来绥。②

此时，解放军向西北挺进，宁夏形势紧张，吴鹤龄、札奇斯钦、德古来、乌古廷、乌臻瑞等先后飞往台湾。不久，马敦静令李守信部队去三边（陕北的定边、安边、靖边）打游击战，以抵抗中共军队。李守信带部队向三边出发，后又接到马敦静的命令回到陶乐县。李守信率部队退回陶乐县时，仍有人率队伍前来投奔，均被李守信拒收。③

9月中下旬，绥远、宁夏相继被解放，李守信率部沿黄河东岸向北逃遁，后向西渡过黄河到磴口，向定远营方向去寻找德王。行至距离定远营200里处时，碰见来前寻找其本人的洛布登，并得知德王已于9月20日④离开定远营前往阿拉善北部的图克木庙，于是也向那里进发。德王在途中听闻李守信也在向图克木庙行进，便宣布成立“蒙古军总司令部”，任命李守信为副总司令，宝贵廷为总参谋长。总司令部下设两个师，第1师师长苏和巴特尔、副师长孙明海，第2师师长吉利占太、副师长塔拉巴。军队共1000多人。⑤

10月初，李守信抵达图克木庙。这时，德王一行已先行到达，且已前往蒙古人民共和国境内的哈拉尔格⑥与蒙古内防处次长巴雅尔见面。德王返回图克木庙后，由于给养困难，经过与阿拉善旗保安队长派遣的代表、阿拉善旗北部防卡队队长段塔拉腾岱等人协商，德、李决定向西北额济纳旗境内的拐子湖移动。11月底，率部向西北行进到巴伦沙尔札，后抵达拐子湖。

12月29日，德王来到察干套老盖与蒙古人民共和国方面的巴雅尔再次会见。临行前，一切交由李守信负责代理，约定21天为限返回阿拉善。德王出发时，蒙古自治政府的所有军政首脑人员都出来送行，李守信对德王说：“你去蒙古人民共和国好好地联

① 德王自述，第170页；卢明辉：《中华民国史资料丛稿蒙古自治运动始末》，中华书局，1980年，第380页。

② 《伪蒙古军史料》，第181页。

③ 《伪蒙古军史料》，第181—182页。

④ 《德王在阿拉善》，第171页；德王自述中为旧历八月二日（德王自述，第173页）。

⑤ 德王自述，第173—174页；还有说法认为此时的蒙古军有2000余名，参见内蒙古自治区公安厅边防局编《内蒙古公安边防史料1950—1985》，1989年，第214—215页。

⑥ 德王与蒙古方面原先约定在乌盟境内的巴彦陕丹会见（德王自述，第192页）。

络吧，我也打算去，就是栽跟头也栽在蒙古地方，决不栽在八路手里。”过了一个多月，蒙古人民共和国方面送来德王信件，指示李守信、苏和巴特尔等六人来边境察干套老盖开会。[①] 途中，德王又来电，指示李守信等改去乌兰巴托开会。[②] 李守信一行到达乌兰巴托后即遭被捕，1950 年被遣送回中国。[③]

从台湾到前往蒙古人民共和国期间，李守信一直有机会重返台湾，然而在最为关键也是最艰难的时刻，他没有选择离开德王，而是跟随德王到最后。

四、特赦后的李守信生活点滴

李守信被引渡回中国后，如何受到审判和判决，在狱中是如何度过的[④]，这些问题尚无答案。目前我们只知道，1964 年 12 月 28 日，中华人民共和国最高人民法院下达特赦令，认为李守信“经过改造，确实已经改恶从善”，予以释放。自 1950 年被引渡回国到 1964 年获释，李守信经历了近 15 年的狱中岁月。根据内蒙古自治区公安厅于 1964 年 7 月 31 日制作的《战争罪犯处理报告表》记载，释放前的李守信被关押在内蒙古自治区公安厅看守所内，表中还记载，李守信军衔为上将。

获释的李守信和德王一样，被安排在位于呼和浩特市的内蒙古文史研究馆担任馆员，文史馆给李守信配备了秘书刘映元。2015 年，笔者得知刘映元也已去世多年，但仍怀着一线希望，多方打听与李守信有过接触的人员，收获甚微，最后还是找到一位知情人进行了采访。

2015 年 8 月 21 日，在内蒙古文史研究馆（在原内蒙古自治区政府机关办公楼 6 号楼），笔者会见该馆馆员李先生（男，57 岁），向其采访李守信当年的情况。李先生的父亲当时亦是文史馆馆员，双目失明，上下班时由李先生陪伴来往于住处和办公室之间，经常能见到李守信，虽然那时年龄尚小，但还是有一些记忆。以下是李先生的回忆：

> 李守信是位非常和蔼慈祥而且健谈开朗的老人，身高大约一米八左右，比较魁梧，但是，由于腰腿疼，走路时需要拄着双拐，上身向前倾斜大约成直角，从来没见过他直腰。在家里时，他习惯坐在炕上，拐杖总是靠炕沿竖立停放。他一个人生活，在我们看来，经济上比较富裕，经常给孩子们一些糖果之类，孩子们都特别愿意去他家里，因此能了解当时的一些情况，至今记忆犹新。
>
> 李守信住处是平房，有个小院子，三间房，中间是客厅，东屋相当于书房，西屋有南炕，炕上放个炕桌，冬天生炉子取暖（这与《李守信自述》附录中的描述基本吻合——笔者）。手上戴着块非常好的手表，还有支派克笔。有个新城满族人给他挑

① 德王自述，第 188—200 页。

② 《伪蒙古军史料》，第 187 页；德王在自述中指出，李守信一行到达乌兰巴托后，蒙古方面并没有通知德王。德王和李守信等人在乌兰巴托的见面是在被逮捕后审讯时的对质做证（德王自述，第 207 页）。

③ 内蒙古自治区公安厅边防局编：《内蒙古公安边防史料 1950—1985》，1989 年，第 141 页认为是 9 月 18 日。

④ 目前只知道一个细节。在狱中，因担心公审、游街而导致牙齿疼痛难忍，最后他自己将牙拔掉。“我最害怕的是把我解回厚和（呼和浩特）举行公审大会，背上亡命招子，路过大南街到美人桥刑场执行枪决，那才丢人现眼。”为此，他心急如焚，以致满嘴牙齿都动摇了。每次牙病发作……他一狠心就自己用麻绳把病牙一个一个都拔掉了，内蒙古公安厅又给他镶上了一副假牙（《李守信自述》，第 350 页）。

水倒垃圾。李守信的工资不怎么花，总是顺手放在褥子底下。

李守信对于监狱里的生活几乎只字不提，说喂兔子是他在监狱里唯一的工作。“文革”中，人们都躲避这个特殊人物。“文革”结束后听人们议论，其实李守信是个非常灵活、务实的人，并不固执。

在“文革”时期，人们虽然对他敬而远之，但没人敢惹他。据说，有一次从东北来了两个干部，一男一女，来做外调，也就是向李守信调查询问被调查者的历史情况。那个女干部也许已蛮横成性，不知深浅地对李守信说“你老实点”，被激怒的李守信拿起放在炕沿边的拐棍就要打那个女干部，被同来的男干部劝阻。后经男女干部赔礼道歉，才算了事。

还常听李守信给人们讲，从他住的江南馆巷到文史馆的路上会经过街心花园，路倒是并不远，但因腰腿疼痛，他总是在公园的椅子上休息一会儿。一天，两个小偷企图抢劫他的手表，被李守信用拐杖打跑了，“虽然虎落平川，但不能被犬欺。瘦死的骆驼比马大，也不看看老子是谁”。

根据当时大人们的传论，他的死去有些蹊跷，是那个帮他挑水的人发现的。待文史馆听到消息，办公室主任赶去的时候，他的手表和派克笔都不见了，褥子底下的钱也不知道是不是少了。

五、骨灰的安置：李守信堂孙访谈

李守信于 1970 年 5 月去世，那么，他的骨灰去了哪里？在其家乡还会不会有亲属在？

带着这样的疑问，2015 年 8 月 29—30 日，笔者到辽宁省北票市马友营蒙古族乡大庙村采访了李守信的堂孙李贵民。李贵民家看上去与其他人家并无二致，但是家里摆放的李守信与德王的合影却表明了他的身份。李贵民，1954 年 5 月出生于大庙村。大庙村即李守信的出生地，原内蒙古卓索图盟土默特右旗的古力古奋大庙村，而现在的人们早已忘记了古力古奋这个名字，只称大庙村。村落四周有帽子山等山脉环绕，山势不高，郁郁葱葱，长满了各种树木草丛，是个美丽富饶的地方。

李贵民称李守信为老爷。下面是李贵民的讲述。

我的祖父李君，是李守信的大哥，二哥叫李臣，李守信排行老三，也是兄弟中最小的。李君有三个儿子，长子李景阳，次子李景堂，三子李景荣。李景堂曾留学日本，因为是个强烈的反共产党分子，土改时被枪毙。① 我父亲李景荣有四个儿子，大哥在大连，二哥去世早，43 岁时病故，我排行第三，四弟在沈阳。

① 关于李景堂，还有更为详细的档案资料记载。1949 年 3 月 17 日，阿鲁科尔沁旗罕庙努图克牧民拉喜拣粪时遇见一个骑马人打听这里是什么地方，便将骑马人骗到家里，与村里的共产党公安员一起盘问出此人名为义萨布，汉名李景堂，是胡图凌嘎的参谋长。他们缴了义萨布的两支枪和两匹全鞍马，逮捕了义萨布。义萨布是李守信的侄子，曾任伪满骑兵团副、师参谋，国民党骑兵总队少校，辽沈战役后加入胡图凌嘎队伍，任参谋长（内蒙古自治区公安厅档案49－办公－永久－15，转引自内蒙古公安厅公安史研究室，1986，第134—135 页）。可以推测，李景堂应该是在此次被捕后被处死。但是，对于被捕后的李景堂的情况，该资料没有提供任何信息。

李守信的三个儿子李景凡、李景芳、李景元都在台湾,现今虽年事已高,但都健在。大陆和台湾关系缓和后,台湾方面与我们取得了联系。李守信去世后,王治平将骨灰接到北京(当时唐成良也已去世),1971年清明节时,北京的大堂哥把骨灰送到大庙村,安葬在这里。李守信终于又回到了故乡。2000年10月5日,李守信的两个儿子李景凡和李景元从台湾来到大庙村祭拜父亲,并立了墓碑。

李守信的墓地在大庙村西面大约400米处的小山洼上,守望着村落。站在墓地旁,整个大庙村尽览无余。隔过村子,可以望到对面的帽子山,即李守信的坟墓与帽子山隔村相望。墓地有一个石碑、四个土坟,阴历七月十五日刚刚祭过,所以坟头上还压着崭新的纸钱。石碑是李景凡和李景元于2000年立的,上面镌刻的"永世怀念 李氏宗親之靈墓"(墓碑左侧刻有"公元二千年",右侧刻有"北票市馬友营乡大庙村")的碑文也是李景凡的手迹。站在石碑的旁边,面向土坟,左手前面是李守信的坟墓,后排是李贵民父母的坟墓,右手前面是李贵民祖父祖母的坟墓,后排是李贵民的大伯的坟墓。

李贵民的家住在从北票通往小塔子的长途汽车公路西面约150米处。紧挨着公路的东侧就是李守信的故居,在大庙商店北侧,建筑早已形影无踪,现在是别人的住地。李贵民回忆,古力古奋大庙也被毁坏,其位置就在公路西侧,与李守信的旧居仅隔一条公路,非常近,距离李贵民的住家只有100米左右。

他还告诉我们,当地地名中带有"营"字的,过去是蒙古族村落,带有"沟"字的是纯汉人村落。而现在,即使名义上是蒙古人的村落,也都已汉化,蒙古人也都不会讲蒙古语了。他们的村子有100多户人家,500人左右,蒙古族约占一半,会讲蒙古语的只有几位80多岁的老人了。

在交谈中,李贵民讲得最多的是他们在"文革"中遭受的辛酸苦难。之所以遭到欺压,只因为是李守信的后裔。在这里,摘录一小部分。

父亲李景荣生于1914年,大房太太生下一女后去世。父亲于1947年娶了第二个妻子,即我的生母。母亲刚嫁到李家不久,形势就发生了变化,北票开始了土地改革。因为我们李家是村里的首富,加上李守信的缘故,便成为土改的第一个对象。我们家族为了躲避风险,都去北京投奔了李守信,但是没过多久,北京也乱了。

解放后,我们被赶回老家。回家时一家四口人,奶奶、父母和姐姐,母亲有身孕,怀着大哥。我们回到了家乡却没有了住处,原来的家产和土地早已全部被没收,分给了贫农和贫下中农们,我们真正成了一无所有的赤贫。一家人轮流借住亲戚家,可没有人愿意收留地主家庭,因此不得不经常搬家。母亲生大哥时暂住一个远方亲戚家。当时,人们都躲着我们家人,担心引火烧身,惹上麻烦。大哥比二哥大三岁,二哥比我大两岁,有一个妹妹,四弟是1963年出生。

父亲因吸食大烟身体不好,于1963年去世,当时我只有九岁。弟弟还小,大一点的兄弟三人给生产队放羊。大地主的老婆家庭成分不好,又死了丈夫,孩子们幼小,没有家住,借宿人家,母亲的艰难辛酸可想而知。白天我们都去劳动,母亲也必须参加劳动,晚上被叫去"学习"。名义是"学习",实际上是批斗,地主的老婆孩子,被批斗是理所当然的。母亲和我们兄弟几个受尽欺辱,拳打脚踢是家常便饭。比肉体上的折磨更为痛苦的是心理、精神上的巨大压力,我们遭受无端的指责、欺负和虐待，倍受孤独、被排斥的煎熬。我只读到小学二年级就被迫辍学。其实，我们有什么过错呢？我们没做过任何坏事。

在采访中，李贵民多次感叹“没有知识是最可怕的，也是我一生中最大的遗憾。不是我不愿意学习，是没有机会”。由于家庭出身不好，李贵民一直娶不上媳妇。“文革”结束后，他于1978年至2003年在村里当会计，1982年才结婚，在农村属于少有的晚婚。长子与长女分别于1983年、1992年出生。

李贵民性格开朗，为人诚实热心，因此，“文革”结束后，村子里也曾打算让他当小学教师，但是只读过二年级的他觉得自己无法胜任。他还告诉我们，母亲一生遭受了无尽的灾难和委屈，却没过上几天好日子，于1978年去世。在采访过程中我感受到，命运多舛的李贵民其实是一个非常聪明、机智而且有思想的人。

结语：李守信在德王政权中的作用

如何评价李守信，是个难题，原因在于其经历比较复杂。他是德王政权的二号人物，先后与日本、国民党、共产党各方面的要员打过交道，曾经叱咤风云。同时，他还是一个传奇人物，刘映元指出，他在一生中经历了大小无数次战争，身上没有留下一块伤疤，不得不说是个奇迹。[①] 日本战败后，李守信受命为国民党奔走，最后在1949年初夏，应德王的要求从台湾回到内蒙古，追随德王重组“蒙古自治政府”。

其实，无论在早期还是在1949年的“蒙古自治运动”中，李守信在德王政权成立和发展的过程中所发挥的作用极为重要。早年的“察东特别自治区”也可以证明这一点。1933年2月21日，热河战役爆发。3月4日，汤玉麟不战放弃省会承德，热河全境沦陷。3月5日，崔兴武在林西将部队交给李守信。4月初，李守信部队被日本关东军改编为热河游击师。[②]5月，李守信赶走占领多伦的刘桂堂军队，进入多伦。8月，在关东军的支持下，李守信在多伦设置了“察东特别自治区”，自任行政长官，由“满洲国”派遣顾问协助统治。这一“察东特别自治区”，即李守信军政府便成为日本方面“内蒙工作”的据点。随之，李守信部队于9月改编为“察东警备军”，规模9000人左右。[③]

1935年1月，日本决定改变以前的以培养亲日势力为主的政策，转变为扶持成立地方政权。1935年12月，发起察东警备军进占察北六县的“察东事件”。12月31日，李守信军占领张北。1936年1月22日，以德王、李守信、卓特巴扎布（卓世海）为中心的察哈尔盟公署在张北成立。[④]1936年2月10日，在察哈尔盟公署的基础上建立了蒙古军总司令部。5月12日，蒙古军政府成立。有观点认为，蒙古军政府的基础便是“察

① 《李守信自述》，第353页。

② 《李守信自述》，第121—127页；热河游击师也称兴安游击师（[日]松崎陽：《内蒙古軍の成立》『日本とモンゴル』第17卷第2号，第1—3页）。

③ [日]稲葉正夫：《関東軍の内蒙工作（一）》，『国防』昭和38年4月号，第62页；《李守信自述》，第135—136页。

④ [日]島田俊彦、稲葉正夫编：《现代史資料（8）日中戦争（1）》，みすず書房，1964年，第492—500页；前述松崎陽著述，第17—20页。

东特别自治区”。① 李守信曾两次访问日本 ②,并在一些重要讲话中明确表示对日本的依靠，指出在日本的大力支持下，蒙古军队正在不断强大。③

“察东特别自治区”是察哈尔盟公署、蒙古军总司令部以及蒙古军政府的重要基础之一。李守信也承认，“那时在关东军卵翼底下，已经清楚地看出有三个蒙古组织：一是百灵庙的蒙政会；一是伪满的兴安军；另一个便是我的察东警备军”。④ 在德王政府的演变发展过程中，李守信起了至关重要的作用，李守信与德王的政治活动和政治生涯始终是紧密联系、相随相伴的。李守信作为德王政权军队实质上的最高指挥者，力图不断强化军队，摸索各种方法，并尝试发行军队刊物《铁壁》。

1945 年以后，追随李守信的将士中，有不少是其旧部下。例如李守信带领旧部下刘继广和郭秀珠前往东北出关组织人马时，原蒙古军第 3 师师长宋鹏九也追随李守信到热河和开鲁，被任命为师长。这从一个侧面表明了他在蒙古军队和国民党军队中的影响。⑤

李守信的祖籍是山东，然而几代人生活在蒙古地区，成为“随蒙古”。⑥ 他在 1933 年以后,尤其是 1949 年组织“蒙古自治政府”的活动中对德王尽忠,而踏上了不归之路。由于资料的欠缺，对于李守信的秉性、思想意识尚难下定论，但是有两点值得我们深思。第一，关于镇压嘎达梅林起义。他是以什么样的心情、如何叙述的，也许永远是个不解之谜，但他在晚年为什么特意交代镇压并枪杀嘎达梅林的真相呢？或许是他经历了国民党军阀的欺凌和压制之后，对于血气方刚、鲁莽的年轻时代有了反思和悔悟。第二，1949 年夏，德王身边的不少人员纷纷离开大陆逃往台湾等地，李守信却选择了留下来，并坚持顽抗到最后，是一个彻头彻尾的反共分子。

参考文献

蒙古文、西文

〔1〕Bayannamur, 35-dugar qoriya-tai qolbuγdal büküi kömüs bolun kereg yabudal-un tuqai ergičegülül.Aruqorčin-u suyul teüke(4-düger debter).2003on.

〔2〕Köke tuγ qoriya , Köke tuγ,89düger quγuchaγa,1943.1.13.

〔3〕Surtaltu orčiγulba, Demčuγdongrub-un toγačilta, Öbür mongγul-un arad-un keblel-ün qoriya.1990on.

〔4〕Čidaltu, Ülügei nutuγ-un oruγa bosuγa edür-üd-tü. Aruqorčin-u suyul teüke(2düger emkitgel),2008on.

① ［日］稲葉正夫：《関東軍の内蒙工作（二）》，『国防』昭和 38 年 5 月号，第 80 页。

② 关于第一次访日时间，李守信自述中认为是 1939 年的春夏之间（《李守信自述》，第 299 页），德王认为是 1938 年秋（德王自述，第 79 页）。第二次访日时间，李守信和德王都认为是 1941 年 2 月 11 日从张家口出发（《李守信自述》，第 308 页；德王自述，第 107 页）。

③ Köke tuγ：No.89，1943.1.13.

④ 《李守信自述》，第 139 页。

⑤ ［日］松井忠雄：『内蒙三国志』，原書房，昭和 41 年，第 142—145 页。

⑥ 《李守信自述》，第 2—3 页。

〔5〕Owen Lattimore, Compiled by Fujiko Isono,CHINA MEMOIRS,Chianmg Kai-shek and the war Against Japan, University of Tokyo Press,1990.

汉文

〔1〕阿拉善盟政协文史资料研究委员会编 :《德王在阿拉善》,阿拉善盟文史第 5 辑，1988 年。

〔2〕阿鲁科尔沁旗志编纂委员会编 :《阿鲁科尔沁旗志》，内蒙古人民出版社，1994 年。

〔3〕赤峰军事志编纂小组编 :《赤峰军事志》，内蒙古人民出版社，1992 年。

〔4〕赤峰市政协文史资料委员会 :《和子章与蒙骑四师》，1989 年。

〔5〕都瓦萨执笔 :《内蒙古自卫军骑兵第四师三十七团》，《扎鲁特史话》，内蒙古人民出版社，1989 年。

〔6〕矶野富士子整理、吴心伯译 :《蒋介石的美国顾问——欧文·拉铁摩尔回忆录》，复旦大学出版社，1996 年。

〔7〕克什克腾旗军事志编纂委员会编 :《克什克腾旗军事志 公元前 300 年—公元 2005 年》，2008 年。

〔8〕卢明辉 :《中华民国史资料丛稿蒙古自治运动始末》，中华书局，1980 年。

〔9〕奈曼旗政协文史资料工作委员会 :《奈曼旗文史资料》第 1 辑，出版年代不明。

〔10〕内蒙古公安厅公安史研究室 :《解放战争时期内蒙古东部地区公安工作大事记述》(繁本第一稿，征求意见稿)，1986 年。

〔11〕内蒙古自治区公安厅边防局编 :《内蒙古公安边防史料 1950—1985》,1989 年。

〔12〕内蒙古自治区政协文史资料研究委员会编 :《德穆楚克栋鲁普自述》，内蒙古文史资料第 13 辑，1984 年。

〔13〕内蒙古自治区政协文史资料研究委员会编 :《李守信自述》，内蒙古文史资料第 20 辑，1985 年。

〔14〕内蒙古自治区政协文史资料委员会编 :《伪蒙古军史料》，内蒙古文史资料第 38 辑，1990 年。

〔15〕朴橿著、游娟鐶译 :《中日战争与鸦片(1937—1945)——以内蒙古地区为中心》，“台湾国史馆”印行，1998 年。

〔16〕赛航 :《试论抗战胜利后的蒙旗复员》，《2004 年中国近现代史研究国际学术交流论文摘要集》，2004 年，第 21—23 页。

〔17〕石国清、席卫中编 :《北票文史资料第二辑》，政协北票市委员会，2003 年。

〔18〕韬奋主编 :《生活星期刊》第 1 卷第 22 号，民国 25 年 11 月 1 日出版。

〔19〕乌嫩齐主编 :《中国人民解放战争时期内蒙古骑兵史》，辽宁民族出版社，1997 年。

〔20〕熊式辉著 :《海桑集熊式辉回忆录 1907—1949》,克星尔出版有限公司,2010 年。

〔21〕札奇斯钦 :《我所知道的德王和当时的内蒙古》，中国文史出版社，2005 年。

〔22〕张万有、韩玉臣 :《开鲁的战略转移和再次收复》，《哲里木史志》，1986 年第

3期（总第10期），《哲里木史志》编辑部。

〔23〕中共中央统战部编：《民族问题文献汇编》，中共中央党校出版社，1991年。

日文

〔1〕稲葉正夫：『関東軍の内蒙工作（一）』、『国防』昭和38年4月号。
『関東軍の内蒙工作（二）』、『国防』昭和38年5月号。

〔2〕島田俊彦、稲葉正夫編：『現代史資料（8）日中戦争（1）』，みすず書房，1964年。

〔3〕ドムチョクドンロプ著　森久男訳：『徳王自伝』，岩波書店，1995年。

〔4〕娜仁格日勒：『内モンゴル騎兵部隊の解散までの軌跡』，『日本とモンゴル』第49巻第1号，2014年9月。

〔5〕松井忠雄：『内蒙三国志』，原書房，昭和41年。

〔6〕松崎陽：『内蒙古軍の成立』，『日本とモンゴル』第17巻第2号，日本モンゴル協会，1983年。

〔7〕森久男編著：『徳王の研究』，創土社，2000年。

* 本文初稿于2016年3月刊登在杂志《ASIAN STUDIES》第11号（静冈大学）。此次受《蒙古史研究》主编之托，做了较大修改。

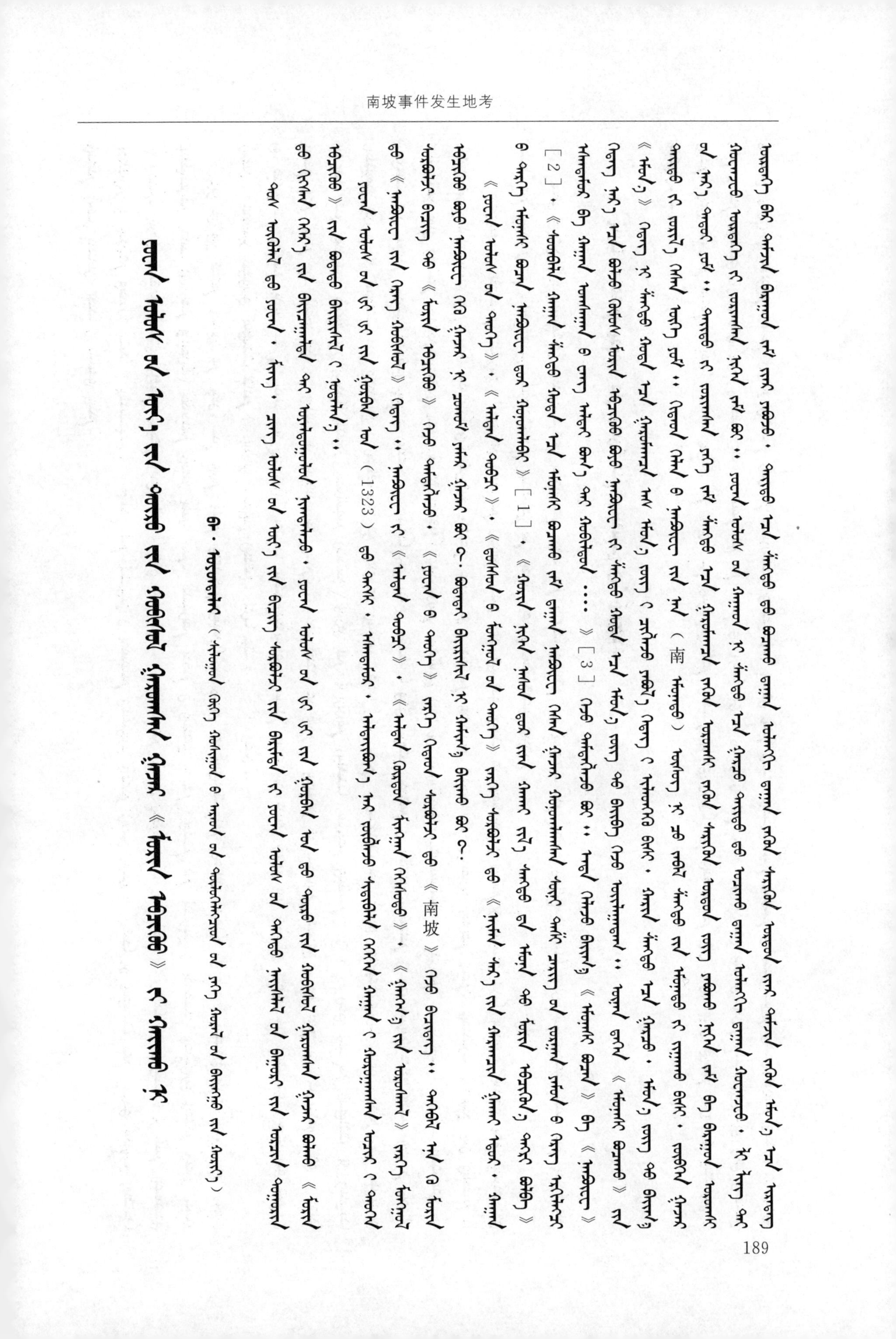

[illegible] 《[illegible]》 [illegible]

[illegible]

[illegible] （1323）[illegible]

[illegible] 《南坡》 [illegible]

[illegible] 《[illegible]》 [1] [illegible] [2] [illegible] …… 》[3] [illegible]

[illegible] （南 [illegible]）[illegible]

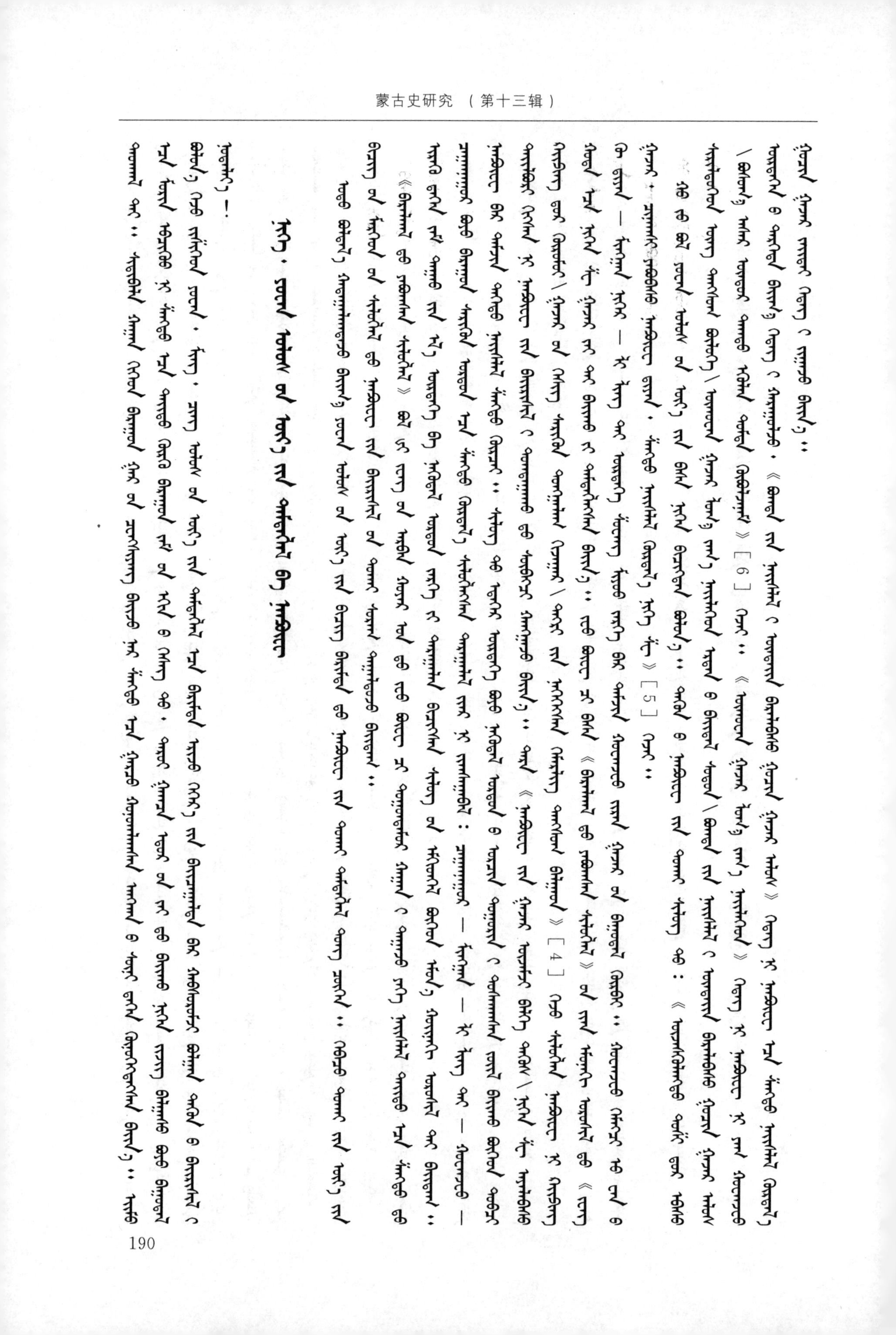

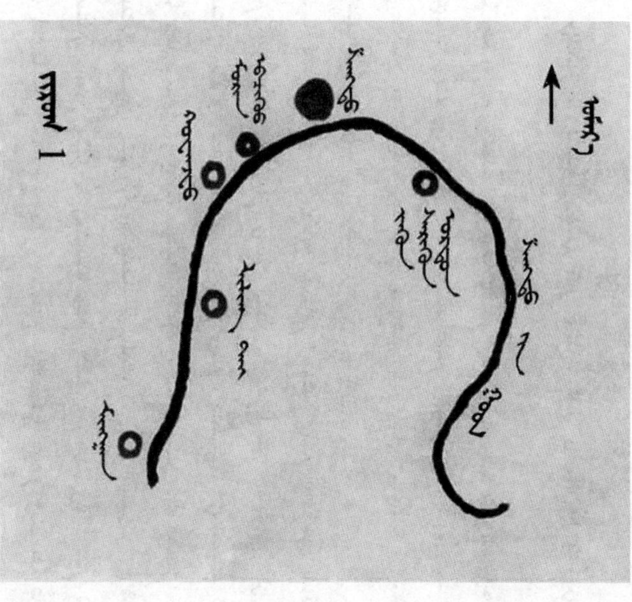

ᠵᠢᠷᠤᠭ 1

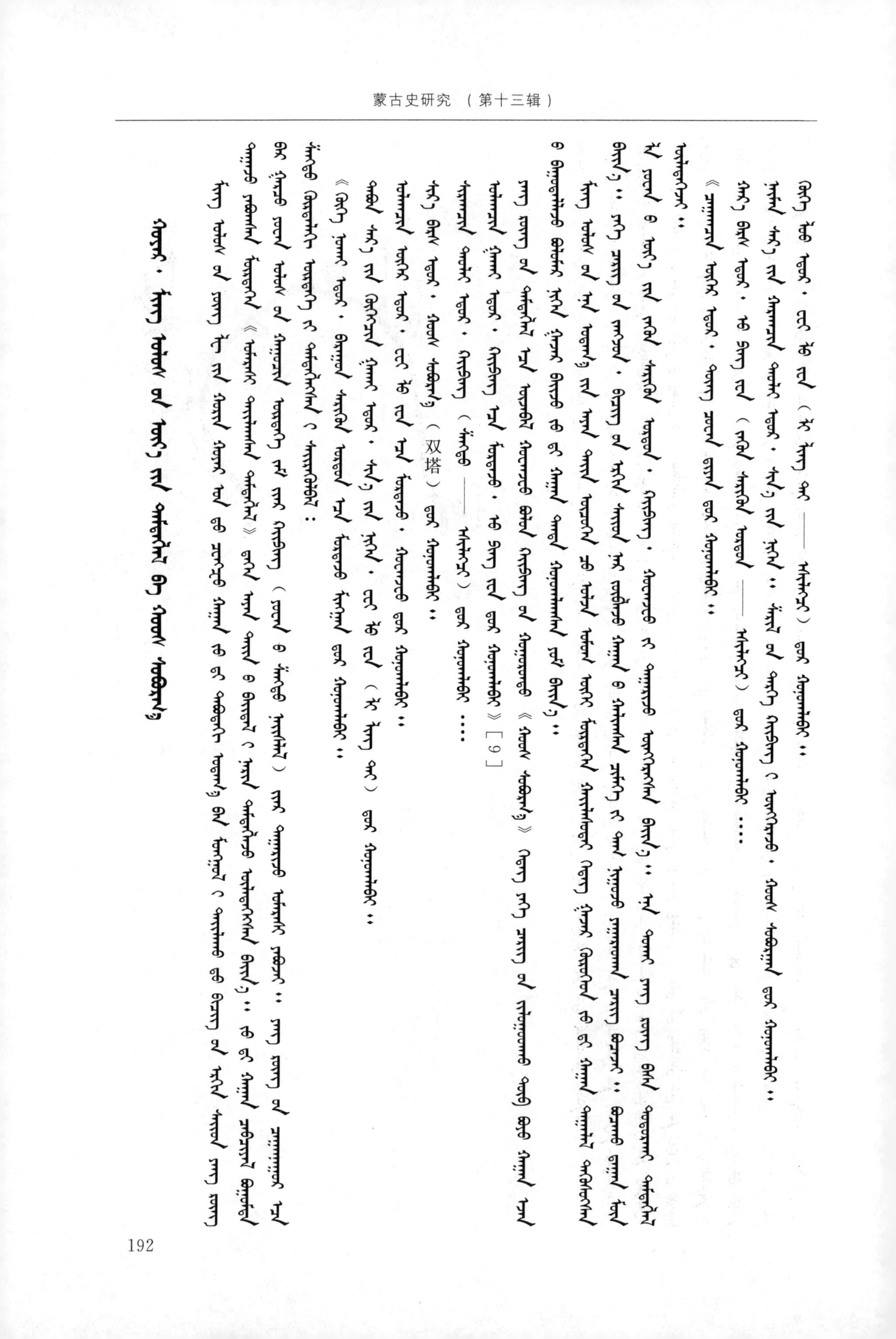

[illegible]

[illegible]

[illegible]

[illegible]

[illegible]

[illegible]

[illegible]

[illegible]

[illegible]

[illegible]

[illegible]

[illegible]

[illegible] （双塔） [illegible]

[illegible]

[illegible] [9]

[illegible]

[illegible]

[illegible]

[illegible]

[illegible]

[illegible]

[illegible]

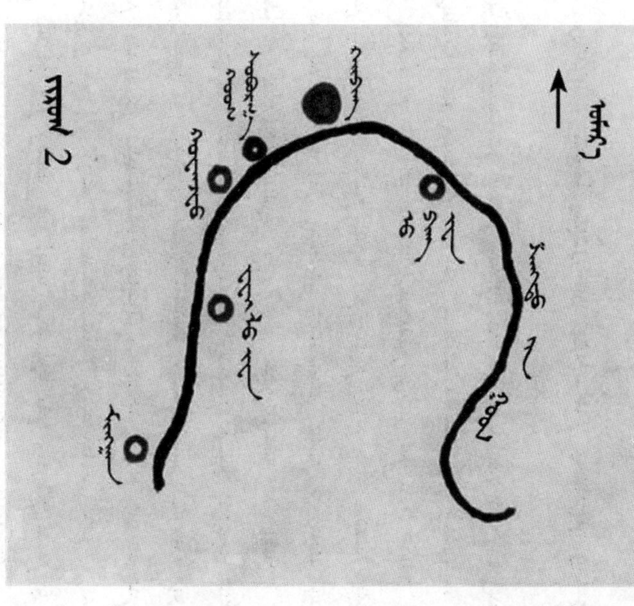

ᠵᠢᠷᠤᠭ 2

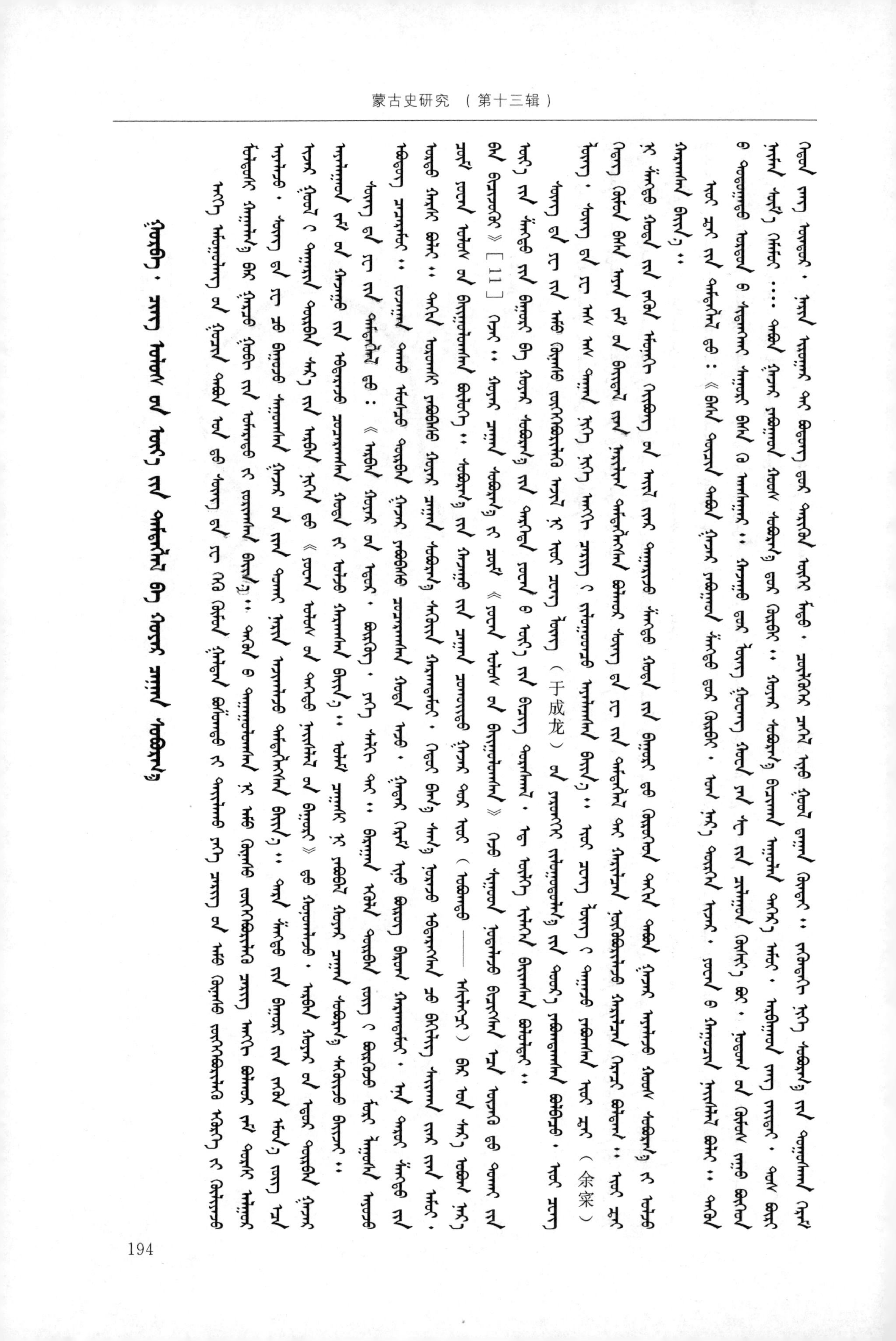

[illegible]

（于成龙）

[illegible]

（余寀）

[illegible]

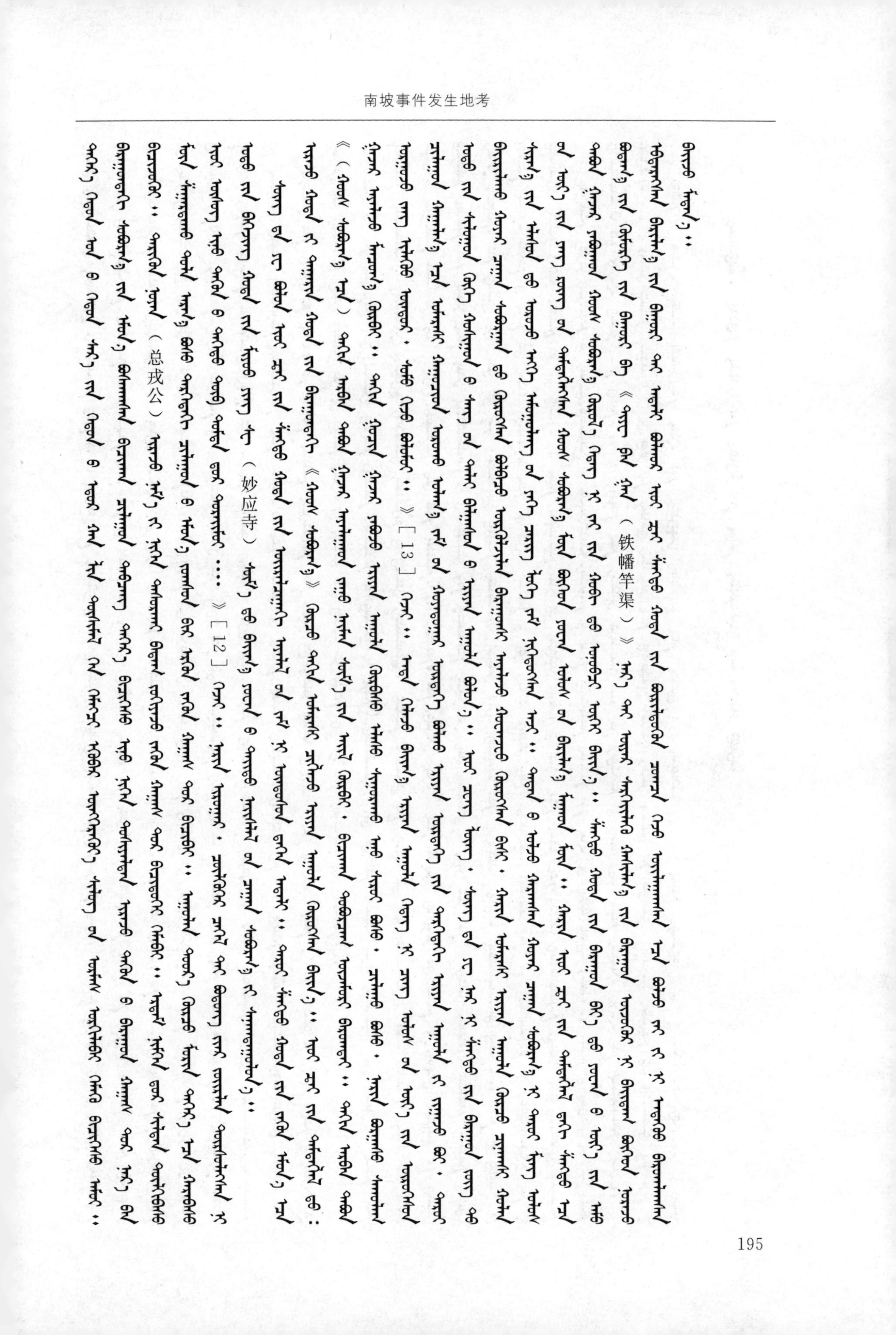

《（铁幡竿渠）》

》[13]

《（）》

（妙应寺）

》[12]

（总戎公）

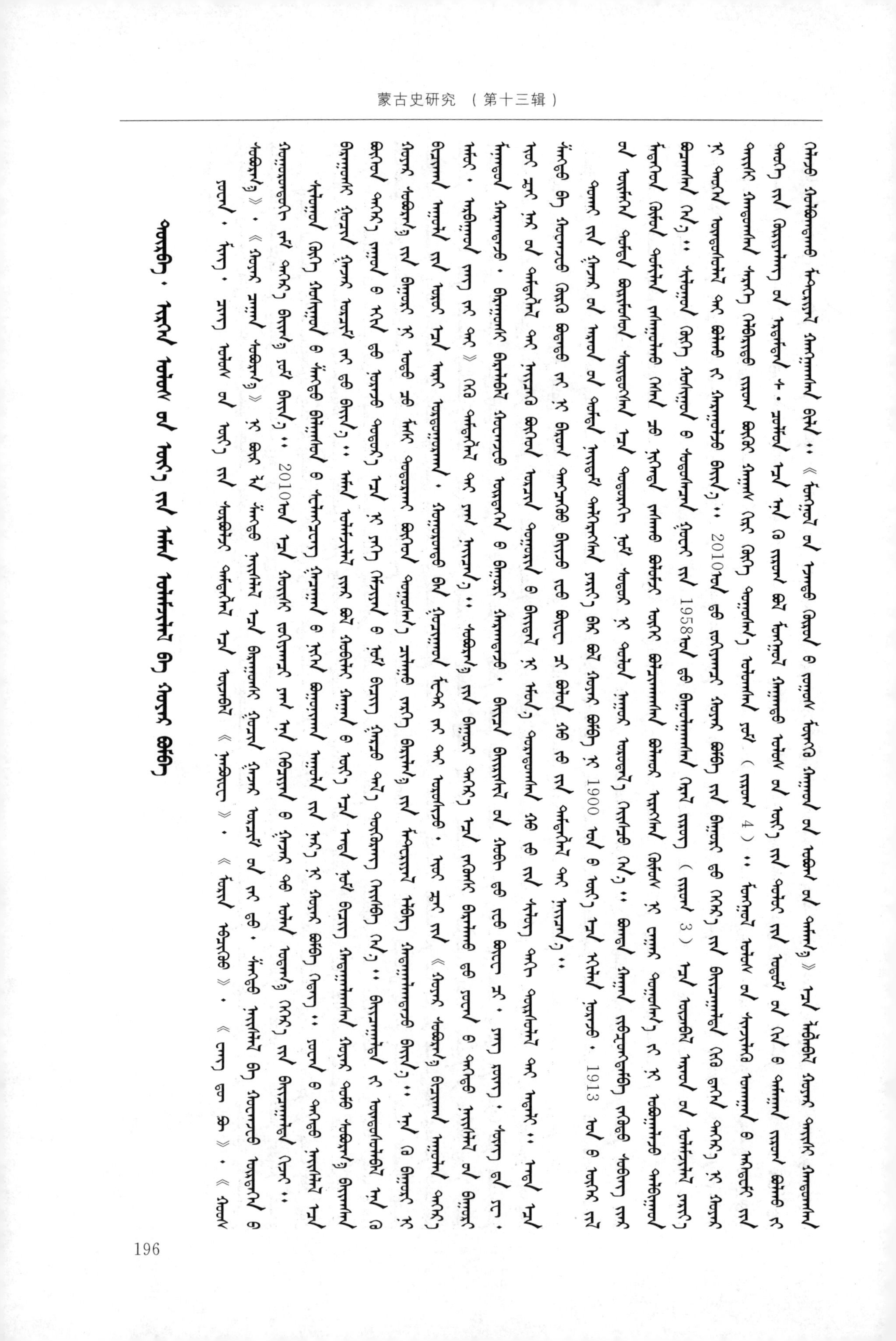

[illegible] [14] [illegible]

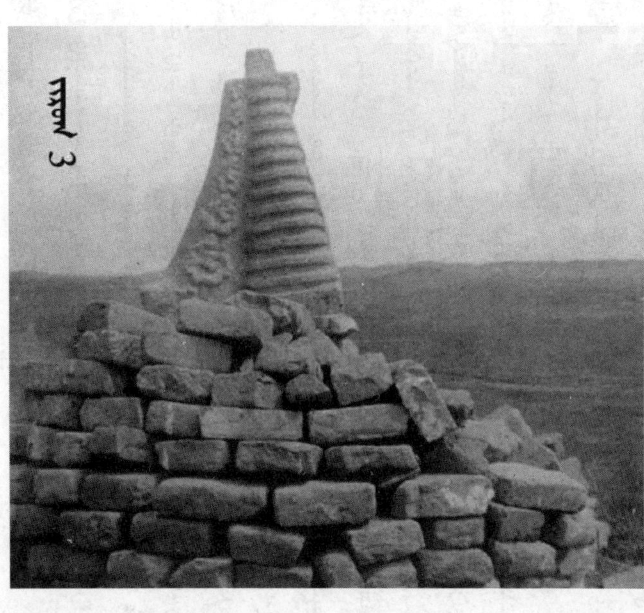

ᠵᠢᠷᠤᠭ 3

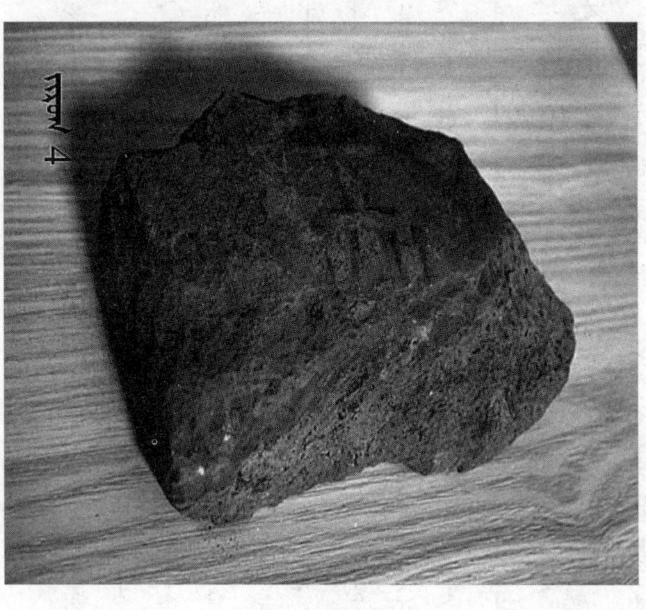

ᠵᠢᠷᠤᠭ 4

《[illegible]

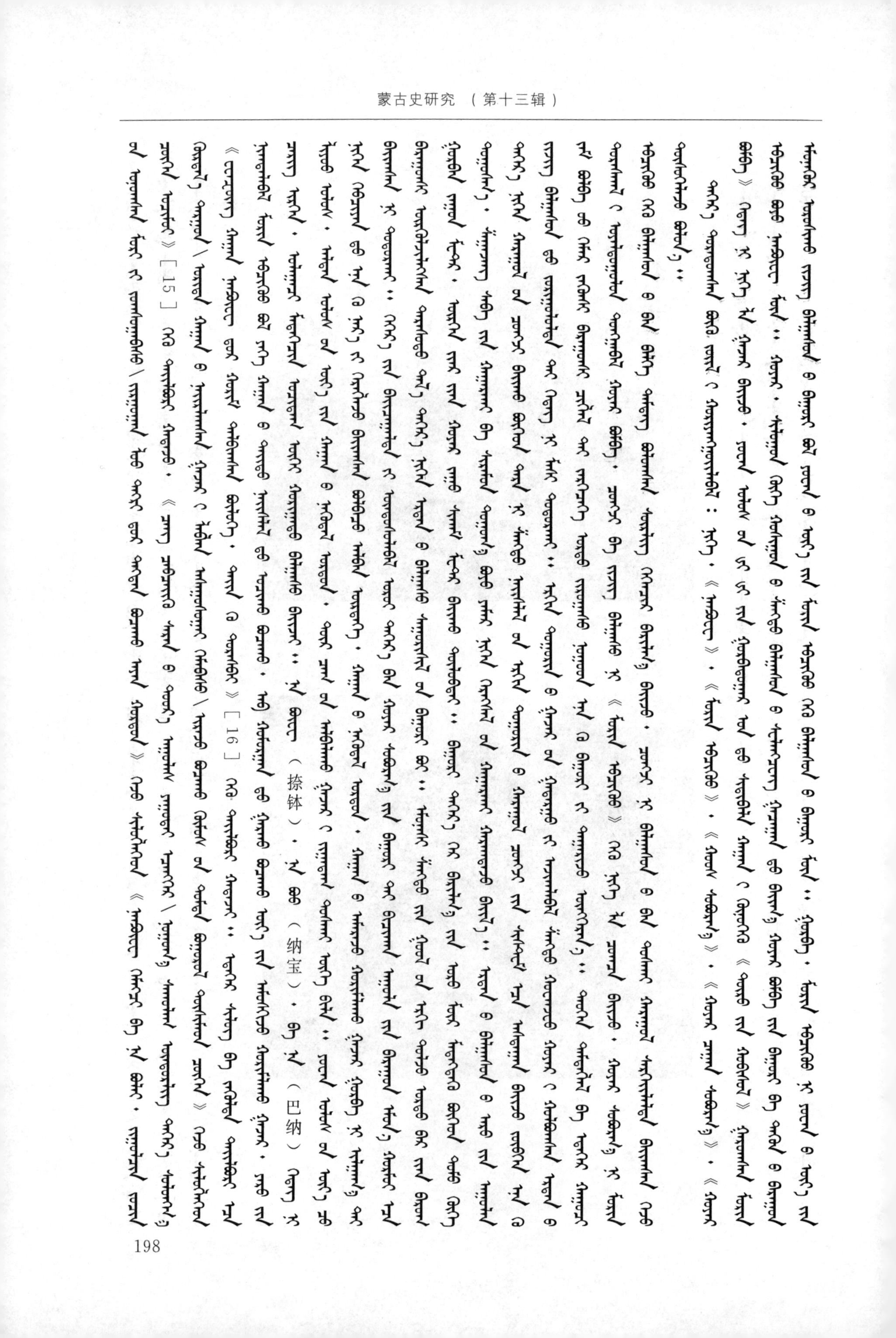

（纳宝）（巴纳）（捺钵）

[16]

[15]

ᠭᠠᠵᠠᠷ ᠨᠢ ᠳᠠᠢᠳᠤ ᠶᠢᠨ ᠨᠤᠲᠤᠭ ᠤᠨ ᠬᠦᠷᠢᠶ᠎ᠡ ᠳᠣᠲᠣᠷᠠ ᠪᠠᠢᠬᠤ ᠶᠤᠮ᠎ᠠ᠃ ᠡᠨᠡ ᠨᠢ ᠪᠣᠯ ᠳᠡᠭᠡᠷᠡᠬᠢ ᠪᠢᠴᠢᠭ ᠦᠨ ᠮᠡᠳᠡᠭᠡ ᠶᠢᠨ ᠬᠣᠪᠢ ᠶᠢᠨ ᠬᠠᠷᠢᠴᠠᠭᠤᠯᠤᠯ ᠢ ᠲᠣᠳᠣᠷᠬᠠᠢ ᠬᠠᠷᠠᠭᠤᠯᠵᠤ ᠪᠠᠶᠢᠨ᠎ᠠ᠃ ᠡᠨᠡ ᠲᠤᠰ ᠭᠠᠵᠠᠷ ᠤᠨ ᠨᠡᠷ᠎ᠡ ᠶᠢ ᠮᠠᠩᠨᠠᠢ ᠶᠢᠨ ᠬᠡᠯᠡ ᠪᠡᠷ ᠬᠠᠷᠢᠴᠠᠭᠤᠯᠪᠠᠯ ᠲᠣᠳᠣᠷᠬᠠᠢ ᠪᠣᠯᠤᠨ᠎ᠠ᠃

ᠲᠠᠢᠯᠪᠤᠷᠢ:

① 宋濂《元史》第三册 卷二十八，中华书局 1976 年，第 632 页。

② ᠠᠭᠤᠯᠠᠰ ᠤᠨ 《ᠲᠡᠦᠬᠡ ᠶᠢᠨ ᠪᠢᠴᠢᠭ》· ᠦᠨᠳᠦᠰᠦᠲᠡᠨ ᠦ ᠬᠡᠪᠯᠡᠯ ᠦᠨ ᠬᠣᠷᠢᠶ᠎ᠠ 2013 ᠣᠨ· 505 ᠨᠢᠭᠤᠷ::

③ 《ᠪᠣᠯᠣᠷ ᠤᠨ ᠲᠣᠯᠢ》(ᠲᠣᠪᠴᠢ ᠬᠡᠪᠯᠡᠯ) ᠤᠨ ᠰᠣᠶᠣᠯ ᠤᠨ ᠬᠡᠪᠯᠡᠯ· ᠦᠨᠳᠦᠰᠦᠲᠡᠨ ᠦ ᠬᠡᠪᠯᠡᠯ ᠦᠨ ᠬᠣᠷᠢᠶ᠎ᠠ 2014 ᠣᠨ· 321 ᠨᠢᠭᠤᠷ::

④⑤⑥《文渊阁四库全书》第一二一四册，“台湾商务印书馆”1983 年，第 54、543、544、634 页。

⑦ 陶宗仪《南村辍耕录》，中华书局 1959 年，第 10 页。

⑧ ᠮᠣᠩᠭᠣᠯ ᠤᠨ 《ᠰᠣᠶᠣᠯ ᠤᠨ ᠲᠡᠦᠬᠡ ᠶᠢᠨ ᠰᠤᠳᠤᠯᠭ᠎ᠠ》 ᠤᠨ ᠰᠡᠳᠬᠦᠭᠦᠯ· ᠦᠨᠳᠦᠰᠦᠲᠡᠨ ᠦ ᠬᠡᠪᠯᠡᠯ ᠦᠨ ᠬᠣᠷᠢᠶ᠎ᠠ 2010 ᠣᠨ· 454—455 ᠨᠢᠭᠤᠷ::

⑨⑩ 薄音湖 王雄点校《明代蒙古汉籍史料汇编》第一辑，内蒙古大学出版社 1993 年，第 62、69 页。

⑪⑫⑬ 毕奥南整理《清代蒙古游记选辑三十四中》上册，东方出版社 2015 年，第 101、175、176 页。

⑭ ᠪᠠᠶᠠᠷ ᠤᠨ 《ᠰᠣᠶᠣᠯ ᠤᠨ ᠲᠡᠦᠬᠡ ᠶᠢᠨ ᠳᠤᠷᠠᠰᠬᠠᠯ》· ᠦᠨᠳᠦᠰᠦᠲᠡᠨ ᠦ ᠬᠡᠪᠯᠡᠯ ᠦᠨ ᠬᠣᠷᠢᠶ᠎ᠠ 2005 ᠣᠨ· 58 · 59 ᠨᠢᠭᠤᠷ::

⑮⑯《文渊阁四库全书》第一二一九册，“台湾商务印书馆”1983 年，第 623、625 页。

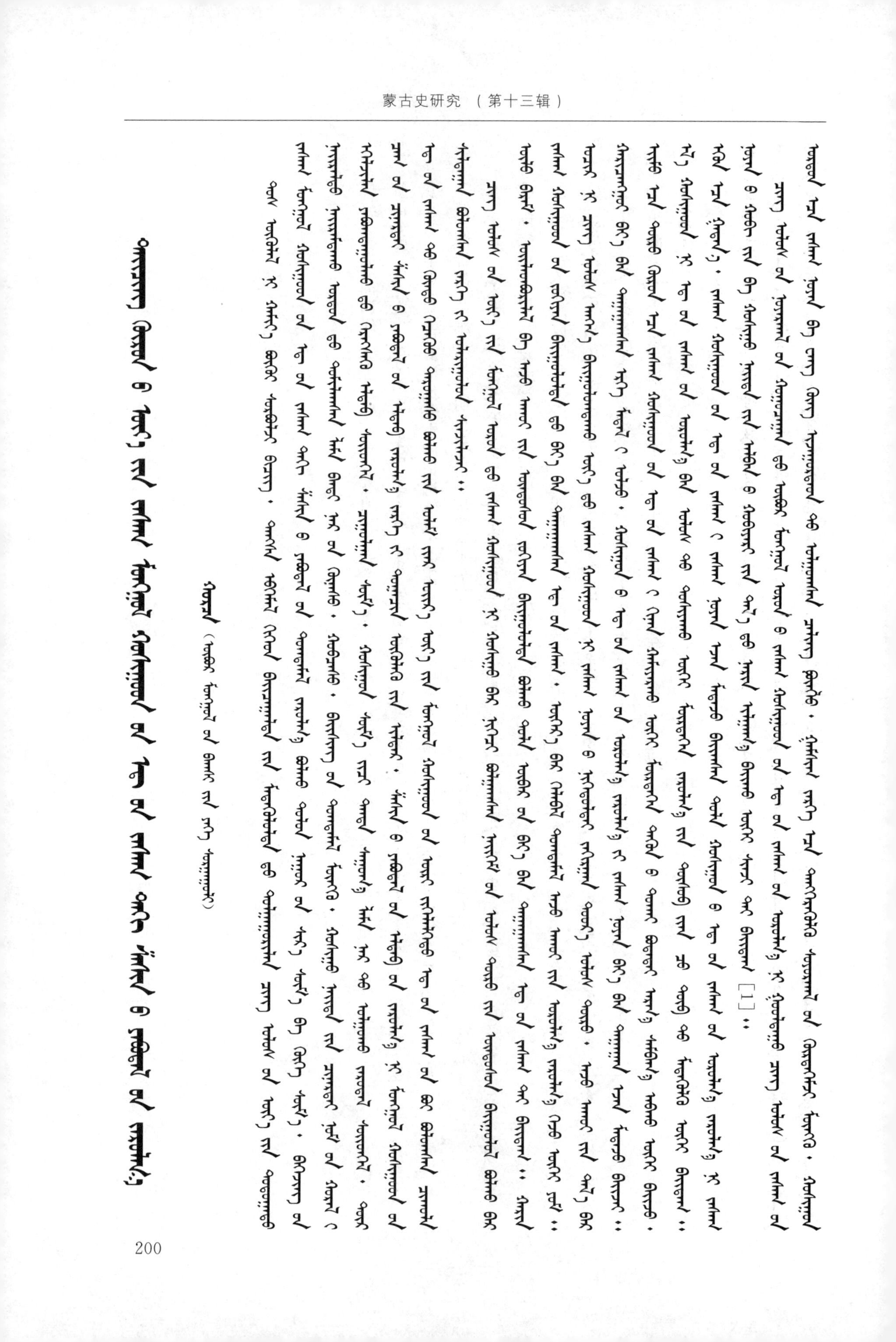

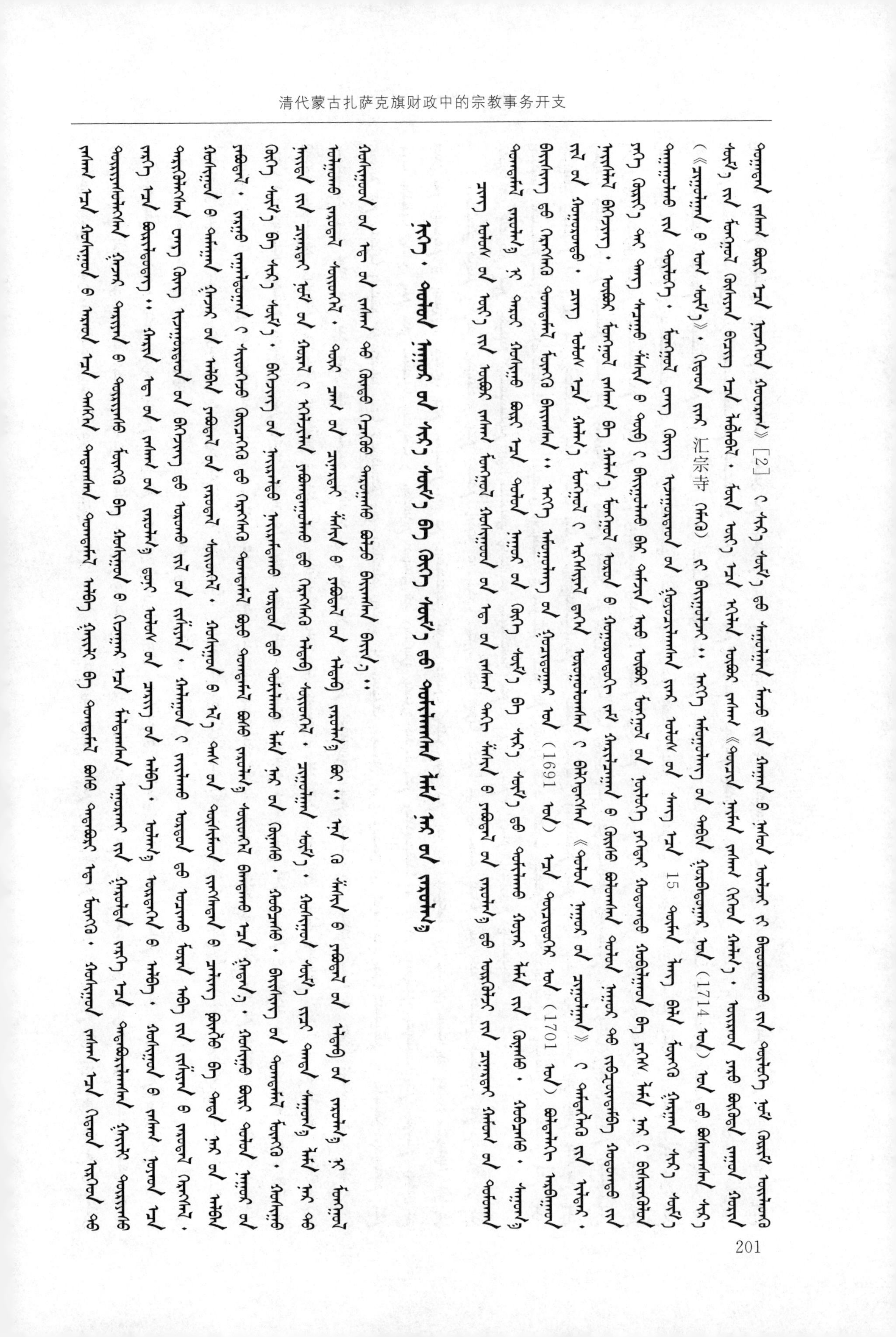

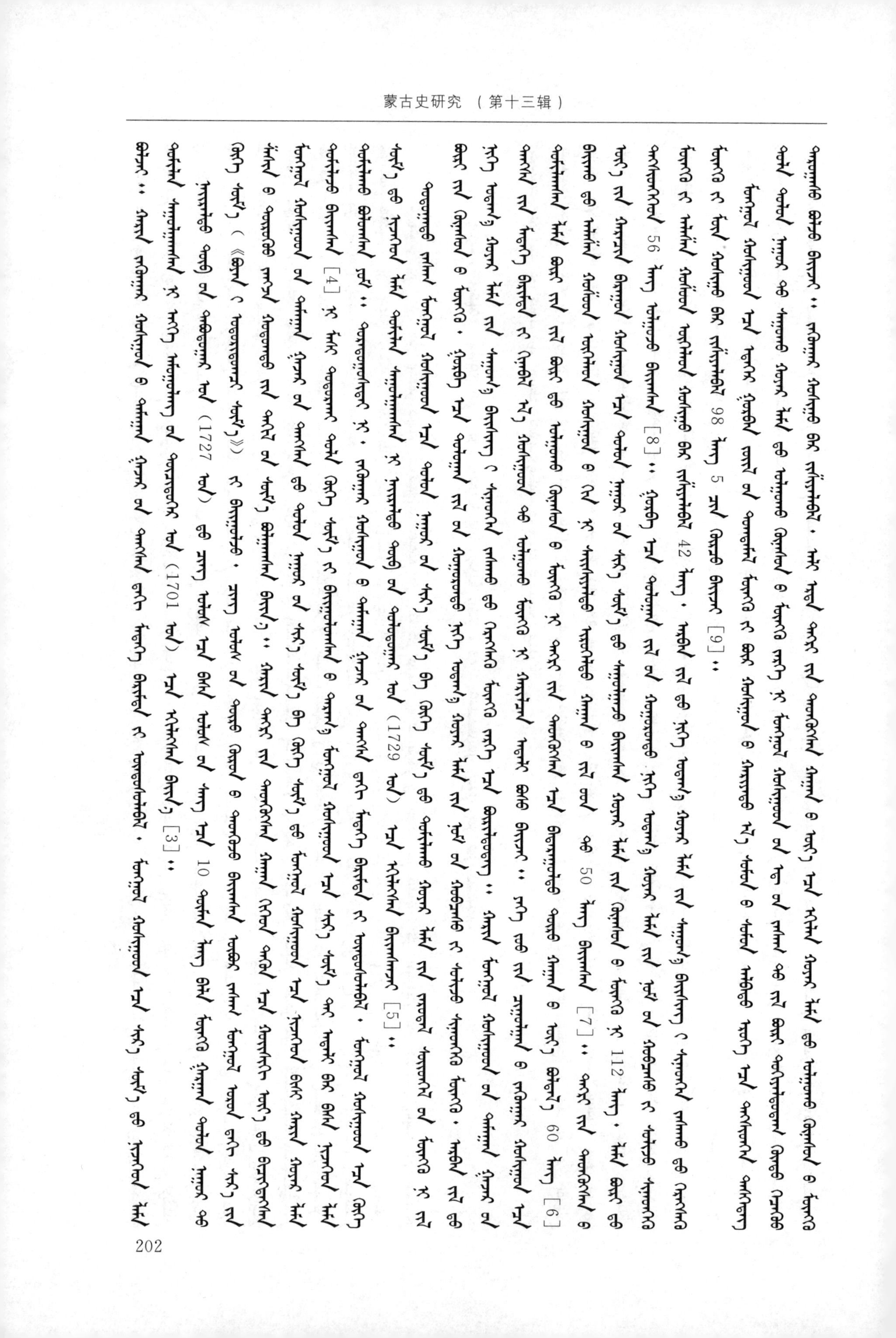

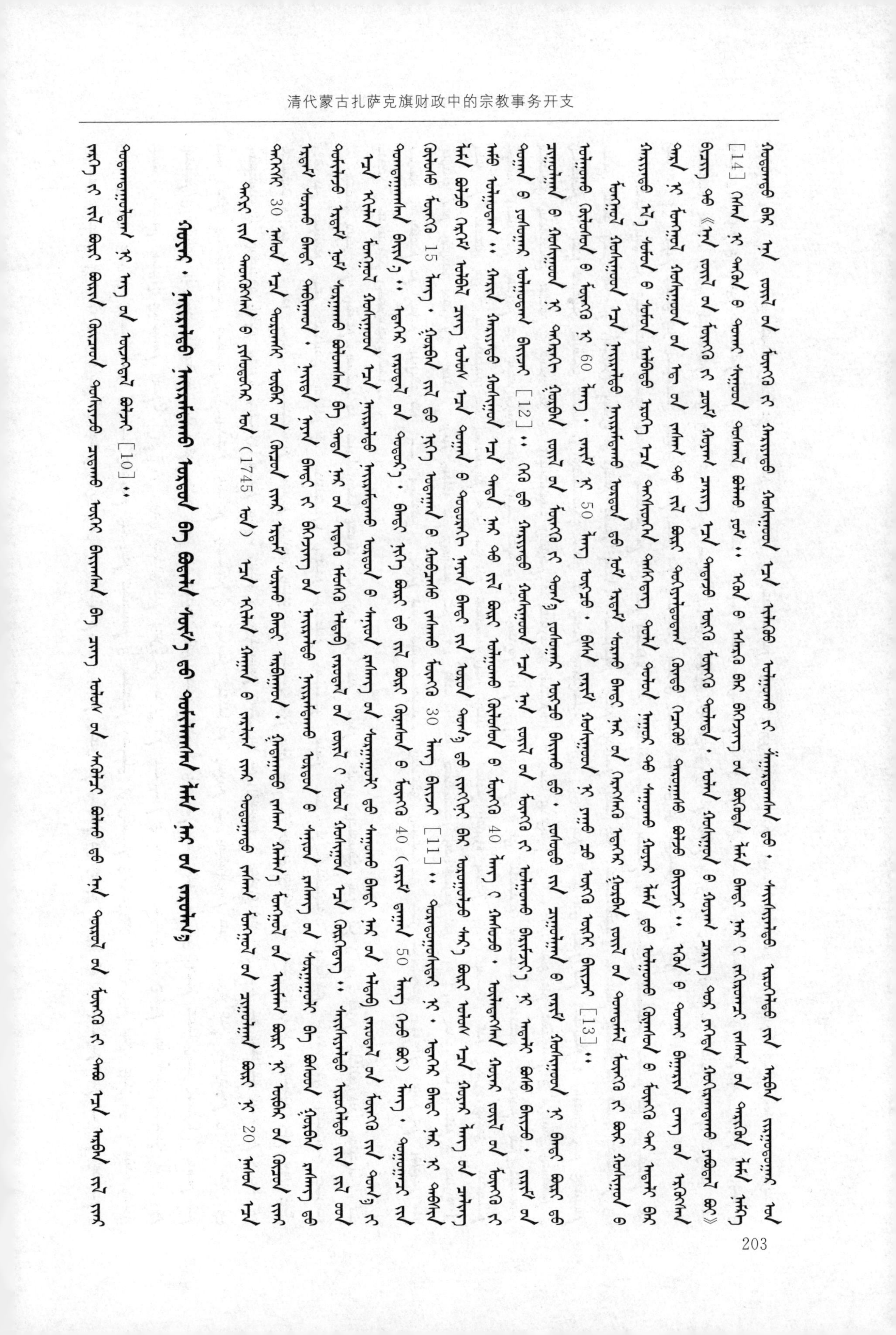

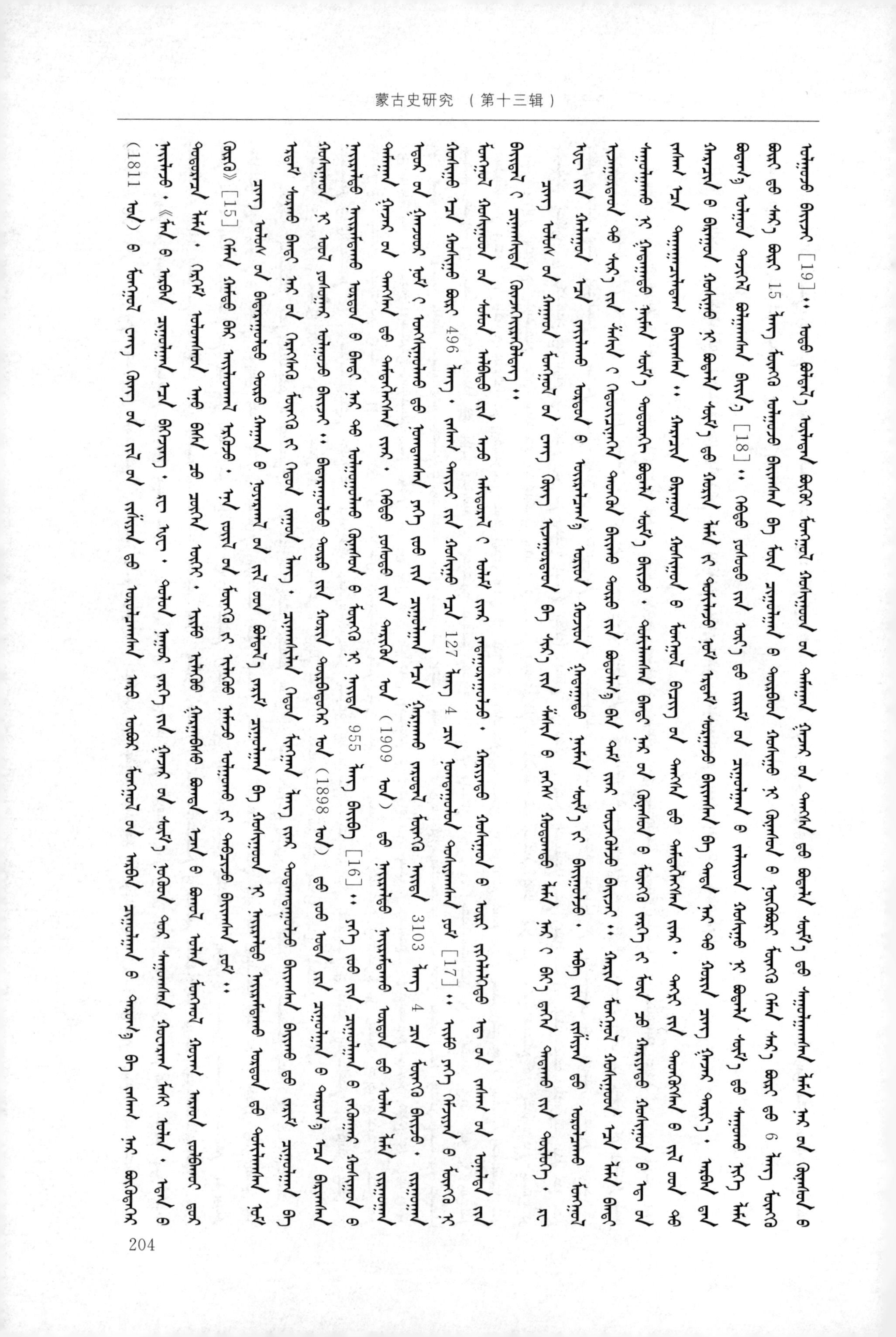

[illegible]

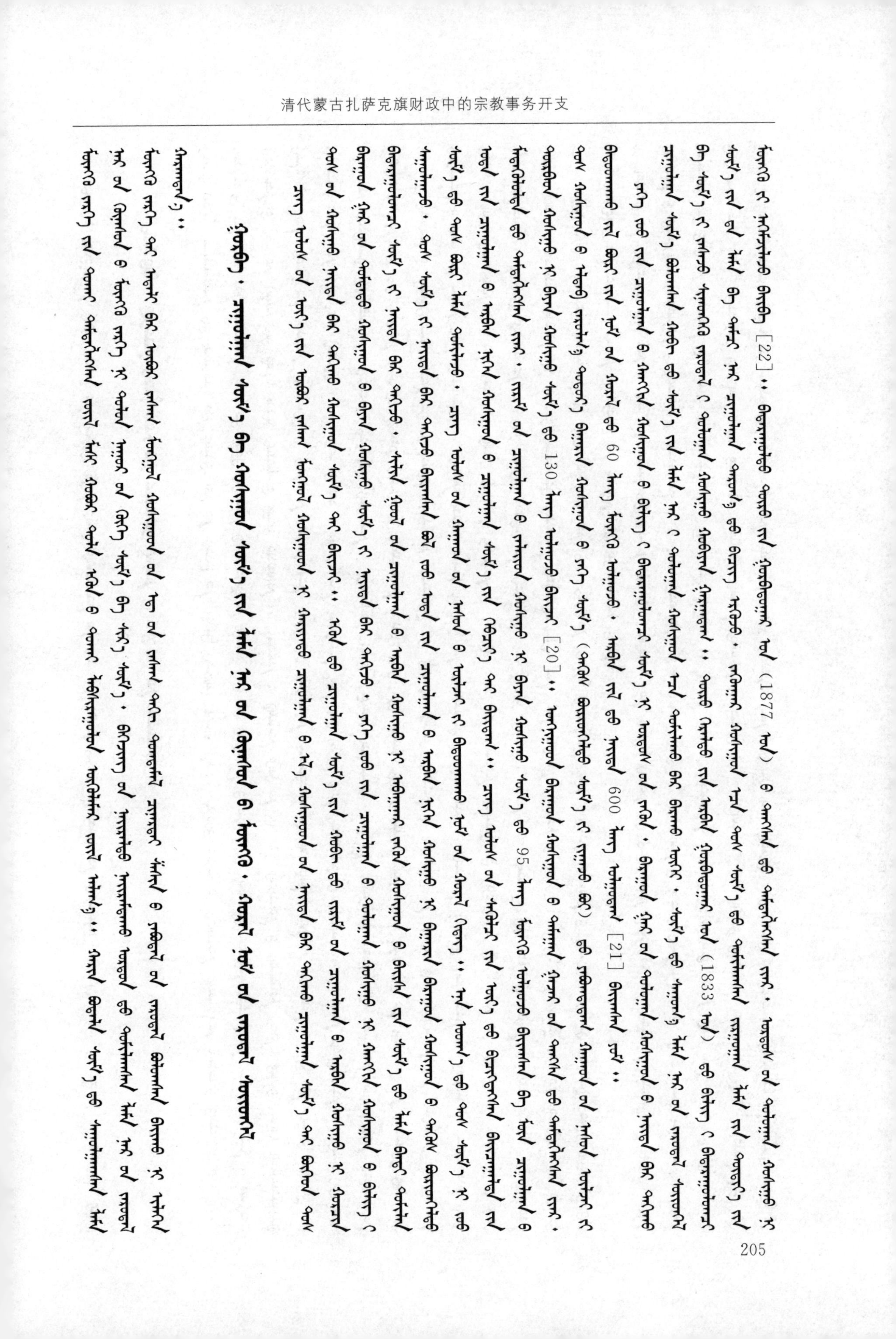

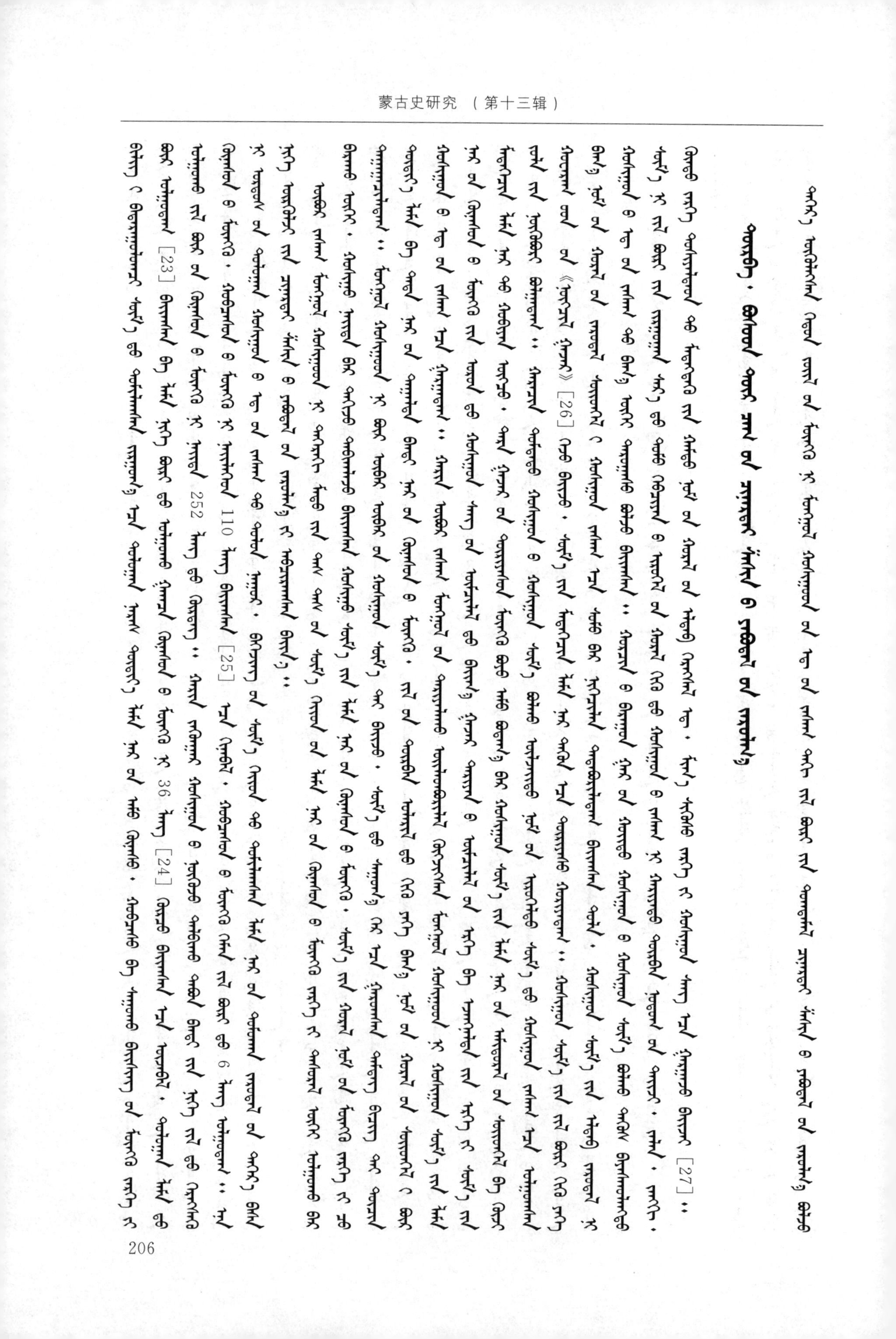

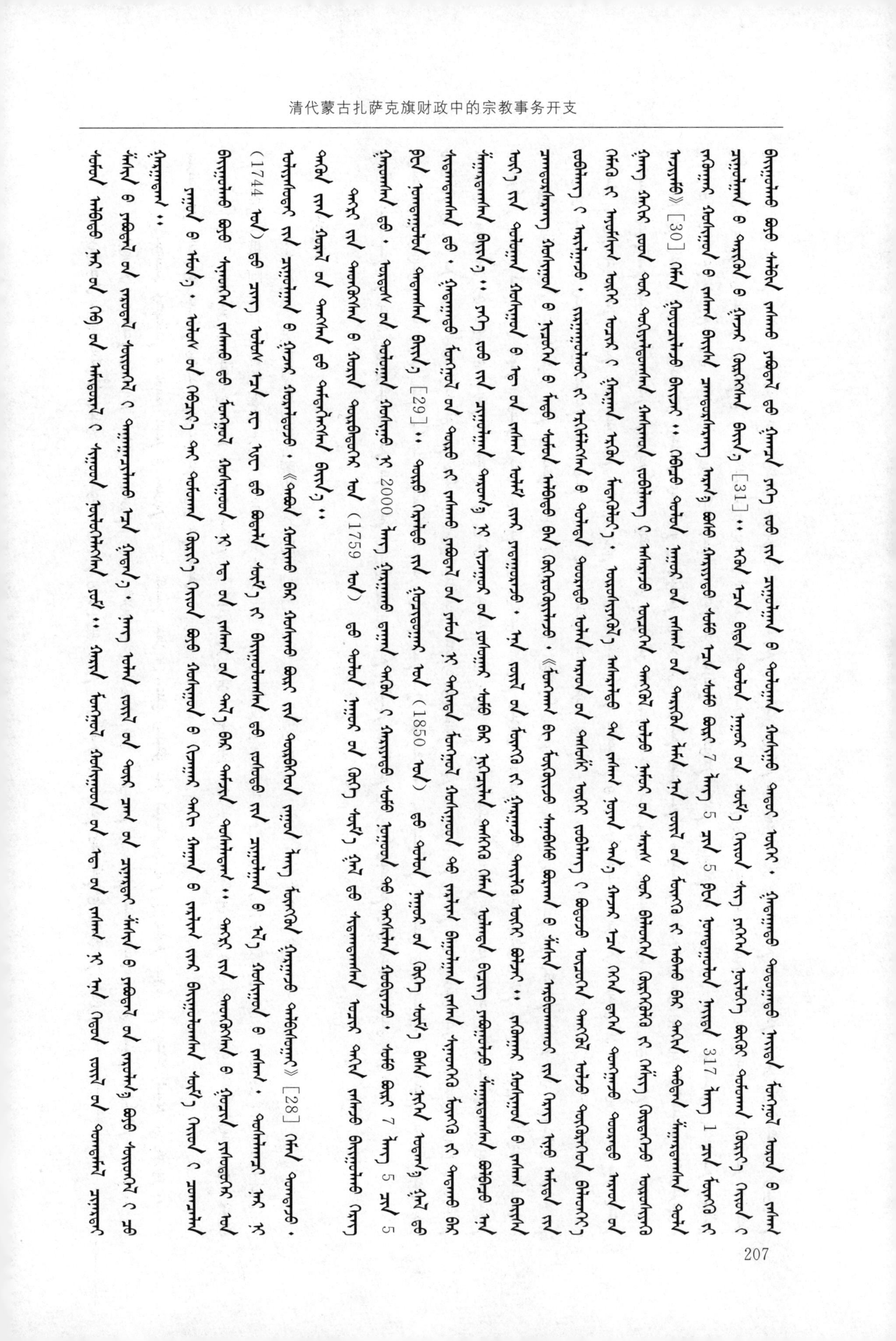

[illegible]

[illegible]

[6]《[illegible]》，1 [illegible] 24

[4]《[illegible]》，5 [illegible]
[illegible]，2011 [illegible]

[3][5]《[illegible]》，11 [illegible]，83 [illegible]

[2]（俄）阿·马·波兹德涅耶夫：《蒙古及蒙古人》第二卷，刘汉明等汉译，内蒙古人民出版社，1983年，第346—348页。

[1] 张永江：《试论清代内蒙古蒙旗财政的类型与特点》，《清史研究》，2008 年第一期。

[illegible]：

[illegible]

[illegible] 2156 [illegible] [32] [illegible]

[illegible]（1926 [illegible]）[illegible]

[7] [9] ᠳᠤᠮᠳᠠᠳᠤ ᠤᠯᠤᠰ ᠤᠨ ᠨᠢᠭᠡᠳᠦᠭᠡᠷ ᠳᠠᠩᠰᠠ ᠬᠥᠮᠦᠷᠭᠡ ᠶᠢᠨ ᠬᠠᠳᠠᠭᠠᠯᠠᠮᠵᠢ ᠶᠢᠨ 101—04—0155—004，101—04—0205—003，101—04—0247—009 ᠳ᠋ᠤᠭᠠᠷ ᠳᠠᠩᠰᠠ::

[8] ᠲᠦᠩᠯᠢᠶᠣᠤ ᠬᠣᠲᠠ ᠶᠢᠨ ᠳᠠᠩᠰᠠ ᠬᠥᠮᠦᠷᠭᠡ ᠶᠢᠨ ᠬᠠᠳᠠᠭᠠᠯᠠᠮᠵᠢ ᠶᠢᠨ 505—1—59 ᠳ᠋ᠤᠭᠠᠷ ᠳᠠᠩᠰᠠ::

[10]《ᠴᠢᠩ ᠤᠯᠤᠰ ᠤᠨ ᠮᠣᠩᠭᠣᠯ ᠤᠨ ᠳᠠᠩᠰᠠ》，5 ᠳ᠋ᠤᠭᠠᠷ ᠪᠣᠳᠢ，ᠥᠪᠥᠷ ᠮᠣᠩᠭᠣᠯ ᠤᠨ ᠰᠤᠷᠭᠠᠨ ᠬᠥᠮᠦᠵᠢᠯ ᠦᠨ ᠬᠡᠪᠯᠡᠯ ᠦᠨ ᠬᠣᠷᠢᠶ᠎ᠠ ᠶᠢᠨ ᠬᠡᠪᠯᠡᠯ ᠦᠨ ᠬᠣᠷᠢᠶ᠎ᠠ::

[11] [12] [13] [14] [15] [16]《清代雍和宫档案史料》，第 24 册，第 131、385、398、403、409、152 页，中国民族摄影艺术出版社，2004 年。

[17] ᠲᠦᠩᠯᠢᠶᠣᠤ ᠬᠣᠲᠠ ᠶᠢᠨ ᠳᠠᠩᠰᠠ ᠬᠥᠮᠦᠷᠭᠡ ᠶᠢᠨ ᠬᠠᠳᠠᠭᠠᠯᠠᠮᠵᠢ ᠶᠢᠨ 511—1—91 ᠳ᠋ᠤᠭᠠᠷ ᠳᠠᠩᠰᠠ::

[18] ᠲᠦᠩᠯᠢᠶᠣᠤ ᠬᠣᠲᠠ ᠶᠢᠨ ᠳᠠᠩᠰᠠ ᠬᠥᠮᠦᠷᠭᠡ ᠶᠢᠨ ᠬᠠᠳᠠᠭᠠᠯᠠᠮᠵᠢ ᠶᠢᠨ 505—1—111 ᠳ᠋ᠤᠭᠠᠷ ᠳᠠᠩᠰᠠ::

[19] [20]《哲里木盟十旗调查报告》第 333，468 页，远方出版社，2007 年。

[21] ᠵᠡᠭᠦᠨᠭᠠᠷ ᠤᠨ ᠳᠠᠩᠰᠠ ᠬᠥᠮᠦᠷᠭᠡ ᠶᠢᠨ 1430 ᠳ᠋ᠤᠭᠠᠷ ᠬᠠᠪᠲᠠᠰᠤ ᠶᠢᠨ 14 ᠳ᠋ᠤᠭᠠᠷ ᠳᠠᠩᠰᠠ::

[22] [23] [24] [25]《准格尔旗札萨克衙门档案译编》第一辑，第 272 页；第三辑，第 34—35、195、272 页，内蒙古人民出版社，2010 年。

[26] ᠲᠦᠩᠯᠢᠶᠣᠤ ᠬᠣᠲᠠ ᠶᠢᠨ ᠳᠠᠩᠰᠠ ᠬᠥᠮᠦᠷᠭᠡ ᠶᠢᠨ ᠬᠠᠳᠠᠭᠠᠯᠠᠮᠵᠢ ᠶᠢᠨ 504—1—4661 ᠳ᠋ᠤᠭᠠᠷ ᠳᠠᠩᠰᠠ::

[27] 山丹：《科尔沁右翼后旗历史诸问题研究》，内蒙古师范大学硕士学位论文，2007 年。

[28] ᠲᠦᠩᠯᠢᠶᠣᠤ ᠬᠣᠲᠠ ᠶᠢᠨ ᠳᠠᠩᠰᠠ ᠬᠥᠮᠦᠷᠭᠡ ᠶᠢᠨ ᠬᠠᠳᠠᠭᠠᠯᠠᠮᠵᠢ ᠶᠢᠨ 502—1—17 ᠳ᠋ᠤᠭᠠᠷ ᠳᠠᠩᠰᠠ::

[29] ᠲᠦᠩᠯᠢᠶᠣᠤ ᠬᠣᠲᠠ ᠶᠢᠨ ᠳᠠᠩᠰᠠ ᠬᠥᠮᠦᠷᠭᠡ ᠶᠢᠨ ᠬᠠᠳᠠᠭᠠᠯᠠᠮᠵᠢ ᠶᠢᠨ 511—1—91 ᠳ᠋ᠤᠭᠠᠷ ᠳᠠᠩᠰᠠ::

[30] [31]《ᠴᠢᠩ ᠤᠯᠤᠰ ᠤᠨ ᠮᠣᠩᠭᠣᠯ ᠤᠨ ᠳᠠᠩᠰᠠ》，11 ᠳ᠋ᠤᠭᠠᠷ ᠪᠣᠳᠢ，ᠥᠪᠥᠷ ᠮᠣᠩᠭᠣᠯ ᠤᠨ ᠰᠤᠷᠭᠠᠨ ᠬᠥᠮᠦᠵᠢᠯ ᠦᠨ ᠬᠡᠪᠯᠡᠯ ᠦᠨ ᠬᠣᠷᠢᠶ᠎ᠠ ᠶᠢᠨ ᠬᠡᠪᠯᠡᠯ ᠦᠨ ᠬᠣᠷᠢᠶ᠎ᠠ::

[32] ᠯᠢᠶᠣᠤᠨᠢᠩ ᠮᠤᠵᠢ ᠶᠢᠨ ᠳᠠᠩᠰᠠ ᠬᠥᠮᠦᠷᠭᠡ ᠶᠢᠨ ᠬᠠᠳᠠᠭᠠᠯᠠᠮᠵᠢ ᠶᠢᠨ 527—43—192 ᠳ᠋ᠤᠭᠠᠷ ᠳᠠᠩᠰᠠ::

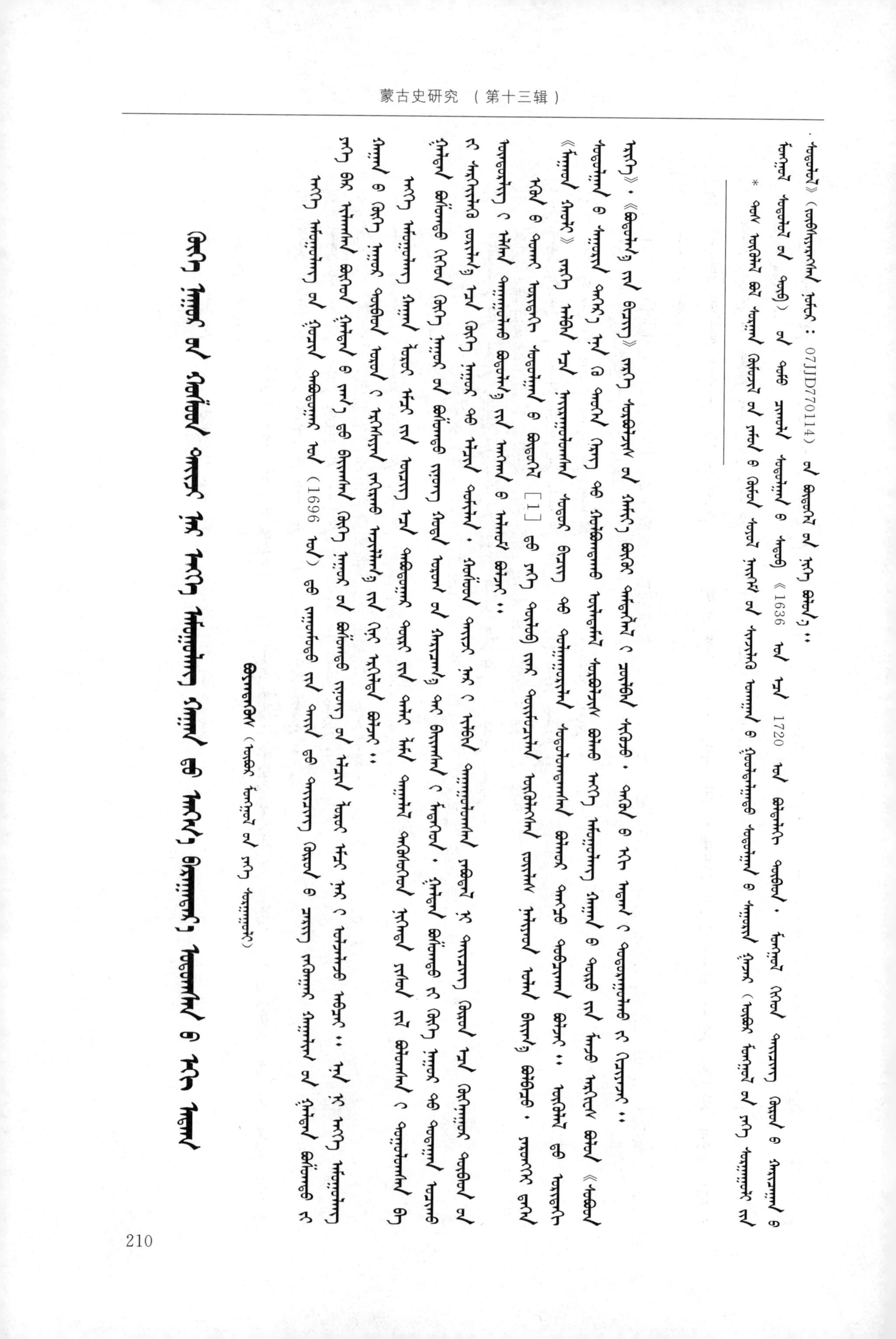

[illegible]

[illegible] [1] [illegible]

[illegible] （1696 [illegible]） [illegible]

---

* [illegible] 《1636 [illegible] 1720 [illegible]》 [illegible] 07JJD770114 [illegible]

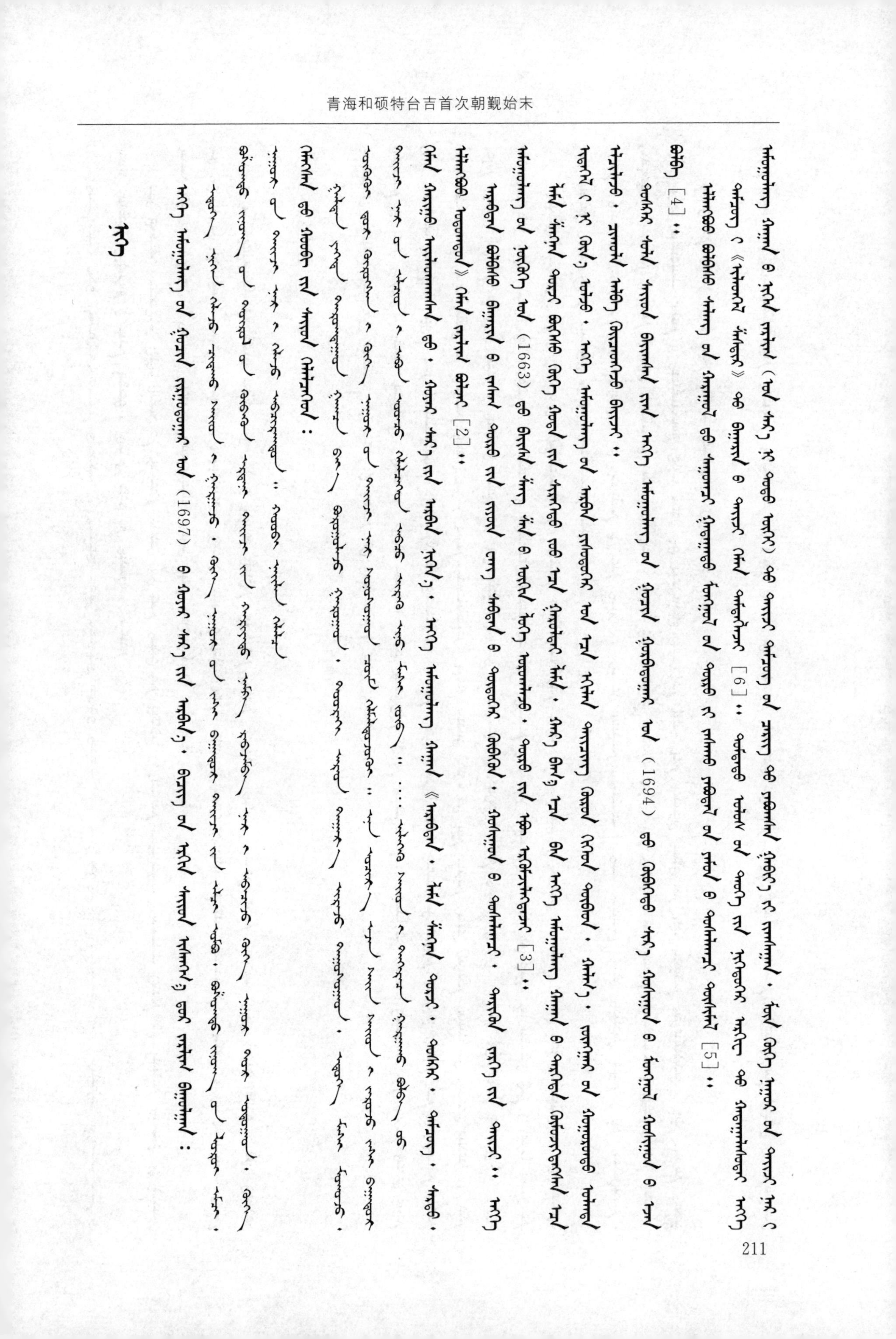

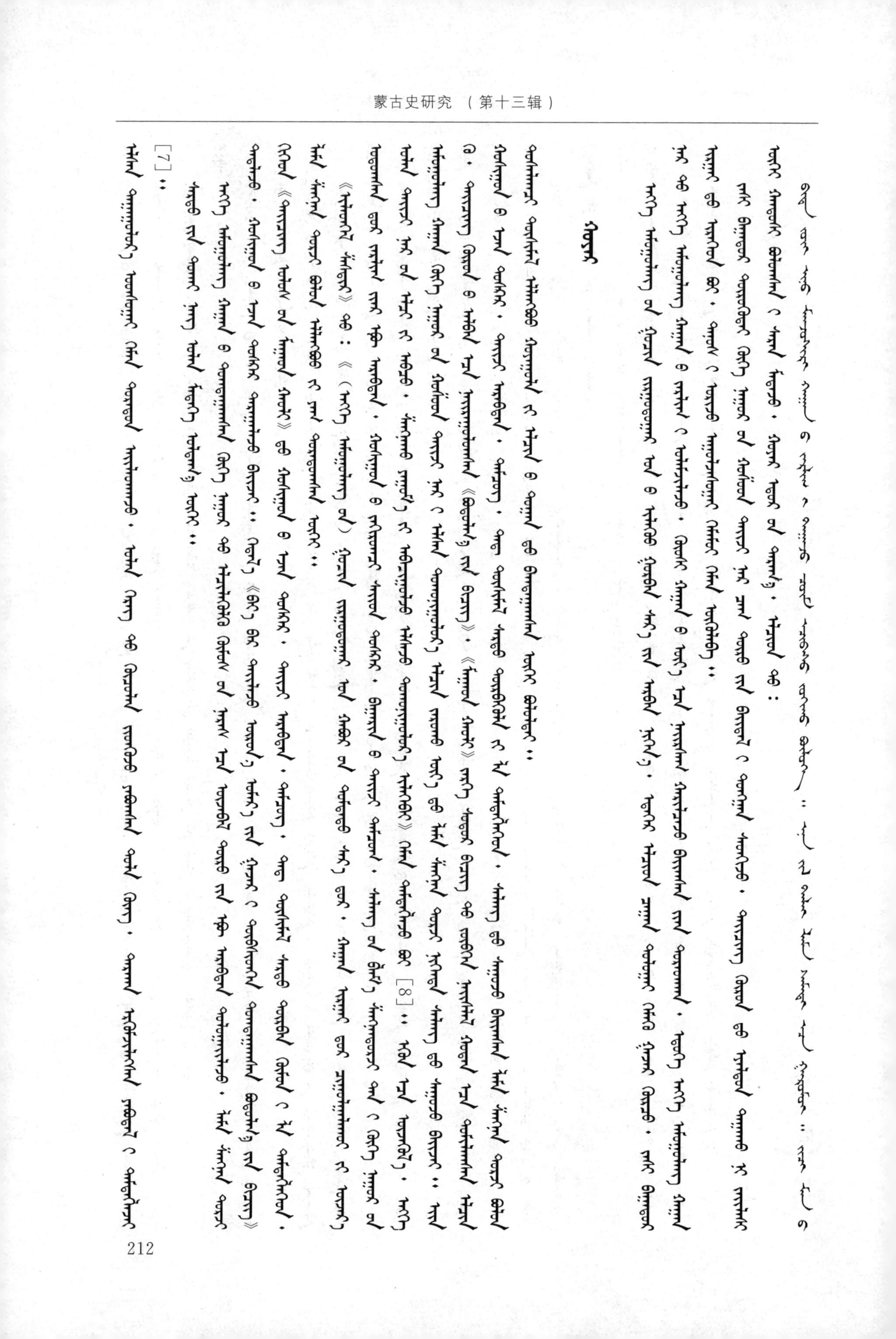

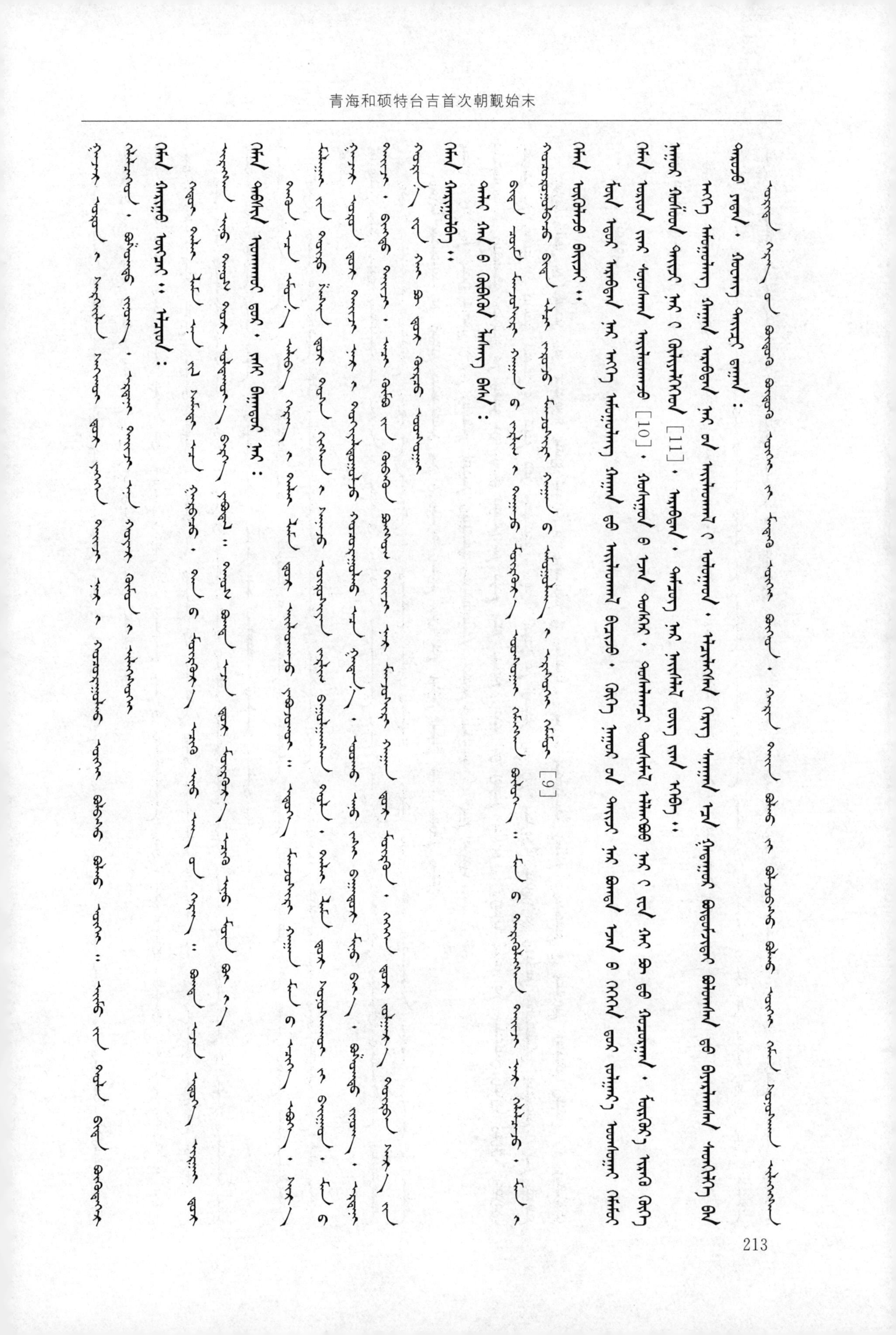

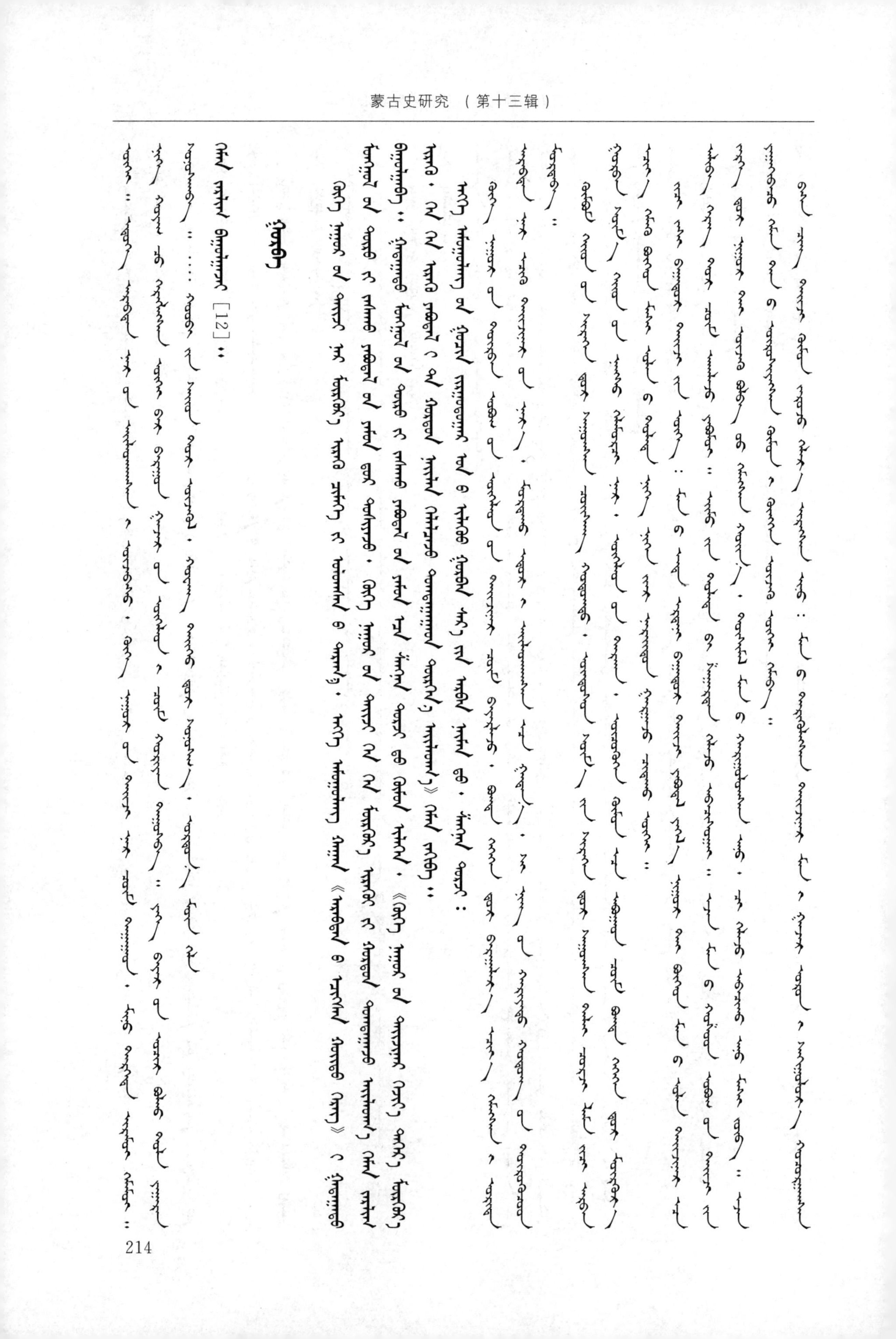

[12]

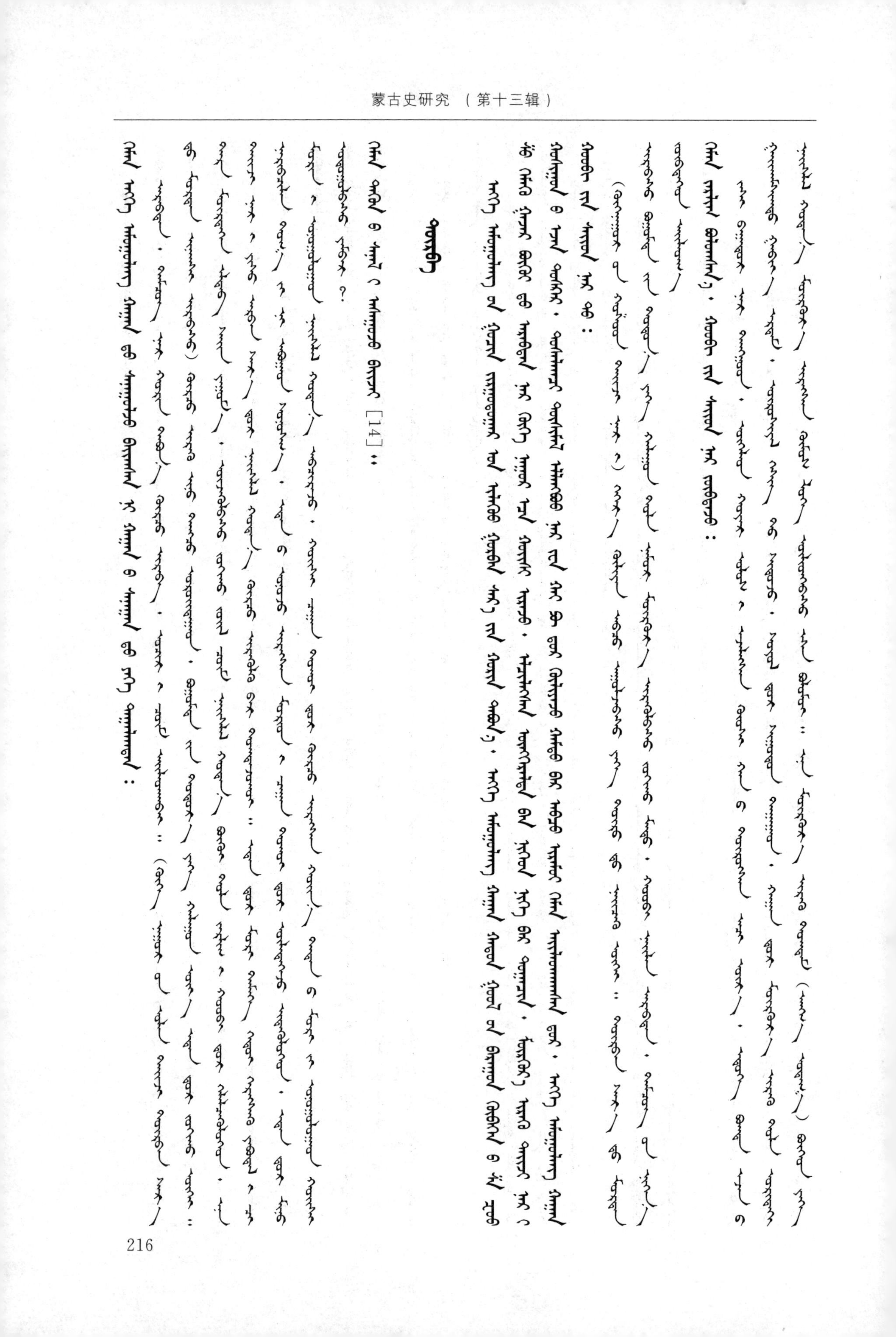

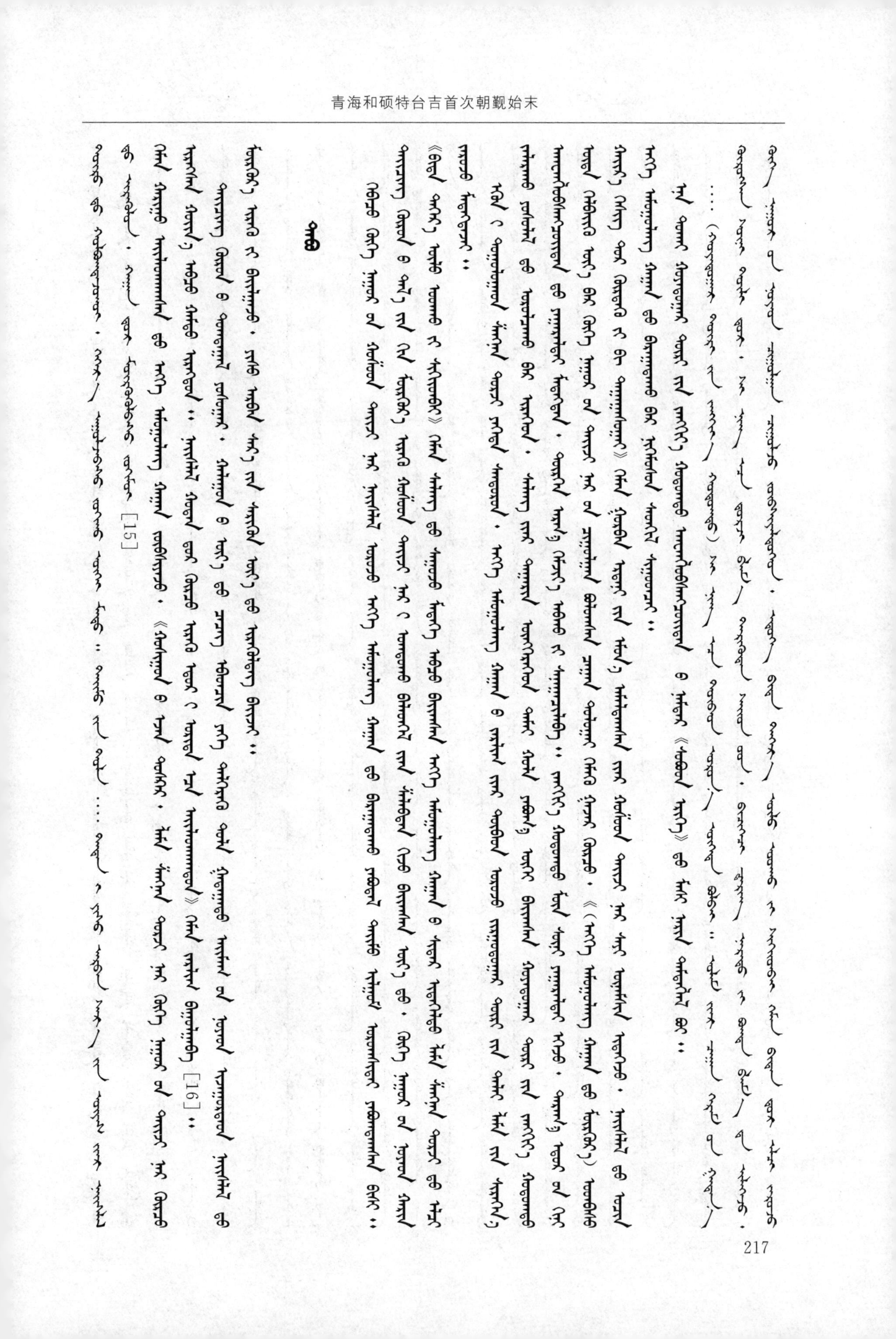

[16]

[15]

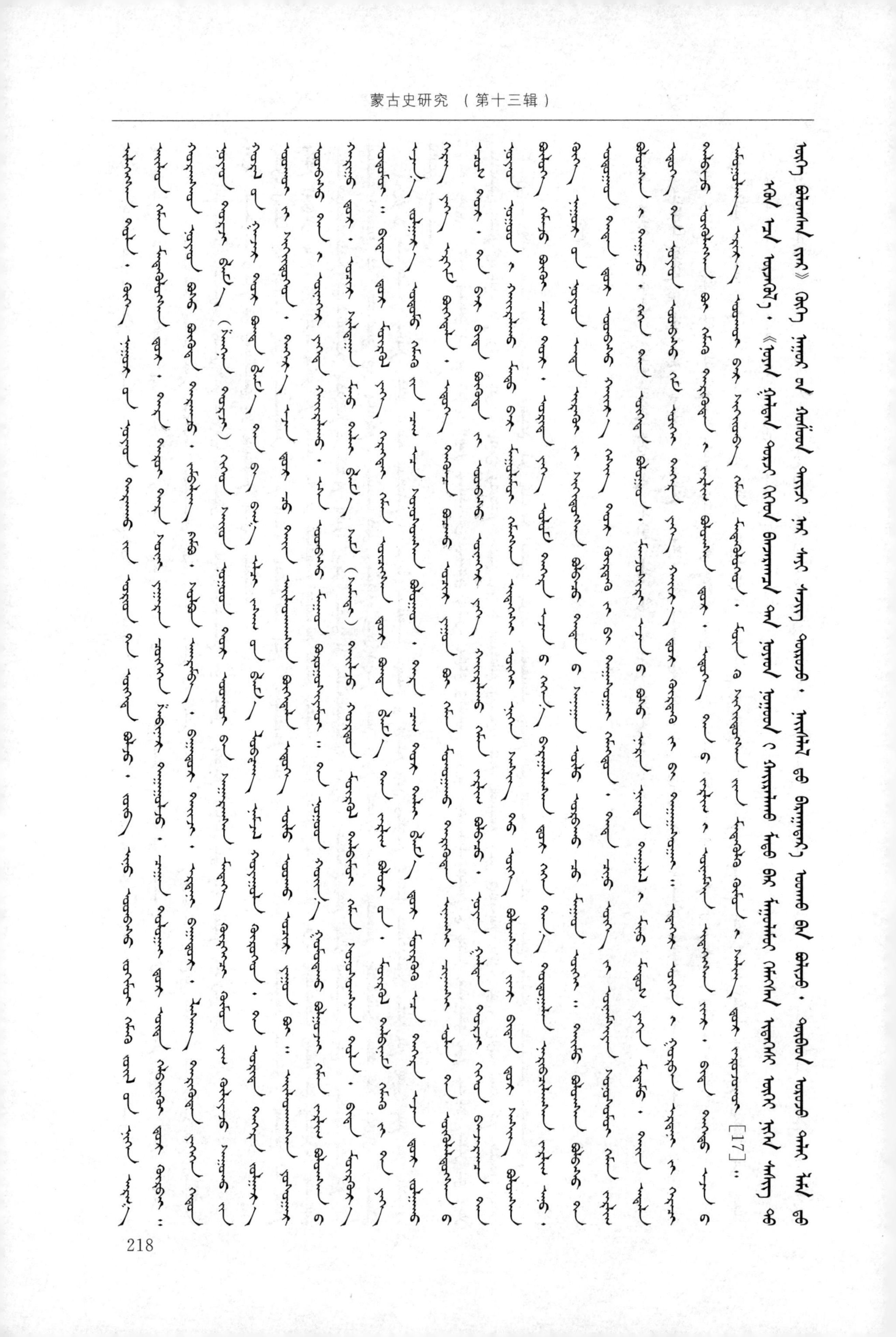

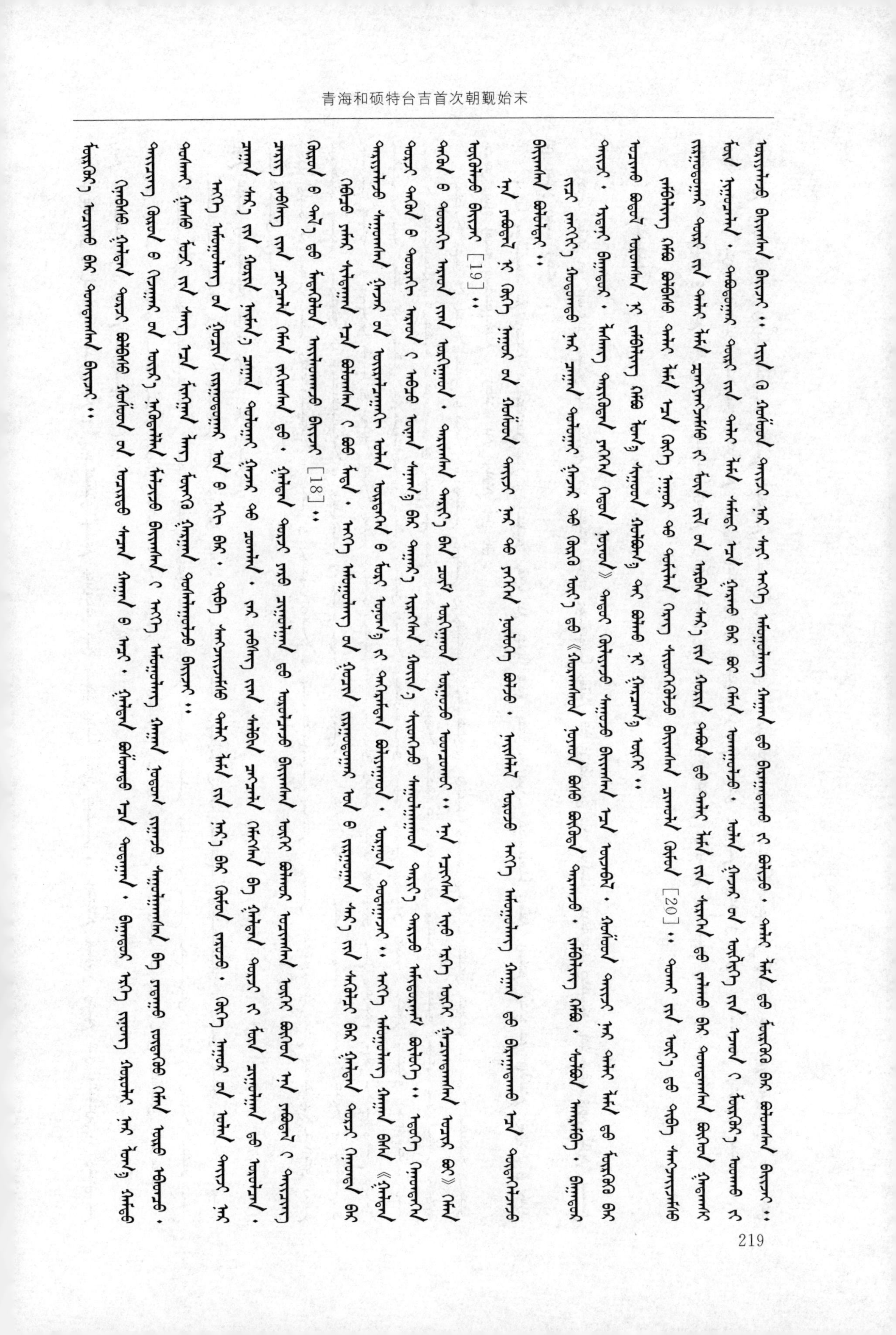

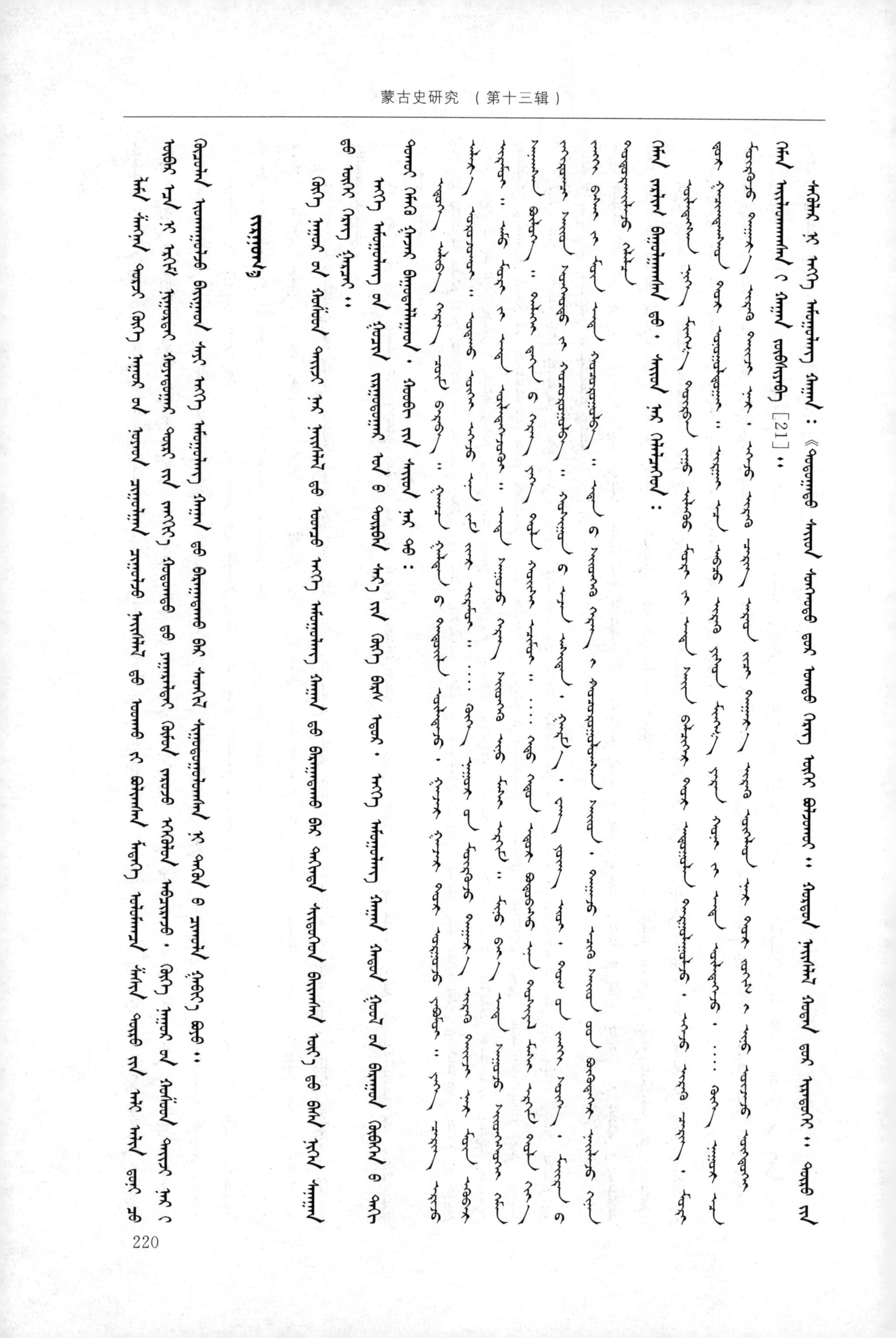

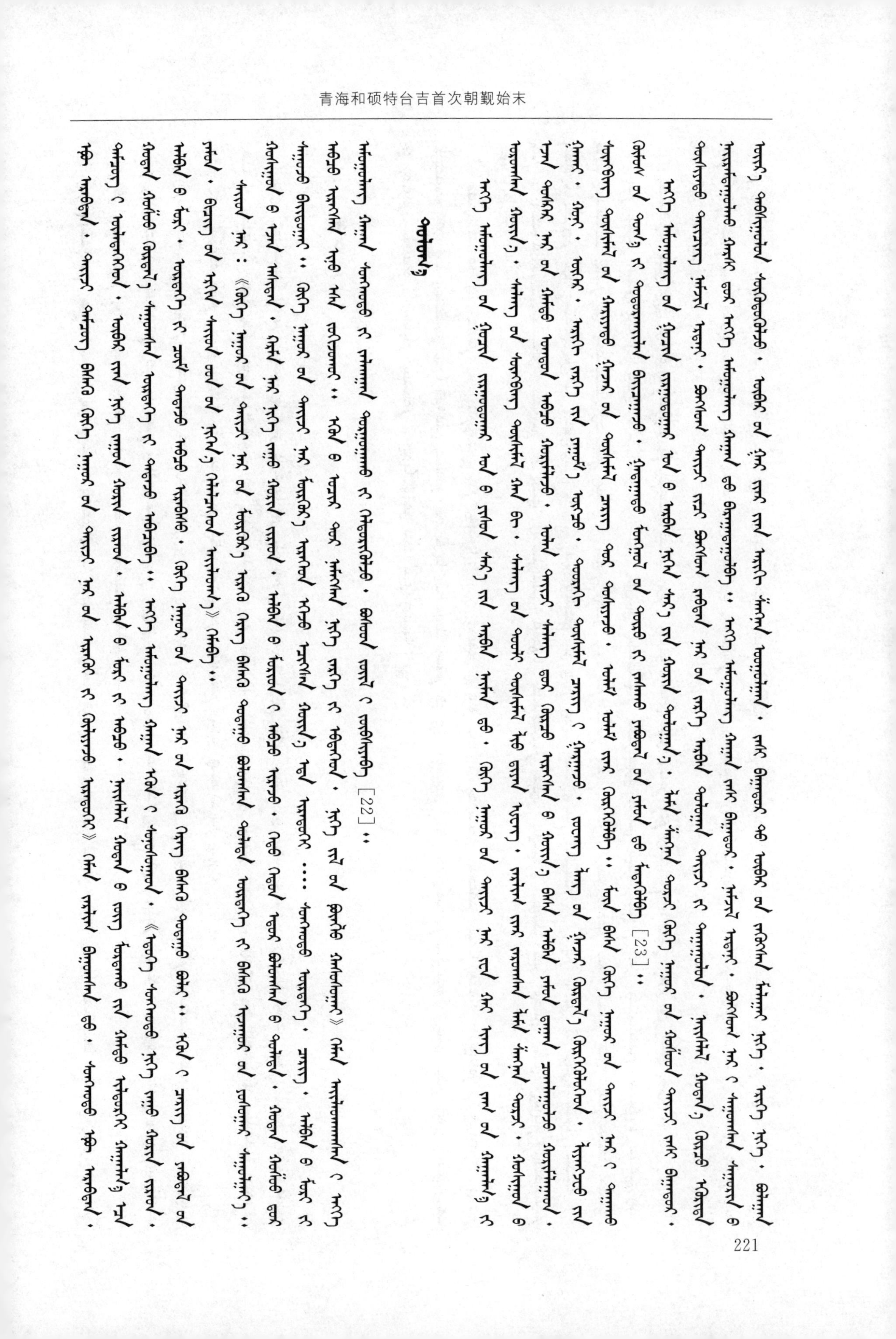

[illegible] [23]

[illegible]

[illegible] [22]

[illegible]

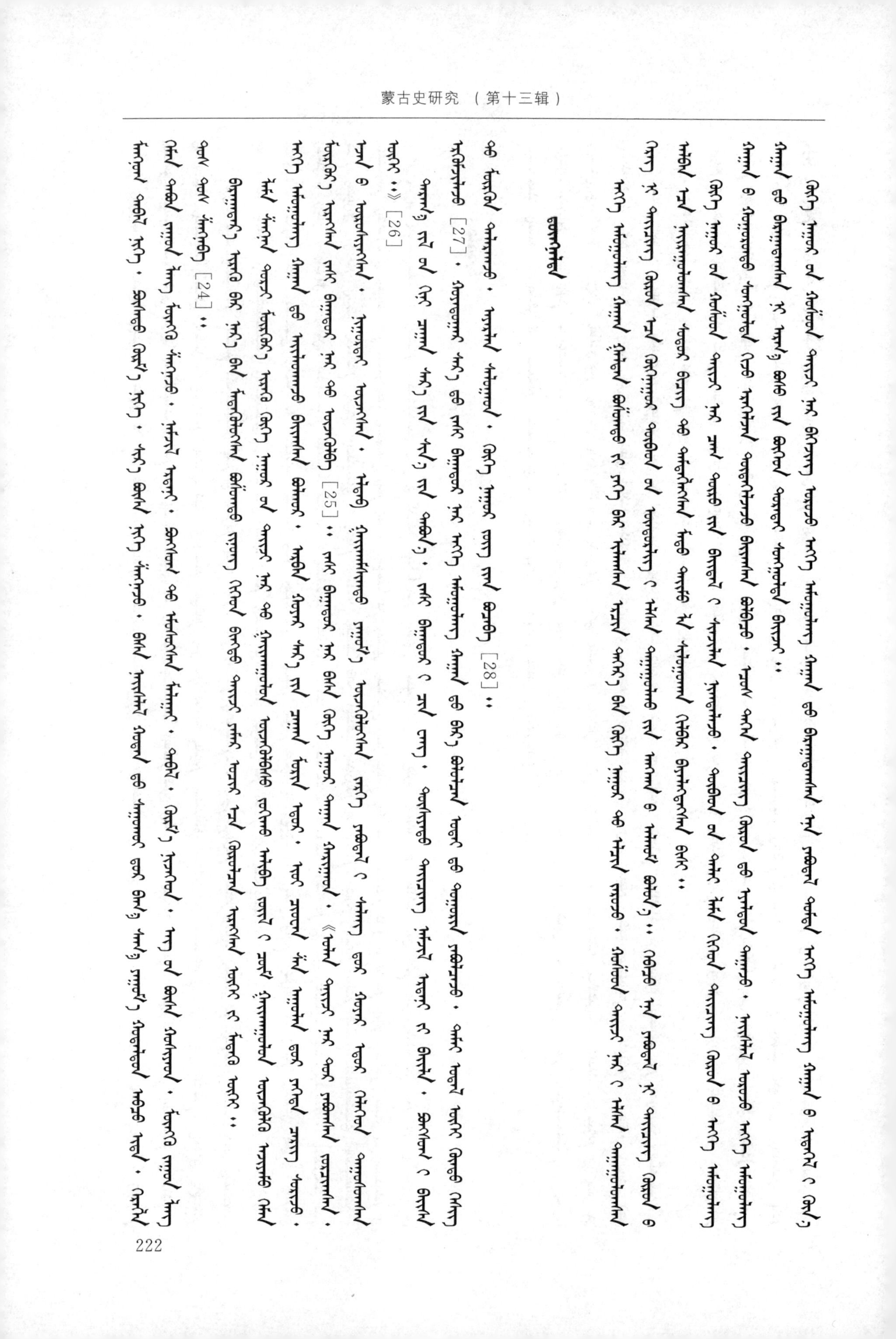

[illegible]

[illegible]

[1] [illegible] 1990 [illegible] 杜常顺：《简论1654年至1723年的青海和硕特蒙古》，《青海社会科学》1990年第1期。《卫拉特蒙古简史》（上下册），新疆人民出版社，1992年。张永江《清代藩部研究——以政治变迁为中心》，黑龙江教育出版社，2001年。芈一之、张科：《青海蒙古族简史》，青海人民出版社，2014年。

[2]《宫中档康熙朝奏折》第九辑（满文谕折第二辑），"台北故宫博物院"，1977年，第7—9页。

[3] 杜家骥：《清朝满蒙联姻研究》，人民出版社，2003年，第615页。

[4] [illegible]

[5] [illegible]

[6] [illegible] 16 [illegible]

[7]《康熙朝满文朱批奏折全译》，中国社会科学出版社，1996年，第1531页。谕理藩院。台吉德木楚克于乌勒呼尔尹扎罕之战中，于都统济尔塔布处行走，不离左右。乌兰布通之役，同三扎萨克进赶厄鲁特马群。朕三次出师，伊皆率向导等勘查水草，又倡议亲往青海王、贝勒、贝子、公、台吉处，招抚前来。朕出往何处，伊必来随驾，殊为效力。将此理应表彰，以勉励众人。应将其封为公、达尔罕。为此特谕。

[8] [illegible] 16 [illegible]

[9]《宫中档康熙朝奏折》第九辑（满文谕折第二辑），"台北故宫博物院"，1977年，第11—16页。

[10]《宫中档康熙朝奏折》第八辑（满文谕折第一辑），"台北故宫博物院"，1977年，第897—899页。

[11]《宫中档康熙朝奏折》第九辑（满文谕折第二辑），“台北故宫博物院”，1977年，第17页。

[12]《宫中档康熙朝奏折》第八辑（满文谕折第一辑），“台北故宫博物院”，1977年，第899—901页。

[13] ᠬᠡᠪᠯᠡᠯ ᠮᠡᠳᠡ ᠬᠠᠷᠢᠭᠤᠴᠠᠯᠠᠭᠰᠠᠨ《ᠪᠣᠭᠳᠠ ᠪᠠᠷ ᠠᠶᠠᠯᠠᠵᠤ ᠬᠠᠯᠬ᠎ᠠ ᠶᠢᠨ ᠭᠠᠵᠠᠷ ᠢ ᠲᠣᠪᠴᠢᠯᠠᠨ ᠲᠣᠭᠲᠠᠭᠠᠭᠰᠠᠨ ᠪᠣᠳᠣᠯᠭ᠎ᠠ ᠶᠢᠨ ᠪᠢᠴᠢᠭ》（ᠮᠣᠩᠭᠣᠯ ᠪᠢᠴᠢᠭ）ᠬᠡᠪᠯᠡᠯ ᠦᠨ ᠬᠣᠷᠢᠳᠤᠭᠠᠷ ᠳᠡᠪᠲᠡᠷ，ᠠᠯᠲᠠᠨ ᠤ ᠬᠦᠮᠦᠨ ᠦ ᠪᠣᠯᠤᠭᠰᠠᠨ ᠪᠠᠢᠳᠠᠯ ᠤᠨ ᠬᠡᠪᠯᠡᠯ ᠦᠨ（1709 ᠣᠨ）ᠤ ᠮᠠᠨᠵᠤ ᠪᠢᠴᠢᠭ ᠦᠨ ᠳᠠᠩᠰᠠ ᠪᠣᠯᠤᠨ ᠪᠠᠢ ::

[14] ᠬᠠᠷᠢᠭᠤ ᠪᠢᠴᠢᠭ ᠦᠨ ᠬᠡᠷᠡᠭ ᠦᠨ ᠬᠠᠷᠢᠶᠠᠯᠠᠯ ᠤᠨ ᠳᠠᠩᠰᠠᠨ ᠤ ᠬᠥᠮᠦᠷᠭᠡ，ᠮᠠᠨᠵᠤ ᠪᠢᠴᠢᠭ ᠦᠨ ᠳᠠᠩᠰᠠ：508—4—92—282，ᠪᠣᠭᠳᠠ ᠪᠢᠴᠢᠭ ᠦᠨ ᠬᠠᠭᠤᠳᠠᠰᠤ ᠶᠢᠨ ᠳ᠋ᠤᠭᠠᠷ：855—859 ::

[15]《宫中档康熙朝奏折》第九辑（满文谕折第二辑），“台北故宫博物院”，1977年，第18—22页。

[16]《ᠪᠣᠭᠳᠠ ᠪᠠᠷ ᠠᠶᠠᠯᠠᠵᠤ ᠬᠠᠯᠬ᠎ᠠ ᠶᠢᠨ ᠭᠠᠵᠠᠷ ᠢ ᠲᠣᠪᠴᠢᠯᠠᠨ ᠲᠣᠭᠲᠠᠭᠠᠭᠰᠠᠨ ᠪᠣᠳᠣᠯᠭ᠎ᠠ ᠶᠢᠨ ᠪᠢᠴᠢᠭ》（ᠮᠣᠩᠭᠣᠯ ᠪᠢᠴᠢᠭ）ᠬᠡᠪᠯᠡᠯ ᠬᠣᠷᠢᠳᠤᠭᠠᠷ ᠳᠡᠪᠲᠡᠷ，ᠬᠡᠪᠯᠡᠯ ᠦᠨ ᠳᠤᠭᠠᠷ ᠤᠨ ᠲᠠᠪᠤᠳᠤᠭᠠᠷ ᠡᠭᠦᠳᠡ ᠶᠢᠨ ᠬᠠᠭᠤᠳᠠᠰᠤ ::

[17]《ᠠᠯᠲᠠᠨ ᠬᠦᠷᠳᠦ ᠮᠢᠩᠭᠠᠨ ᠬᠡᠭᠰᠡᠨ ᠬᠠᠰ ᠤᠨ ᠡᠷᠢᠬᠡ ᠶᠢᠨ ᠲᠣᠪᠴᠢᠶ᠎ᠠ ᠬᠡᠮᠡᠬᠦ ᠪᠢᠴᠢᠭ ᠦᠨ ᠳᠤᠭᠠᠷ ᠤᠨ ᠴᠢᠬᠤᠯᠠ ᠬᠡᠷᠡᠭᠴᠡᠭᠡᠲᠦ ᠶᠢ ᠲᠣᠪᠴᠢᠯᠠᠨ ᠣᠭᠤᠯᠤᠭᠰᠠᠨ ᠰᠤᠪᠤᠳ ᠡᠷᠢᠬᠡ》，KLAUS SAGASTER，SUBUD ERIKE，WESBADEN，1967，84r—86r.

[18]《ᠬᠠᠭᠠᠨ ᠤ ᠪᠢᠴᠢᠭ ᠦᠨ ᠬᠡᠷᠡᠭ ᠦᠨ ᠲᠡᠦᠬᠡ》，ᠳᠡᠪᠲᠡᠷ ᠬᠣᠷᠢᠳᠤᠭᠠᠷ ᠪᠣᠯᠤᠨ ᠭᠤᠴᠢᠳᠤᠭᠠᠷ ᠳᠡᠪᠲᠡᠷ ᠦᠨ ᠳᠤᠭᠠᠷ ᠤᠨ ᠬᠠᠭᠤᠳᠠᠰᠤ ::

[19]《ᠪᠣᠭᠳᠠ ᠪᠠᠷ ᠠᠶᠠᠯᠠᠵᠤ ᠬᠠᠯᠬ᠎ᠠ ᠶᠢᠨ ᠭᠠᠵᠠᠷ ᠢ ᠲᠣᠪᠴᠢᠯᠠᠨ ᠲᠣᠭᠲᠠᠭᠠᠭᠰᠠᠨ ᠪᠣᠳᠣᠯᠭ᠎ᠠ ᠶᠢᠨ ᠪᠢᠴᠢᠭ》（ᠮᠣᠩᠭᠣᠯ ᠪᠢᠴᠢᠭ）ᠬᠡᠪᠯᠡᠯ ᠬᠣᠷᠢᠳᠤᠭᠠᠷ ᠳᠡᠪᠲᠡᠷ，ᠬᠡᠪᠯᠡᠯ ᠦᠨ ᠳᠤᠭᠠᠷ ᠤᠨ ᠭᠤᠴᠢᠳᠤᠭᠠᠷ ᠡᠭᠦᠳᠡ ᠶᠢᠨ ᠬᠠᠭᠤᠳᠠᠰᠤ ::

[20]《ᠬᠠᠭᠠᠨ ᠤ ᠪᠢᠴᠢᠭ ᠦᠨ ᠬᠡᠷᠡᠭ ᠦᠨ ᠲᠡᠦᠬᠡ》，ᠬᠠᠷᠢᠭᠤᠴᠠᠯᠠᠭᠰᠠᠨ ᠬᠠᠭᠠᠨ ᠤ ᠪᠢᠴᠢᠭ ᠦᠨ ᠬᠡᠪᠯᠡᠯ ᠦᠨ ᠬᠣᠷᠢᠳᠤᠭᠠᠷ ᠳᠡᠪᠲᠡᠷ ᠦᠨ ᠳᠤᠭᠠᠷ ᠤᠨ ᠬᠠᠭᠤᠳᠠᠰᠤ ::

[21]《ᠪᠣᠭᠳᠠ ᠪᠠᠷ ᠠᠶᠠᠯᠠᠵᠤ ᠬᠠᠯᠬ᠎ᠠ ᠶᠢᠨ ᠭᠠᠵᠠᠷ ᠢ ᠲᠣᠪᠴᠢᠯᠠᠨ ᠲᠣᠭᠲᠠᠭᠠᠭᠰᠠᠨ ᠪᠣᠳᠣᠯᠭ᠎ᠠ ᠶᠢᠨ ᠪᠢᠴᠢᠭ》（ᠮᠣᠩᠭᠣᠯ ᠪᠢᠴᠢᠭ）ᠬᠡᠪᠯᠡᠯ ᠬᠣᠷᠢᠳᠤᠭᠠᠷ ᠳᠡᠪᠲᠡᠷ，ᠬᠡᠪᠯᠡᠯ ᠦᠨ ᠳᠤᠭᠠᠷ ᠤᠨ ᠳᠣᠯᠣᠳᠤᠭᠠᠷ ᠡᠭᠦᠳᠡ ᠶᠢᠨ ᠬᠠᠭᠤᠳᠠᠰᠤ ::

[22]《ᠪᠣᠭᠳᠠ ᠪᠠᠷ ᠠᠶᠠᠯᠠᠵᠤ ᠬᠠᠯᠬ᠎ᠠ ᠶᠢᠨ ᠭᠠᠵᠠᠷ ᠢ ᠲᠣᠪᠴᠢᠯᠠᠨ ᠲᠣᠭᠲᠠᠭᠠᠭᠰᠠᠨ ᠪᠣᠳᠣᠯᠭ᠎ᠠ ᠶᠢᠨ ᠪᠢᠴᠢᠭ》（ᠮᠣᠩᠭᠣᠯ ᠪᠢᠴᠢᠭ）ᠬᠡᠪᠯᠡᠯ ᠬᠣᠷᠢᠳᠤᠭᠠᠷ ᠳᠡᠪᠲᠡᠷ，ᠬᠡᠪᠯᠡᠯ ᠦᠨ ᠳᠤᠭᠠᠷ ᠤᠨ ᠭᠤᠴᠢᠳᠤᠭᠠᠷ ᠡᠭᠦᠳᠡ ᠶᠢᠨ ᠬᠠᠭᠤᠳᠠᠰᠤ ::

[23]《ᠪᠣᠭᠳᠠ ᠪᠠᠷ ᠠᠶᠠᠯᠠᠵᠤ ᠬᠠᠯᠬ᠎ᠠ ᠶᠢᠨ ᠭᠠᠵᠠᠷ ᠢ ᠲᠣᠪᠴᠢᠯᠠᠨ ᠲᠣᠭᠲᠠᠭᠠᠭᠰᠠᠨ ᠪᠣᠳᠣᠯᠭ᠎ᠠ ᠶᠢᠨ ᠪᠢᠴᠢᠭ》（ᠮᠣᠩᠭᠣᠯ ᠪᠢᠴᠢᠭ）ᠬᠡᠪᠯᠡᠯ ᠬᠣᠷᠢᠳᠤᠭᠠᠷ ᠳᠡᠪᠲᠡᠷ，ᠬᠡᠪᠯᠡᠯ

[28] 《ᠳᠠᠢᠢᠴᠢᠩ ᠤᠯᠤᠰ ᠤᠨ ᠦᠨᠡᠨ ᠬᠠᠭᠤᠯᠢ》᠂ ᠵᠦᠩᠬᠤᠸᠠ ᠪᠢᠴᠢᠭ ᠦᠨ ᠬᠣᠷᠢᠶ᠎ᠠ ᠶᠢᠨ ᠬᠡᠪᠯᠡᠯ ᠤᠨ ᠪ ᠭᠤᠷᠪᠠᠳᠤᠭᠠᠷ ᠳᠡᠪᠲᠡᠷ ᠦᠨ ᠬᠠᠭᠤᠳᠠᠰᠤ ᠶᠢ ᠦᠵᠡᠭᠦᠯᠦᠨ᠎ᠡ ᠃

[27] 《ᠳᠠᠢᠢᠴᠢᠩ ᠤᠯᠤᠰ ᠤᠨ ᠦᠨᠡᠨ ᠬᠠᠭᠤᠯᠢ》᠂ ᠵᠦᠩᠬᠤᠸᠠ ᠪᠢᠴᠢᠭ ᠦᠨ ᠬᠣᠷᠢᠶ᠎ᠠ ᠶᠢᠨ ᠬᠡᠪᠯᠡᠯ ᠤᠨ ᠪ ᠬᠣᠶᠠᠳᠤᠭᠠᠷ ᠳᠡᠪᠲᠡᠷ ᠦᠨ ᠬᠠᠭᠤᠳᠠᠰᠤ ᠶᠢ ᠦᠵᠡᠭᠦᠯᠦᠨ᠎ᠡ ᠃ 860—864 ᠃

[26] ᠳᠤᠮᠳᠠᠳᠤ ᠤᠯᠤᠰ ᠤᠨ ᠨᠢᠭᠡᠳᠦᠭᠡᠷ ᠲᠡᠦᠬᠡᠨ ᠦ ᠲᠠᠰᠤᠷᠬᠠᠢ ᠪᠢᠴᠢᠭ᠂ ᠳᠠᠩᠰᠠ ᠪᠠ ᠳᠤᠭᠠᠷ: 508—4—92—282᠂ ᠪᠢᠴᠢᠭ ᠬᠦᠮᠦᠨ ᠤ ᠲᠠᠢᠯᠤᠨ ᠪᠠ ᠪᠠᠢᠳᠠᠯ: ᠬᠡᠪᠯᠡᠯ ᠦᠨ ᠬᠣᠷᠢᠶ᠎ᠠ ᠶᠢᠨ ᠬᠡᠪᠯᠡᠯ ᠤᠨ ᠪ ᠬᠣᠶᠠᠳᠤᠭᠠᠷ ᠳᠡᠪᠲᠡᠷ ᠦᠨ ᠬᠠᠭᠤᠳᠠᠰᠤ ᠶᠢ ᠦᠵᠡᠭᠦᠯᠦᠨ᠎ᠡ ᠃

[25] 《ᠪᠠᠭ᠎ᠠ ᠪᠠᠷ ᠳᠠᠭᠤᠰᠬᠤ ᠲᠣᠮᠣᠭ᠎ᠠ᠂ ᠲᠣᠭ᠎ᠠ ᠶᠢᠨ ᠬᠠᠷᠢᠶ᠎ᠠ ᠳᠠᠭᠤᠰᠬᠠᠭᠰᠠᠨ ᠳᠠᠭᠤᠰᠬᠠᠯ ᠪᠣᠯᠣᠭᠰᠠᠨ ᠶᠢᠨ ᠪᠢᠴᠢᠭ》（ᠬᠣᠶᠠᠳᠤ ᠪᠠᠭ） ᠳᠡᠪᠲᠡᠷ ᠳᠠᠭᠤᠰᠬᠤᠯ ᠤᠳᠤᠭ᠎ᠠ᠂ ᠵᠦᠩᠬᠤᠸᠠ ᠪᠢᠴᠢᠭ ᠦᠨ ᠬᠣᠷᠢᠶ᠎ᠠ ᠶᠢᠨ ᠬᠡᠪᠯᠡᠯ ᠤᠨ ᠪ ᠬᠣᠶᠠᠳᠤ ᠲᠣᠭ᠎ᠠ ᠶᠢᠨ ᠳᠠᠭᠤᠰᠬᠤᠯ ᠬᠠᠭᠤᠳᠠᠰᠤ ᠶᠢ ᠦᠵᠡᠭᠦᠯᠦᠨ᠎ᠡ ᠃

[24] 《ᠪᠠᠭ᠎ᠠ ᠪᠠᠷ ᠳᠠᠭᠤᠰᠬᠤ ᠲᠣᠮᠣᠭ᠎ᠠ᠂ ᠲᠣᠭ᠎ᠠ ᠶᠢᠨ ᠬᠠᠷᠢᠶ᠎ᠠ ᠳᠠᠭᠤᠰᠬᠠᠭᠰᠠᠨ ᠳᠠᠭᠤᠰᠬᠠᠯ ᠪᠣᠯᠣᠭᠰᠠᠨ ᠶᠢᠨ ᠪᠢᠴᠢᠭ》（ᠬᠣᠶᠠᠳᠤ ᠪᠠᠭ） ᠳᠡᠪᠲᠡᠷ ᠳᠠᠭᠤᠰᠬᠤᠯ ᠤᠳᠤᠭ᠎ᠠ᠂ ᠵᠦᠩᠬᠤᠸᠠ ᠪᠢᠴᠢᠭ ᠦᠨ ᠬᠣᠷᠢᠶ᠎ᠠ ᠶᠢᠨ ᠬᠡᠪᠯᠡᠯ ᠤᠨ ᠪ ᠬᠣᠶᠠᠳᠤ ᠲᠣᠭ᠎ᠠ ᠶᠢᠨ ᠳᠠᠭᠤᠰᠬᠠᠭᠰᠠᠨ ᠬᠠᠭᠤᠳᠠᠰᠤ ᠶᠢ ᠦᠵᠡᠭᠦᠯᠦᠨ᠎ᠡ ᠃